97
A1.

D0944168

SEBASTIÁN VERTI

TRADICIONES MEXICANAS

EDITORIAL DIANA

MÉXICO

31143006591573
SP 394.2697 Ver
Verti, Sebastian.
Tradiciones mexicanas
3. ed. especial de lujo.

TERCERA EDICIÓN ESPECIAL DE LUJO
PARA CONSERVAS LA COSTEÑA, S.A. DE C.V.
NOVIEMBRE DE 1992
3a. Impresión, Noviembre de 1993

Fotografías de: Juan Daniel Torres Polo, Javier Cabrera, Enrique Salazar
Hijar y Haro, y Andrés Zavala.

Dirección y Producción Fotográfica: Sebastián Verti.

ISBN 968-13-2203-7

DERECHOS RESERVADOS © — Copyright © 1992, por EDITORIAL
DIANA, S.A. DE C.V. — Roberto Gayol 1219, México, D.F., C.P. 03100

IMPRESO EN MÉXICO — PRINTED IN MEXICO

Prohibida la reproducción total o parcial
sin autorización por escrito de la casa Editora.

Fotomecánica:
GRUPO IMPRESA, S.A. DE C.V.

ACERCA DEL AUTOR

Desde las primeras etapas de su vida, el licenciado Sebastián Verti —sinaloense de nacimiento y ex alumno de la Universidad Militar Latinoamericana— se orientó hacia el área de la comunicación social y, dentro de ésta, a la trasmisión de los valores folclóricos de México. Lo anterior explica que el autor de la presente obra realizara sus primeras incursiones en el campo de las publicaciones artísticas y culturales paralelamente a sus cursos universitarios de Derecho y Ciencias de la Comunicación.

Después de obtener sus licenciaturas, viajó a Europa para efectuar estudios de posgrado. En España tomó varios cursos sobre la cultura de la América precolombina y virreinal. Reafirmó así su decisión de consagrarse a divulgar el arte y la cultura vernáculas.

Al finalizar sus estudios superiores, retornó a México y se dedicó a la producción de obras destinadas a la niñez. Por tal razón creó el "Ciclo de espectáculos de iniciación recreativa", programa con amplio sentido de formación estética ideado para complementar las lecciones escolares. Desde entonces, este conocido mexicanista ha querido que todas sus actividades lleven un mensaje de optimismo.

Más tarde, como productor teatral y director de escena, Sebastián Verti encaminó sus esfuerzos a promover espectáculos de contenido educativo también tendentes a fortalecer la identidad nacional. Tal labor le ha sido posible gracias al patrocinio de diversas organizaciones culturales del sector privado y del Estado.

Por esa época —años setenta— el licenciado Miguel Alemán Valdés lo invitó a colaborar en el Consejo Nacional de Turismo, institución en que por más de diez años el licenciado Verti dirigió un programa cultural. En éste se destacaron los ciclos: "La tradición literaria mexicana" y "Conservación y difusión de las tradiciones y costumbres nacionales".

En virtud de los beneficios aportados por el programa a la revitalización y conservación del folclor, el licenciado Verti ha recibido numerosos premios de instituciones nacionales y extranjeras. Entre tales reconocimientos figura el de delegado internacional de la Asociación de Belenistas de Madrid —perteneciente a la Federación Española Belenista (FEB) con medalla de plata del Excelentísimo Ayuntamiento— de la *Universalis Foederatio Praesepistica* (*Un Foe Prae*). Gracias a esta distinción pudo fundar la Asociación de Belenistas de México, el patronato Pro-Fortalecimiento de las Tradiciones Mexicanas y la Primera Alianza para la Defensa de las Tradiciones de México, organismos que preside en la actualidad y donde, por supuesto, se muestra activo propulsor de la mexicanidad.

Apoyado por los medios de comunicación —donde es comentarista de radio y televisión, y colaborador editorial— el licenciado Sebastián Verti cumple veinte años de fecundo trabajo en pro del mantenimiento del legado cultural de nuestro país.

Desde los primeros años de mi vida aprendí, en la frontera geográfica de mi patria, a querer a México y amar nuestros más altos valores.

Mi padre y mi madre, escribieron en mi mente EL AMOR A LO NUESTRO.

Para ellos, con mi cariño, el orgullo de mis letras.

Rompe el aire tu silbido con la melodía que silbas
y así entera se queda, por siempre,
en mi corazón de niño.

Hoy que estás allá, en el infinito...
tan lejos...
Cuando tu recuerdo rasga mi nostalgia,
escucho entera, como antaño, tu melodía silbada.

Silba, silba, silbador del cielo,
al ritmo silencioso de mi llanto,
silba, silba, Padre Silbador,
para que mi corazón florezca.

México, el México en que he nacido y vivido, es una síntesis maravillosa y magistral de las culturas de Mesoamérica y de la cultura occidental en su vertiente española. En ella se finca nuestra identidad cultural, nuestro orgullo nacional.

Mis respetos sinceros, unidos a mis reconocimientos, a quienes hoy simbolizan el espíritu de la tradición nacional de México y España.

Licenciado Carlos Salinas de Gortari,
Presidente Constitucional de los
Estados Unidos Mexicanos.

Señora Cecilia Occelli de Salinas.

Sus majestades
Juan Carlos y Sofía,
Reyes de España.

A mis queridos amigos Federico y Vicente López Rodea y al Sr. César Fernández Domínguez, mi reconocimiento por su valioso apoyo en la difusión de las tradiciones de México.

CARTA DEL AUTOR

Queridos amigos lectores,

esta edición especial de lujo, se presenta gracias al profundo aprecio e interés que conservas La Costeña ha tenido y tiene por nuestras costumbres, tradiciones y raíces ancestrales.

En la vida moderna, la industria alimenticia y sus avanzadas técnicas de conservación tienen una presencia indiscutible en las actuales cocinas mexicanas, toda vez que han venido a simplificar el laborioso proceso a que debían someterse las siempre diligentes y cuidadosas amas de casa, para la elaboración de los platillos mexicanos, los cuales, sin perder su calidad y cualidades originales, pueden ser utilizados hoy, en breve tiempo y en todo lugar.

Así, desfilan ante la alegría de quien cocina: los moles, los chiles y las rajas de jalapeños, los serranos en escabeche, los chipotles adobados, las salsas picantes, las salsas mexicanas, verdes y caseras, los nopalitos tiernos en salmuera, el menudo norteño y el imprescindible puré de tomate natural o condimentado. Y para el infaltable postre, los tradicionales ates de guayaba y de membrillo.

Por eso, afirmo que el uso de estos productos, lejos de interrumpir la tradición culinaria mexicana, la confirma y la reafirma, ya que afortunadamente, es preocupación de la empresa elaboradora, el cuidar la calidad y el apego a la receta original de sus productos.

Por ello, juzgo que La Costeña ha sido y es un auténtico custodio de la tradición gastronómica de México, porque con nuestros productos mexicanos, difunden los valores de nuestra milenaria cocina nacional.

Sebastián Verti

Cronista de las tradiciones de México

Parece que fue ayer, y de esto han pasado ya más de 70 años. Años de constante esfuerzo, capacitación y actualización, para mantener en alto la calidad que nos distingue, en México y en el extranjero, como empresa líder en la fabricación de conservas. Esto ha sido posible gracias al entusiasmo y trabajo de quienes han contribuido con su granito de arena al fortalecimiento de esta "Gran Familia" y a la gente que con su preferencia nos ha brindado su confianza.

En los últimos años, hemos visto crecer nuestra planta y su capacidad de producción sin precedente. Nuestra experiencia, aunada al conocimiento de técnicos especializados en alimentos, nos ha llevado al desarrollo de nuevos productos, los cuales han tenido una gran demanda desde el momento de su lanzamiento.

Nuestro principal objetivo es seguir fabricando productos alimenticios sanos, de la más alta calidad y precio justo.

Atentamente
Sus amigos

SR. FEDERICO LÓPEZ RODEA   SR. VICENTE LÓPEZ RODEA

Directores generales

CONSERVAS LA COSTEÑA S.A. DE C.V.

CLUB DE MUJERES PROFESIONISTAS Y DE NEGOCIOS

SOR JUANA INÉS DE LA CRUZ

Afiliado a la Federación Internacional, Nacional y del Distrito Federal

OTORGA EL NOMBRAMIENTO
al libro

TRADICIONES MEXICANAS

GRUPO
EDITORIAL
DIANA

DE

SEBASTIÁN VERTI

como

EL LIBRO DEL AÑO

POR SU EXTRAORDINARIO CONTENIDO EDITORIAL
EN FORTALECER LAS RAÍCES
DE NUESTRA CULTURA NACIONAL

ÁFRICA DEL SUR, ALEMANIA, ARGENTINA, ARUBA, AUSTRALIA, BAHAMAS, BANGLADESH, BARBADOS, BÉLGICA, BELICE, BERMUDAS, BOLIVIA, BOTSWANA, BRASIL, CANADÁ, COLOMBIA, COSTA RICA, COREA, ECUADOR, EL SALVADOR, ESPAÑA, ESTADOS UNIDOS, FINLANDIA, FILIPINAS, FRANCIA, GRANADA, GRECIA, GUATEMALA, GUYANA, HAITÍ, HONG KONG, HOLANDA, INDIA, INDONESIA, IRÁN, ISRAEL, ITALIA, JAMAICA, JAPÓN, JORDÁN, KENYA, LÍBANO, LESOTHO, INGLATERRA, MÉXICO, MOROCCO, NUEVA ZELANDA, NICARAGUA, NIGERIA, NORUEGA, PAKISTÁN, PARAGUAY, PANAMÁ, PERÚ, ST. KITIA, SANTA LUCÍA, SINGAPUR, SUDESTE AFRICANO, SUIZA, SUECIA, THAILANDIA, TRINIDAD, REINO UNIDO, ZAMBIA.

JULIETA GONZÁLEZ TERRAZAS
Presidente

MARTHA RODRÍGUEZ RODRÍGUEZ
1a. Vice Presidenta

CONTENIDO

EL AMOR A LO NUESTRO

La obra *Tradiciones Mexicanas* tiene una sola raíz y un solo motivo: el amor a lo nuestro.

Este trabajo es fruto de diversas investigaciones y estudios que he realizado en las fuentes clásicas de la historia patria, así como del conocimiento directo de nuestras tradiciones a través de los múltiples viajes emprendidos durante más de 20 años a lo largo y a lo ancho de la geografía mexicana.

Por haber sido escrito fundamentalmente para quienes aman y veneran las cosas patrias y tienen el anhelo de darlas a conocer a las generaciones futuras, el texto se publica en forma resumida, en lenguaje claro y con un gran cuidado en ceñirse a la veracidad histórica.

La tradición se trasmite en forma cotidiana y sencilla, de padres a hijos, sin pompa, con la naturalidad de la costumbre vivida. En ello estriba su fuerza y pureza como manifestación cultural de un pueblo.

México es rico en tradiciones y costumbres, por esto Ramón López Velarde lo percibió como una patria íntima y diamantina.

No me arredra el pragmatismo galopante en nuestra sociedad actual el cual en ocasiones conduce a una admiración irreflexiva de las manifestaciones culturales del extranjero, lo cual prohija esos arquetipos culturales "desconcertados y desconcertantes" que nacen y mueren sin dejar más huella que la moda comercial y efímera que alentó su precaria existencia.

Me entusiasma más bien la convicción de que México es poseedor de una cultura propia, moldeada, decantada por treinta siglos de historia. La tradición cultural de México nace en el suelo del continente americano, monumental y majestuosa. Así lo atestiguan los colosos esculpidos por las manos geniales y mágicas de los ancestros olmecas en el despertar de los tiempos históricos mexicanos. Así lo proclaman los atlantes de Tula y las pirámides y templos de los mayas, los toltecas y los aztecas. Y también — ¿por qué no decirlo? —, ya injertada en la cultura indígena, la fecunda rama de la tradición occidental y cristiana. Así lo proclaman las catedrales y palacios coloniales que continúan siendo majestuosos y monumentales.

De la fusión y amalgama de estas dos vertientes de savia espiritual, surge la cultura mexicana que nos identifica en el ámbito universal.

Para alentar este noble y legítimo orgullo de ser y sentirse mexicano está escrita esta obra, que bien puede ser el umbral para despertar el interés por conocer y estudiar más profundamente los valores culturales de México.

En el remolino de las grandes crisis históricas, México ha encontrado la fortaleza para impulsar su dinámica cultural. Que lo diga si no la gesta cultural iniciada por Vasconcelos cuando la Revolución Mexicana de 1910 no terminaba aún; ahí, en el epicentro de la violencia armada, se abrió paso el renacer moderno de la cultura mexicana.

Me estimula pensar así, que de la crisis actual pueda surgir la fuerza y el aliento para iniciar una renovación cultural sobre la que se asiente el México del siglo XXI.

Para que esto sea posible hay que retomar el hilo de la tradición propia, hay que revalorar el legado histórico nuestro. Sólo así valdrá la pena intentar enriquecer históricamente la cultura con obras nuevas y propias.

Cuando el espíritu nacional redescubra los valores insertados en las tradiciones y costumbres, la identidad cultural de los mexicanos se habrá fortalecido y estará en posición de continuar la obra de los ancestros.

Cuando la vida de un pueblo es permeada, alimentada cotidianamente por su tradición cultural el espíritu nacional se revitaliza y se torna fecundo y creador de historia.

Con ese optimismo y entusiasmo que alientan mi vocación para promover y difundir los valores culturales mexicanos, escribí las páginas de estos libros, páginas que tienen el anhelo de ser sólo simiente de inquietud para despertar la admiración y valoración de lo mexicano.

Estoy consciente de que se trata tan sólo de una tarea inicial de ecología espiritual — para utilizar un símil de actualidad en nuestro tiempo —, de una labor de purificación cultural, de rescate, para que el ritmo de nuestra sociedad urbana y tecnificada no sepulte nuestra memoria histórica.

DÍA DE LA CANDELARIA

La fiesta del 2 de febrero se enlaza en México con la tradicional Rosca de Reyes. A quienes les tocó el niño deberán presentarlo en el templo el Día de las Candelas. Para ello habrán de engalanarlo y comprar los ropones —lujos de fantasía de costureras mexicanas— y los tronos para aposentarlo.

Después de la conmemoración del nacimiento de Jesús y la Adoración de los Reyes Magos, una de las fiestas de mayor arraigo popular es la llamada "de la Candelaria" o de las Candelas, porque en dicha celebración se bendicen la imagen del Niño Dios y las velas que se llevan con el niño. Esta costumbre tiene su origen en la celebración litúrgica de la fiesta de la purificación y la presentación del Niño Dios.

La estampa escénica de la presentación del Niño en la Parroquia de Coyoacán —con la ofrenda de palomas— precede la Bendición de los Niños Dios vestidos de púrpuras y sedas; los hay negros, blancos, cobrizos y bronceados; sentados en sus tronos o recostados en cestos de flores. Se bendicen también las candelas que habrán de encenderse cuando surjan las tribulaciones del año. Y también se bendicen las semillas de chía que germinadas se colocarán en el Altar de Dolores.

Finaliza la fiesta con la merienda de los compadres en la cual se sirve una tamalada. Los tamales pueden rellenarse con puerco, pollo, rajas, frijoles, mole, queso, elotes y hasta fresas con pasitas, acompañados de salsas, atoles de sabores y chocolate.

En tiempos de Jesús

La ley mosaica prescribía en el Levítico que toda mujer que hubiese dado a luz se purificara. Si el hijo nacido era varón debía ser circuncidado a los ocho días y la madre debería permanecer en su casa durante treinta y tres días más, purificándose a través del recogimiento y la oración.

Cumplida la fecha, en compañía del esposo acudía a las puertas del santuario para llevar la ofrenda consistente en un cordero primal y una paloma o tórtola, ofrenda que los pobres podían satisfacer con el ofrecimiento de dos palomas o tórtolas. Sin embargo, era costumbre de la gente piadosa llevar también al pequeño consigo, especialmente cuando se trataba de varón primogénito, para consagrarlo a Yahvé.

Según narra san Lucas, María y José quisieron cumplir con este precepto llevando al Niño, y quisieron hacerlo en Jerusalén. Como eran pobres llevaron por ofrenda dos palomas blancas. Fue ahí donde el justo y piadoso Simeón, movido por el Espíritu Santo, al entrar María y José con el Niño tomó en brazos a Jesús y lo bendijo con la oración: *Et nunc dimitte servum tuum* (Ahora te puedes llevar a tu siervo de la tierra).

Entre sus alabanzas, profetizó que el Niño sería la luz que iluminaría a los gentiles y la gloria de Israel. De ahí el simbolismo de las candelas que representan la luz de Cristo en los hogares.

MAÍZ, PRODIGIO DE LA TIERRA DE MÉXICO

El maíz tiene una de las más prolíferas descendencias que han alimentado por siglos a los mexicanos. Descendientes del maíz son: la imprescindible tortilla, tostadas, gordas, garnachas, memelas, martajadas, picadas y pellizcadas, tlayudas, enfrijoladas, enchiladas, chalupas y quesadillas, los peneques, los papadzules yucatecos, totopos, sopes, molotes, esquites, chilmole, panuchos, tacos, tlacoyos, chilaquiles; también a la manera de dulce, pinoles, gorditas de azúcar o piloncillo; y como bebidas, toda una rica variedad de atoles.*

El maíz lo encontramos en varios colores como blanco, colorado, morado, azul y amarillo.

Cuando los frutos del maíz están recién formados se llaman xilotes y son tan tiernos que se llegan a comer con todo y hoja; cuando han alcanzado una madurez media, reciben el nombre de elotes. Con los esquites se elaboran los uchepos; en general, se les usa como condi-

---

* ATOLE. Bebida popular originaria de México. Se prepara disolviendo masa de maíz en leche o en agua; se hierve el líquido y se le hace pasar por un cedazo; posteriormente se endulza o se le agrega canela. Hay atoles de los más variados sabores.

CHALUPAS. Consisten en una masa aplanada y frita sobre la cual se sirven salsas, carne deshebrada de pollo o de cerdo y cebolla picada.

CHILAQUILES. Trozos secos y fritos de tortilla de maíz, aderezados con salsa de jitomate, especias y queso.

CHILMOLE. Condimento a base de chiles quemados y diversas especias. Propio del sureste mexicano.

ELOTES. Del náhuatl *elotl* "mazorca de maíz".

ENFRIJOLADAS. Tortillas de maíz que se introducen a la cazuela de los frijoles con su caldo.

ESQUITES. Granos de elote tierno en su jugo.

GARNACHAS. Abarquilladas y rellenas de carne picada y frijoles refritos.

GORDITAS. Tortillas gruesas de maíz en las que se coloca un guiso de diferentes carnes. Se salpican con queso pellizcado y salsa de chile.

MEMELAS. Tortillas muy gruesas cocidas las cuales se suelen comer con frijoles, queso y salsa picante.

MARTAJADAS. Tortillas gruesas que una vez cocidas en el comal son cortadas en la parte superior y se les agrega manteca de cerdo o mantequilla con sal.

MOLOTES. Rollos de masa rellenos y fritos.

PANUCHOS. Tortillas de maíz fritas y aderezadas con frijoles, cochinita pibil y cebolla encurtida.

mento en los caldos, sopas y moles de olla. Finalmente, cuando han alcanzado el grado máximo de madurez, se les llama mazorcas, de las que se desgrana el maíz de la denominada banderilla o flor de caña (en náhuatl *miahuatl*). De ésta, a su vez, se extrae miel de maíz.

Para coronar esta infinita variedad de productos alimenticios del maíz, se menciona la inagotable colección de tamales, los cuales, por su riquísima consistencia, constituyen una comida completa y suculenta.

Para preparar la masa con la que se elaboran las tortillas y los tamales se sigue el mismo procedimiento utilizado por los pueblos prehispánicos: se cocina el grano en agua con cal para ablandarlo (lo que se conoce por nixtamal), después se frota para quitarle el hollejo, y se muele en el metate hasta convertirlo en masa.

PELLIZCADAS. Si se pellizcan los bordes de las garnachas, a éstas se les llama pellizcadas.

PENEQUES. Son chalupas cerradas.

PICADAS. Tortillas pequeñas y gruesas con reborde para que no se derrame la mezcla de frijoles, longaniza, queso añejo, cebolla, lechuga, manteca y sal, que se le pone encima.

PINOLE. Harina de maíz tostada y endulzada. Se come como postre.

QUESADILLAS. Tortillas delgadas, dobladas y rellenas de diversos guisos. Originalmente sólo se les llamaba así a las rellenas de queso.

SOPES. Tortillas pequeñas algo gruesas y con reborde que pueden freírse. Se aderezan con frijoles, carne deshebrada, lechuga, queso desmenuzado y salsa picante.

TACOS. Quesadillas medianas y pequeñas.

TLACOYOS. Empanadas de maíz rellenas con habas verdes o chicharrón. Se sirven calientes del comal.

TLAYUDAS. Tortillas de maíz muy grandes originarias de Oaxaca.

TOSTADAS. Tortillas del día anterior que se fríen y se untan con frijoles refritos. Se cubren además con variados guisos.

TOTOPOS. Trozos de harina de maíz aplanada, tostada y tiesa que se emplean a manera de cucharillas para comerlos con los frijoles refritos.

CUADRO SINÓPTICO DEL MAÍZ

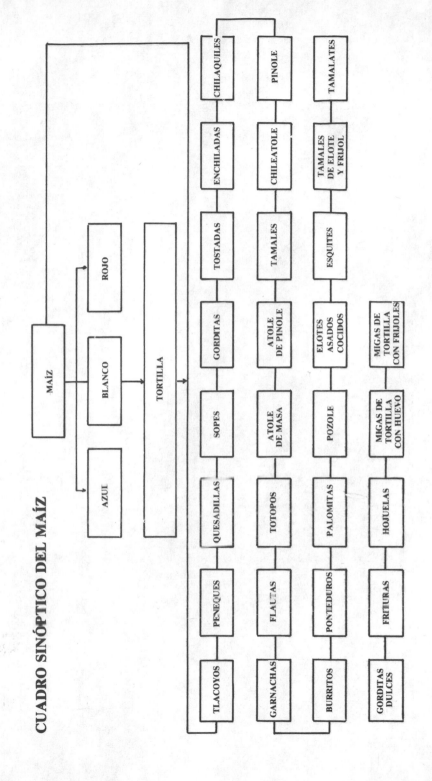

MAÍZ
- AZUL
- BLANCO
- ROJO

TORTILLA

| TLACOYOS | PENEQUES | QUESADILLAS | SOPES | GORDITAS | TOSTADAS | ENCHILADAS | CHILAQUILES |

| GARNACHAS | FLAUTAS | TOTOPOS | ATOLE DE MASA | ATOLE DE PINOLE | TAMALES | CHILEATOLE | PINOLE |

| BURRITOS | PONTEDUROS | PALOMITAS | POZOLE | ELOTES ASADOS COCIDOS | ESQUITES | TAMALES DE ELOTE Y FRIJOL | TAMALATES |

| GORDITAS DULCES | FRITURAS | HOJUELAS | MIGAS DE TORTILLA CON HUEVO | MIGAS DE TORTILLA CON FRIJOLES |

LOS TAMALES

Algún pomposo y barroco poeta provinciano de principios de siglo, muy a tono con el refinamiento de la época, decía que: "Los tamales, tan antiguos como México mismo, eran deliciosos pastelillos de maíz envueltos en listoncillos naturales que, saliendo de la vaporosa olla, estaban destinados para adornar —al igual que las mesas de los emperadores aztecas— las meriendas de las fiestas mexicanas".

A manera de anécdota cabe recordar también que en el México antiguo las abuelas comentaban que para preparar los tamales era necesario un ingrediente muy importante: el buen humor, de lo contrario se acedaban. Más aún, decían también que había que bailar y cantar mientras se preparaban.

DEFINICIÓN DE TAMAL

Una adecuada descripción culinaria de tamal es: Mezcla de masa batida con grasa, rellena y condimentada a la usanza de cada lugar, envuelta en hoja de maíz o plátano y cocida al vapor.

Desde nuestra época prehispánica, en la cocina imperial azteca y en la mesa de Moctezuma, el tamal ha formado parte importante de la cocina mexicana.

Carlos Lumholtz, en su libro *México desconocido* menciona "los tamales rituales" (tamales en honor de los dioses) entre los huicholes de Jalisco, tarascos de Michoacán, tarahumaras de Chihuahua y tepehuanes de Durango.

La palabra tamal procede del vocablo náhuatl *tamalli*, que aparece en el vocabulario prehispánico elaborado por Alonso de Molina, diccionario del siglo XV.

Veamos qué nos dice el *Cocinero Mexicano en forma de diccionario, 1888* sobre la definición de tamal y sus variedades:

TAMAL

Voz que trae su origen de la mexicana *Tamalli*, y significa una especie de pan sabroso y delicado, hecho con la masa de maíz, que usaban los antiguos pobladores de este continente a más de las tortillas que eran su pan común, como lo son hasta el día no sólo de sus descendientes, sino de muchos otros que descienden de los españoles, que las comen por gusto. Otro tanto sucede con los tamales, que no se toman en lugar de pan, sino más bien con él y por apetito, pues son muy gratos al paladar, al mismo tiempo que nutritivos y de buena digestión.

El modo de hacerlos todos no se diferencia de muchas maneras, aunque se rellenan y sazonan de innumerables modos, pues se hacen de dulce con anís o sin él, rellenos de arroz con leche, de mole, de especia, de aves, de carne de puerco y aun de picadillo y de pescado. Otros se mezclan con capulines y otros con frijoles que suelen comer los naturales en sus fiestas con el mole de guajolote, pero estas dos clases no son del mejor gusto, ni suelen servirse en las mesas decentes, sino es muy rara vez, por capricho, y de los mismos que hacen los indígenas, sin que nuestras señoritas los dispongan por sí mismas, como acostumbran hacerlo con los de las otras clases.

Sobre el relleno bastará advertir que de cualquiera guisado que se disponga, es necesario que estén bien cocidas las carnes y sazonadas con buena sal porque de lo contrario sabrían mal los tamales, por más que estuviesen bien hechos.

TAMALES COMUNES, O CERNIDOS DE MAÍZ COMÚN

Se prepara el maíz en nixtamal, se desholleja, se lava y se muele enteramente lo mismo que para hacer atole. Bien remolida la masa se pasa por una servilleta o ayate, y después de cernida se mezclan nueve onzas y media de azúcar blanco y una libra de manteca con la sal fina correspondiente y un poquito de anís, humedeciéndose la masa lo necesario con agua tibia: se bate después bien, y en hojas de maíz lavadas, remojadas, escurridas y enjugadas se van echando las cantidades que puedan contener de la masa, envolviéndose y cubriéndose con ellas, y doblándose por la mitad, se han formado los tamales. Después se pondrá una olla de suficiente capacidad a la lumbre, echándole muy poca agua, pudiéndose poner dentro de esta agua un poco de zacate para que mate el hervor; más arriba se formará un tepestle* o enrejadito de varitas de tejamanil y se acomodarán encima los tamales de modo que no les llegue el agua, y sólo se cuezan al vapor, tapándose la boca de la olla con una cazuela de su tamaño y un lienzo que se ata bien; cuando la masa se despegue de la hoja, es señal de que está cocida, y entonces quedan hechos los tamales, que se apartan de la lumbre y se sirven calientes, solos o con atole de leche.

* TEPESCLE. En varios artículos se usa esta voz que viene de la mexicana *tepechtli* y significa tablado, andamio, cama de tablas, etc., para designar del modo conocido en este país, y que lo entiendan todos, el aparato de tablitas o tejamanil que se usa para poner dentro de la olla, para cocer al vapor las papas, los tamales, etcétera.

De este modo se hacen los de chile, de especia y de otras cosas, rellenándolos con los guisos que se quieran, bien sazonados y de la consistencia regular, con la sola diferencia de que no rellenándose de cosa de dulce, no se echa azúcar sino sal a la masa antes de cocerla.

TAMALES CERNIDOS DE MAÍZ CACAHUATZENTLI

Se hace el nixtamal o se cuecen tres libras de maíz cacahuatzentli* lo mismo que para los corrientes: después se lava bien, se enjuga y se pone a secar al sol; cuando esté bien seco se muele, y después se cierne por un ayate delgado; a lo cernido se agregan tres libras o poco más de manteca y un poco de agua tibia, se bate esta masa con la sal necesaria, o si se quisiera hacer de dulce, con azúcar, batiéndose hasta que haga ojos y esté de punto, lo que se conocerá formando de ella una bolita, que echada en el agua sobrenade: enseguida se formarán los tamales en las hojas de maíz, cuidándose que estas hayan escurrido bien el agua en que se remojaron, y ya hechos se ponen a cocer lo mismo que los del artículo anterior.

Si no se quieren hacer de dulce, no se echa azúcar a la masa, sino que se sazona bien con sal, y se rellenan los tamales con los guisados que se quieran de carne o de pescado, de chile o de especia. Si fueren de dulce se pueden rellenar con yemas de huevo cocidas, azúcar molido, piñones, acitrón, canela y ajonjolí.

TAMALES CERNIDOS DE MAÍZ CACAHUATZENTLI Y HUEVO

Se mezclan para hacer la masa, tres libras de maíz cacahuatzentli, cocido y cernido como se indica en los artículos anteriores, media libra de manteca derretida, ocho yemas de huevo, el azúcar necesario, según se quieran más o menos dulces, y una poca de agua tibia: no se debe quedar esta masa ni aguada ni espesa, y se bate hasta que haga espuma; se pone dentro de los tamales bastante canela, pasas, almendras, piñones, pedacitos de nuez y ajonjolí; se forman y cuecen lo mismo que los demás.

TAMALES CERNIDOS DE LUTO CON ARROZ DE LECHE

Se disponen lo mismo que los de los artículos precedentes, con la diferencia de que el maíz cacahuatzentli ha de ser negro, y de que se rellenan con arroz con leche, dispuesto del modo ordinario, aunque algo más cargado de dulce.

* CACAHUACINTLE. Variedad de maíz de mazorca grande y grano redondo y tierno; se emplea, por ejemplo, en la preparación de tamales cernidos.

De *Cocina Mexicana*

TAMALES SIN CERNIR O CHUCHULUCOS

La palabra chuchulucos viene de la mejicana chocholoqui, y esta de chochol, que significa hombre bozal, montaraz o salvaje, o chocholoqui, hombre tonto, atolondrado, o cosa tosca, grosera y ordinaria; pero aunque los tamales chuchulucos no son tan delicados como los cernidos, no por eso dejan de ser sabrosos y buen alimento.

Se hacen lo mismo que los de los artículos anteriores, con la sola diferencia de no cernirse la masa.

TAMALES DE HOJAS DE PLÁTANO

Bien remolida la masa, dispuesta como la de los demás tamales, se pone a cocer con mucha manteca y después se aparta para que se enfríe; si se quieren los tamales de cuchara, se deja la masa más suelta que para el caso contrario, en que debe estar más espesa, y al formarse, se les pone el mole bien frito y suave, con carne y papada de puerco; las hojas se pasan por agua corriente a la que se habrá echado un poco de acuyo; hechos los tamales, se ponen a cocer con poca agua caliente con sal, tapándose bien la olla.

TAMALES DE ARROZ

Se lava el arroz en dos o tres aguas, y después se deja escurrir y se pone a secar al sol; cuando esté bien seco, se remolerá muy bien, se pesará y se le echará media libra de mantequilla derretida para cada libra de arroz; se batirá bastante humedeciendo la masa —si fuere necesario—, con agua tibia, y no cesará de batirse hasta que esté de punto, lo que se conoce en que una bolita formada de la masa sobrenada en el agua; entonces se echa media libra de azúcar en polvo a cada libra de arroz, y se revuelve bien, formando con ella los tamales, que podrán rellenarse con bien-me-sabe, manjar blanco o cualquier pasta, y se cuecen al vapor como los otros.

TAMALES DE ARROZ Y HUEVO

Después de muy lavado el arroz se pone al sol en una servilleta, y cuando haya secado bien, se remuele, y a cada libra de ese polvo se agregan cuatro yemas de huevos crudos, y seis onzas de mantequilla derretida y fría; se bate humedeciéndose la masa con leche cocida, y echándose la sal fina necesaria molida; se continúa batiendo, y cuando quiera tomar punto, se le añade el azúcar en polvo, tanteándola al paladar; se bate más todavía hasta que esté de punto, lo que se conoce cuando sobrenade un pedacillo de la masa sobre el agua: entonces se formarán los tamales en las hojas de maíz bien escurridas, y se podrán rellenar con cualquier postre de leche o fruta; se pondrán a cocer con la abertura hacia arriba para que no se escurran, y cuidándose de que el agua al hervir no les alcance, sino que se cuezan sólo al vapor.

En la sociedad mexicana, tanto en las mesas humildes como en las elegantes, se acostumbra a servir tamales para festejar todo tipo de acontecimientos.

Su elaboración y condimento varían de acuerdo al gusto y los recursos económicos del anfitrión, pero la base siempre es la misma: masa de maíz, salada o dulce, ablandada con manteca y batida hasta alcanzar el "punto de agua" (prueba que se hace depositando una bolita de masa en un vaso con agua: si flota, ya está lista para cocerse; si se va al fondo, le falta batido), la que se cuece al vapor con el relleno deseado y envuelta en las hojas de la planta o de la mazorca del maíz o en hojas de plátano.

Cada estado de la República Mexicana posee una variedad de tamal representativo del lugar:

AGUASCALIENTES

Tamales de liebre, de rajas con queso y los sorprendentes tamales de cacahuate los cuales contienen maíz, manteca, cacahuates y piloncillo; de flor de calabaza con queso, de huitlacoche[1] *con queso, de sesos de carnero con epazote,[2] y de birria.*

Tamales de dulce: de tuna, de membrillo, de uva, de coco con mantequilla y pasas, de nuez, de azúcar con biznaga, de piña con almendras, de rompope con almendras.

BAJA CALIFORNIA NORTE

Tamales de calabaza con camarón, de chile colorado y de carne seca.

BAJA CALIFORNIA SUR

Tamales de carne con base en: carne, papas, chiles verdes, manteca, maseca (harina de maíz), chile colorado, ajo, pimienta, huevos, aceitunas y sal al gusto. Se envuelven en hojas de plátano.

[1] HUITLACOCHE. (Del náhuatl CUITLACOCHI que significa excrecencia dormida.) Es el hongo del maíz. Muy apreciado en la alta cocina.

[2] EPAZOTE. (Fam. de las quenopodiáceas.)
Planta herbácea de hojas largas y delgadas de color que va del verde al café y al morado. Se usa como condimento.
Del *Nuevo cocinero mexicano en forma de diccionario, 1888*

Tamales de pollo con salsa verde. Llevan pechugas de pollo, manteca de puerco, harina para tamal, agua tibia, agua hervida con hojas de tomate verde (con sal al gusto en el agua), tomate verde cocido, ajo, cebolla, sal y pimienta al gusto. Se envuelven en hojas de maíz remojadas.

CAMPECHE

Existe en la región gran variedad de tamales. Van rellenos especialmente con pescado (pámpuno, corvina o cazón).

El Mucbipollo campechano consiste en un gran pastel de masa teñida con achiote y relleno con pollo, pavo o puerco, sazonado con epazote, cebolla, chile. Se envuelve en hojas de plátano y se cuece bajo tierra. Es tradición prepararlo para el Día de Muertos.

COAHUILA

Los tamales son elaborados con masa de maíz y manteca de cerdo; van rellenos de carne de res, puerco o pollo con chile verde. En ocasiones se rellenan con frijoles.

Tamales especiales norteños.— Con base en masa, manteca de puerco pura, carne de puerco, chiles anchos colorados, tomate verde, cominos, pimienta y sal. Se envuelven en hojas de maíz.

Tamales de dulce.— Llevan masa, azúcar, manteca, pasas, coco rayado. Se envuelven en hojas de maíz.

Tamales de elote de Saltillo.— Se preparan con elotes desgranados, sal y manteca de puerco. Se envuelven en hojas de maíz.

COLIMA

Tamales especiales de carne de puerco con base en manteca, sal, carne, poca azúcar y chile guajillo.

Tamales de elote.— Se preparan con mantequilla o nata, elote molido, sal, leche y muy poca azúcar.

Tamales de ceniza.— Son muy sencillos. Van rellenos de frijoles y chile y envueltos con hojas de maíz.

CHIAPAS

Tamales con jitomate, manteca de cerdo, carne de cerdo, aceitunas, pasitas sin semilla, queso de bola rallado, cebolla picada, ajo, piñones, almendras. Van envueltos en hojas de plátano.

"*Tamales untados*" *con base en masa, manteca, pollo en piezas, puerco, ajo, cebolla, aceite, chile ancho, jitomate, orégano, aceitunas sin hueso, ciruelas pasas o pasitas, almendras, huevos duros o dos plátanos machos. Se llaman untados porque se toma una cucharada grande de masa, se pone en el centro de la hoja de plátano y se extiende.*

Tamales de bola.— Son pequeñas bolas de masa mezclada con manteca y rellenas de carne de cerdo en trozos pequeños. Se envuelven en totomostle (doblador u hoja de maíz).

Tamales de chipilín.— Es masa de maíz revuelta con hojas de chipilín y manteca, con un exquisito relleno de salsa de jitomate y queso. Las porciones se envuelven en hojas de totomostle o de plátano.

Tamales de mole.— Llamados también chiapanecos o untados. Llevan carne de pollo o guajolote, aceituna, ciruela pasa, plátano frito, rebanadas de huevo duro y mole. Se envuelven en hojas de plátano.

Tamales de cambray.— El relleno es de aceituna, pasitas, plátanos, huevos duros (todo esto picado), carne de pollo deshebrada y mole. Se envuelven en hojas de plátano.

Tamales de azafrán.— La carne de pollo para el relleno se guisa con jitomate, azafrán y ciruela pasa.

Tamales de yerba santa.— Tienen yerba santa, van rellenos de frijol negro molido, camarón seco en polvo y chile. Se envuelven en hojas de plátano o de elote.

Tamal especial de plátano.- Tienen rebanadas de plátano, pasas y ciruelas pasas, aceitunas, una rebanada de huevo cocido y pollo. También se envuelven en hojas de plátano.

Tamales de anís dulce.- Se cuece el anís en agua, y en ella se endulzan las hojas de plátano. Se le puede agregar relleno al gusto.

CHIHUAHUA

El tamal de Chihuahua se integra con masa de maíz, manteca, sal y carne de puerco; todo envuelto en hojas de tamal remojadas.

DISTRITO FEDERAL

Tamales de la Zona Lacustre y de la antigua Tenochtitlan

XOCHIMILCO: LA SEMENTERA DE FLORES

Una de las zonas más bellas del Valle de Anáhuac ha sido Xochimilco, famoso por sus canales, por sus coloridos paisajes chinamperos y también por su amplia gastronomía de exquisito y variado sabor. Por ello su recetario de tamales merece especial atención ya que a su exquisitez, añade la gracia de ser servido en trajinera.

Existen los tamales de frijol para acompañar el mole, de pescado, de hongos y de quelites, el clásico tamalate o tamal blanco.

Y su etamal, tamal especial de frijol que sirvió como alimento popular y que actualmente se come en Semana Santa y grandes fiestas.

Xochimilco se enriquece con los tamales de amaranto dietéticos y ricos en proteínas. Se elaboran con harina de amaranto, harina de arroz, mantequilla, polvo de hornear, leche al gusto. Son una especialidad del señor Mateo Mendoza, principal promotor del amaranto en México.

TLÁHUAC

Zona lacustre de recias y antiguas características culturales que se manifiestan en sus costumbres alimentarias. Prueba de ello es la subsistencia del tamal prehispánico con su singular relleno de carne de rana.

MILPA ALTA

La hermosa provincia del Distrito Federal, la Antigua Malacachtepec Momoxco, hoy capital del nopal, nos hereda de Huellitlahuilli —su último emperador— sus tamales de nopalitos.

DURANGO

Los tradicionales tamales colorados con carne de puerco y con chile ancho. Su característica distintiva radica en que se utiliza más carne que masa. Quedan como taquitos.

Tamales de chile verde.— Típico antojito para cuya elaboración se realiza el relleno cociendo los tomates y moliéndolos con chile serrano, ajo y cebolla; esto se fríe para luego agregar lomo de cerdo cocido y deshebrado, y un poco de manteca del mismo; se sazona con sal y pimienta, y se deja hervir hasta que espesa. A la masa de tamales se le agrega la manteca que se habrá batido hasta esponjar, caldo tibio, cocimiento de tequesquite y sal. Cuando está a punto de tamal se extiende una cuchara de masa con un poco de relleno sobre las hojas de maíz. El proceso de cocimiento es el común.

ESTADO DE MÉXICO

El famoso "tamal de cuchara" hecho con granos de elote tierno, leche, manteca o mantequilla, azúcar y sal. Tamales de chorizo rojo o verde y tamales de Texcoco con pollo.

También de Texcoco el llamado "tamal de ajo", especial para las fiestas de los Mayordomos. Es un tamal blanco para comerlo acompañado con mole. Se prepara con anís, masa azul con centro de alberjón guisado con sal, ajo y cebolla (el alberjón es una semilla parecida al garbanzo).

Para conmemorar la Semana Santa se preparan tamales hechos con semillas de huauzontle* y alberjón endulzado con piloncillo en el centro.

Para el Día de los Muertos se elabora un tamal blanco con anís y chile en el centro. Es el denominado "Blanco de muertos con anís".

GUANAJUATO

El "tamal de olla" compuesto por masa de maíz, manteca, sal, polvo de hornear, limones, queso de puerco, comino y diente de ajo. Se le envuelve en papel aluminio.

GUERRERO

El famosísimo "tamal de pescado elaborado con yerba santa". Se prepara el pescado (sierra, pargo o peto) en trozos acomodados en hojas de maíz y cubiertos con yerba santa. Se sazonan con sal y pimienta, y se cocinan al vapor.

Como dulce típico figuran los "tamales de cuajada", los cuales se elaboran con leche cuajada, queso, mantequilla y piloncillo. Para hornearlos hay que colocarlos en papel de estraza y envolverlos como carteritas. Son sabrosos solos o acompañados con humeante café.

HIDALGO

El sacahuil *al estilo de la población llamada "Higueras", muy rico y variado en sus ingredientes: masa seca (algo martajada), chile ancho, chile guajillo, chile pasilla, cebolla asada, ajo, manteca, polvo de hornear, guajo-*

---

* "GUAUZONCLE. Se deriva esta voz de la mejicana quahtzontetl, y se designa con ella una planta hortense, que produce en la extremidad un ramillete de florecitas blancas, bajo las que nacen las semillas en forma de espiga, que es lo que se come. Se pueden guardar hasta un año, dejándose secar y colgándose; y cuando se quiera hacer uso de estos guauzoncles secos, no hay más que echarlos a remojar de un día para otro y guisarlos en el siguiente".
Del *Cocinero Mexicano en forma de diccionario, 1888*
GUAUSONCLE O HUAUZONTLE. Las ramitas de esta planta se capean con huevo y harina y se fríen.
De *Cocina mexicana*

lote o pavo grande, carne de puerco, canasto de carrizo de 40 centímetros de alto por 45 centímetros de ancho, hojas grandes de plátano asadas y mojadas, pencas de maguey, cuerdas largas para amarrar y sal.

El famoso xoho hidalguense es un tamal-postre de metro y medio de longitud, endulzado con piloncillo y canela.

Y de Ixmiquilpan los tamalitos con hojas de maíz morado, también dulces, como postre.

JALISCO

Los "tamales de ceniza de Jalisco" deben ser preparados apegándose rigurosamente a todas las etapas de elaboración antigua, en virtud de que la harina de maíz para tamales que se vende comercialmente, no sirve para este tipo de tamales. Para preparar la masa de los tamales de ceniza se hace necesario procesar en casa los ingredientes, es decir:
Se deben poner en una olla la ceniza colada, la cal y el maíz con agua suficiente para que los granos queden totalmente cubiertos. Al poner al fuego la olla, se menea continuamente el maíz hasta que, sacando uno de los granos y restregándolo entre los dedos, suelte el hollejo; para ello no es necesario que el grano esté totalmente cocido.
Una vez que el maíz esté en su punto, se le saca y se deja reposar hasta el día siguiente. Hasta entonces se lava y se muele.
A esa masa se le agrega media cucharadita de carbonato* y se bate con una proporción adecuada de mantequilla. A partir de ese momento, los tamales se elaboran ya en la forma normal, es decir, se les agrega el frijol colorado y se envuelven en capas delgadas de masa. Como se puede ver, se trata de un proceso de elaboración muy artesanal, y por ello resultan ser unos tamales muy singulares.
Estos "tamales de ceniza" no deben ser confundidos con otros que equivocadamente reciben el mismo nombre porque durante el proceso de cocimiento (de cualquier tipo seleccionado de tamales), se coloca un solo tamal relleno de ceniza en la parte media del recipiente con el objeto de lograr una cocción uniforme y de evitar que se manchen unos con otros, según se asegura en las antiguas recetas.

MICHOACÁN

Se elaboran dos apreciadas especies de tamales:
Las corundas, muy gustadas por los antiguos tarascos. Son de forma

* CARBONATO. Forma abreviada para llamar al bicarbonato.

48

DÍA DE LA CANDELARIA

TRASFONDO RELIGIOSO DE LAS FIESTAS POPULARES

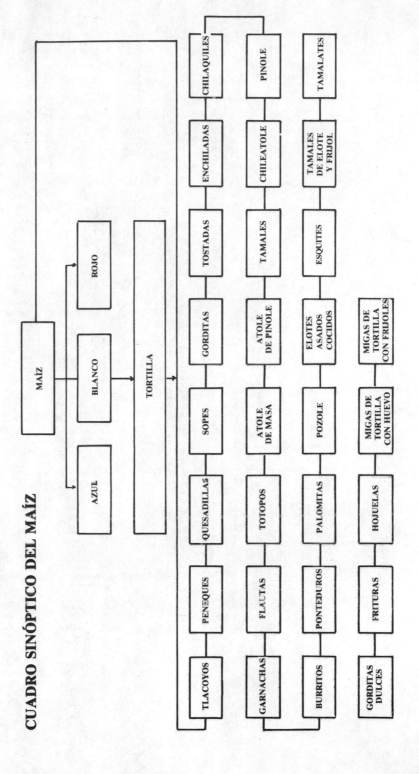

triangular y de masa de maíz con elaboración sencilla con su pizca de ceniza. Se envuelven en hojas frescas de la planta de maíz.

Estos tamales son preparados con trozos de masa colocados en hojas de maíz. Al envolverse van tomando una figura triangular, forma característica de la corunda, sobre todo de la mejor elaborada y de gran calidad culinaria. Pueden ser rellenos de carne de puerco, pero más frecuentemente de pura masa. Al servirse son exquisitamente acompañados con un guiso de chile con carne de cerdo, frijoles y una cucharadita de jocoque;[1] también pueden llevar queso.

Corundas[2] de trigo.— Éstas se elaboran con harina de trigo. Ya envueltas en hojas de maíz, quedan los granos de trigo grandes, hinchados y muy bien pegados, formando el tamal.

Los famosos uchepos, de elaboración más cuidadosa con masa de los granos de elote tierno. Se envuelven en las hojas interiores de los mismos elotes y tradicionalmente se sirven con un guisado de carne de cerdo y rajas, cuando son salados, y con crema, cuando son de leche o dulces. En algunas regiones los rellenan con el guiso de puerco.

Uchepos de sal rellenos de carne de puerco.— Realizados con elotes, mantequilla, polvo de hornear, carne de puerco cocida y deshebrada, chiles anchos y desvenados, jitomates pelados sin semilla y jitomates verdes asados, diente de ajo, aceite y sal.

Uchepos de dulce.— Preparados con elotes no muy tiernos, mantequilla, azúcar mezclada con una cucharadita de canela recién molida y una cucharadita de polvo de hornear.

Uchepos de leche.— Se hacen con elotes "sazones" (no muy tiernos) con sus hojas, leche, azúcar y canela.

MORELOS

Tamales de bagre.— Tras limpiar y dejar reposar el bagre con limón y sal, prepare un sofrito[3] con chile guajillo asado y remojado con suficiente

---

[1] JOCOQUE. Preparación alimenticia hecha con leche agria.
[2] CORUNDAS. (Tamal típico de Michoacán.) Tamales del tamaño de la palma de la mano, que se preparan a base de masa de maíz y se envuelven en las hojas del tallo de maíz.
[3] SOFRITO. Del verbo sofreír ligeramente, rehogar.
Del *Larousse universal ilustrado*

sal. Ya remojadas y limpias las hojas para tamal, ponga una capa de epazote, el bagre y el sofrito en cantidad suficiente para formar un tamal atado y cocido al vapor.

Tamales especiales de bagre.— Se elaboran con bagre, chile guajillo desvenado, dientes de ajo, ramas de epazote y hojas para tamal. Modo de preparación:
Limpie el bagre y póngale limón y sal; déjelo reposar más o menos una hora. Prepare un sofrito con el chile guajillo asado y remojado con suficiente sal. Después de remojadas y limpias las hojas para tamal coloque en el bagre unas ramas de epazote y córtelo en trozos (el sofrito en cantidad suficiente para formar un tamal). Estos tamales son especiales porque existe un molde en forma de bagre, molde que les da una presentación diferente y original.

NAYARIT

Tamales de camarón picado.— Tienen camarón fresco con cabeza sin pelar, masa de maíz, manteca, chile ancho, ajo picado muy fino, cebolla picada, jitomate, chile poblano asado y en rajitas, chile serrano en rajitas, orégano, sal y hojas de tamal puestas a remojar.

Tamales especiales de camarón. —Masa para tamales, camarón con todo y cabeza, manteca de cerdo, sal al gusto, polvo de hornear. El tamal de camarón fresco se envuelve en hojas de elote y los de camarón seco, en hojas de plátano.

Tamales de elote.— Existen dos versiones: los "colados" y los de "hollejo". Los primeros se hacen con el elote molido y colado, y los segundos, con el elote a medio moler. En ambos se utiliza elote tierno.

Otros tipos de tamales de camarón:

Existen dos variedades de camarón: fresco y seco. Los primeros se preparan siguiendo la tradición: masa, manteca, polvo de hornear y camarones frescos con todo y cabeza, los cuales constituyen el relleno. Los segundos se guisan agregando a la masa básica una mezcla de chilacate* molido y camarón seco en polvo. Ambos son una delicia.

NUEVO LEÓN

Los tamales neoloneses son diferentes a los ya mencionados, pues la masa

---

*CHILACATE o CHILATE. Preparado hecho con chile, maíz tostado y cacao.

empleada para su elaboración contiene miel de piloncillo, y su relleno es con base en carne de cerdo, miel, pasas y un sinnúmero de especias. Son horneados en grandes cocedores de adobe y leña de mezquite, fabricados especialmente para este platillo.

El zacahuil es un tamal de gran tamaño que contiene un cochinillo entero, aves, etc. Se prepara para fiestas o para vender en porciones en los estados de San Luis Potosí, Veracruz, Tamaulipas e Hidalgo, típico en sus huastecas.

La palabra zacahuil procede de los vocablos nahuas zacat (envolver) y huilotl (tórtola).

Tamales de chile colorado.— Se hacen con masa de maíz, manteca de cerdo o vegetal, pinole de maíz, manteca de res. El relleno contiene carne gorda de cerdo, dientes de ajo, cebolla, granos de manteca, harina, azúcar, vinagre, chiles colorados de Sonora o anchos (remojados, desvenados y molidos), aceitunas, pasitas y hojas secas de maíz.

OAXACA

Los tamales oaxaqueños son los más solicitados. Llevan mole negro. Para cocerse se envuelven en hojas de plátano previamente hervidas para suavizarlas, se atan y se colocan parados sobre un lecho confeccionado también con hojas de plátano en un bote de lámina o vaporera especial. Están cocidos cuando la masa se desprende de la hoja al abrir un tamal.

Sus condimentos son: cebolla, ajo, pollo, pierna de puerco, masa blanca para tortillas, agua, sal al gusto y tequesquite (piedra muy común en la meseta central de México la cual contiene sales de sodio de uso amplísimo en la cocina y que se sustituye con bicarbonato).

Otra definición de los tamales oaxaqueños.— Deliciosa masa de maíz rellena de varios guisos que pueden ser: frijol molido, mole con pollo, chepil (yerba silvestre), pescado o bien de dulce salpicados con pasitas. Tradicionalmente se acostumbra servirlos con una humeante jarra de atole.

También existe un tamal especial de cazuela el cual lleva harina para tamales, caldo de pollo, manteca de cerdo, hoja santa, cucharada de hojas de epazote picadas, cucharada de polvo de hornear, carne de cerdo cocida y en trozos chicos; chiles (ancho, mulato o pasilla) asados, desvenados y molidos; jitomate sin semilla, rama de hoja santa o epazote, y sal.

PUEBLA

Puebla es el lugar de nacimiento del platillo excelso de la cocina mexica-

na: el mole. Existe una extensa variedad de tamales para los moles de las diferentes regiones.

Puede afirmarse que Puebla es el único Estado de la República Mexicana que tiene la costumbre de saborear los tamales de mole o de rajas en forma de "torta".

Se toma la telera, se parte a la mitad e se introduce el tamal. Se acompaña con atole.

QUERÉTARO

Tamal de cazuela, de queso con chile, de elote y carne de cerdo. Tamales estilo Querétaro, tamales canarios y los "enlutados" "tamales de puerco" (características éstos por llevar maíz negro propio de la región, agua-cal, manteca, levadura en polvo, caldo, manojo de hojas de maíz, chiles anchos, cebolla, ajo y queso).

Tamales estilo Querétaro.— Se elaboran con elote desgranado y molido, azúcar, manteca vegetal o de cerdo, mantequilla o margarina, pasitas remojadas en una taza de leche, sal, hojas tiernas de elote (las suficientes para envolver los tamales) remojadas y escurridas.

SAN LUIS POTOSÍ
Información de la representación del gobierno de San Luis Potosí

Los tamales varían dependiendo de la región del Estado. En las zonas Centro y Altiplano son de masa de maíz con manteca y sal; en algunas localidades sólo se rellenan de chile colorado, pero los más comunes son los que van rellenos con carne de puerco con chile colorado, pollo, picadillo con mucho chile piquín, queso o rajas. También los hay de dulce y son de la misma masa, sólo que con azúcar en vez de sal y se les agrega pasas, trocitos de biznaga o de fruta cubierta, coco rallado y a veces hasta nueces. Comúnmente la masa de los tamales dulces va teñida con colores claros: rosa, amarillo, verde o azul. Se envuelven con hojas secas de elote y se cuecen al vapor.

Los tamales huastecos son también de masa de maíz con manteca de cerdo y sal, no siempre van rellenos, pero se pueden rellenar de picadillo, chilpán (relleno de chile colorado espeso con masa y con carne de puerco) sarabanda (vaina parecida al frijol a la cual se le saca la semilla, ésta a su vez, se cuece, y ya lista sirve de relleno del tamal). Estos tamales pueden ir envueltos en hojas secas de elote, pero es más común envolverlos con hojas de papatla o de plátano.

ZACAHUIL o ZACAHUITL
Es un tamal de gran tamaño que puede llegar a medir hasta 2 metros de largo. Se hace con masa de maíz quebrado enchilada con chile chino molido

con agua. *La masa se prepara con chile molido, sal y manteca de cerdo derretida. Con anterioridad se tiene preparada la "cama" de hojas de* papatla *o* plátano *y en ella se vacía la masa ya preparada y se rellena con carne de puerco entera (no en trozos) y, si es posible de pollo previamente bañada con chile rojo. Se amarra el tamal para meterse al horno de leña donde se cuece.*

PATLASHE O BOLIM

Este tamal entre los nahuas de la Huasteca Potosina, se llama patlashe *y* bolim *entre los huastecos de esta misma Huasteca. Se prepara masa de maíz quebrado bien batida con sal al gusto y manteca de cerdo; se le agrega un poco de agua para que la masa quede aguada y bien batida. A parte se preparan cinco o seis hojas grandes de* papatla, *lavadas, y se remojan con agua. Sobre las hojas se extiende la masa y se le pone el relleno que puede ser un pollo o un guajolote entero, o un trozo bastante grande de carne de puerco. El relleno debe estar bañado con chile, se le puede agregar un poco de comino, un poco de ajo y recaudo o recado (conjunto de especias y otros ingredientes para condimentar pescados y carnes). Ya puesto el relleno se envuelve con la masa y las hojas de* papatla; *se amarra bien y se mete a una olla de barro que se tapa con hojas de plátano y se pone en la lumbre o en hornos de leña para que tanto la masa como la carne del relleno queden bien cocidas. El tamal queda muy compacto y "panzón" por el guajolote o pollo entero, o por el trozo grande de carne de cerdo.*

Tanto el zacahuil, como el patlashe *o* bolim *se sirven en ocasiones o festividades muy especiales.*

Tamal perdido.— Lleva masa de maíz, manteca, cecina, polvo de hornear, chiles anchos, ajo, cominos, pimienta y sal.

SINALOA

Tamales "barbones" especiales.— Elaborados con manteca de cerdo, masa de maíz, sal, caldo de pescado, hojas para tamales. Para el relleno: manteca de cerdo, dientes de ajo picados, cebollas finamente picadas, chiles anchos (asados, remojados y desvenados), tomates pelados y picados, sal al gusto, pimienta negra molida, comino molido, y el camarón pelado y desvenado con su cabeza y barbas.

Tamales "tontos".— Tienen manteca de cerdo, masa de maíz, sal al gusto, hojas para tamales remojadas (las necesarias), consomé de pollo o de res.

Tamales de camarón seco.— Preparados con manteca de cerdo, masa de maíz, sal, pimienta, caldo de camarón, cebolla picada, dientes de ajo, chiles verdes (asados, desvenados y picados), comino en polvo, tomates picados y pelados, orégano seco, camarón seco (remojado, pelado y molido), hojas para tamales remojadas.

Tamales colorados.— Con maíz cacahuazintle, *agua (la necesaria), cal, manteca de cerdo, consomé de pollo, sal, palo de Brasil para teñir y hojas para tamales. En algunas ocasiones van rellenos de* quelites *o el colache de las calabacitas.*

Tamales de dulce con piña.— Llevan manteca vegetal, azúcar, sal, masa de maíz, polvo de hornear, piña pelada y cortada en cuadritos, hojas de tamales.

SONORA

Tamales de carne de puerco.— Llevan manteca de puerco, masa cernida, chile colorado, papa, aceitunas, pasas, chile verde poblano desvenado.

Tamales de chile colorado.— Tienen masa de maíz, manteca vegetal, pinole, harina de trigo, azúcar, chiles colorados, pasitas y sal. Su relleno contiene carne gorda de res o de cerdo, ajos, manteca de res, manteca de cerdo, vinagre, aceitunas, cebolla y hojas secas de elote.

Tamales de elote de Sonora.— Preparados con elotes, chile verde, manteca vegetal, queso blanco, leche pasteurizada, sal fina y masa para tamales.

Tamales de frijol Yorimuni.— Elaborados con maíz o harina de maíz, frijol yorimuni cocido, cebolla, manteca, cilantro, sal y hojas de maíz.

Tamales de frijol dulce.— Tienen maíz o harina de maíz, dulce de frijol, manteca, sal, hojas de maíz.

Tamales de gallina.— Se preparan con masa de maíz, manteca de res, manteca de puerco, ceniza de carbón. Su relleno tiene cebolla, repollo, zanahorias, aceitunas, vinagre, azúcar, chiles jalapeños, gallina, sal y hojas de maíz.

Tamales dulces de elote.— Llevan elotes tiernos, elotes no muy tiernos, azúcar, manteca o mantequilla, sal y hojas de elotes.

Tamales de panocha (piloncillo).— Masa de maíz revuelta con agua de piloncillo para que tome color café. Como relleno llevan frijoles molidos colados y se les agrega pedacitos de panocha.

TABASCO

Famoso es el tamal de chipilín el cual se guisa con base en masa de maíz, manteca de cerdo, cabeza de cerdo, pimienta gorda entera y hoja de chipilín.[1] Se envuelve en hoja de plátano.

Tamal de pejelagarto[2] asado.— Masa de maíz, pejelagarto deshebrado especial para tamal, chile, tomate y achiote. Se envuelve en hojas de plátano.

Tamalitos de frijol pelón.— Elaborados con frijol de carita (blanco), puerco salado, chile, tomate y tamalitos de potze de pescado (tipo barbacoa) consiste en rebanadas de pescado fritas acompañadas con un poco de arroz, las que envueltas en hojas de yerba santa y asadas previamente hasta que se impregnan del sabor y aroma característicos, forman una especie de tamalito.

Tamal mone.— Hecho con pescado bagre o banderudo. Se envuelve en hojas de plátano.

Tamal de maíz nuevo.— Se prepara con elote tierno, canela entera, almendras bien molidas, azúcar, nata, mantequilla y masa de maíz. Se envuelve en hojas de plátano.

Tamal bobo.— Lleva pescado bagre, con plátano o acuyo,[3] tomate, cebolla, pimienta y yerba santa, masa de maíz. Se envuelve en hojas de plátano.

Tienen pocos tamales de dulce entre los cuales destaca el tamal de elote con nata. Son los únicos envueltos en hojas de maíz.

TAMAULIPAS

Se acostumbra comer el tamal "chilpán", que se prepara con variedad de siete chiles: pasilla, cascabel, morita, ancho, piquín, mulato y guajillo, con los que se elabora una salsa que se espesa con la misma masa del tamal y sirve para cubrir el relleno y darle su sabor característico.

Son conocidos también los tamales de puerco con base en carne de puerco, masa, manteca y chile cascabel. Estos ricos tamales se diferencian de los demás en que son mucho más delgados, y van envueltos en hojas de mazorca y maíz.

[1] CHIPILÍN. Chipilli. Planta silvestre cuyas hojitas se emplean para aromatizar sopas y tamales.
[2] PEJELAGARTO. Nombre popular de un impresionante pez de agua dulce con hocico alargado y puntiagudo y filas de dientes largos y punzantes.
[3] ACUYO. Hoja santa. Yerba de excelente olor que recuerda al del anís. Se emplea en muchos guisos. También se le llama momo.

De *Cocina mexicana*

Tamales de carne seca.— Son guisados con masa para tortillas, manteca de res, manteca vegetal, caldo (en el que se coció la carne), hojas secas de maíz remojadas y escurridas. El relleno tiene carne seca, gorda, cocida y picada; y su caldo, chile ancho limpio y sin semillas, manteca, jitomate cocido, dientes de ajo, pimienta negra y sal.

También en todo el norte hay tamales de chile colorado.

TLAXCALA

Los tamales de Tlaxcala son de anís y constituyen el complemento de un buen plato de mole. También tienen su zacahuitl tlaxcalteca.

Tamales largos o "tontos".— Llevan sal, anís y manteca.

Tamales de haba.— Tienen habas, manteca, anís y cáscara de tomate.

Tamales cernidos con carne y mole.— Hechos con maíz, manteca, polvo de hornear, sal, anís y un rollo grande de hojas para tamales, cáscaras de tomate.

VERACRUZ

En Córdoba, Veracruz, destacan los tamales de hoja santa. A dicha hoja los botánicos la conocen como una hierba piperácea.

El tamal de cazuela lleva harina para tamales, caldo de pollo, manteca de cerdo, hoja santa u hojas de epazote, polvo de hornear, carne de cerdo, chile ancho, mulato y pasilla, jitomate y sal al gusto.

En la Huasteca se come un tamal gigante llamado zacahuil veracruzano, que se cocina con horno de leña y se rellena con carne de cerdo o pollo. En la zona costera hay ricos tamalitos de pescado.

Más del tamal de cazuela.— Con masa especialmente preparada, se cubre una cazuela poniendo en el centro una salsa frita de jitomate, chile ancho, diversas especies y carne de pollo, res o cerdo con caldo. Todo se cubre con masa y se puede cocer a baño de María o en el horno.

Tamales de elote.— Deliciosos solos o acompañados con una taza de aromático café. Están hechos sencillamente con maíz molido, manteca, sal o azúcar y canela. Se envuelven con sus propias hojas y se cuecen al vapor.

Tamales de frijol.— Son pequeños y muy ricos y peculiares en su elaboración. Se prepara un rollo de masa especial y frijoles refritos, con esto se rellenan las hojas de elote a las que se les coloca previamente un pedazo de hoja de aguacate. Se cuecen a vapor y se acompañan, por ejemplo, con mole.

Tamales de cazuela, especiales para días de carnaval jarocho.— *Se preparan con harina para tamales, caldo de pollo, manteca de cerdo, hoja santa o de epazote picada, polvo de hornear, carne de cerdo cocida y, en trozos chicos, chiles (ancho, mulato o pasilla) asados, desvenados y molidos, jitomate asado sin semillas y molido, rama de hoja santa o epazote, y sal.*

Tamal de elote de sabor casero, sabroso y llenador, del tiburón González García. Elote molido, chile ancho, manteca de cerdo, chile guajillo, epazote, chile seco y azúcar al gusto. Se envuelve en hojas de acuyo (yerba santa).

El famoso tamal de masa preparado con masa, sal, manteca de puerco, pollo, salsa de chile ancho, chipotle, hoja de acuyo. Se envuelve en hojas de plátano.

YUCATÁN

El estado de Yucatán aporta a la cocina mexicana un gran número de tamales.

Deliciosos son sus tradicionales tamales yucatecos hechos con masa para tortillas preparada, achiote, cominos, orégano, manteca de cerdo, pollo, carne de cerdo, jitomates, cebollas, epazote, ajo. Envueltos en hojas de plátano.

Del esplendor de la cultura maya heredamos el tamal pibipollo. Es un tamal enorme que se rellena de pollo, puerco, ajo, orégano, clavo de olor, pimienta gorda, comino, chile seco rojo, achiote en polvo, naranja agria o vinagre, sal, manteca, masa de harina, jitomate y epazote.

Tamal "suave de boda". Llamado también "colado", recibe este nombre porque debe quedar suave y tembloroso como la novia; tamalitos de especia, tamalitos de crema de pepita, tamalitos de elote nuevo para el desayuno.

Tamal de chaya (verdura empleada en sopas, tamales y guisos de Yucatán y Tabasco, tiene hojas grandes y dentadas).

Más del tamal de chaya del Dzoto Bichay.— *La masa de este tamal contiene chaya, planta silvestre de la región (se usa exclusivamente la hoja). Se rellena con huevo duro para, ya cocido, rebanarlo y rociarlo con pepita de calabaza molida y salsa de tomate y cebolla.*

Tamalitos Dzoto Bichay.— *Llevan masa, espinaca o chaya picada, manteca, pepita tostada y molida, huevos duros, jitomates asados, cebolla, chile habanero y hoja de plátano para envolver. Y los tamales arrollados así llamados porque se arrollan las puntas con tiritas de hoja.*

Tamal de merienda o de espelón.— *Lleva carne de puerco, una cucharadita de recaudo,* ohilaquil *(condimento propio de la región), tomates, un ajo, una hoja de epazote, una onza de masa, naranja agria, manteca, atados de rollo de espelón verde (frijol verde, ejotes) y agua.*

Tamal de venado (chacha-huajes).— *Lleva carne de venado asado, recado de ohilaquil, tomates picados, un gajo de epazote, manteca, naranja agria, achiote en pasta y masa.*

Tamales yuyos.— *Tamales rellenos de hongos que se recolectan en la región de los altos y en las selvas del Estado.*

Tamales de nacapitu.— *Tamalitos que asemejan panes por su forma y cocimiento ya que se hornean en molde sin envoltura. Llevan frijolitos tiernos crudos dentro de la masa.*

Tamales de canane.— *La masa se mezcla con frijol molido y se envuelve con hoja de elote. Se cuecen al horno.*

Tamales de pictes.— *Son preparados con base en elotes tiernos desgranados y molidos. La pasta se mezcla con manteca, sal o azúcar (según el gusto) y se envuelven en las hojas frescas de elote. Se cuecen al vapor.*

Tamales de yerba santa.— *La masa se unta con la hoja de yerba santa y enseguida se le pone una capa de frijoles molidos (algunas personas muelen los frijoles con cabezas de camarones secos y chile blanco). Se envuelven en hojas de plátano o de elote.*

Tamales de hoja de milpa.— *Su característica principal es que se envuelven en la hoja de maíz; el relleno es de carne de puerco con limón y salsa de jitomate. Se acostumbra comerlos el 3 de mayo, Día de la Santa Cruz o en fechas cercanas a ella, acompañados de jocotes (ciruelos tiernos).*

Tamales de cuchunuc.— *Cuchunuc es el nombre de una florecita silvestre que se corta en estado tierno para guisarla con salsa de tomate y chile blanco; con este guiso se rellena el tamal y se envuelve en hoja de elote. Se puede cocer horneado o al vapor.*

Tamalitos mexicanos de elote nuevo.— *Llevan elote tierno blanco grande, manteca, azúcar, sal, media taza de leche, una pizquita de bicarbonato de sodio, lomo de puerco, pollo chico, chiles de Veracruz, una pizca de pimienta de Castilla, clavo, ajo y canela.*

Tamales "torteados".— *Tienen carne de puerco, tomates, hojas de orégano, dientes de ajo, naranja agria, recaudo o recado negro o blanco, cucharadita de achiote, masa y manteca.*

Tamales mexicanos del Sureste.— *Llevan maíz de grano grande, pollo grande, carne de puerco, manteca, chile ancho, chile pasilla, canela, clavo, pimienta de Castilla, anís y tomates.*

ZACATECAS

Tamales zacatecanos.— Se prepara chile guajillo con semillas de calabaza las cuales se doran y se muelen con comino y un diente de ajo; todo esto se agrega a la carne cocida y desmenuzada. La masa se elabora con el caldo de la carne y un poco de sal. A las hojas de maíz, bien remojadas, se unta la masa agregando trocitos de carne con chile. Se envuelven los tamales y se ponen a cocer. Pueden ser de carne de puerco, de res o de pollo.

Como puede verse, existen poderosas razones para presentar con orgullo la gastronomía mexicana, no sólo en nuestras propias mesas, sino también en la plataforma universal. Se requiere, por tanto, cobrar conciencia del valor cultural manifestado a través de los hábitos alimentarios, los que en última instancia responden a perfiles socioculturales, a esquemas de vida y carácter vital.

Durante algún tiempo no se le otorgó la atención debida a las cocinas regionales. Afortunadamente el espíritu nacionalista fomentado por el movimiento revolucionario, trajo como consecuencia una revaloración de todo lo nuestro, revaloración que repercutió en la tradición gastronómica.

Así se revitalizó el orgullo de la mujer mexicana, principal "custodio" de la tradición culinaria de México, para presentar sus platillos tradicionales.

Es necesario fortalecer estos logros a través de una labor sistemática y permanente que permita a las nuevas generaciones conocer y amar todas sus tradiciones, conscientes de que éstas son una expresión natural de la manera de ser de México.

Dentro de este contexto —y al lado del fomento de otro tipo de tradiciones— el Patronato Pro-Fortalecimiento de las Tradiciones Mexicanas realiza también actividades en el terreno gastronómico, las cuales en ocasiones, tienen carácter de rescate. Tal es el caso de "los Reyes de la Antojería y de las Fiestas Familiares", los imprescindibles tamales, cuya infinita variedad por sí sola es motivo de asombro.

Un esfuerzo conjunto de los gobiernos de los estados y del Patronato, ha hecho posible la celebración de un festival gastronómico dedicado a la presentación de las variedades regionales de los tamales.

Dentro de este marco, se elaboró el tamal mexicano que por sus dimensiones resultó ser el más grande del mundo.

El tamal mexicano más grande del mundo

Recientemente se celebró en la Ciudad de México, el Primer Festival de los Reyes de la Antojería y las Fiestas Familiares Mexicanas: los Tamales.

En dicho evento organizado por el Patronato Pro-Fortalecimiento de las Tradiciones Mexicanas tuvo lugar un suceso de gran trascendencia: la presentación del tamal más grande del mundo.

El tamaño de este singular antojito fue de treinta centímetros de ancho por doce metros de largo. ¡Imagínese! Esto le valió el título de "El más grande del mundo", además de obtener el récord Guinness en lo relativo a los tamales, registrado por los representantes de la Organización Guinness Books.*

El grandioso tamal fue ideado por el Patronato Pro-Fortalecimiento de las Tradiciones Mexicanas y elaborado por el ingeniero Juan Martín Chanez y un numeroso equipo de colaboradores en las instalaciones de su empresa, Tamales Azteca, S.A.

El propósito fundamental de este Primer Festival es el de reafirmar los valores de nuestra identidad cultural, así como la difusión de los diversos aspectos de las tradiciones y costumbres regionales de los cuales destaca la gastronomía.

La tradición gastronómica ha sido particularmente cuidada y enriquecida hasta el grado de haber elevado la cocina mexicana a los más altos niveles de la gastronomía universal dada su gran variedad, la riqueza de sus ingredientes, su cuidadosa elaboración y su peculiar y espléndida presentación.

La tradición culinaria de México arranca de antaño. Los primeros cronistas mencionan la fastuosa mesa de los emperadores aztecas, en particular, la cuidadosa descripción de la mesa de Moctezuma, que resulta ser una auténtica mesa imperial. El virreinato dejó también su huella con la aportación de nuevos elementos y formas de elaboración. La Nao de China dejó sentir también su influencia y, finalmente, con Maximiliano y Carlota, las cocinas francesa y austriaca hicieron algunas aportaciones.

Ingredientes que se utilizaron para realizar el tamal ideado por el licenciado Sebastián Verti, presidente del Patronato Pro-Fortalecimiento de las Tradiciones Mexicanas y el ingeniero Juan M. Chanez Pérez, gerente general de la empresa Tamales Azteca, S.A., donde fue elaborado este grandioso tamal:

35 kilos de manteca de cerdo	1 manojo de orégano
25 kilos de manteca vegetal	10 kilos de piña
5 kilos de sal	4 kilos de hongos
100 kilos de harina de maíz	5 kilos de quelites
150 litros de agua	2 manojos de epazote

* Guinness. "Mayor tamal. Nuevo récord para México". *Libro de los récords*, 1991. Cap. 9. p. 211.

100 hojas de plátano
  5 kilos de camarón
  5 kilos de falda de puerco
  5 kilos de falda de res
  5 kilos de camarón (macuil)
  6 kilos de cecina enchilada
  2 kilos de pavo
  5 kilos de pescado (pargo)
12 kilos de charal fresco
  7 kilos de ancas de rana
10 kilos de pescado (bagre)
20 kilos de pollo
13 piezas de pescados
    (pámpanos)
  6 kilos de pierna de cerdo
  3 kilos de chile cascabel
  1 kilo de chile colorado
  3 kilos de chile guajillo
  3 kilos de chile pasilla
  3 kilos de calabacita
  4 kilos de tomate verde
  2 kilos de ajo grande
  5 kilos de cebolla
  2 kilos de chile verde
  5 kilos de papa blanca
10 kilos de jitomate bola
  3 kilos de chile poblano

20 piezas de nopales
  5 kilos de limón sin semilla
  4 manojos de espinaca
  1 kilo de chile habanero
  5 kilos de plátano macho
  3 litros de miel de piloncillo
  4 kilos de piloncillo
  5 kilos de uva pasa
250 gramos de pimienta gorda
250 gramos de pimienta negra
250 gramos de cominos
  7 kilos de aceituna grande
  6 kilos de frijol bayo
  7 kilos de queso panela
  1 kilo de ceniza
  4 kilos de frijol colorado
  3 kilos de chorizo
  1 kilo de anís
  4 kilos de mole negro
  2 kilos de pepita
  5 kilos de huevo
  1 kilo de achiote
  4 kilos de ciruelas pasas
  5 kilos de almendras
  5 litros de aceite
  5 kilos de grenetina
  8 botellas de miel de maíz

En todas las mesas de México son tradicionales los tamales de chile rojo o verde, de dulce y de elote —acompañados de atoles de diferentes sabores, de champurrados y de chocolate.

Los tamales han sido un fiel acompañante del pueblo mexicano desde sus orígenes prehispánicos, en la época virreinal, y en el México independiente, en donde figuraron como platillo especial en las fiestas de la Primera República Federal de 1824. Por ello no debe extrañarnos que ya en los recetarios del siglo pasado aparecieran más de 150 tipos diferentes de tamales, que van de la elaboración sencilla a la más compleja.

Se comprenderá entonces por qué decimos que los tamales son los reyes de nuestra antojería y protagonistas ineludibles de las fiestas familiares de los mexicanos, a los que hemos convertido en un platillo excelso y tradicional de nuestra gastronomía.

La imaginación creadora de la mujer mexicana, estoy cierto, seguirá enriqueciendo con su inventiva infinita, la esplendorosa variedad de este platillo tradicional.

Para terminar con este tema presentamos los:

TAMALES MEXICANOS EN EL MUNDO*

Filipinas, gobernada durante más de 250 años por España, recibió por conducto de la Nao de China o Galeón de Filipinas, aportes de nuestra cultura. El mestizaje se hizo presente con nuestros tradicionales tamales que denominaron:

TAMALES DE FILIPINAS

Tamales I

INGREDIENTES:

> 3 tazas de harina de arroz
> 7 tazas de leche de coco
> 1 taza de azúcar morena
> 1 cucharadita de pimienta negra molida
> 1/4 taza de agua de achiote
> 1 taza de cacahuates tostados y molidos
> 1 pechuga de pollo cocida y rebanada
> 6 u 8 camarones cocidos y pelados
>   manteca
> 6 rebanadas de puerco cocido
> 6 rebanadas de jamón
>   sal al gusto

ELABORACIÓN:

— *Tueste la harina de arroz. Vierta la leche de coco, la sal, el azúcar, la pimienta y la harina de arroz y cueza a media flama. Revuelva con frecuencia para evitar que se pegue. Agregue el molido de cacahuate al final.*
— *Retire de la cazuela la mitad de la mezcla; a lo que queda, añada el achiote y cueza por otros 2 minutos.*
— *Sobre tres capas de hoja de plátano (ablandadas sobre vapor de agua) se ponen 3 cucharadas de la mezcla con achiote y otras tres de la blanca para que el tamal salga de dos colores.*

* Enriqueta Pérez (comp. & ed.). *Recipes of the Philippines.* 19th Edition, 1973.

— *Encima aderece con pollo, jamón, camarón y puerco. Si quiere ponga rebanadas de huevo duro. Envuelva bien y ate para después cocer en la vaporera por 1 hora.*

Tamales II

INGREDIENTES:

3 tazas de harina de arroz
2 huevos duros
1/2 taza de puerco cocido rebanado
1/2 taza de camarones cocidos
1 taza de cacahuates peludos
1/2 taza de pollo cocido rebanado
1 chorizo español
  unas rebanadas de jamón serrano
7 tazas de leche de coco
  sal y pimienta al gusto
  manteca

ELABORACIÓN:

— Tueste la harina y separe la mitad. Tueste la que queda en la cazuela hasta que quede bien oscura. Tueste los cacahuates, muélalos y apártelos.
— Ponga la manteca en una cazuela. Fría las harinas por separado añadiendo a cada porción leche de coco hasta dar la consistencia del tamal. Bata constantemente para evitar que se pegue. Fría los cacahuates y apártelos. Fría el pollo y el puerco. Cueza el chorizo por separado.
— Ponga tres cucharadas de cada color de harina sobre las hojas de plátano y encima de todo lo demás.
— Envuelva cada tamal y ate.
— Cuézalos en la vaporera por 1 hora.

TLACOTALPAN, VERACRUZ, Y SU FIESTA DE LA CANDELARIA

Tlacotalpan se encuentra localizada en la margen izquierda del río Papaloapan, precisamente en la región más baja de Sotavento (parte contraria a donde sopla el viento). Situada a sólo 100 kilómetros de la ciudad de Veracruz, se llega en aproximadamente una hora por la hermosa y pintoresca carretera Veracruz-Alvarado; también hay acceso por la carretera Córdoba a Tierra Blanca, Santa Cruz y Cosamaloapan.

El apunte más remoto que se conoce de Tlacotalpan data de 1461, cuando Moctezuma Ilhuicamina incursionaba en el Papaloapan. La expedición de Juan de Grijalba navega por el Papaloapan en 1518, siendo entonces cuando Pedro de Alvarado impone su nombre al pueblo de Atlizintla (hoy Alvarado) y al Río Papaloapan, sólo que este último a través de los siglos ha conservado su nombre autóctono. Su registro eclesiástico data de 1699 y su archivo civil comienza en 1763.

A Tlacotalpan se le concedió el título de "pueblo" en 1699 y se elevó a la categoría de "villa" en 1862. El título de ciudad (incluso a nivel de capital del Estado) le fue concedido el 9 de mayo de 1885 por el general Alejandro García, gobernador y comandante militar del estado de Veracruz. En 1968 por decreto del gobernador del estado se le declaró "ciudad típica".

CABALGATA TLACOTALPEÑA

En esta población se celebra la Fiesta de la Candelaria, dedicada a la virgen del mismo nombre, patrona de la ciudad. La conmemoración se celebra del 31 de enero al 9 de febrero. La festividad se inicia, para beneplácito del visitante, con una cabalgata, desfile a caballo donde las mujeres lucen el esplendor de su belleza ataviadas con el clásico traje jarocho. Al otro día, en la Esquina del Toro, salta del río el primer astado que —junto con otros cinco— recorre la ciudad para regocijo del pueblo y visitantes. Esta fiesta es muy similar a la de San Fermín en Pamplona, España. El día 2 de febrero la fiesta comienza con las clásicas "Mañanitas" a la Virgen de la Candelaria, y por la tarde se efectúa la procesión de la imagen de la virgen por el río Papaloapan.

EL *NIÑOPA* XOCHIMILCA

Un Niño Dios que juega y canta

Xochimilco, tierra de ancestros, tierra de trajineras y de flores, es también suelo de tradiciones legendarias.

La devoción al *Niñopa* es una de ellas. El *Niñopa* es un Niño Dios, semejante y a la vez distinto de los niños dios que hemos visto en nuestras casas y que nuestras piadosas abuelas llevaron a bendecir el Día de la Candelaria.

El *Niñopa* es uno de estos niños, pero algo diferente porque su casa, porque su hogar es —desde hace más de cuatrocientos años— todo Xochimilco.

Un Niño Dios milagroso

A este bello niño que recorre vestido con lujos y estrenos todos los barrios chinamperos, lo llaman sus fieles amigos *Niñopa*, es decir, Niño Padre o Niño Patrón porque casi desde los inicios de la evangelización, los antiguos xochimilcas le pedían favores y lo veneraban.

La esencia de esta tradición es el cariño y la devoción a este Niño Dios, a quien los xochimilcas de hoy y siempre han amado de verdad. Lo visten, lo cuidan con esmero, lo miman, le regalan juguetes y superando sus limitaciones, le dan con sus ofrendas su cariño. Pero no solamente acuden a él cuando requieren un favor, es costumbre y tradición el visitarlo siempre.

Lo imaginan vivo

*Un niño rodeado de luz se levanta de su cuna
buscando sus juguetes en la oscuridad*

Dicen que por las noches hace lo que todos los niños: se levanta a jugar, pide su alimento. Incluso cuentan que un día que se cayó, se hirió la frente, ". . .pero como es tan bendito, él solo se curó y desapareció su herida sin que nadie arreglara la raspadura".

Por eso, porque tiene vida, los habitantes de los barrios de Xochimilco hablan del *Niñopa* como de algo muy suyo, muy cerca de su corazón, como alguien que siendo niño les da confianza, fuerza y nunca los abandona.

Es por ello que el *Niñopa* con su roperito repleto de ropajes, no habita siempre la misma casa, duerme en la del mayordomo.

Los vecinos pueden llevarlo a pasear por las calles o los canales de Xochimilco, pero deben regresarlo en la noche a la cuna de su mayordomía para que el custodio le ponga su piyamita, lo arrulle y lo duerma: "Métete a tu camita que ya es hora de dormir".

El *Niñopa* es feliz, disfruta sus trajecitos, juguetes, ropones y piyamas que tiene en su guardarropa.

La devoción al *Niñopa* ha generado toda una organización vecinal, mediante la cual, cada 2 de febrero, el día de la Candelaria, se da el cambio de turno de mayordomía —turno establecido hasta el año 2020— y todos se disputan el honor de darle posada en su casa, no obstante que los gastos del mayordomo y los posaderos suelen ser elevados y los ingresos limitados. Con todo. . . ¡vale la pena alcanzar el privilegio!

Por eso todas las celebraciones del *Niñopa* son muy lucidas.

Es así como los mayordomos y posaderos trabajan el doble o el triple para que en las fiestas que le organicen a su Niño Patrón no falte la comida, la música y la alegría.

Todos están de acuerdo en que el Niño es muy generoso y les paga en abundancia los sacrificios y esfuerzos que hacen por él.

Así se ha creado toda una moral colectiva en torno de esta devoción. Los vecinos solicitan con mucha anticipación al mayordomo les permita llevar a su casa al *Niñopa* para que los acompañe en la celebración de un cumpleaños o de un acontecimiento familiar; todos los que habitan la casa la arreglan, la engalanan, la amplían y trabajan con más ahínco y dedicación para obtener mejores ingresos y de este modo ofrecerle lo máximo. Pero quizá lo más importante es que desde el día mismo en que el mayordomo les otorga el permiso, todos procuran comportarse mejor para ser dignos anfitriones del Niño Santo.

Es pues ésta una costumbre de religiosidad popular fincada en una fe sincera y grande en Dios. Gente sencilla que con su humildad eleva su espíritu para dejar atrás todas las miserias y el ruido de la gran ciudad.

EN LA TIERRA DE LAS TRAJINERAS, UNA NOCHE
CUALQUIERA, LLORA UN NIÑO RODEADO DE LUZ

En la mente de los devotos existe la certeza de que el *Niñopa* llora cuando alguien se porta mal, y al escuchar su llanto entre los canales y las trajineras, la oración y el arrepentimiento surgen espontáneos:

Perdónanos Niñito,
perdona nuestros pecados,
no llores más por nosotros.

Es así como el *Niñopa*, ríe, canta, juega, camina por las calles. . . y sus lindos zapatitos se le raspan. Cuando siente que alguien no está bien se pone triste, pálido y ojeroso, y entonces en Xochimilco es hora de arrepentimiento y mimos. En fin, el Niño Milagroso de siglos de las chinampas, habita y vive en el Xochimilco de las legumbres, las flores y las trajineras.

¿QUIERE USTED VERLO?

Hágase niño y pregunte en cualquiera de los barrios de Xochimilco dónde se encuentra el *Niñopa*, y vaya usted y déjele en sus pies unas canicas azules o unos zapatitos rojos, pero entre estos juegos y estas risas, déjele también su amor y su ternura.

Pero una cosa es cierta: el *Niñopa*, el Niño Dios de los chinamperos, el Niño de las manitas blancas, de carita sonrosada que todos los días juega con sus canicas agüita, tréboles y sus carritos de madera cargados de flores, vive y habita —desde hace más de cuatro siglos— amando y protegiendo a todos los xochimilcas.

Y los hombres, las mujeres y los niños de la tierra de las chinampas floridas, de los canales iluminados por el sol, al pie de los volcanes majestuosos, para corresponder a su *Niñopa* y pagarle en parte los favores recibidos, lo cuidan, lo miman y lo veneran, día con día. Y esta fe grande, este amor sin horizontes, se confunde y se funde con el paisaje siempre bello, con el cielo siempre abierto, en las alturas del infinito misterio de lo eterno.

Cuando el día está precioso y hace mucho calor, lo llevamos a los canales, y en su chalupita especial, recorre todas las chinampas, lleva su sombrerito de paja para que no le dé calor.

¡Si lo viera usted vestido de Papa! ¡Se ve precioso nuestro Niño!

El Niñopa es imagen única que da fuerza y unión a todos los habitantes de Xochimilco.

Por nuestro Niñopa *trabajamos todo el año, queremos que sea feliz, que en sus festejos no falte la comida y la música.*

Acostumbramos tejerle o comprarle un trajecito para que estrene cuando visita cada una de nuestras casas.

Nuestro Niño Dios, Niño Patrón, es un ser inanimado que ha cobrado vida en la imaginación de quienes lo aman ciegamente.

A él le debemos todo. Los que antes tomaban mucho, ahora en lugar de eso, trabajan doble por el Niñopa *y les va mejor.*

El Niñopa *se ha metido en el corazón y en la mente de los habitantes de Xochimilco y de muchas más que vienen de otros lugares que vienen a verlo.*

Para él los xochimilcas trabajan duro. Amplían sus casas con la ilusión de que los visite el Niñopa, *y el día que llega la imagen, lo rodean de regalos, flores, veladoras, una gran mesa con dulces, carnitas, barbacoa, tamales y atole.* *

* Entrevista realizada para el programa "Rostros de México". XEB "La B Grande de México", Instituto Mexicano de la Radio.

CUARESMA Y SEMANA SANTA

Ponerse ceniza es comprometerse a manifestar que quiero:

1. Vivir en el amor y al servicio de los demás.
2. Valorarme y valorar a los demás.
3. Vivir al estilo del Señor Jesús.
4. Descubrirme como imagen viva de Dios y constructor del mundo.
5. Buscar, junto con los demás, cómo construir una sociedad mejor en lo económico, político y social.
6. Construir, con otros cristianos, la comunidad de Jesús.

Renunciando:

1. A vivir sin amor e indiferencia a los demás.
2. A menospreciarme a mí y a los demás.
3. A dejarme llevar por las consignas de la publicidad.
4. A dejarme llevar por los vicios y los falsos valores.
5. A la irresponsabilidad ante los problemas sociales.
6. Al individualismo y encerramiento en mí.

La ceniza no es:

1. Un acto mágico para que nos vaya bien o impedir un mal.
2. Una obligación.

Es un signo de que quiero morir con Cristo para resucitar con Él.

Monición: Estamos aquí para, al imponernos la ceniza:

1. Acogernos a la oración de la Iglesia universal,
2. Reconocernos públicamente pecadores,
3. Comprometernos a tomar en serio la Cuaresma como preparación a la fiesta de la Pascua que celebraremos dentro de 40 días.

Canto: *¡Piedad Señor!, o bien, ¡Perdón, oh, Dios mío!*

Oración: Todos decimos la oración.

Lectura: (Romanos 6, 1-14.) Escuchemos lo que san Pablo nos dice sobre el cambio que tenemos que realizar si queremos recibir cristianamente la Ceniza.

Homilía: La Ceniza significa:
Naturalmente: la muerte física.
Religiosamente: la muerte al pecado.
Cristianamente: hacer realidad el compromiso bautismal de vivir el programa de vida de Cristo, muriendo y resucitando.

Éste es el sentido que debemos darle al tomar ceniza.

Examen: Revisemos qué es lo que tenemos que cambiar en nuestra vida. Entre cada invocación se intercala al canto del *Señor ten piedad*.

—*Señor ten piedad*. . .

Propósito: En silencio cada quien prométale a Cristo corregir lo que tiene que corregir. Yo confieso. . .

Imposición: Cada quien toma un poco de ceniza y se la pone en la cabeza diciendo: "Muero con Cristo para resucitar con Él". Cada quien se la impone a sí mismo, los padres a los niños como signo público de que quiere vivir siguiendo a Jesús.

Oración universal: Todos juntos vamos a ir diciendo los compromisos.

—Te lo prometemos Señor.

Oración final: Concluyamos nuestra celebración diciendo todos:
—Acepta, Señor, esta celebración con la que iniciamos solemnemente la Cuaresma y concédenos que por medio de las obras de caridad y penitencia venzamos nuestros vicios y, libres de pecado, podamos unirnos mejor a la pasión de tu Hijo, que vive y reina por los siglos de los siglos. Amén.

Bendición:

—El Señor está con ustedes. . . La bendición de Dios. . . Vayamos en paz, nuestra celebración ha terminado.

Memento, homo, quia pulvis
es et in pulverem reverteris

Todavía suenan los cascabeles y aún se escuchan las notas de los alegres sones de la música vernácula; todavía hay confeti y "amores" y la somnolienta muchedumbre vendrá al templo a elevar sus oraciones al Creador de los Mundos: *Memento, homo, quia pulvis es et in pulverem reverteris*. Esta frase sacramental la repiten los siglos por boca de los sacerdotes católicos, y los fieles se arrodillan para que en la frente se les coloque la señal de la cruz.

En el carnaval, con disfraces abigarrados y exóticos, las muchedumbres se engañan mutuamente y con la frase: "¿Me conoces Mascarita?", se preguntan unos a los otros y se confunden en el bullicio de la alegría en el loco afán del placer.

Reconcentrándose en sí mismo y ya sin la careta que muchas veces usamos por conveniencia para ocultar nuestras emociones o para no decir la verdad ante el realismo de la vida, unos como creyentes, otros por imitación, de rodillas esperan que el sacerdote les coloque la marca que el catolicismo ha aceptado ya para este día.

La ceniza se hace generalmente con el polvo de las imágenes ya destruidas y con palma bendita quemadas. Lo común es que el sacerdote tome la ceniza bendecida con el agua bendita y con el dedo coloque esta señal. Pero en algunos casos se hace con corcho la figura de la cruz y a esto se llama "Jesucristo".

Muchas veces la vanidad de algunas damas ocasionaba que acudieran a los templos donde se ponía el "Jesucristo", pues no deseaban en su frente la señal de la cruz de modo imperfecto. Algunas beatas se untaban la frente con grasa, y durante toda la cuaresma conservaban allí el signo de la cruz.

En algunos pueblos huicholes de Jalisco y de Nayarit, hasta mediados del siglo pasado, había la costumbre de celebrar esta ceremonia en una forma extraña. En Peyotlán, a las primeras horas de la mañana, el jefe de la tribu agrupaba en su derredor a todos los vecinos del lugar, y distribuyéndolos por edades iba dando a cada uno su cruz de palma; una vez que todos la tenían en su mano considerábanla como amuleto que les preservaba de todo peligro. En su idioma pronunciaban palabras sacramentales y después se entregaban a danzas rituales al son de la chirimía durante todo el día. A la caída de la tarde, volvían a sus hogares para colocar las cruces en lugar visible. En varios pueblos de la raza otomí del Estado de Hidalgo cercanos a Actopan en los comienzos del siglo pasado había también unas ceremonias semejantes a la que hemos descrito. La única diferencia consistía en que se hacían unos tamales de maíz negro, los cuales en la noche se cocían en unas grandes ollas y se repartían, mientras distribuía el cacique algunas bendiciones.

En los pueblos del lago de Pátzcuaro —Janitzio y la Pacanda—, refiere el padre Mendoza que vio practicar como por el año 1880 una extraña ceremonia que consistía en lo siguiente: el cacique pintaba una cruz en la nuca de los devotos y repartía obsequios, entregándose después todos a la danza.

Tradición gastronómica mexicana para la Cuaresma

Digna herencia de la tradición culinaria de los mexicas

Los primeros cronistas de nuestra historia que relatan cómo aconteció el encuentro de la cultura occidental con la mexicana, dan amplio testimonio del profundo espíritu religioso de los pueblos indígenas y de cómo este espíritu alcanzaba también las costumbres y hábitos alimentarios; es decir, existía toda una tradición gastronómica vinculada a las creencias y ceremonias religiosas.

Por ello no es de extrañar que al realizarse la conquista espiritual por parte de los misioneros católicos —quienes procuraron aprovechar el mencionado sentido religioso— se produjera un cambio en los hábitos alimentarios propios de las fiestas religiosas para adaptarlos a los usos y costumbres que exigía el ritual de la nueva religión.

Surge así una cocina cuaresmal y una cocina navideña en la Nueva España, por ser estos dos ciclos en torno a los que gira la liturgia cristiana.

Estas tradiciones, que perduran hasta nuestros días, pueden decirse que son, en su esencia, prehispánicas, toda vez que los protagonistas son platillos indígenas (como es el caso de los guisos de nopales, flor de calabaza, guauzoncles, verdolagas, papas, moles y tamales por citar algunos).

Los guisos de Cuaresma conforman así una auténtica tradición gastronómica mexicana, la cual, justo es mencionarlo, aparece enriquecida con elementos aportados de la cocina hispánica.

En lo que se refiere a la tradición culinaria cuaresmeña, ésta aparece dominada por dos elementos rituales que son el ayuno y la abstinencia. El ayuno, porque obliga a la realización de un solo alimento, es la comida principal del día; en cuanto a la abstinencia, como su nombre lo indica, está vedado el uso de las carnes en todas sus variedades, pero no el de los vegetales y los pescados, los cuales pueden ser ingeridos en toda su infinita variedad.

La gastronomía mexicana aporta al mundo vegetales que son de consumo universal como: la papa, las calabazas, los camotes, el maíz, los chiles, los aguacates, los nopales y muchos más, protagonistas de las llamadas Vigilias de Cuaresma. De este modo surgen infinidad de guisos elaborados cuidadosamente, con gran devoción espiritual; de ahí que resulte ser la cocina cuaresmeña mexicana, una tradición gastronómica de muy alta calidad.

Para confirmarlo bastaría citar algunos ejemplos: los nopales en su casi infinita variedad de preparaciones con huevo, con moles, con ensaladas, etc.; los romeritos en mole, con sus clásicas tortas de camarón seco; los charales de Pátzcuaro y Zirahuén capeados con huevo; las calabazas en torta, rellenas, picadas y entomatadas, etc.; la flor de calabaza y el huitlacoche. Todo enriquecido con las aportaciones de los chícharos, los ejotes, los caldos de haba —preludio de toda comida cuaresmeña que se precie—, hasta llegar al llamado pastel del pobre y los pasteles azteca confeccionados con flor de calabaza, calabacitas, queso, crema y chiles poblanos o de otras variedades. Y por supuesto, los infaltables tamales: de camarón, queso, nopales, o las simples "corundas" o "uchepos", acompañados de rajas. Las regiones próximas al mar aportan con su variedad de pescados, platillos muy típicos como los caldos de camarón, el chilpachole, los muy criollos como el huachinango a la veracruzana o el bacalao a la vizcaína.

Cabe mencionar que la cocina mexica resultó muy adecuada para las fiestas cuaresmeñas, toda vez que en México no existía la carne de res, de cerdo y, en general, de todos los bovinos.

En cuanto a los postres, surgió pujante toda una rica repostería confeccionada con chocolates, frutas cubiertas y harina de trigo. Nacieron así las capirotadas, las torrejas, las tortas de arroz, los migotes, los huevos reales, los tamales y mil delicias más, capaces de satisfacer los gustos más refinados.

Por lo que se refiere a las bebidas, las famosas aguas frescas son el complemento ideal de la gastronomía cuaresmeña de la que tampoco están ausentes los aguamieles y los pulques.

Por todo ello no es aventurado afirmar que la gastronomía mexicana de cuaresma es una de las más ricas y variadas del mundo, y que para fortuna nuestra, resulta ser una ancestral y muy viva tradición de la mesa mexicana.

Huachinango a la veracruzana

(4 a 6 porciones)

INGREDIENTES:

- 1 huachinango entero (aproximadamente de kilo y medio)
- 5 jitomates
- 15 aceitunas deshuesadas y partidas a la mitad
- 7 chiles largos
- 1 cebolla rebanada
- 2 dientes de ajo picados
- 2 hojas de laurel
- 1 pizca de orégano
- 2 cucharadas cafeteras de jugo de limón
aceite para freír
sal

ELABORACIÓN:

— Limpie y lave el pescado sin cortar la cabeza ni la cola. Píquelo por ambos lados con un tenedor y úntelo con sal y jugo de limón. Déjelo reposar media hora.
— Fría unos 10 minutos la cebolla, el ajo, el jitomate, el laurel, el orégano. Añada sal.
— Coloque el pescado en un refractario. Agréguele la salsa de jitomate, los chiles, las aceitunas y la cebolla rebanada.
— Hornee a fuego medio hasta que se cueza el pescado (unos 20 minutos). Sirva con arroz blanco.

Sopa de frijol azteca*

(4 a 6 porciones)

INGREDIENTES:

    3 tazas de frijol cocido
    3 tazas de caldo de pollo
    3 jitomates
    1 trozo de cebolla
    1 diente de ajo
    1 ramita de epazote
    1/2 taza de queso fresco desmenuzado
        aceite para freír
        sal y pimienta

ELABORACIÓN:

— Licue los frijoles con su propio caldo.
— Aparte, licue el jitomate, la cebolla, el ajo, añada sal y pimienta y fría en una cazuela hasta que sazone.
— Agregue los frijoles molidos, el caldo y el epazote; deje hervir unos minutos. Sirva espolvoreado con queso.

* SOPA DE FRIJOLES GORDOS. Se muelen los frijoles gordos, cocidos como para el uso común, y deshechos en agua se cuelan después: se pone una tortera al fuego con manteca y aceite, friéndose allí tres o cuatro cebollas picadas menudas, y estando doradas se echa el caldo sazonado, dejándolo hervir hasta que espese algo; entonces se echan las rebanadas de pan doradas en manteca, otro poco de aceite y orégano en polvo; se deja cocer a dos fuegos la sopa, y cuando ya esté para separarse de la lumbre, se le polvorea queso rallado, volviéndole a poner el comal hasta que deba servirse; para llevarla a la mesa, se le echa otro poco de aceite por encima y se adorna con huevos estrellados en manteca. Esta sopa servirá para las vigilias, si no fuere caldo de la olla en el que se echó para hacerla.
Del *Cocinero mexicano en forma de diccionario, 1888.*

Sopa de lenteja*

(4 a 6 porciones)

INGREDIENTES:

    1 taza de lentejas
  10 tazas de caldo de pollo
    2 zanahorias peladas y picadas
    1 diente de ajo picado
1/2 cebolla picada
    1 hoja de laurel
    1 hueso de jamón (Es el hueso de la pierna
       de jamón serrano. Se pide en trozos)
       aceite para freír
       sal y pimienta

ELABORACIÓN:

—Fría en una cazuela la cebolla y el ajo. Añada al caldo, las lentejas limpias y remojadas con anterioridad, la sal, la pimienta, el laurel, la zanahoria y el hueso de
jamón.
—Cueza la sopa a fuego bajo hasta que las lentejas casi se deshagan. Si el caldo se
consume demasiado, agregue agua caliente.
—Antes de servir quite la hoja de laurel y el hueso de jamón, desprendiendo la carne
que tenga.

* SOPA DE SUSTANCIA DE LENTEJAS. Puesto a cocer un cuartillo de lentejas en
caldo, se le agregarán dos zanahorias, dos cebollas y dos clavos de especia; cuando
estén bien cocidas se desharán y colarán: con el caldo que de ellas resultare, se bañarán las rebanadas de pan tostado, puestas en una tortera que se pondrá a la lumbre, quitándose luego que quiera hervir.
Del *cocinero mexicano en forma de diccionario, 1888.*

Sopa de tortilla* tlaxcalteca

(4 a 6 porciones)

INGREDIENTES:

10 tortillas cortadas en tiras
8 tazas de caldo de pollo
3 jitomates
3 dientes de ajo
1 trozo de cebolla
1 rama de epazote
1/2 taza de queso rallado
1 aguacate
chicharrón
crema
chile pasilla al gusto
aceite para freír
sal

ELABORACIÓN:

—*Fría las tiras de tortilla hasta que se doren. Apártelas y en la misma grasa fría el chile. Escurra el exceso de la grasa.*

—*Licue los jitomates con los ajos y el trozo de cebolla. En una cazuela fríalos hasta que sazonen.*

—*Agregue el caldo, las tortillas fritas y el epazote; hierva unos momentos y sirva caliente.*

—*Ya en los platos se le añade al gusto, chile pasilla frito, rebanadas de aguacate, crema, queso rallado y trozos de chicharrón.*

* TORTILLAS. Con este nombre se designa al pan de maíz con que se alimentaban los antiguos pobladores de este continente, y usan hasta la fecha sus descendientes todos y las gentes pobres del país, comiéndose también en algunas casas mejor acomodadas por gusto, principalmente en el campo y fuera de la capital.

Dispuesto el nixtamal lo mismo que para el atole, y sin lavarle, á no ser que haya quedado el maíz muy cargado de cal, o muy *nexo*, como le llaman los indígenas, en cuyo caso se lava en agua fría sin estregarlo, sino sólo poniéndolo holgado entre las manos dentro de ella y sacándolo en seguida, se muelen en el metate ó molino de mano destinado a este fin; mientras más remolida queda la masa, las tortillas se hacen más delgadas y suaves, y así es que debe remolerse hasta dejarla sin grano alguno, recibiéndose la que va cayendo del metate en una batea á propósito que llaman *te-*

En el tercer viernes de Cuaresma se celebra la tradición del ofrecimiento del agua fresca de la samaritana.

En la liturgia del tercer viernes de Cuaresma se incluye el pasaje del Evangelio en el cual Juan narra aquel bello episodio cuando Jesús — después de haber salido de Judea a causa de las intrigas de los fariseos— viaja a Samaria, y en la vieja ciudad de Sicar se detiene, al filo de un caluroso mediodía, delante del pozo del patriarca Jacob para saciar su sed. En el brocal del pozo está la legendaria samaritana, y Jesús le dice:

— Dadme agua para beber.

Sorprendida la mujer porque un judío le dirige la palabra a una pública pecadora, interroga a Jesús:

— ¿Cómo tu siendo judío me pides agua para beber, si soy una samaritana?

Esta circunstancia es aprovechada por Jesús para manifestarse por vez primera como el Mesías Redentor ante un pueblo despreciado como lo era el de Samaria y precisamente delante de una mujer que vivía el sexto de sus amasiatos. Y esa mujer — después de un diálogo profundo con Jesús— corre a llamar a su pueblo para que conozcan al Mesías, comentándoles que sin haberla visto nunca, conocía todos los pasos de su vida:

— ¿Acaso será porque es Cristo? —repetía la samaritana una y otra vez.

Y narra Juan que por la samaritana fueron muchos los de ese pueblo de infieles los que creyeron en la doctrina de Jesús, al grado que lo obligaron a permanecer entre ellos dos días.

Para perpetuar este pasaje de la vida de Jesús y la conversión de los samaritanos, algunas comunidades cristianas de México establecieron la tradición de ofrecer aguas frescas al filo del mediodía en los atrios de las iglesias, quizá para reparar la duda de la samaritana al no darle de inmediato agua a Jesús.

---

pextate; de la masa molida se van cogiendo porcioncitas del tamaño proporcionado, según el que se quiere dar a la tortilla, y se azota con las palmas de ambas manos, redondeándola al mismo tiempo y dejando la tortilla del grueso que se apetezca. Se tiene prevenido sobre una hornilla ancha y baja, con bastante lumbre, un comal, que es una vasija extendida casi plana y algo cóncava, de barro poroso y cocido, bruñida por la parte superior y áspera por abajo, que fabrican los naturales á este intento, y se cura frotándola con agua espesa de cal: sobre ella se ponen las tortillas al acabarse de hacer entre las manos, y después de un rato corto se voltean del otro lado, para que por ambos queden bien cocidas sin quemarse, y se van echando a un cesto con una servilleta para cubrirlas y llevarlas calientes a la mesa, que es como saben bien, pues enfriándose, se endurecen y ponen correosas. La gente miserable, en vez de hornilla, coloca tres piedras del mismo tamaño á distancias proporcionadas, y dejando en medio un hueco para la leña ó carbon, á cuyo aparato se llama *clecuil*, de la voz mejicana *tlecuilli*, que significa *hogar ó fogón*.
Del *Cocinero mexicano en forma de diccionario, 1888.*

Esta costumbre, como otras muchas, había sido sepultada por el ritmo de la vida moderna, pero cada tercer viernes de Cuaresma, la Asociación de Belenistas de México decide revivirla en el corazón de la Ciudad de México — en la antigua plaza de Santo Domingo — con una bella estampa escénica de Jesús y la samaritana en la legendaria fuente de la plaza de Santo Domingo, ofreciéndose al final la tradicional agua fresca de la samaritana.

Tradiciones como ésta propician la armonía entre los vecinos, y hacen amable la convivencia urbana porque humanizan y elevan el espíritu de los capitalinos.

Aguas frescas de México

INGREDIENTES:

1. *De mango (2 mangos)*
2. *De tuna (8 tunas blancas peladas)*
3. *De plátano (3 plátanos maduros)*
4. *De fresa (2 tazas de fresas lavadas y desinfectadas)*
5. *De guayaba (8 guayabas).*

ELABORACIÓN:

— *Hierva nueve tazas de agua durante 10 minutos. Enfríe.*
— *Lave la fruta y parta la pulpa en pedazos.*
— *Licue la fruta con el agua hervida. Refrigere y sirva con cualquier comida. Endulce con miel si es necesario.*

ALTAR DE DOLORES

Preludio de la Semana Santa

Es proverbial la predilección del pueblo mexicano que siempre ha sentido y siente por María, la Madre de Jesús, en cualquiera de sus advocaciones, entre las que, naturalmente, destaca la Virgen de Guadalupe de México, a quien se le tiene especial devoción.

Sin embargo, no es de extrañar la rapidez con la que se propagó el fervor hacia la Virgen de los Dolores, la Dolorosa o Virgen de la Soledad, que son las tres advocaciones de María al lado de la cruz.

En realidad esta fiesta litúrgica se estableció para rememorar los siete dolores de la Virgen María. La tradición del Altar de Dolores se enlaza con el día de la Candelaria (2 de Febrero), porque se recuerda la ceremonia de la presentación de Jesús niño en el templo, la bendición de las candelas, la purificación de la Virgen María y su encuentro con el profeta Simeón, quien vaticinó a la Virgen que su hijo sería "señal de contradicción" y que el alma de María sería "traspasada por una espada" a la que hacen alusión muchas pinturas y tallas al poner en el corazón de María una daga. De ahí el nombre de la advocación de Virgen de los Dolores. El nombre de Dolorosa procede del himno que se recita en la misa de ese día.

La devoción a la Virgen Dolorosa es muy antigua en la liturgia católica, como lo atestigua el himno *Stabat Mater Dolorosa Iuxta Crucem Lacrimosa* que se recita en la misa del viernes de la Pasión o de los siete dolores. Por lo tanto, desde los inicios de la Colonia los pintores mexicanos de renombre como los barrocos Juan Correa (segunda mitad del siglo XVII y primera del XVIII), Cristóbal de Villalpando (pintor del siglo XVII) y Miguel Cabrera (1695-1768, originario del estado de Oaxaca), plasmaron bellísimas pinturas de la Dolorosa.

De la misma manera que los nacimientos y el altar de los Muertos, que no sólo se colocaron en templos, sino también en las casas, se propagó la costumbre de instalar el altar de Dolores en los hogares mexicanos.

Algunos cronistas de la ciudad de México gustan repetir que el viernes de Dolores nace en México a petición de Don Bernardo de Gálvez (conde de Gálvez en 1786), cuando en realidad lo que hace este Virrey de Nueva España (el cuadragesimonono) es solamente revivir la fiesta que ya se celebraba con el paseo de Santa Anita el viernes de las flores y de las amapolas, costumbre que venía de tiempo atrás y de donde nace la tradición de entregar a la Virgen de los Dolores amapolas y flores en general de parte de quienes visitan el Altar.

La razón que indujo al conde de Gálvez a este gesto al que se sumó fervoroso el pueblo capitalino, fue que en 1785 hubo una gran *hambruna,* por lo que se llamó Año de hambre, y el siguiente se declaró la peste maligna, por lo que se le llamó Año de la peste. Estas calamidades propiciaron que la ofrenda al Altar de Dolores cobrara fuerza, radicándose durante más de un siglo en el antiguo paseo de Santa Anita. Curiosamente esta costumbre del Viernes de Dolores siempre ha estado viva en Santa Anita, es decir por esos rumbos la tradición subsiste y se enlaza también con la tradición de la Flor más bella del Ejido, que ahora se celebra en Xochimilco, el viernes anterior al Viernes de Dolores.

Ahora bien, el Altar de Dolores, se instalaba como preludio a la Semana Santa, fecha que tiene por objeto recordar los sufrimientos de la Virgen María a propósito de la Pasión de su hijo Jesucristo.

Como ya mencionamos, en los templos y en los hogares se montaban altares dedicados a la exaltación de la Virgen María en su advocación de Dolorosa, que se distingue por su rostro Doliente bañado en lágrimas. Al centro se colocaba la imagen Mariana, bien fuera esculpida o pintada, pero siempre al lado de una cruz y de diversos objetos que con diferente simbolismo completaban el conjunto.

Dicho acontecimiento señalaba momentos de reflexión y, a la vez, de sano esparcimiento, ya que propiciaba la convivencia de familiares y amigos, tanto en la preparación como en la visita de los diversos altares.

Después de escoger el sitio adecuado de la casa, generalmente el más importante y vistoso, la familia se daba a la tarea de seleccionar las imágenes y objetos para el montaje y ornamentación: mesas y gradas para los desniveles del altar; lienzos blancos para el fondo; recipientes para *las aguas de sabores que recordarían las lágrimas de la Virgen* y que beberían las visitas; macetas con follaje y flores; grandes velas de cera con crespones; naranjas pintadas con oro volador y coronadas por banderitas de papel picado; a los pies del altar, tapetes con polvos de colores o semillas de los más variados tonos y formas, en las que con gran ingenio y destreza se representaban diversos símbolos de la Pasión.

En algunos lugares de México es también costumbre adornar los altares con los germinados de las semillas de chía que fueron bendecidas en la celebración del día de la Candelaria; y en algunas poblaciones, como San Miguel de Allende, Guanajuato, se ofrece a quien visita el Altar un delicioso dulce de Chilacayote o cabellitos de ángel del cielo.

Las tradiciones religiosas instituidas desde la época virreinal forman parte de nuestro acervo cultural.

PROGRAMA GENERAL DE ACTIVIDADES DE LA SEMANA SANTA EN MÉXICO

DOMINGO DE RAMOS:
De la Pasión del Señor:
Se celebra la entrada triunfal de Cristo a Jerusalén para consumar su misterio pascual.
Solemne Bendición de Palmas en el atrio del templo, procesión y misa solemne.
Ejercicio solemne del Santo Rosario.

LUNES SANTO:
Misa de Pasión al Señor de la Espina. Por la noche Rosario, Sermón y Ejercicio del Prendimiento.

MARTES SANTO:
Misa de Pasión al Divino Preso. Por la noche, Rosario, Ejercicio del Aposentillo y Sermón.
Misa de Pasión al Señor de la Expiración.

MIÉRCOLES SANTO:

Misa de Pasión al Señor de las Maravillas. Por la noche, Procesión con el Señor del Golpe, con Rosario cantado y Sermón.

JUEVES SANTO:

Se celebra la Institución de la Sagrada Eucaristía como memorial de la Pasión del Señor, la Institución del Sacerdote Católico y el Mandato de la Caridad Fraterna.

Oficio de lectura y Laudes de la Liturgia de las Horas. Solemne misa vespertina En la Cena del Señor.

Inmediatamente, Traslación y Adoración del Santísimo Sacramento.

VIERNES SANTO:

Obliga el ayuno y la abstinencia.

Se conmemora la Pasión y Muerte del Señor.

Actos Litúrgicos:

A las 8 a.m. Oficio de lectura y Laudes de la Liturgia de las Horas.
A las 3 p.m. Solemne acción litúrgica de la Pasión y Muerte del Señor, que consta de tres partes: Liturgia de la Palabra, Adoración de la Cruz y Sagrada Comunión.

Actos Extralitúrgicos:

A las 10 a.m. Cristo sentenciado a muerte. Sermón.
A las 11 a.m. Encuentro del Señor con su Santísima Madre. Sermón.
A las 12 p.m. Las Siete Palabras de Cristo en la Cruz. Sermones
A las 5 p.m. Solemne Procesión del Santo Entierro.

SÁBADO SANTO:

La Iglesia ora piadosamente ante el Sepulcro de Cristo hasta la hora de la celebración de la Vigilia Pascual.

Se recomienda el ayuno.

A las 8 a.m. Oficio de lectura y Laudes de la Liturgia de las Horas.

A las 7 p.m. Solemne Corona Dolorosa, Sermón del Pésame y *Stábat Mater*.

A las 11 p.m., Vigilia Pascual en la Noche Santa, Bendición del Fuego, preparación de la Procesión del Cirio, Canto del Pregón Pascual, Liturgia de la Palabra, Bendición del Agua Lustral y Renovación de las Promesas del Bautismo.

A las 12 p.m. Solemne Liturgia Eucarística (Misa de Gloria). Llevar velas.

DOMINGO DE PASCUA DE RESURRECCIÓN DEL SEÑOR:
A las 8 a.m. Misa Solemne.
Ejercicio Solemne del Rosario y Sermón.

DOMINGO DE RAMOS

Narra el Evangelio que antes de su Pasión Jesús entró triunfante a Jerusalén sobre el lomo de un burrito; a su paso, una alfombra improvisada de ramas cubrió el sendero.

La tradición mexicana recuerda este hecho y las manos piadosas de artistas anónimos tejen y entretejen las palmas y la paja de trigo para alabar con figuras al Redentor.

En el atrio de la Catedral Metropolitana cada año se dan cita miles de personas que, con sus palmas en alto, reciben la bendición el Domingo de Ramos, ocasión que marca el inicio de la Semana Santa.

Los feligreses recuerdan la entrada de Jesús a Jerusalén sobre su borrico.

Bendición de la Palmas en la Catedral de la Ciudad de México

Año tras año, al bendecir las palmas que centenares de fieles le presentan, el arzobispo Ernesto Corripio Ahumada invita a la grey católica a vivir la Semana Santa con amor. Hacer de lado el egoísmo y olvidar rencores, pues en los momentos actuales no caben —ni debe haber— disputas entre los hombres.

"La situación actual reclama amor y unidad [. . .] pues ha llegado el momento de cambiar nuestra forma de vida. Reencontrarnos con Dios y no olvidar nuestro deseo de cooperación".

Salvar la dignidad

En una catedral pletórica de fieles, el jefe de la Iglesia católica del país invita al pueblo de México a rescatar la dignidad del hombre.

"Ya no es posible que nos denigremos unos a otros y que estemos peleando y atacándonos constantemente" —establece Corripio Ahumada en su homilía, al recordar la entrada de Jesucristo a Jerusalén.

En el tradicional Domingo de Ramos, el arzobispo primado de México enfatiza que estas fechas nos invitan a —y a la vez son propicias para— encontrar el verdadero camino de la perfección, que no es otra cosa que el amor al prójimo.

Cuando un ser humano ha llegado a establecer un grado de perfección, se encuentra dispuesto a dar la vida por salvar a sus semejantes, y este gesto —subrayó— recuerda la acción que Cristo tuvo con todos los hombres, pues murió por la Humanidad entera.

Mejorar la vida

En la Semana Santa no sólo debemos recordar la pasión y muerte de Cristo, sino procurar que lo vivido y padecido por Él nos sirva para mejorar nuestro modo de vida.

En su homilía el cardenal recuerda la Pasión de Jesús. Su llegada a Jerusalén, su transitar, y todos los momentos y milagros que realizó a su paso.

Estas fechas, asevera el prelado, cuando se conmemora además un año jubilar, todos los católicos debemos procurar el amor que Cristo nos ha querido demostrar y así lograr la resurrección.

Por último, el cardenal destaca que todos tenemos nuestras contrariedades, si bien contamos con el amor de Cristo, lo que es fundamental para rebasar los problemas que se nos presenten.

Evitar el desenfreno

Por su parte, el abad de la Basílica de Guadalupe, monseñor Guillermo Schulenburg, al referirse a la Semana Santa en su tradicional concelebración, invita a los fieles a vivir intensamente el significado de la Cuaresma que no debe ser desenfreno, aunque en muchos casos sea de descanso.

"Vida de recogimiento, reflexión en torno a nuestro destino trascendente como hijos de Dios, es lo que se impone en los días santos" —dice el abad al invitar a los fieles a participar en el triduo sacro para vivir de cerca la instauración del sacerdocio, la Eucaristía y la Resurrección.

LAVATORIO DE PIES

En Jueves Santo, el significativo acto de humildad en la Catedral

Todos los años el cardenal Ernesto Corripio Ahumada, en un acto de humildad, lava los pies de doce ancianos para patentizar el mandato del Señor, con la caridad que debemos servir a nuestros hermanos y la limpieza del alma con que hemos de acercarnos a recibir la Comunión.

En esta misa, el cardenal, máxima autoridad de la Iglesia Católica, recuerda el significado del Jueves Santo y consagra la Sagrada

Fórmula. Pronuncia las mismas palabras que dijo Jesús en la Última Cena: *Éste es mi cuerpo*. Y recuerda la oración del Señor al establecer el sacerdocio católico.

La renovación de la Semana Santa la inició el Papa Pío XII y se restableció en la Vigilia Pascual. El 21 de marzo de 1969 se expidió el nuevo calendario romano, con las explicaciones adecuadas de los oficios de la Semana Mayor.

Después de celebrarse la misa de Cena del Señor —llamada Última Cena— se realizan otras dos y los fieles reciben la comunión. (La permanencia del Señor en la hostia es conocida como Reserva Eucarística.) El misal romano no ha modificado los ritos del Jueves Santo. Sólo existe un cambio: las personas que comulgaron en la misa de Crisma el Jueves Santo por la mañana, pueden comulgar de nuevo por la noche, en la Cena del Señor.

Multitud de fieles asisten a la Visita de las Siete Casas, o Visitar los Monumentos como se decía anteriormente.

Visitar los siete templos es una costumbre que conserva el pueblo desde hace años, y se reza una "estación" o el Viacrucis entero en cada uno de estos templos.

VISITA DE LAS SIETE CASAS

Devoción del Jueves Santo

La comunidad cristiana de México continúa con devoción la tradicional Visita de las Siete Casas para ofrecer sus oraciones ante los Monumentos para la adoración a la Eucaristía.

Uno de los momentos más señalados el Jueves Santo es la institución de la Eucaristía, que contiene la respuesta de amor de Cristo al darnos su Cuerpo y su Sangre. Por este motivo, desde los primeros años de la evangelización en el Nuevo Mundo, los frailes establecieron en sus rituales la visita a los altares, en recuerdo a las primeras comunidades de Jerusalén que conmemoraban algún episodio de la Pasión del Señor.

El esplendor de los altares, aunado al arte popular en los arreglos florales, atrae cada año a los feligreses que concurren con un hondo sentido de fe.

En la Ciudad de México la devoción de las visitas a las Siete Casas es de gran arraigo popular. Originalmente se hacían en las capillas de la Catedral Metropolitana, en memoria de los primeros grupos cristianos y, más tarde, en sustitución de las Basílicas de Roma.

Las romerías por los templos no están consideradas como actos litúrgicos, sino que permiten a los feligreses meditar acerca de la acción del Señor cuando legó a sus discípulos la Divina Eucaristía, al bendecir el pan y el vino que les ofreció diciendo: *Éste es mi Cuerpo y ésta es mi Sangre*.

El sacerdocio católico continúa el ejemplo del Señor, quien los invita con estas palabras: *Haced esto en memoria mía.* Hasta nuestros días los fieles pueden alimentarse espiritualmente con la Sagrada Fórmula en todos los confines del planeta.

Verdaderas romerías forman las familias que visitan los templos. Entre ellos: La Coronación (en el Parque España), la Catedral, San Hipólito, La Profesa, San Francisco, y San Felipe, de gran tradición en el primer cuadro de la capital mexicana.

Los Monumentos de las iglesias de Regina, San Loreto, Nuestra Señora del Carmen, San Sebastián Mártir, Santo Domingo y otras de gran arraigo popular, se encuentran en la ruta de los romeros para recordar el paso de Cristo por los lugares de su padecimiento: del Cenáculo al Huerto de los Olivos, del Huerto de los Olivos a la Casa de Anás, de allí a la casa de Caifás, de la casa de Caifás al Pretorio de Pilato, de ésta a la casa de Herodes y nuevamente, al Pretorio de Pilato. Finalmente al Calvario.

LA SEMANA MAYOR EN MÉXICO

Nuestro país es sin duda alguna, mosaico de tradiciones donde se celebran innumerables festividades religiosas y paganas plenas de colorido y tradición.

La celebración de la Semana Mayor, en muchas ciudades y poblados del país, se realiza en forma distinta: viacrucis vivientes, procesiones, representaciones teatrales y otros.

San Luis Potosí

Es en San Luis donde la Semana Santa tiene fama nacional e internacional. El Viernes Santo se efectúa la Procesión del Silencio en la que participan alrededor de quince cofradías entre las que destacan: la del Cristo Roto, La Penitencia, del Silencio, Agustiniana, del *Ecce Homo*, la preciosa Sangre y la Soledad.

Así, el Viernes Santo, en punto de las 7 p.m., sale del Templo del Carmen la majestuosa procesión y recorre las principales calles de la ciudad ante los ojos de propios y extraños que salen de sus hogares o llegan a la San Luis para ver de cerca la procesión.

No faltan las representaciones que se celebran en distintos barrios de la ciudad, entre las que sobresale la que se efectúa en el Barrio de Guadalupe el Jueves Santo a las 8 p.m., con la representación de pasajes como: La Última Cena, Yo soy, Tres gotas de sangre, Trébol de Judea, Aprehensión, Buitres, La Paloma y El Suicida.

La ceremonia prosigue el Viernes Santo, a las 3 p.m. con otras representaciones: De Pilato a Herodes, de Herodes a Pilato, la Columna de las Afrentas, Calle de la Amargura, La Cruz y Todo está Consumado.

Antes, la noche del Viernes de Dolores, en el callejón del Buche, la fiesta es en honor de la Virgen. Ahí, los vecinos cooperan para levantar un altar, comprar flores, llevar música sin faltar la pólvora para los toritos y castillos en honor a la Virgen.

Es importante señalar que en todo el estado de San Luis Potosí se celebra la Semana Mayor con mayor o menor participación, pero siempre con el fervor y conservando las tradiciones propias del lugar.

Así, en Real de Catorce, Tancanhuitz de Santos, Armadillo, Cerritos y otros poblados se realizan procesiones de Viacrucis en los que participan la mayor parte de los habitantes.

Como ya es costumbre y para apoyar de una u otra forma las celebraciones de Semana Santa, no faltarán en la capital del estado audiciones musicales con la banda de música del gobierno, exposiciones, recitales y otros eventos culturales.

Toluca

También la ciudad de Toluca realiza, haciendo su recorrido por diferentes calles de esta ciudad, la Procesión del Silencio o Procesión del Santo Entierro de Viernes Santo, como una manifestación religiosa, penitencial y silenciosa que viene a dar mayor realce a las celebraciones de la próxima Semana Santa.

En Toluca la procesión se inicia en la Catedral en punto de las 7:30 p.m., y recorre las principales calles de la ciudad. Presentes, además de las fanfarrias y el tambor tarahumara, están las imágenes del Aposentillo, Jesús Nazareno, Santo Entierro, mujeres vestidas de negro y rebozo blanco, la Verónica, Jesús y el Cirineo.

Michoacán

Sin duda alguna Michoacán es un abanico de costumbres y tradiciones. Aquí la Semana Mayor resalta por la diversidad de las celebraciones.

En Araro, Charo, Huandacareo, Tirímbaro, Tzintzuntzan, Ucareo, Uruapan, Ciudad Hidalgo, Pátzcuaro y Morelia, las celebraciones se distinguen por su colorido. Hasta los atrios de los templos llegan cientos de danzantes que ofrecen su sentir al Cristo Crucificado.

No faltan los Viacrucis donde los participantes representan cada uno de los pasos, ya sea por las principales calles de la ciudad o en teatros al aire libre.

De esta manera en nuestro país todavía prevalecen las costumbres y tradiciones que nos han identificado. A pesar del correr del tiempo, las celebraciones conservan sus rasgos característicos, como es el caso de estos tres estados que ofrecen al visitante la magia de una de sus más importantes celebraciones: La Semana Mayor.

LA PASIÓN SEGÚN SAN MATEO EN EL ESTADO DE MÉXICO

Desde 1954 la familia Acal representa La Pasión en San Mateo Texcalyacac, población del Estado de México, a 55 kilómetros de la capital.

Al final se implora el Perdón por los Siglos de los Siglos. Miles de fieles atestiguan la Traición. Jesús de Nazaret fue crucificado y sus discípulos —con la indignación y la tristeza en el rostro— condenaron a voz abierta el sacrilegio.

Es aquí donde desde hace años la figura de Cristo se hace presente. Cientos de lugareños integran un solo sentimiento y, mediante un acto de fervor, recuerdan la Pasión del Hijo de Dios.

Campesinos, obreros y estudiantes escenifican el acto en que ese hombre dio la vida en pro de la humanidad.

Barbas y cabellos dorados. Vestimenta de un blanco transparente. El cuerpo doblado por 75 kilos de madera maciza. La cara atormentada por el peso de la cruz. Y rostros salpicados de sangre.

Y Jesús evoca a su Padre, a Dios: *Perdónales, no saben lo que hacen*. Los duros golpes taladran los oídos. Esas manos no podrán curar más enfermos, levantar muertos, aliviar la miseria y llevar el pan a los necesitados.

Todo el pueblo, entonces, se levanta y fustiga la traición de Judas Iscariote.

Concilio de Semana Santa en esta población, viva expresión de una pequeña villa ubicada a 55 kilómetros de la capital.

Significa la inquietud de la familia Acal por preservar la estampa del Creador. Salatiel, Donaldo y Salatiel hijo son los que en poderosa demostración de pasión, ofrecen a la comunidad su arte. 1954 fue el año de la iniciación.

El evento dura cerca de seis horas. Su magnitud es del tamaño del pueblo. Aquí no existen consignas. Se trata de manifestar lo que sufrió Jesús.

Al aire libre el viento sacude ideologías, gritos y llanto.

Se abre el juicio. La injusticia está a punto de consumarse. Pilato recibe las denuncias de ese hombre que "era o quería ser hijo de Dios". Renuente, el dignatario romano objeta la condena. Pero son miles de gargantas que juzgan al Mesías para clavarlo en la cruz.

Mas el soberano se lava las manos y decide el destino de Jesús.

Una era moderna observa con enojo aquel acto inhumano. Los látigos comienzan a rebanar la carne. Es preciso que "ese engañador" llegue hasta la cima del monte.

El viento dobla los árboles. Llegó la hora: *Padre, ¿por qué me has abandonado?* Las sombras apagan la vida de Jesús en San Mateo Texcalyacac.

LOS ENCRUZADOS
(Penitentes encapuchados)

**Zarzas plagadas de espinas que hieren
la piel desnuda de los penitentes
de Taxco, Guerrero**

Encorvada la espalda, desnuda bajo el peso de las "gruesas" de zarzas plagadas de espinas que se clavan punzantes entre la piel; desnudos los pies que marcan el cansado y casi rítmico paso sobre las empedradas y empinadas callejuelas; cubierto el rostro bajo la negra capucha que garantiza el anonimato, los hombres de la Hermandad de Encruzados, reviven cada año —como lo han venido haciendo cada Viernes Santo, desde hace más de media centuria— la milenaria tradición católica de "los Penitentes".

Compañeros voluntarios de Jesucristo en la Vía Dolorosa, hermanados todos ellos en el sufrimiento y el deseo de agradar a Dios purgando en público las faltas cometidas en su vida, los hombres jóvenes de Taxco, los de fornidos brazos que se tensan en el esfuerzo por mantener sobre el torso cargas que van de 40 a 60 kilos hasta cubrir una distancia de 1.5 kilómetros, salen de nueva cuenta a la calle para hacer valer su fe y asombrar a quienes les contemplan.

A su paso, tan tenebroso como impresionante, los visitantes de esta pequeña población enclavada en los montes que guardan la plata en sus entrañas, lo mismo que los locales —miles de personas de todas las edades y clases sociales— guardan un silencio tan profundo y largo como su asombro.

Un silencio que sólo es perturbado por el rítmico sonar de un viejo tambor que es golpeado por un hombre viejo que se viste de guardia romano.

Los miran con ojos azorados. Unos, los más, dibujan en su rostro un gesto de conmiseración y de un respeto casi reverente; sin embargo, hay otros, los turistas, quienes les dirigen una mirada de horror.

No hay fanatismo en su acción. Es la fe en Cristo lo que les mueve a purgar públicamente las faltas cometidas y a mostrar con ello su deseo de renovar su forma de vida. Son ellos quienes con su sufrimiento ayudan a cargar la cruz de Jesucristo que otros dejamos abandonada en el camino.

La respuesta vino sola, y no por boca de los penitentes, pues ellos tienen prohibido hablar durante las casi dos horas y media que tardan en cubrir la distancia entre cada uno de los puntos donde se escenifica la Pasión y Muerte de Jesucristo.

Es el padre predicador quien —en el centro mismo de la capital mexicana de la plata, en la plaza, a un costado de la famosa Catedral de Santa Prisca— levanta la voz para justificar lo que los ojos asombrados de muchos observan.

Los penitentes, ese extraño grupo de hombres —"en su mayoría son jóvenes cuyas edades oscilan entre los 21 y lo 35 años"— se han preparado durante casi un año para tomar parte en esta singular fecha.

No son improvisados, su decisión quedó expuesta desde el Domingo de Ramos del año anterior, cuando solicitaron participar en la marcha de la Semana Santa de este año.

Durante las últimas horas, 160 miembros de la Hermandad de Encruzados han repetido la escena. Cada uno debe cargar su macizo de varas de zarza un mínimo de dos ocasiones durante los días santos; queda a su arbitrio definir el peso de la carga.

Hay quienes participan en todas las representaciones que se hacen en Jueves y Viernes Santos.

De esta manera, enfundados sólo en un raído faldón negro, cruzada la boca por una gruesa soga "enlutada", arrastran los pies entre la iglesia de La Santísima Trinidad hasta el ex Convento de San Bernardino, bajo los candentes rayos del sol.

Tras ellos, llevada en andas por los integrantes de la Hermandad del Padre Jesús, la imagen de Cristo que carga el madero, recorre las angostas y empinadas callejuelas de Taxco. A su lado están las mujeres vestidas de negro que le acompañan hasta el Calvario donde deberá ser crucificado.

El presidente de la Hermandad del Padre Jesús refiere que la imagen y las andas en que es transportada pesan aproximadamente una tonelada; esta carga, sobre el mismo recorrido que harán los penitentes, descansará sobre los hombros de dieciséis hombres elegidos entre los miembros del grupo.

Las ceremonias del Camino al Calvario, en que participan los penitentes y los cargadores de la imagen de Cristo, se inician muy de mañana en la capital mexicana de la plata.

Son antecedidas por auténticas ceremonias que lo mismo se verifican en el templo de San Nicolás Tolentino, que en la antiquísima Parroquia de La Santísima Trinidad.

En esta última, en un sitio reservado sólo a los integrantes de la Hermandad de Encruzados, quienes deberán participar en el recorrido, cambian sus ropajes habituales por el viejo faldón negro, la capucha del mismo tono y descalzan su pies.

La pregunta se repite:

—¿Quiénes son ellos? ¿De dónde han venido?

La respuesta es una, en boca del líder de la hermandad:

—Son jóvenes de Taxco. Forman parte de todas las clases sociales de la población, no hay diferencias entre ellos. Son católicos todos y, en general, hemos cuidado que lleven una vida ejemplar tanto en lo interior como en su trato con los hermanos. Quieren hacer penitencia y se han ofrecido para tomar parte en las celebraciones de este año.

—Sus nombres, sus profesiones.

Vuelve a tomar la palabra el dirigente:

—Sus nombres no se pueden dar a conocer. Son penitentes anónimos, por ello usan la capucha sobre el rostro. Sus profesiones son variadas, hay de todo: un médico, estudiantes, padres de familia que desarrollan alguna actividad manual. Son católicos llenos de fe que desean tomar parte en las festividades.

Al tiempo que se desarrolla la conversación con el líder de la Hermandad de Encruzados —"el origen de ésta se remonta en la historia y no sabemos dónde definitivamente se encuentra; sabemos sólo que desde hace poco más de 65 años se organizó como está ahora"—, se preparan los penitentes que participarán en la representación del Camino al Calvario.

Han estado minutos antes, todos juntos, en el interior de la pequeña Parroquia de La Santísima Trinidad para orar en silencio y también han escuchado un breve sermón colectivo. Se han preparado espiritualmente para cumplir con su papel.

De este modo, al colocarles sobre la espalda la pesada carga de varas de zarza espinosa y ser amarrados a ella por gruesas sogas, irán caminando, uno a uno, hasta el pórtico del templo, donde se arrodillarán y recibirán por parte de sus "ayudantes" las velas que portarán durante la procesión. Tomarán su sitio en la larga fila y estarán listos.

Comienza el Calvario para los que abren la procesión. Tras ellos, la imagen del Señor, la Virgen en su advocación de la Dolorosa. Todos silenciosos y con paso vacilante se encaminan hacia el ex Convento de San Bernardino, donde habrán de concluir su acto penitencial.

Dos horas y media después de haber cubierto una distancia de 1.5 kilómetros sobre empedradas callejuelas y de haber escuchado un prolongado sermón del "padre predicador" bajo los candentes rayos del sol, proceden a liberar su cuerpo de la carga.

Lo hacen auxiliados por sus ayudantes. Liberan la espalda y los brazos, que se han mantenido en cruz todo el tiempo. Estarán exhaustos, pero felices.

Y a la pregunta de la razón por la cual se han empeñado en cumplir con esa penitencia, la respuesta se repite en todos:

—Es una promesa. . . un ofrecimiento por un favor recibido. . . todos somos pecadores y en este tiempo queremos expiar nuestras culpas.

La Hermandad de los Encruzados una vez más revive en Taxco la añeja, milenaria, tradición de los penitentes durante el Viernes Santo.

LLEGADA DE LOS CRISTOS A LA CELEBRACIÓN DE LA SEMANA SANTA

En el México antiguo fue de las ceremonias de mayor significación. Y lo es todavía la llegada de los Cristos a la celebración de la Semana Santa, principalmente en la capital de los estados o en los santuarios de celebridad dedicados a las imágenes de El Salvador del Mundo.

Llegada la Semana Santa se empezaba a preparar a los Cristos de las iglesias de mayor importancia para llevarlos a visitar a otras imágenes del crucificado.

En Jalisco

En Guadalajara dos iglesias eran las visitadas anualmente el Jueves Santo por los Cristos: Mexicalcingo y la Capilla de Jesús.

Al primero de dichos santuarios iban Cristos de los pueblos de Santa Anita, de Santa Ana de los Negros, de Toluquilla y de Santa Cruz de las Flores.

Al segundo, de Mezquitán, de El Batán, de Zapopan, de Salatitlán, de la Barranca de Oblatos y de San Gaspar.

Para ser llevados a las visitas los Cristos eran limpiados perfectamente o retocados por algún escultor. Se les ponían primorosos cendales de finas telas de brocados de terciopelo con sus adornos de galones o de motas doradas o plateadas.

Eran llevados en andas con las músicas de sus respectivos pueblos, y se designaban a algunos devotos de las cofradías, para que durante los días que estaban los Cristos en las iglesias —desde el jueves Santo hasta el Sábado de Gloria— estuviesen por turno riguroso, custodiando a las imágenes.

Algunas veces los custodios del Señor o los nazarenos vestían con indumentarias muy semejantes a las de los profetas o sacerdotes del Antiguo Testamento o bien con unas túnicas como las que llevaban los apóstoles cuando acudieron a la Última Cena con El Salvador.

En Michoacán

En la ciudad de Morelia eran visitadas por los Cristos las iglesias de la Soterraña, de las Rosas y de la Compañía.

Muchas veces también las imágenes de esos templos iban a otros. Así, por ejemplo, la del Divino Preso de las Rosas iba a la Catedral.

A Morelia venían los Cristos de Chicácuaro, de Santa Catarina, de San Francisquito, de Queréndaro, de Santa María y de Santiaguito.

Eran llevados en unas enormes andas que simulaban, por lo común, el Monte Calvario, formado con ramas de pino o de fresno. Algunas veces llevaban palomas habaneras para escuchar de vez en cuando el triste arrullo.

Todavía en el último año del siglo pasado hubo en Morelia una procesión de Cristos, y se vio a un sacerdote descalzo con vestidura blanca y con una cruz en la mano conduciendo la procesión. En aquella ocasión iban no menos de cien acompañantes con sus respectivas cruces y más de dos mil personas formaban el desfile.

El recorrido que algunas veces se hacía en la madrugada, a la hora del alba, o en la noche ya después de las diez — era muy pintoresco por la iluminación de las casas y de las calles: se ponían hachones de ocote o luminarias aun cuando estuviera la luna llena.

En Querétaro

En Querétaro tenían también gran esplendor las llegadas de los Cristos y concurrían a los templos de San Francisco y San Antonio imágenes de los pueblos vecinos: La Cañada, El Pueblito, Hércules y la Punta.

Estas procesiones llegaban en algunos casos a contar hasta veinte imágenes, ya fueran propiamente de Cristos en la Cruz, ya de Divinos Presos, Señores de la Columna, o del Santo Entierro.

Había los grupos de sayones, los centuriones, los apóstoles y los nazarenos y algunas veces unos individuos con túnicas de costal burdo que llevaban unas enormes y pesadas cruces y coronas de espinas.

No faltaban las músicas típicas de los pueblos y las chirimías que lanzaban sus alegres sones o sus tonadas impregnadas de honda tristeza.

Entre aquella comitiva iban los recolectores de limosnas u ofrendas, quienes daban a cambio estampas y decían: "Para ayuda del Paso del Señor de los Cántaros, por amor de Dios". Iban otros como devotos, a vender sus mercancías: charamuscas, pepitorias, camotes, cacahuates y otras golosinas o frutas. No faltaban por supuesto los vendedores de matracas que las hacían sonar constantemente. Llevaban también los sahumerios o improvisados incensarios para echarle copal al santo.

Muchas veces, los Cristos iban cubiertos con unas enormes cortinas y la procesión no recitaba oración alguna, solamente acompañaba a las imágenes.

LAS PROCESIONES EN NUESTRO PAÍS
Antecedentes históricos

Los padres carmelitas —llegados a la Nueva España en 1585— instituyeron a los pocos años en la ciudad de México, precisamente en su doctrina de la Ermita de San Sebastián, las procesiones de Semana Santa a la usanza española. En efecto, nos dicen las crónicas que el padre Elías de San Juan Bautista fomentó algunas de las costumbres sevillanas de la época. Procesiones de Sangre y Los Pasos de la Pasión, siendo increíble el concurso —participación, ostentación y grandeza— con que se efectuaban.

Una de las procesiones, la denominada Procesión del Silencio —que tiene lugar la noche del Viernes Santo— perduró durante el México colonial e independiente, llegando hasta nuestros días en el atrio del señorial Convento y Templo Carmelita de la Villa de San Ángel en el Distrito Federal. Recogiendo esta tradición ya mexicana, en la Semana Santa de 1954, por primera vez los adoquines de las calles de San Luis Potosí se estremecieron al paso de los nazarenos, damas y penitentes, que llevaban en hombros las imágenes de Cristo crucificado y de nuestra Señora de la Soledad.

Génesis de la Procesión de Silencio

Tuvo su origen desde tiempo inmemorial en la cristianísima Madre Patria, en las Procesiones de la Sangre y Pasos de la Pasión que han tenido siempre lugar en las apasionantes y apasionadas tierras de Andalucía.

La Procesión del Silencio en San Luis Potosí

En San Luis Potosí su evento religioso es un auténtico Viacrucis viviente, una representación plástica de los misterios dolorosos del Rosario, una magnífica enseñanza sobre la Pasión del Redentor.

Las calles y plazas de San Luis Potosí, bella ciudad colonial, se transforman en un gigantesco, majestuoso y místico templo con bóveda celeste coronada de estrellas para dar cabida en su seno, por medio de sus artísticos pasos que son andas e imágenes, a la solemne evocación del drama del Gólgota.

La adoración de los Santos Reyes

Los Reyes Magos en la Alameda Central

Gran Rosca de Reyes

Bendición de los animalitos

Los Niños Dios de la Candelaria

La molienda tradicional del maíz

Artesanías elaboradas con hojas de maíz

Deleites para la vista y el paladar

Los mexicanísimos tamales

¿Usted gusta?

LIBRO
GUINNESS
DE LOS RECORDS

CERTIFICA, QUE

EL TAMAL MEXICANO MAYOR DEL MUNDO

de 12 m. de largo y 400 Kg. de diversos

ingredientes, fue confeccionado por un

equipo de 20 personas, promovido por el

licenciado Sebastián Vertí de México,

y presentado el 5 de octubre de 1.989

MARGARITA JORDÁN

ESTE CERTIFICADO NO SUPONE NECESARIAMENTE LA INCLUSIÓN EN EL LIBRO GUINNESS DE LOS RECORDS

Libro Guinness de los Records autoriza la reproducción de este diploma, con carta al autor fechada en Madrid, España, el 14 de julio de 1992, firmada por su directora Margarita Jordán.

El Niñopa

Cocina cuaresmeña

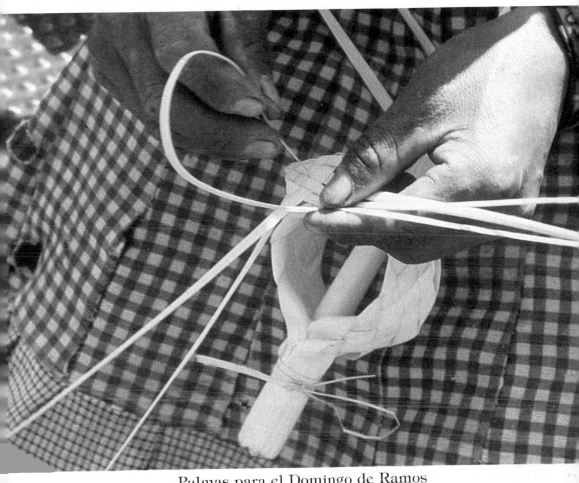

Pulmas para el Domingo de Ramos

Lavatorio de pies

Recordando la Pasión de Cristo

La Procesión del Silencio

La quema de los "judas"

Policromía de la Pascua Florida

Manjares para la Pascua de Resurrección

Mulitas del Jueves de Corpus

Esta manifestación religiosa se fue incrementando a tal grado que se hizo necesaria la creación de un organismo encargado de su preparación, realización, conservación y superación. Así nació Tradiciones Potosinas A.C., en enero de 1966.

La Procesión del Silencio en la Colonia Roma

Bella es la tradicional Procesión del Silencio que organizan todos los años los seglares en torno a la iglesia de la Sagrada Familia en la colonia Roma para manifestar su dolor por la muerte de Jesucristo en la cruz.

Como su nombre lo indica, el silencio predomina como una manifestación de dolor por la muerte de Nuestro Señor Jesucristo y la unión en el dolor con María por la pérdida de su Hijo Redentor.

Existe un Patronato de la Procesión del Silencio cuyos miembros son católicos, y es su idea de siempre reiterar —como todos los fieles— nuestro pésame a la Virgen María, a nuestra Madre y Madre de Jesucristo, por la muerte de su Hijo en la cruz.

La tradición ha hecho pensar que es un rito religioso, pero es meramente un ofrecimiento del fervor religioso del pueblo. El silencio domina. Las velas predominan en las manos de la mayoría de los fieles.

Después del oficio de la crucifixión de Jesucristo, largas colas de fieles se forman en el pasillo central de la Sagrada Familia. Todos pasan delante de la imagen de Cristo llenos de fe para tocarlo, o bien, para darle un beso en los pies.

Han taladrado mis manos y mis pies y se pueden contar todos mis huesos.

Un carro representa a la imagen de la Dolorosa, con unos cien cirios de diversos tamaños encendidos. Otro a Cristo crucificado, con María arrodillada a un lado. Uno más a María acompañada por el apóstol Juan. Y un cuarto con un ataúd de cristal llevando la imagen de Jesucristo.

El Patronato indica que nunca ha pretendido buscar semejanza alguna con la Procesión del Silencio que se hace en Sevilla. Ésta es una tradición nuestra y tenemos que mantenerla porque es parte de la forma de ser de los mexicanos. No queremos imitar ni parecernos a nadie. Esto es algo que nació del sentimiento de un pueblo, de un grupo de personas que quiso manifestar su sentimiento de dolor a Cristo y a la Virgen María al conmemorar la Muerte, Pasión y Resurrección del Hijo de Dios.

A las 12 hrs dirigida por los sacerdotes de la iglesia de la Sagrada Familia, se realiza el Viacrucis por las mismas calles de Puebla, Jalapa, Durango y Orizaba, en el centro de la colonia Roma.

Durante la procesión las personas van orando. Cerca de una hora dura esta devoción popular que lleva una larga tradición y se combina con el fervor religioso.

Representación de la Judea

Desde siempre el mexicano ha gustado de la representación escénica espectacular, grandilocuente, masiva; aquella que le permita participar, integrarse a la trama.

Expresión típica y cabal de esta predilección es la escenificación de los pasajes de la Pasión de Jesús en Iztapalapa, donde la comunidad entera se transforma en elenco y sus calles todas son escenario.

Lo insólito de la representación estriba en que todos los habitantes representan un personaje: soldado, pretor, Judas, Jesús, la Virgen, músico, guionista, apuntador o simple muchedumbre: todos dentro de la Pasión.

Es pues esta representación el más acabado testimonio de la tradición escénica popular del Valle de México.

El guión, elaborado a su sentir por los mayordomos, sigue los trazos de la narración evangélica y comprende: la Sagrada Cena, el Lavatorio, la Oración del Huerto, la Aprehensión, el Juicio de Jesús, el Viacrucis, para culminar con la Crucifixión.

Dos días enteros Iztapalapa vive el drama de la Crucifixión.

Iztapalapa es uno de los pueblecillos del Distrito Federal que aún conserva mucho de épocas pasadas. Está situado al pie del famoso cerro de la Estrella donde, en la época prehispánica, se verificaba la Fiesta del Fuego Nuevo —ceremonia que consistía en traer a la ciudad de Tenochtitlan, el fuego que debía arder constantemente en el Gran Teocalli para después ser llevado a todos los hogares de los indígenas.

La ceremonia de la Judea o de la Pasión de Cristo, reviste gran interés ya que se procura presentar escenas llenas de realismo.

Los personajes visten con elegancia. Éstos son:

Anás	Los sacerdotes
Caifás	María
El Centurión	María Magdalena
Herodes	Nicodemus
Jesús	Pilato
José de Arimatea	Pueblo
Judas	San Pedro
Los judíos	Soldados romanos

El número de elementos que toman parte es elevado, en su mayoría habitantes de la localidad. Algunos lo hacen por promesa y vienen actuando en esta ceremonia desde hace muchos años.

Es un escenario al aire libre que se forma en el amplio atrio de la parroquia con un gran tablado cubierto con mantas y adornado con follaje y flores de las que abundan en la región. Además de este gran tablado, se construyen algunos otros que son los llamados pretorios a donde debe ser llevado el Nazareno.

Hace años la ceremonia de la Crucifixión tenía lugar dentro del templo, en el que se había formado un monte en donde había árboles y peñas, todo, hasta donde era posible, hecho al natural. Actualmente la crucifixión se lleva a cabo en las faldas del Cerro de la Estrella.

La Judea se inicia el Jueves Santo a primera hora cuando salen los fariseos recorriendo el pueblo, lanzando gritos y diciendo que buscan a Jesús el Nazareno que debe ser juzgado por falso profeta y engañador de gentes, y quien quiere que no se pague el tributo al césar.

Por la tarde tiene lugar el Lavatorio. En esta ceremonia Jesús lava los pies a los apóstoles y después se sienta a su lado a celebrar la Pascua. Durante ella hay un diálogo muy animado y pintoresco que entabla Jesús con los discípulos (entre ellos el traidor Judas) durante el cual les revela que uno de ellos habrá de entregarlo a sus enemigos.

Fuera del Cenáculo se aprecia a los fariseos que buscan a Jesús y que hablan de la aprehensión.

El Huerto de los Olivos es el lugar a donde Jesús va a orar. Quien personifica al Nazareno —posesionado bien de su papel y que lo dice de memoria— pronuncia una oración en la que se escucha la frase: *Padre, si es posible aparta de mí este Cáliz. Hágase tu voluntad.* Un ángel aparece para consolarlo, y Jesús después se levanta y busca a sus discípulos.

Una multitud de fariseos guiada por Judas y que lleva grandes luces pues todo permanece en la sombra, ejecuta la aprehensión de Jesús, Judas da un beso al Mesías como señal de traición.

Los trajes que llevan los Apóstoles son unas túnicas (con sus respectivos mantos) de colores muy vivos en las cuales dominan el rojo, el azul, el morado y el amarillo. La mesa está adornada con copas de madera antigua y todo el servicio es de loza típica de barro con decoraciones artísticas. El adorno floral es de amapolas, claveles y cempasúchiles, muy digno de contemplarse por lo original.

La última ceremonia que se verifica el Jueves Santo, es "Jesús en el Aposentillo". El Nazareno se halla en la prisión y ahí tienen lugar diversas escenas. Los judíos se mofan de Él profiriendo palabras como éstas:

—*¿No dices que eres rey? ¿Dónde está tu poder?, ¿dónde están los que te defienden? Eres un loco, eres un impostor.*

Fuera de El Aposentillo tiene lugar la negación de Pedro, y se escucha el canto del gallo, para realzar el dramatismo de esta escena se sitúan en los árboles algunos gallos.

Los escribas, los fariseos y los sayones recorren las calles del pueblo gritando que al fin han conseguido que sea ajusticiado el llamado Rey de los Judíos.

Pasan en procesión los diversos personajes que van a actuar en aquellas ceremonias: el rey Herodes; los pontífices Anás y Caifás; el gobernador de Jerusalén, Poncio Pilato, con su séquito; y los escribas y fariseos.

Los principales personajes van montados en magníficos caballos y al descender de ellos, después de recorrer algunas de las principales calles de la población, lo hacen con todo el ceremonial, lo que da a estas escenas un gran atractivo.

Como es natural en estos actos, hay algunas variaciones de lo que constituye la verdadera tragedia del Gólgota ya que interviene el gusto particular de los encargados del ensayo para darles mayor importancia a los que, en su concepto, la tienen, y ampliar con nuevas escenas algunos de los principales hechos de la Pasión.

En el gran escenario acaece la escena en la que Jesús es llevado ante Pilato. El que representa a Jesús contesta con dignidad al encomendado del césar y éste encontrando motivos sobrados para dictar una sentencia, manda al detenido ante los pontífices.

En otro tablado está Anás. Éste viste una indumentaria extraña: en la cabeza, una gran corona como la tiara romana del Papa y grandes barbas.

Se escucha la gritería de los sayones.

En este momento empiezan a tocar las chirimías sus tonadas lúgubres y melancólicas. Los instrumentos son el famoso teponaxtli, el tambor y los pitos que se escuchan a largas distancias.

Después va Jesús a la casa de Caifás en donde tiene lugar otra escena en la que los fariseos, los sayones y la gente del pueblo —la plebe— lanzan algunas exclamaciones ofensivas hacia Jesús, pidiendo su condenación. Va a presentarse con el rey Herodes quien se halla en su palacio lleno de majestad y deseoso de hacer uso de su poder. Pide a Jesús algunos milagros y se establece un diálogo:

—*Si eres el hijo de Dios, haz aquí algunos milagros. ¿Por qué callas? Habla. Tú eres el hijo de Dios. Anda, dile a tu padre Dios que te libre de nuestras manos, si tan grande es su poder.*

De nuevo Jesús es conducido al palacio de Pilato en donde es sentenciado a muerte. En el momento en que se escucha la sentencia las chirimías entonan sus tétricas melodías y aparece una escena original. Un grupo de hombres ancianos, los nazarenos, pueden observarse frente al palco. Visten túnicas de color morado, llevan sus respectivos mantos y una especie de capillas negras, cantan —como plañideras— unos versos que dicen:

La muerte del justo
será maldición
al infame pueblo
que lo condenó

En este momento aparece Judas, ostentando con garbo una bolsa grande de *ixtle*[1] para que se escuche que lleva en ella las monedas que le procuró la venta de Jesús. Aquél cubre su cuerpo con una amplia túnica de mesalina de color bermellón sujeta a la cintura y adornada con magníficos encajes en el borde inferior; lleva, además, una capa azul marino, medias negras y huaraches.

Acompañan a este personaje los espías, quienes visten indumentaria fantástica, portan unas linternas encendidas a pleno sol y conducen a algunos perros blancos adornados con collares de colores.

La ceremonia de la ida de Cristo al Monte Calvario es también imponente. Aparece Simón Cirineo, el que ayuda a llevar la cruz al Nazareno. En la escena de El Encuentro, Jesús ve a su madre, a quien acompañan las piadosas mujeres Marta y María. Estampa Jesús su rostro en el manto que le presenta la Verónica y cae varias veces bajo el peso de la cruz.

Barrabás aparece y una multitud lo sigue, profiriendo palabras de ataque al Nazareno. Otro grupo de indígenas sigue a Barrabás, quien arrastra unas enormes cadenas.

La chirimía toca su melodía lúgubre y los nazarenos, sus melancólicos cantos.

Ya al terminar la tarde tiene lugar la muerte del Redentor, otro hombre es crucificado y en el Calvario permanecen apesumbrados la Virgen, San Juan y la Magdalena.

Para los papeles de la Virgen y de la Magdalena se escogen a las damas más bellas del lugar. María de Magdala está representada por una joven que tiene una gran cabellera suelta.

En la noche, cuando ha terminado la representación, se siguen escuchando los teponaxtles[2] y las chirimías[3] con sus sonidos misteriosos.

Los habitantes del lugar y de los contornos que llegan por miles y otros concurrentes, principalmente devotos, ven aquellas representaciones con sumo interés.

[1] IXTLI. Fribra del maguey con la que se producen mecates, ayates y morrales, entre otras cosas.
[2] TEPONAXTLE. Instrumento azteca de percusión hecho de madera (tambor).
[3] CHIRIMÍAS. Instrumento prehispánico de viento, semejante a la flauta.

En otras épocas, con la intervención de los sacerdotes, tenían lugar actos piadosos como las Tres Caídas con Sermón que se pronunciaba en el mismo atrio. El Sermón de la Lanzada y el del Pésame, con el verdadero Cristo y con el Santo Entierro, se efectuaba una procesión devota a las nueve de la noche a la cual los asistentes concurrían con velas encendidas dando a aquél acto toda la solemnidad del caso.

En el templo, en las cornisas y en las torres había iluminación con hachones de ocote y con candilejas de aceite.

Cánticos litúrgicos impregnados de una honda tristeza, de un profundo dolor, daban realce a estas ceremonias.

Ayer y hoy sigue viva en Semana Santa, la Pasión de Cristo en Iztapalapa.

LOS HABITANTES DEL AJUSCO PARTICIPAN EN LAS CEREMONIAS DEL CALVARIO DE CRISTO

Religioso y pagano, el espectáculo de la Pasión de Jesucristo es escenificado, como ya es tradicional, por un grupo de vecinos del poblado de San Miguel Ajusco. Pleno de colorido y con gran devoción, los actores aficionados representan episodios de la vida del Hijo de Dios con su mensaje de amor y humildad.

Las celebraciones litúrgicas correspondientes a la Semana Mayor se inician el Domingo de Ramos con la participación de los pobladores del Ajusco y sus visitantes, quienes se integran a la procesión. Estos actos, iniciados hace años en esta zona, ya forman parte del patrimonio cultural.

Más de cien personas actúan en los diversos cuadros dirigidos por Gabino Ramírez, quien anteriormente colaboró en la representación de la Pasión en Iztapalapa. Las acciones son coordinadas por Daniel González.

El Jueves Santo, día muy importante para la cristiandad. Son escenificados los episodios de la Última Cena, con la institución de la Divina Eucaristía; el Lavatorio donde se muestra la humildad de Jesús al lavar los pies de sus discípulos; la Oración en el Huerto y otros pasajes de gran significado religioso.

El ritual popular alcanza su clímax el Viernes Santo, día de luto y silencio. En él, un joven del Ajusco, personificación de Jesús, recorrerá las principales calles del pueblo portando una cruz de madera de 80 kilos de peso y caminará dos kilómetros para llegar al "Calvario", donde se efectuará la crucifixión.

El actor seleccionado para representar fielmente su papel, se prepara durante dos meses en los ensayos dominicales del grupo, y además cumple con el ayuno impuesto por dos días.

El colorido de los trajes de los fariseos es una aportación típica del folclor nacional. Los actores aficionados —estudiantes, trabajadores y algunas amas de casa— espontáneamente trabajan en la confección del vestuario y de la escenografía.

Los preparativos se realizan con gran entusiasmo y cada año aumentan los visitantes a las caracterizaciones que son logradas con gran propiedad. El párroco del pueblo del Ajusco ayuda a sus feligreses que desfilan cantando himnos litúrgicos.

Imponente en su dramatismo, la caracterización de los actores de San Miguel Ajusco cada año transmite el mensaje de amor y humildad que Cristo legó a la Humanidad.

ARTESANÍAS DE SEMANA SANTA

Las manos artesanas son las intérpretes cabales del sentir del mexicano. Papel, cartón, madera o barro expresan la emoción adecuada de la ocasión; las obras son, así, símbolo y mensaje.

Los juderos y santeros de Semana Santa forjan durante el año entero las obras que el fuego habrá de consumir en un instante.

Sábado de Gloria en Cuajimalpa

Vieja tradición es la quema de "judas" los Sábados de Gloria. En ella se vuelca la ironía popular con toda su agudeza.

Pero singular dentro de esta vena de humor es la tradición de Cuajimalpa donde los judas son de carne y hueso, corren vivitos y coleando huyendo de los azotes, y al ser capturados y colgados, desparraman regalos, frutas y confites.

La fiesta culmina con la bendición del agua clara traída del manantial cercano por los niños y de la manzanilla fresca para curar los males del cuerpo y de espíritu, comentan los viejos del lugar.

Quema de los "judas"

Al rescate de una tradición perdida

¿Por qué contra viento y marea el Patronato Pro-Fortalecimiento de las Tradiciones Mexicanas se interesa en rescatar una tradición casi perdida? Porque además de ser una parte de la historia cultural de México, la quema de los "judas" actúa como terapia social: es un escape a las tensiones sociales, toda vez que cada uno de nosotros

—en forma festiva e inocua— quema su propio Judas, es decir, aquel personaje de la política, del arte, de la cultura o simplemente de la vida social, que nos resulta poco grato; es un escape a nuestra tensión personal y a la tensión social, la gente necesita dar salida a sus pasiones en forma positiva.

Esta quema de judas es similar al chiste político que los grandes estadistas y líderes sociales —tan escasos en nuestros días— han utilizado sabiamente.

Por supuesto que el rescate de esta tradición tiene todas en su contra porque con las modificaciones litúrgicas de la Iglesia católica, el Sábado de Gloria ha desaparecido y éste era el día en que reventábamos con cohetes el Judas Iscariote —encarnado, o para ser preciso, encartonado en nuestro personal "traidorzuelo". Y si sumamos a esto que nuestras autoridades capitalinas han prohibido el uso de los cohetes por razones de seguridad pública. . .

Origen de la quema de los "judas"

Con la dominación árabe en España se fomentó y se arraigó la afición por la pirotecnia y esto cobró especial énfasis en los carpinteros que hacían grandes figuras con los excedentes de su madera. Al crear muñecos los quemaban con pólvora con lo que nació la tradición que se convertiría en una fiesta artesanal llamada Las Fallas de Valencia, de gran esplendor aún en nuestros días.

La pirotecnia estaba en su apogeo en España y con la conquista espiritual de los indígenas a través de la catequización, en nuestro país se hizo necesario buscar métodos impactantes de evangelización para lo cual los franciscanos idearon iniciar una fiesta similar a Las Fallas de Valencia durante las festividades de Semana Santa, haciendo muñecos que representaran la muerte del traidor Judas Iscariote.

Cuando se instituyó en México el Sábado de Gloria —conmemoración litúrgica llamada así debido a que en este día se retiraban de los altares los velos que los cubrían, significando con ello que se abrían los cielos para recibir al Redentor— la costumbre adquirió gran arraigo popular y la feligresía —con su ingenio y gracia peculiares— empezó a confeccionar los judas con las caras de los oidores y los regidores españoles, lo que provocó en el virreinato que se prohibiera la quema de los judas. Pero la costumbre estaba tan arraigada en el pueblo, que a los españoles les resultó imposible terminar con ella. Sin embargo, fue tomando diferentes caracteríticas en algunas comunidades como los yaquis, quienes celebran los Sábados de Gloria con danzantes (chapayecas o fariseos) que —con máscaras representativas de Judas— hacen todo tipo de travesuras porque, supuestamente, al estar Jesús en poder de los fariseos, es el mal el que impera en ese momento; cuando a las doce del día "se abre la gloria", los chapayecas efectúan danzas rituales y queman las máscaras, que en este caso representan los judas y se da el jubileo por el regreso del bien.

En el Valle de México, ante la necesidad de no utilizar figuras políticas, surgió la costumbre de quemar muñecos con las caras de personajes populares, siendo el primero de ellos el famoso Charro Mamerto (ranchero que se establecía en la capital), pasando por muchos personajes hasta llegar al popular Cantinflas, símbolo del peladito citadino. Esto no es una ofensa para nadie porque el pueblo, al quemar a sus héroes populares, siente un regocijo especial y respetuoso. Desde luego algunos queman figuras con caras de políticos o de personas que no son agradables, pero lo que prevalece es la costumbre de la figura popular.

Esta tradición, que lleva siglos, se convirtió en algo sumamente importante, debido a que los comerciantes propiciaban la quema de enormes judas colgando en ellos mercancías de sus establecimientos mismas que el pueblo recogía una vez quemado el judas.

El lugar donde se llevaba a cabo la quema de judas en la Ciudad de México, era la Plaza del Volador.

PASCUA FLORIDA EN MÉXICO Y SUS TRADICIONALES MERIENDAS CHOCOLATERAS

Al terminar el ciclo litúrgico de Cuaresma, tiempo de recogimiento, ayuno, abstinencia y de tristeza por la pasión y muerte de Jesús, estalla el júbilo y la alegría por la resurrección de Cristo, comenzando así el "Ciclo Pascual". En él campea el regocijo cristiano, porque con la resurrección de Cristo se han abierto las puertas de la gloria celestial para todos los humanos.

Como el Ciclo de Cuaresma, el Ciclo de Pascua dura también cuarenta días, pero a diferencia de aquél, en este tiempo todo es alegría y esperanza. La palabra Pascua deriva del latín *pascha* y del antecedente hebreo *pesah*, cuyo significado preciso no se ha podido discernir. Lo que sí resulta claro es que el término hace alusión a un sacrificio festivo que finalmente conduce a un resultado feliz.

La liturgia se llena de "aleluyas", cánticos majestuosos, solemnes y alegres. Los órganos retumban en los templos, configurándose así el perfil del ciclo pascual el cual rememora la presencia física de Cristo resucitado ante sus discípulos.

Este tono festivo coincide siempre con la estación de primavera, razón por la que se le conoce también como Pascua Florida, a diferencia de la Pascua Navideña que se celebra en invierno. De ahí que durante esos cuarenta días, los altares de las iglesias sean —como nunca— cubiertos de flores.

En Roma, Italia, es tradición cubrir toda la escalinata de la plaza de España con flores de azalea.

El ciclo concluye con la ascensión de Jesús cuarenta días después del Domingo de Resurrección.

La Pascua fue en sus orígenes una fiesta pastoril en la cual se sacrificaba un cordero primogénito. Posteriormente se conmemoró con ella la huida de Egipto y la liberación del pueblo de Israel de la "décima plaga". Así fue como pasó al judaísmo, hasta que Cristo —con su Encarnación, Muerte y Resurrección— le da su sentido definitivo.

Con el tiempo, en lengua castellana la palabra Pascua se ha hecho sinónimo de alegría, de júbilo y de felicidad; así lo indica la expresión "estar como en Pascua", que en sentido figurativo y familiar quiere decir estar alegre y regocijado.

Procesiones de Pascua en el México colonial

Por ser el ciclo pascual, el clímax de la liturgia cristiana, los misioneros, durante el periodo de la conquista espiritual, tuvieron buen cuidado de dar gran solemnidad a la Fiesta del Domingo de Pascua de la Resurrección, que se celebró desde los primeros años de la colonia con gran esplendor.

De ello nos da noticia cumplida el famoso historiador fray Juan de Torquemada, en el libro XVII, Capítulo Octavo de su *Monarquía Indiana*, quien así describe la procesión pascual de 1609:

"Salió la procesión de San José con 230 andas de imágenes de nuestro Señor y de nuestra Señora y de otros santos, todas doradas y muy vistosas. Iban en ellas gran parte de los cofrades de las dichas cofradías y las andas de todas las cuatro cabeceras por particular mandamiento del rey y de los que en su nombre mandan, reconociendo a esta capilla siempre por Madre y Primera, y aunque ha habido y hay casi cada año encuentros en orden a esto, no prevalecen los contrarios. Van todos con mucho orden y concierto y con velas de cera en sus manos, y otro innumerable gentío que también le acompaña con velas encendidas.

"Van ordenados por sus barrios, según la superioridad o inferioridad que unos a otros se reconocen conforme a sus antiguas costumbres. La cera toda es blanca —como un armiño; y como ellos y ellas (las indias y los indios) van también vestidos de blanco y muy limpios, y es al amanecer o poco antes, es una de las vistosas y solemnes procesiones de la cristiandad. Y así decía el virrey Martín Enríquez, que era una de las cosas más de ver que en su vida había visto, y todos los que la ven dicen lo mismo.

"Llevan tantas flores y rosas las andas y los cofrades en las manos y cabezas, hechas guirnaldas, que por sólo este acto se pudo llamar esta Pascua de Flores, ya por una calle a la iglesia mayor donde la reciben con repique de campanas y ministros y cruz; y vuelve por otra a la capilla donde luego se canta la misa con todo aquel acompañamiento de gente".

Infortunadamente a finales del siglo XIX como bien dice Luis González Obregón en su *México Viejo*: "Concluyeron aquellas procesiones, encanto y devoción de nuestros abuelos, y aun de nuestros padres".

Como por su propia naturaleza la Fiesta de Pascua resulta ser de tono festivo y familiar, surgió espontánea la costumbre de regalar dulces y postres a parientes y amigos, así como el invitar a las Meriendas Chocolateras de Pascua Florida en las que los protagonistas eran: el chocolate, los tamales, los suspiros de novia, los bizcochos de huevo, las cajetas, las palanquetas,[1] los polvorones de almendra y cacahuate, los jamoncillos verdes, los cabellitos de ángel, los dulces de nuez, los huevitos de faltriquera, los animalitos de pepita, las alegrías, los suspiros de monja, los buñuelos, las charamuscas, las natillas almendradas, el rompope, las empanadas de mermelada, las galletas de piloncillo, los muéganos, las rosquitas de carbonato, los gaznates, los chongos zamoranos, las pepitorias,[2] las galletas de vainilla y de almendra, el marquesote[3] de rosa, los jamoncillos, las carlotas, los borrachitos, las delicias de almendra y mil linduras más, salidas de los hornos hogareños y de las angelicales manos de las monjas y galopinas.

Es por ello que la auténtica costumbre derivada de la tradición

---

[1] PALANQUETA. Dulce hecho con semillas de calabaza sin cáscara o con cacahuates sin cáscara y aglutinados con miel de piloncillo.
[2] PEPITORIA. (dulce) Especie de gató que se hace con las pepitas de la calabaza tostadas y limpias, que se echan en miel de panocha de punto alto de melcocha; después de bien revueltas, se sacan del cazo porcioncitas con una cuchara, que se echan sobre obleas y se ponen á secar al sol, ó en la estufa.
[3] MARQUESOTES O MAMONES. Especie de bizcochos ó bizcotelas, hechos con poca ó ninguna harina y mucho huevo, muy blandos y suaves al paladar.
Del *Nuevo cocinero mexicano en forma de diccionario, 1888.*

mexicana haya sido el obsequiar dulces y postres autóctonos, así como las meriendas con sus deliciosas frutas de horno.

Recientemente, y como consecuencia de la comunicación con otras culturas, se ha tratado de introducir las costumbres de otros países, entre ellas la de regalar huevos y conejitos de Pascua. Se trata de un uso popular europeo que pasó a la América Sajona en la época colonial. El huevo simbolizaba para los pueblos campesinos (la pascua en sus orígenes judaicos fue una fiesta campesina) la creación del reino animal sobre la Tierra. En cuanto al conejo, simbolizaba la fecundidad por excelencia, lo cual entendido en sentido espiritual, era como una actitud de la mente humana en la que debe fructificar la palabra de Dios para dar frutos de bondad, amor y buenas acciones.

Los tiempos que vivimos quizás no permitan volver a las tradiciones pascuales mexicanas con las características del México de antaño, pero sí resulta asequible conservar el uso de regalar los postres magníficos de nuestra repostería tradicional y revivir la sana costumbre de la Merienda de Pascua Florida, lo que dará un tono más hogareño a las festividades de la Pascua, pero sobre todas las cosas, más acorde con nuestra ancestral manera de ser. . . más nuestro.

DULCES REPRESENTATIVOS DE LAS MERIENDAS CHOCOLATERAS

(Tulyehualco)
Alegría Prehispánica
(16 a 20 porciones)

INGREDIENTES:

1 cono de piloncillo
4 tazas de semilla de amaranto

ELABORACIÓN:

— *Parta en trozos el piloncillo, agréguele una taza de agua y hierva hasta que se forme una miel espesa. Retire del fuego.*
— *Deje enfriar ligeramente y vierta el amaranto. Revuelva.*
— *Vacíe la mezcla sobre un molde forrado con papel encerado.*
— *Deje secar unas horas.*
— *Desmolde y corte del tamaño deseado.*

Galletas* de Almendra

(20 a 25 porciones)

Ingredientes:
1 taza de almendras
2 tazas de harina
1 1/2 barrita de mantequilla
1 taza de azúcar pulverizada
1 clara de huevo
3 cucharadas soperas de chocolate en polvo
(especial para repostería)

ELABORACIÓN:

— *Remoje las almendras en agua hirviendo, pélelas, aparte unas cuantas para adorno y licue o muela el resto con un poco de agua.*
— *Bata la mantequilla para ablandarla y esponjarla.*
— *Cierna la harina 3 veces, haga un hueco en el centro, ponga ahí la mantequilla y las almendras licuadas. Mezcle.*
— *Agregue el chocolate en polvo, las claras batidas a punto de turrón y el azúcar. Siga batiendo.*
— *Engrase una charola de horno. Vierta la pasta en un embudo o en una duya de plástico, presione y forme las galletas. Decore con almendras. Hornee a fuego medio unos 20 minutos o hasta que estén doradas.*

GALLETA HOJALDRADA. Hecha la masa lo mismo que la del artículo anterior, no necesita otra cosa que plegarse en cuatro dobleces y aplanarse en seguida con el palote, lo que debe repetirse muchas veces. Dispuesta de este modo la masa, se forman las galletas como queda dicho, se doran y se meten á cocer al horno.

* GALLETA. Especie de bizcocho, cocido en el horno, que se hace amasando dos libras de harina con cosa de una libra de mantequilla fresca y agua, que se va mezclando poco á poco hasta que la masa quede suficientemente suave; se hacen con ella unas bolas que se aplanan en seguida con el palote, polvoreando la mesa con harina para que no se peguen; se les da una pulgada de grueso y dorándose con huevo, se meten á cocer al horno. Cuando se quiera más gustosa y delicada, se le añaden cuatro ó cinco huevos y leche en lugar de agua, ó á más del agua, para hacer la masa.

Del *Nuevo cocinero mexicano en forma de diccionario, 1888.*

Galletas de Piloncillo

(20 a 30 porciones)

INGREDIENTES:

1 cono de piloncillo
1 cáscara de naranja
1 raja de canela
3 tazas de harina
1 cucharada sopera de polvo de hornear
1 taza de manteca (o margarina).

ELABORACIÓN:

— Hierva el piloncillo, la canela y la cáscara de naranja en 2 tazas de agua hasta formar una miel. Cuele.
— Cierna la harina con el polvo de hornear y mézclela con la manteca. Amase y añada la miel. Siga amasando hasta formar una pasta tersa y suave.
— En una superficie enharinada extienda la pasta con el rodillo hasta que quede delgada.
— Corte las galletas con moldes de figuras a su gusto, barnícelas con agua y colóquelas en charolas engrasadas. Hornee a fuego medio de 20 a 30 minutos.

Huevitos de Faltriquera

(15 a 20 porciones)

INGREDIENTES:

1 taza de nueces molidas
1 camote amarillo
1 taza de azúcar
1 cucharada de canela molida

ELABORACIÓN:

— Cueza el camote hasta que quede blando. Pélelo y hágalo puré.
— Ponga a fuego medio el azúcar con media taza de agua. Mueva ligeramente hasta formar una miel espesa. Añada la nuez molida y el camote. Mueva continuamente hasta ver el fondo del cazo. Retire del fuego y bata un poco para que se enfríe.
— Forme pequeñas bolitas con la pasta, revuélvalas en azúcar y canela, y envuélvalas en papel de china de varios colores.
— Sirva en un platón de artesanía mexicana.

Jamoncillo* Nacional

(2 porciones largas)

Ingredientes:
- 8 yemas de huevo
- 3 tazas de azúcar
- 2 tazas de leche
- 1 cucharada sopera de esencia de vainilla
- 2 cucharadas soperas de piñones frescos y nueces

ELABORACIÓN:

— Forme una miel espesa hirviendo el azúcar en una taza de ugua a fuego lento.

— Bata las yemas vigorosamente, agregue la leche y la esencia de vainilla y mezcle. Añada esto a la miel y hierva a fuego lento moviendo hasta que se vea el fondo del cazo. Retire del fuego.

— Siga batiendo mientras la mezcla se entibia y quede manejable como plastilina.

— Coloque la mezcla sobre un trapo húmedo y forme un rollo o la forma que usted desee. Haga dos incisiones con el cuchillo y adorne con piñones y nueces.

Mamá Carlota

(8 porciones)

INGREDIENTES:

- 4 cucharadas soperas de cocoa
- 3 tazas de crema dulce para batir
- 2 tazas de azúcar
- 1 cucharada cafetera de extracto de vainilla
- 24 soletas

ELABORACIÓN:

— Bata la crema hasta que se esponje. Mézclelu con el azúcar, el extructo de vainilla y la cocoa para formar una pasta.

— Engrase un molde hondo y forre con una capa de soletas el fondo y las paredes, con la parte plana de las soletas hacia adentro.

* JAMONCILLO. Dulce á imitación del jamón. Se hace comúnmente de pepita ó de almendra.
Del *Nuevo cocinero mexicano en forma de diccionario, 1888.*

— Cúbralas con una capa gruesa de crema, ponga otra capa de soletas, otra de crema, y así sucesivamente. Se debe terminar con pasta. Refrigere unas 2 o 3 horas antes de servir.
— Desmolde pasando en los lados un cuchillo precalentado (se coloca un momento en un recipiente con agua hirviendo).

Mostachones*

(20 a 25 porciones)

INGREDIENTES:

5   tazas de leche
2 1/2 tazas de azúcar
3   cucharadas soperas de miel de maíz
3   cucharadas soperas de esencia de vainilla
1/4   de barrita de mantequilla
1/2   cucharada cafetera de bicarbonato

ELABORACIÓN:

— Ponga a fuego lento todos los ingredientes —menos el bicarbonato revolviendo muy bien; cuando suelte el primer hervor, añada el bicarbonato, baje la flama al mínimo y continúe hirviendo sin dejar de mover hasta que se vea el fondo del cazo.
— Retire del fuego y deje entibiar lo suficiente para poder formar los mostachones con las manos.
— Si prefiere hacer macarrones, coloque la pasta en un embudo de papel o en una duya de plástico y presione.

* MOSTACHONES. Variación de los mazapanes, cuya pasta se hace por lo común de almendra, azúcar y especias, dándosele diferentes formas.
Del *Nuevo cocinero mexicano en forma de diccionario,* 1888.

Muéganos

(9 a 10 porciones)

INGREDIENTES:

1 1/2 taza de harina
1 cucharada cafetera de polvo de hornear
1/2 taza de leche
2 cucharadas soperas de manteca
3 conos de piloncillo
aceite para freír
miel de maíz

ELABORACIÓN:

PASTA:
— Mezcle la harina con el polvo de hornear y la manteca. Añada poco a poco la leche y amase hasta formar una pasta suave y manejable.
— Extienda la pasta con un rodillo hasta que quede de 1/2 centímetro de espesor y corte cuadritos de 1 centímetro.
— Fría los cuadritos de masa en aceite hasta que se inflen, escúrralos y quite el exceso de grasa con papel absorbente.

MIEL
— Hierva el piloncillo con 1 taza de agua hasta formar una miel espesa.
— Ponga los cuadros de masa fritos en un colador de metal y báñelos con miel sobre un traste para poder volver a usar la miel que escurre. Deje enfriar.
— Úntese las manos con miel de maíz y mójeselas. Forme los muéganos pegando los cuadritos de masa unos con otros.

Natilla* Almendrada

(10 a 12 porciones)

INGREDIENTES:

6 tazas de leche evaporada
5 yemas de huevo
2 cucharadas soperas de fécula de maíz
3/4 de taza de azúcar
10 soletas
1/2 taza de almendras
1 vasito de jerez dulce
1 cucharada de esencia de vainilla

117

ELABORACIÓN:

— *Remoje las almendras en agua caliente, pélelas y píquelas finamente.*
— *Hierva la leche con el azúcar, la esencia de vainilla, la fécula de maíz disuelta en un poco de agua y la almendra. Revuelva hasta que espese ligeramente y retire del fuego.*
— *Bata las yemas y añádalas a la leche, mezcle rápidamente y vacíe en un platón. Refrigere.*
— *Remoje las soletas en el jeréz y acomódelas sobre las natillas o las soletas como decoración alrededor de la natilla.*

Polvorón Tricolor de Cacahuate

(30 porciones aprox.)

INGREDIENTES:

1 *taza de cacahuate molido*
2 *tazas de harina*
1 *taza de azúcar pulverizada*
1 *taza de manteca*
1/2 *cucharada cafetera de carbonato*
papel de china de colores

* NATA. La parte más delicada y gorda de la leche que sobrenada luego que ha reposado por algún tiempo después de haberse ordeñado. Con ella se hace la mantequilla y se disponen varios dulces sabrosos y saludables.
NATAS SUELTAS DE LECHE. Se deslien diez y seis yemas de huevo en ocho cuartillos de leche con una libra de azúcar y dos onzas de almidón; se cuela todo y se pone al fuego hasta que tome el punto conveniente.
NATAS REALES. Se ponen á hervir cuatro cuartillos de leche con diez y seis yemas de huevo, dos puñados de arroz molido y el azúcar necesario. Así que vaya á tomar punto, se añaden las natillas cocidas de un lebrillo de leche, y se sirven con canela molida por encima.
NATAS REALES CON MAMÓN. Se mezclan y se ponen á la lumbre dos cuartillos de leche con cuatro onzas de mantequilla, ocho yemas de huevo, un puño de arroz remojado y molido, y azúcar según el gusto de cada uno. Cuando está cerca de tomar el punto de manjar-blanco, se les añaden natillas que se incorporarán bien, se pone todo en un platón y se cubre por encima con mamón molido.
NATILLAS COMPUESTAS. Después de cocida la leche se deja enfriar en lebrillos y se recogen después las natas con una cuchara, echándose en un plato sobre mamón; se cubren con azúcar en polvo y se sirven. Puede añadírseles una poca de canela molida por encima.
Del *Nuevo cocinero mexicano en forma de diccionario, 1888.*

ELABORACIÓN:

— *Queme la manteca. Déjela enfriar.*
— *Cierna la harina, agréguele el carbonato y forme una fuente. Ponga en el centro el azúcar, el cacahuate y la manteca. Con un tenedor mezcle bien sin apretar.*
— *Forme rollitos (o la forma que usted desee) sobre una tabla enharinada y córtelos al sesgo para formar los polvorones. Colóquelos en una charola para hornear, engrasada y enharinada. Hornee durante 15 o 20 minutos a temperatura regular (120°C). Deje enfriar.*
— *Envuelva cada rollito en cuadritos de papel de china verde, blanco y rojo. Tuerza los extremos y corte flecos.*

Rompope*

(1 litro aprox.)

INGREDIENTES:

5 yemas de huevo
7 tazas de leche
1 taza de azúcar
1/2 taza de almendras
ron al gusto

ELABORACIÓN:

— *Remoje las almendras en agua hirviendo y pélelas.*
— *Licue las almendras con un poco de leche hasta que no tenga grumos.*
— *Hierva la leche y agregue el azúcar y las almendras licuadas. Mueva continuamente con pala de madera hasta que espese un poco. Retírelo del fuego.*
— *Bata las yemas con el ron y añádalas poco a poco, sin dejar de mover, hasta que queden bien incorporadas a la leche. Deje enfriar y envase en una botella de vidrio.*

---

* ROMPOPE. Con este nombre y el de *hopelpope* venden en las vinaterías una composición, especie de ponche compuesto con leche, yemas de huevo, azúcar y aguardiente, y aromatizado con canela ó nuez moscada. Se hace lo mismo que la composición de marrasquino para nevarse con la diferencia de ponerse yemas en vez de las claras de huevo, y aguardiente en lugar de marrasquino. Se le echa una gota de esencia de canela para cada cuartillo, ó lo equivalente de raspadura de nuez moscada.
Del *Nuevo cocinero mexicano en forma de diccionario, 1888.*

Suspiros* de Novia

(20 porciones aprox.)

INGREDIENTES:

MASA:
   1 taza de harina
1/2 barrita de mantequilla
   4 yemas de huevo
   1 pizca de sal
     aceite para freír

MIEL:
   1 taza de azúcar
   1 raja de canela
   1 taza de miel de maíz
     el jugo de un limón
     la ralladura de un limón

ELABORACIÓN:

— Bata la harina con la mantequilla, las yemas y la sal. Agregue una taza de agua para formar un atole.
— Caliente el aceite en una sartén y fría pequeñas cucharadas de la mezcla anterior para formar los suspiros. Escúrralos en una servilleta de papel.
— Hierva el azúcar, la miel y la canela en media taza de agua hasta formar un jarabe ligero. Añada la ralladura y el jugo de limón. Deje enfriar.
— Vierta el jarabe en un platón hondo y ponga ahí los suspiros. Decore con canela y nueces molidas.

* SUSPIROS. Se da este nombre a varias composiciones dulces, con tal que ellas sean delicadas y sabrosas, y de que su tamaño después de cocidas no pase de una ó dos pulgadas.
SUSPIROS DE MONJA Á LA FRANCESA. En Francia se les llama *pets de none*; pero este nombre no es muy decoroso, ni adecuado para cosas que se han de comer.
   Se extiende sobre una tapa de cacerola la masa de la duquesa, se corta y se hacen con ella unas bolitas que se fríen hasta quedar bien doradas, en manteca, mantequilla ó aceite; se dejan escurrir, se polvorean con azúcar y se sirven.
SUSPIROS DE YEMAS BATIDAS. Se baten las yemas de huevo hasta que se pongan duras, y al batirlas se les va mezclando azúcar cernido, en la cantidad que se necesite, para que se ponga la masa consistente, de modo que se pueda echar con cuchara en papeles sobre azúcar cernido, sin correrse; se meten al horno suave los suspiros, y se dejan cocer y dorar.
Del *Nuevo cocinero mexicano en forma de diccionario, 1888.*

FIESTA DE LA SANTA CRUZ

3 de Mayo, fiesta tradicional de los gremios del México colonial, casi perdida en la actualidad y conservada sólo por los albañiles que hasta hoy —en la cima de sus obras— colocan la cruz adornada con flores y picaduras de papel de china.

Milpa Alta se apega más a la tradición original y los barrios llevan a sus patronos a visitar a sus vecinos.

TRADICIÓN QUE SE NEGÓ A MORIR

Triunfó el entusiasmo y la fe de los trabajadores de la construcción

Una de las más antiguas fiestas populares en nuestro país, es la celebración de la Santa Cruz —conocida también como la de la Cruz Florida, por la costumbre inveterada de los albañiles de colocar el 3 de mayo, una cruz sencilla en lo alto de las construcciones, adornada con flores y con papeles de colores.

Por *motu proprio* del Papa Juan XXIII, del 25 de julio de 1960, la fiesta fue suprimida en el calendario litúrgico de la Iglesia católica, para dar mayor realce a la fiesta de La Exaltación de la Santa Cruz, del 14 de septiembre. Sin embargo, el episcopado mexicano, a la vista de que el gremio de los trabajadores de la construcción continuó festejando su día en esta fecha, hizo las gestiones para que quedara vigente en México, no obstante haber sido suprimida en otras áreas del mundo.

Triunfó la fe de los albañiles y el arzobispo primado de México, cardenal Ernesto Corripio Ahumada, cada año encabeza en la Catedral, la ceremonia a la cual acuden albañiles de todos los rumbos de la ciudad llevando sus cruces engalanadas.

Por lo que cada año los cohetes estallarán en todo el cielo de México, proclamando la victoria de esta tradición tan bella y tan significativa.

SU HISTORIA

Su origen se remonta al siglo IV de nuestra era. El emperador Constantino se encontraba ante una derrota inminente por las hordas bárbaras del Danubio. Cuando más agobiado estaba, apareció en el cielo una cruz resplandeciente con una inscripción que decía: *In hoc signo vinces* (Con este signo vencerás). La victoria le favoreció derrotando a los bárbaros. Constantino —después de ser instruido y

121

bautizado por el papa Eusebio en Roma— en agradecimiento pidió a su madre santa Elena fuese a Jerusalén a buscar las reliquias de la Cruz de Cristo, que en aquel entonces se ignoraba dónde estaban. La Emperatriz Madre puso toda su pasión y empeño en la búsqueda. Durante algún tiempo indagó y buscó sin éxito, pero sin desalentarse. Continuó la búsqueda hasta que, finalmente —no sin antes recurrir a todo su poder— logró que un sabio judío, llamado Judas, le revelase lo que sabía. Así inicia santa Elena las excavaciones en diversos sitios de Jerusalén hasta que, movida por inspiración divina, señala un sitio. Con mucha fe hace excavaciones muy profundas, a pesar de que todos le aconsejaban otro sitio. Finalmente descubre las Tres Cruces.

Como la inscripción de la Cruz de Cristo se encontró separada, no era posible saber cuál de las tres era la verdadera Cruz del Redentor. En consecuencia el obispo de Jerusalén llamó a una mujer agonizante y le pidió tocara las Tres Cruces; la mujer, al abrazar la tercera, quedó curada, y con este milagro se identificó la verdadera. Por ello en México se llama también "Fiesta de La Vera Cruz".

El sabio Judas, testigo del milagro, se convierte al cristianismo, y, como por esos días muriera el obispo de Jerusalén, santa Elena pidió al papa Eusebio, quien acudió a venerar la reliquia, consagrara obispo al judío converso, el cual tomó el nombre de Ciriaco. Santa Elena permaneció en Jerusalén y pidió a Constantino que erigiera iglesias conmemorativas, restaurara los Lugares Santos y diera limosnas a los pobres de Jerusalén. A su muerte, la emperatriz pidió a los fieles que celebraran anualmente una fiesta el 3 de mayo, día del descubrimiento de la Cruz, estableciéndose desde aquellos remotos años, esta fiesta.

Los fieles de España iniciaron la costumbre de elaborar una cruz, ponerla en la cima de sus casas y adornarla con flores, tradición que los misioneros trasladaron a México. Mas como muchos de los templos estaban en construcción, los evangelizadores pidieron a los albañiles hicieran una cruz y la colocaran en lo alto adornada con flores y abalorios. Este gremio tomó así, como propia, esta celebración y celebra año con año una gran fiesta en la misma obra en construcción, acompañándose por sus familias.

FIESTA DE LA SANTA CRUZ EN EL MÉXICO COLONIAL

El gremio de los albañiles, celebra la "Fiesta de la Santa Cruz". En alguna vieja crónica he visto que esta costumbre data de la época del ilustre fray Pedro de Gante, fundador de la primera escuela de México.

Quizá en los primeros edificios levantados en la Nueva España, la cruz fue ubicada en los pináculos y adornada con flores naturales y de papel, y desde aquel entonces en todo el territorio nacional: en las ciudades, en las aldeas y en los campos, los constructores de habitaciones se encargan también de preparar la Fiesta de la Santa Cruz.

Consiste de ordinario en que una cruz, bendecida por un sacerdote el día anterior, es situada a primera hora en la parte más importante del edificio y a una altura regular, mientras los cohetes lanzados al aire producen una gran alegría. Algunas veces una banda de música o algunos filarmónicos amenizan el acto.

En otro tiempo, y hasta a mediados del siglo, al enarbolar la cruz se cantaban algunas alabanzas, cuya letra es la siguiente:

> Salve Cruz bendita,
> madero sagrado
> donde cayó al fin
> mi Jesús amado.

Las cruces son adornadas con flores de papel, de lienzo o naturales. A veces los artistas distinguidos hacen gala de sus conocimientos ejecutando con maestría los adornos que mencionamos.

Durante todo el día, que es de regocijo, se lanzan cohetes, se tocan algunos sones o danzas populares y al mediodía se sirve la típica barbacoa o el mole de guajolote con el pulque. La fiesta acaba con una verdadera borrachera de todos los albañiles para celebrar así la Fiesta de la Santa Cruz más pagana que religiosa.

En algunos pueblos indígenas existe la costumbre, como en el Día de San Miguel, de elaborar una cruz de flores de pericón de santa María o de algunas rosas del campo, y antes de salir el sol colocan esas cruces frente a las casas o en algún tronco de árbol, incensando la cruz con copal. Cabe recordar el verso aquel:

> Échele copal al santo
> aunque se le humeen las barbas.

Los indígenas también gustan entregarse a libaciones, tomando el *tejuino* en Jalisco, la *tuba* o el *chinguerito* en Colima y Guerrero, el *colonche* en San Luis Potosí, el *pulque* en el Distrito Federal y en los estados de México e Hidalgo.

A veces también preparan enchiladas y las toman en un rico almuerzo. Ese día hay ofrenda a la Cruz, a semejanza de la de Muertos.

Desde el día anterior las cruces de flores que van a ser colocadas frente a las casas, tienen en su altar calabaza y elotes cocidos, chayotes y algunos otros vegetales que son el alimento predilecto de los indígenas.

Los indios sienten mucho apego por sus tradiciones, y no hay poder humano que les impida celebrar sus fiestas. Desde la época colonial los sacerdotes y religiosos abolieron los ritos sangrientos, pero las ofrendas y los holocaustos consistentes en copal quemado en sahumerios, continúan hasta nuestros días pues los indios tienen la creencia de que si no lo hacen así, los dioses se irritarán y sobrevendrán grandes calamidades a sus hogares.

En la Ciudad de México, en los templos de Santa Cruz Acatlán y la Soledad de Santa Cruz, se verificaban a mediados del siglo pasado unas fiestas muy suntuosas con misa solemne, ruidos en el tapanco, chirimías, cohetes, repiques al vuelo y una romería en los atrios. Se amenizaba la fiesta con algunas danzas provenientes de diversos lugares del país.

Las corporaciones de albañiles asistían a esas fiestas portando en ese día sus mejores trajes, a saber el vestido nacional de charro con sombrero de anchas alas, chaqueta corta y pantalón ajustado. Aun cuando los albañiles no vestían en esta forma de ordinario, en esta ocasión se presentaban luciendo el vistoso traje de charro.

ALABANZAS A LA SANTA CRUZ (siglo XIX)

Salve, Cruz Bendita,
madero sagrado
que cargó en sus hombros
mi Jesús amado.

Bajaste al mundo
sólo a padecer,
tus primeros pasos
diste a Jerusalén.

Bajaste al mundo
con crecido amor,
moriste en la cruz
por el pecador.

En un calabozo
rodeado de penas
prisionero te hallas
con crueles cadenas.

Con hiel y vinagre
lo fortalecieron,
corona de espinas
a Jesús pusieron.

Mírale las sienes
las tiene quebradas,
con crueles espinas
están traspasada

Mírale sus ojos
los tiene empañados,
los tuyos alegres
llenos de pecado.

Mírale la boca
seca y renegrida,
te está pidiendo agua
por darnos la vida.

Mírale su rostro
lo tiene morado
por la bofetada
que un judío le ha dado.

En una columna
te hallas amarrado,
¡qué judíos tan crueles,
cómo te azotaron!

El agua que Él pide
que sea la evidencia,
agua saludable
de la penitencia.

El día Jueves Santo
que el Señor oró,
su divina madre
fue la que lloró.

El día Viernes Santo
que el Señor murió,
su divina madre
fue y lo sepultó.

El Sábado de Gloria
que resucitó,
las piedras saltaron
y Satán tembló.

El Domingo de Pascua
que se apareció
a los apóstoles
fue y los asombró.

Estas alabanzas
que aquí hemos cantado
sean las indulgencias
que al cielo han llegado.

Estas oraciones
que hoy hemos rezado
hácenos recuerdos
de lo antepasado.

EL RITO DE LA BARBACOA

Este tradicional y delicioso manjar es elaborado con carne de carnero envuelta en pencas de maguey, colocadas sobre una gran olla o cazo en el que se recoge el jugo de la carne. Dicho consomé está compuesto de arroz, garbanzos y diversas verduras picadas: zanahoria, coliflor, papa y yerbabuena. Todo esto debe ser cocido en un hoyo, bajo tierra, que hace las veces de horno y se cubre con pencas y tierra para que guarde el calor.

Prepárese usted para conocer el rito completo de cómo se elabora la auténtica y tradicional barbacoa de Actopan, Hidalgo. A quienes la preparan se les llama "barbacoeros".

— Conseguir un carnero o borrego.
— Cortar y limpiar las pencas de maguey.
— Juntar leña de mezquite o de encino pues no humea al quemarse.
— Tener piedra negra cacariza o "de fuego".
— Reunidos estos elementos, se procede a cavar un hoyo de 80 centímetros de hondo por 1.20 de diámetro.
— En el fondo del hoyo se mete primero la leña del mezquite.
— Sobre la leña se coloca la mencionada piedra cacariza o "de fuego" (se llama así porque es porosa y conserva el calor).

126

- Una vez hecho todo esto, ya tiene usted armado el horno. Debe prender el fuego por debajo de la leña para que la lumbre la convierta en carbón y caliente la piedra.
- Aproximadamente en dos horas el carbón estará listo, y la piedra se encontrará ya al rojo vivo.
- Así, el horno estará en su punto ideal para colocar la olla o cazo que guardará el consomé.
- Previamente se introducen los ingredientes en el cazo: arroz, garbanzo, coliflor, papa, zanahoria, chipotle, ajo, cebolla, yerbabuena, sal al gusto y agua para el consomé.
- Luego, alrededor del cazo, o en su contorno, se coloca un tendido de pencas, previamente asadas y muy limpias, y sobre el cazo se coloca madera de mezquite delgada para formar una parrilla.
- Después, sobre esta parrilla de madera y las pencas en el contorno del cazo, se pone la carne del carnero, y arriba, más pencas; se tapa con tierra y se espera seis horas para que la barbacoa esté lista.
- Finalmente, se saca la carne y después, el consomé.

Ahora puede usted deleitarse con un exquisito platillo de muy difícil elaboración, considerado como uno de los platos fuertes más excelsos de la cocina de México.

(Actopan, Hidalgo)

Barbacoa* Especial para el Día de la Santa Cruz (en bote)

(veinte porciones)

INGREDIENTES:

CONSOMÉ:

   3 papas
   3 zanahorias
1/2 taza de garbanzo
1/2 cebolla
   3 cucharadas soperas de arroz limpio
    chiles serranos al gusto
    sal de grano

---

* BARBACOA. De cuantos modos han inventado los hombres para cocer las carnes, ninguno hay comparable al de la barbacoa; pues sin mezclarles líquido alguno que les hace perder parte de su sustancia y de su sabor, y sin el contacto del fuego que las reseca á costa de sus jugos, con sólo el vapor de la tierra calentada, y conservando todas sus cualidades alimenticias, quedan tan bien cocidas y sabrosas, que al paso que

ELABORACIÓN:

— *Remoje el garbanzo unas horas.*
— *Haga rodajas de zanahoria, papa y chile.*
— *Ase las pencas de maguey hasta que se quemen y se pongan suaves.*
— *Vierta 24 tazas de agua sobre el fondo del bote. Encienda la parrilla.*
— *Forre el bote con las pencas de maguey. Ponga las papas, la zanahoria, los chiles, la cebolla, el arroz y los garbanzos con una taza de agua en una cazuela y coloque la cazuela sobre la parrilla.*

---

excitan el apetito, son de fácil digestión aun para los estómagos mas débiles. Se disponen de distintos modos; pero en todos lo esencial es el cocimiento por el vapor sin mezcla de líquidos, ni contacto inmediato del fuego.

BARBACOA MEJICANA. Se forma un hoyo del hondo de tres cuartas y del tamaño competente para la pieza que se haya de cocer: se ponen abajo unas piedras, y después con leña seca se forma una lumbrada en el centro, con la que después de dos ó tres horas quede el hoyo bien caliente. Entonces se saca toda la lumbre, dejando las piedras: se humedece un petate nuevo de palma, se pone sobre ellas, y encima la carne preparada ó con chile-ajo, ó con adobo, ú otra cualquiera salsa bien untada y cargada de sal; sobre la carne se pone otro petate, unos palos ó pencas de maguey que la cubran y algunas piedras calientes, de modo que no caiga la tierra: después otro petate mojado, encima una poca de tierra y sobre ella lumbre bastante: á las ocho ó diez horas se saca la vianda bien cocida.

BARBACOA. (Cabeza de res de ganado vacuno en). Se descuerna la cabeza muy á raíz, se agujera el cuero por todas partes, y se mecha con chiles secos enteros, dientes de ajo, trozos de cebolla y de carne gorda de puerco, ó de jamón que haya estado por diez ó doce horas encurtido en un chile-ajo compuesto de buen vinagre, sal, ajengibre y toda clase de especias, agregándole lima en trozos; también se mecha la lengua hasta donde se pueda, y por el gargüero se le echa el ajo-comino, tapándole para que no se salga: en seguida se envuelve la cabeza ó en un pedazo de cuero fresco, ó en un petate limpio de palma remojado, y se amarra con unos hilos de mecate.

Con anticipacion se habrá formado un hoyo, como se ha explicado antes, echándole leña seca y lumbre: cuando las piedras se hayan enrojecido, se rocían con agua, y se acomoda la cabeza, dispuesta como se ha dicho: se ponen encima parte de las piedras calientes, y el rescoldo que se haya sacado del hoyo, que se cubre después con tierra hasta llenarlo, haciéndose sobre ella una buena lumbrada de leña, que deberá durar desde el principio de la noche hasta la siguiente mañana, á la hora en que se haya de comer la barbacoa, que deberá servirse caliente.

BARBACOA PARA ANIMALES CHICOS. Se mata el animal apretándole fuertemente con la mano el hocico y la nariz, operación que dura poco más de un cuarto de hora. Durante este tiempo, se abre un hoyo en tierra de cosa de un pié de hondo, en el cual se enciende el fuego, y para caldearle se ponen capas alternativamente de leña y de guijarros pequeños. Se tiene el animal por algún tiempo sobre las llamas, y raspándole con un cuchillo se le quita todo el pelo ó cerda, lo mismo que si se hubiese pelado en agua hirviendo. Se abre y se le sacan las tripas, que se lavarán inmediatamente con esmero, y se meten en cáscaras de cocos, como también la sangre, que se recogerá al tiempo de abrir al animal. Cuando el hoyo está bien caldeado, se saca la lumbre, y se ponen en el fondo algunos de los guijarros que no estaban bastante encendidos, de suerte que mudasen el color de las cosas que tocaban: se cubren de hojas verdes, sobre las cuales se pone el animal con sus tripas. Se extiende sobre él otra capa de hojas verdes y piedras calientes, tapándose el hoyo con piedras. Éste se abre al cabo de unas cuatro horas, y se saca el animal muy bien asado: es una comida excelente.

Del *Nuevo cocinero mexicano en forma de diccionario*, 1888.

128

Barbacoa con Carne de Borrego

(15 a 20 porciones)

INGREDIENTES:

7 kilos de carne de borrego surtida
4 pencas de maguey para barbacoa

ELABORACIÓN:

— Coloque una parrilla de tela de gallinero sobre la cazuela de verduras.
— Lave y limpie la carne. Séquela, añada sal en grano y colóquela sobre la tela de gallinero.
— Doble las pencas y entrelácelas para cubrir la carne. Cubra todo con trapos. Apriete y tape el bote.
— Cueza durante 8 horas.
— Sirva salsa borracha, frijoles, tortillas y guacamole.

Pulque*Curado

INGREDIENTES:

1 litro (una jarra) de pulque de primera
1/2 taza de leche condensada

DE NUEZ:
1/4 de taza de nuez encarcelada

DE AVENA:
1/2 taza de avena en hojuelas

CURADO DE APIO:
4 tallos de apio

ELABORACIÓN:

— Licue 1 taza de pulque con el ingrediente correspondiente (apio, fresa, nuez o avena) y la leche condensada.
— Cuele y mezcle con el resto del pulque.
— Enfríe y espolvoree con canela.

* PULQUE. Jugo o licor que se extrae de la planta llamada generalmente por nosotros maguey, que los mejicanos conocían con el nombre de metl y llaman los españoles pita. Los extranjeros la suelen nombrar aloe americano, por la gran semejanza que tiene con el verdadero aloe, y los botánicos la designan bajo el nombre de ágabe americana. El pulque es la bebida regional de estos países y un excelente vino que no tiene más defecto que el de no poderse conservar largo tiempo, por la brevedad con que pasa de su fermentacion vinosa á la acetosa, sin que hasta ahora ni la casualidad, á la que se deben los descubrimientos mas importantes, ni la química hayan proporcionado un medio para poderlo conservar largo tiempo en su primer estado, é impedir que se avinagre al cabo de tres ó cuatro días.

En mejicano se llama este vino del maguey octli, y la voz pulque es tomada de la lengua araucana, en la que se aplica generalmente á toda bebida embriagante.

Es el pulque una bebida sana y apreciabilísima, pues á más del gusto que proporciona al beberse á los que se acostumbran á ella, es menos embriagante que el vino de uva, estomacal, facilita la digestión, es buena contra el histérico, es un excelente diurético, y remedio eficaz para la diarrea; es además el único licor que sienta perfectamente sobre los guisados de chile, principalmente si están cargados de grasa y de cebolla cruda, como es costumbre, y parece que la naturaleza siempre próvida lo proporcionó á los Mejicanos, que usan el chile en tantas y tan sabrosas preparaciones, sobre las cuales serían dañosísimos el vino de uva y el aguardiente, y aun el agua sobre la que se eleva la grasa mezclada con el chile, y causa acedías, indigestiones é incomodidades que se evitan enteramente con el pulque.

PULQUES CURADOS ó COMPUESTOS. Como para cada paladar son distintas las cantidades de los ingredientes que se mezclan, únicamente se indicarán las materias de que se componen los pulques curados, para que cada uno lo haga á su gusto.

PULQUE DE GUAYABA. Se toman sólo las cáscaras de las guayabas, se muelen bien, se deshace esta masa en el pulque y se endulza; se le agrega una poca de canela hecha polvo muy fino, y se deja fermentar por tres ó cuatro horas. Después se cuela y se sirve.

PULQUE DE HUEVO. Se baten con el pulque yemas de huevo, más ó menos según el gusto, y se endulza lo mismo. Sobre el pulque en los vasos se echa canela molida.

PULQUE DE PIÑA. Se mondan y muelen las piñas, y después se muelen también con las cáscaras; se cuelan con el pulque en un cedazo, y se endulza, añadiéndose unos poquitos de canela, pimienta y clavo. Mientras mayor es la cantidad de piña, sale mejor el pulque.

PULQUE (Modo de hacer el). Cuando el maguey llega á cierto tamaño y madurez, se le corta el tallo, ó por mejor decir las hojas tiernas de que sale el tallo, que están en el centro de la planta, y se deja allí una cavidad proporcionada. Se raspa después la superficie interior de las pencas gruesas que circundan aquella cavidad, y de ella se saca un jugo dulce, que generalmente se conoce por *aguamiel* en tanta cantidad, que una sola planta suele dar en seis meses más de seiscientas libras, y en todo el tiempo de la cosecha más de dos mil. Se saca el aguamiel con una caña ó con una calabaza seca, larga y estrecha, que se llama acocote, de la palabra mejicana *acocotli*, que quiere decir *avencucia de aguamiel ó de pulque*, y después se echa en barriles ó tinas hasta que fermenta, lo cual sucede antes de las veinticuatro horas. Para facilitar la fermentacion y dar más fuerza al pulque, le suelen poner una yerba que se llama en mejicano *ocpatli*, ó remedio del pulque. El color del aguamiel es algo amarillento; pero al paso que se fermenta, se va poniendo blanco, que es el color del pulque ya en estado de beberse.

Hay pulque fino y ordinario, llamado comúnmente *clachique*, y es más espeso, flemoso y de más ó menos mal sabor; pero esta diferencia no depende en manera alguna del modo de hacerlo, sino de las diversas clases de magueyes, de no haberlos capado con anticipacion, ó de rasparlos antes de su sazón y madurez, y principalmente de la clase de la tierra en que están plantados y del clima de aquel lugar. Así es que de los pulques que llegan á esta capital, el mejor los Llanos del que se cosecha en y más fino es Apam, y entre los ordinarios el que más se acerca al fino, es el de Tomacoco en las inmediaciones de Amecamecan, y generalmente el de los lugares fríos y de más altura sobre el nivel del mar; así como el peor de todos es el de Totolapan y el de los lugares más inmediatos á la tierra caliente, donde es muy espeso, demasiado flemoso y áspero, que ni puede ser grato al paladar ni conveniente á la salud.

En la tierra caliente donde no hay magueyes, llaman pulque á un brebaje detestable que hacen de agua, panocha y otros ingredientes, que es un purgante tan activo para los que van de tierra fría y lo beben, que sin ponderación produce todos sus efectos al instante mismo que se acaba de tomar.

Del *Nuevo cocinero mexicano en forma de diccionario, 1888.*

JUEVES DE CORPUS EN LA CATEDRAL

Dejad a los niños acercarse a mí porque, en verdad os digo, que es de ellos el reino de los cielos.

Y cada Jueves de Corpus, estos angelitos ataviados de inditos acuden a la Catedral de la antigua Tenochtitlan a pagar con la inefable inocencia de los niños, la infinita ternura de Jesús.

FIESTAS DE CORPUS CHRISTI

Mes de junio

Las fiestas de *Corpus Christi* o de Jueves de Corpus son una tradición centenaria que sobrevive en la gran urbe capitalina.

Venciendo el tráfago de la Ciudad de México y haciendo caso omiso de las complicaciones del tránsito capitalino, los habitantes de la ciudad se preparan para revivir la vieja tradición de celebrar el Jueves de Corpus.

Por todos los rumbos de la ciudad han aparecido ya los vendedores ambulantes que ofrecen las pintorescas mulitas elaboradas en formas diversas, imponiendo un toque de colorido y alegría a la monótona vida cotidiana de esta gran ciudad.

La tradición de celebrar el Jueves de Corpus en la Ciudad de México es casi tan vieja como la capital misma, pues ya en el año de 1526 los cronistas dan noticias ciertas de esta celebración.

Con el tiempo, allá por el año de 1560, era ya famosa la fastuosa procesión que salía de la primera y modesta Catedral a todos los rumbos de la ciudad por lo cual en ella participaban, en una forma o en otra, los habitantes de todos los barrios que entonces constituían nuestra capital. La procesión salía por la puerta poniente y circulaba por las calles aledañas a la Catedral encabezada por el arzobispo, el clero regular, las órdenes religiosas, el virrey, la audiencia, las autoridades del municipio, los gremios y cofradías, la Universidad, el ejército —todos vestidos con sus mejores galas— y el pueblo en general, que por estas fechas era tradicional que estrenara atuendos.

Las fiestas desde siempre se celebraron con regocijo y devoción. Inclusive las calles que recorría la procesión tenían una riquísima custodia la cual llegó a ser considerada de las más ricas del mundo: se alfombraban y se cubrían con toldo de manta, las casas se adornaban y al paso de la procesión se arrojaban flores y por delante había personas tirando pétalos de rosas.

La Plaza Mayor era llenada por la multitud capitalina, lo que con el tiempo dio origen a una gran feria que congregaba artesanos y comerciantes de distintos rumbos del país, que traían sus mercancías a lomo de mula —básicamente frutos de la temporada y artesanías que transportaban en guacales.* Muchas veces indígenas de diversas regiones cargaban sobre las espaldas esos guacales.

Ello explica la aparición de las mulitas elaboradas con hojas de plátano secas con pequeños guacales de dulces de coco o de frutas.

También reminiscencia de esa feria es la costumbre de llevar a los niños vestidos de inditos con guacales en las espaldas.

Fue en esta festividad donde seguramente surgió la primera feria de la Nueva España con sus características de país popular, ocasión en la cual no solamente se congregaban productores y comerciantes para vender sus mercancías, sino que, se amenizaba con espectáculos y diversiones como partidas de gallos, toros, etc., y en los primeros tiempos de la Colonia, con las famosas Mascaradas, que no eran otra cosa que desfiles jocosos. Todo ello se prolongaba a lo largo de la octava del Corpus.

Capítulo aparte merece la observación de que las festividades del Corpus en la Nueva España son el origen de nuestra tradición teatral, porque al lado de la iglesia se presentaban los autos sacramentales, llamados precisamente así ya que el pueblo que se colocaba al lado de la Catedral era presidido por el Santísimo Sacramento. Debe recordarse que el auto sacramental fue utilizado por los primeros evangelistas para catequizar a los indígenas.

Como puede verse es ésta una de las más viejas tradiciones de la Ciudad de México que —como decíamos anteriormente— fue famosa por movilizar a toda la ciudad la cual esperaba con gran gusto la celebración de esta fiesta, movilización que dio motivo para que se ocupasen de ella los cronistas y literatos mexicanos de todos los tiempos.

Es asombroso que siendo nuestra ciudad capital una de las más grandes y quizá la más populosa del mundo, esta viejísima costumbre sobreviva aún, y puntualmente todos los Jueves de Corpus acudan miles de capitalinos con sus hijos vestidos de inditos a rendir culto al santísimo sacramento en la Catedral de México.

Y qué decir de la emoción que se siente al ver que por todos los rumbos de la ciudad existen improvisados puestos que venden las mulitas, ahora elaboradas con los más diversos materiales, pero siempre conservando el colorido y la gracia que imprimen a sus obras las manos mágicas de nuestros artesanos.

Costumbres que como ésta, tan viejas y centenarias, dan a nues-

---

* GUACAL. Especie de alacena portátil de forma cuadrada que se usa para llevar algo sobre la espalda.
Del *Larousse universal ilustrado*

tra ciudad un sentido más humano, más espiritual y un acento festivo que nos invita a reflexionar en que somos un pueblo con historia, con valores espirituales y con alegría de vivir.

La fe y el alma de nuestro pueblo explican la existencia de esta noble tradición. Se trata de un pregón citadino que nos habla de nuestro pasado remoto y que nos recuerda que nuestra capital, nuestra gran capital, ha sido y es una ciudad acogedora y noble de la cual debemos sentirnos orgullosos.

Día de los Manueles con las pintorescas mulitas de Corpus Christi

El día de Corpus Christi, fiesta de origen religioso que llena de color y animación la fecha en la que el bien y el mal luchan simbólicamente, conmemoración esta última que se celebra todos los jueves siguientes a la octava de Pentecostés, se efectúa cincuenta días después de la Pascua del Cordero. Se dice que el origen oficial de aquélla data de 1246.

Tal vez la fuerza de esta tradición explica que se haya impuesto a la reciente modificación del calendario litúrgico, el cual trasladó la celebración de esta fiesta al domingo siguiente. Las autoridades eclesiásticas decidieron aceptar que, ante la costumbre inventerada de los capitalinos de celebrar esta festividad en jueves continuara celebrándose. ¡Venció la fuerza de la tradición a la ley!

El centro de festividad era la misa solemne en Catedral, seguida de una imponente procesión que partía del Zócalo, en la que la Sagrada Eucaristía, portada por el arzobispo bajo palio, era escoltada por autoridades virreinales, cabildo, cofradías, ejército, clero y pueblo. Había también representaciones teatrales alusivas, música y vendimia especial.

El pueblo fue marcando su sello peculiar y colorido a esta celebración. Es así como los arrieros iniciaron la costumbre de engalanar las acémilas de sus recuas para que fueran bendecidas y llevar ofrendas de flores silvestres y frutos campiranos, a la vez que ellos y sus familias lucían sus mejores y vistosas galas.

De ahí la costumbre de las famosas mulitas elaboradas con tule y carrizo, y de que los niños acudan a Catedral vestidos con trajes populares, de chinas y chinacos, inditas e inditos con huacales de frutas y flores en la espalda a manera de ofrendas.

Aparejada a la celebración de la Sagrada Eucaristía, los Manueles celebran el día de su onomástico lo que dio pie para que el pueblo diera rienda suelta al buen humor felicitándolos y obsequiándoles una mulita, al mismo tiempo que maliciosamente les decían: "Felicidades en tu día", siendo ésta la razón por la cual a la fiesta se le suele llamar popularmente "Día de las Mulitas." (La Fiesta del *Corpus Christi* coincidía con la celebración del día de los Manueles en virtud de que uno de los nombres de Cristo era el de Emmanuel. En el nuevo santoral católico la celebración de los Manueles fue cambiada de fecha como muchas otras en el calendario litúrgico. Sin embargo, según ya se mencionó, en México ha sobrevivido la costumbre de celebrarlos en la misma temporada, al grado que la Iglesia local ha tenido que reconocer esta costumbre dejándola sobrevivir.)

Ojalá pronto pueda revivirse la antigua costumbre de las ferias, representaciones teatrales y estampas escénicas alusivas al día, en el atrio de Catedral, lo que daría más alegría a la ajetreada vida capitalina.

DÍA DE MUERTOS
Y SUS CELEBRACIONES EN MÉXICO

Entre los mexicanos la muerte tiene un sentido singular: a veces aparece como una arraigada tradición que hinca sus profundas raíces en el pasado indígena; en otras ocasiones, parece un escenario donde se mueven y deslizan figuras del recuerdo, objetivo de ofrendas de la más diversa índole: dulces, pan, flores, y alimentos condimentados y costumbristas. La tradición, de alguna manera, es permanente, pero aparece con mayor vigor —como un sentimiento espontáneo—, los días 1 y 2 de noviembre de cada año.

El cementerio convoca a reunión familiar, amistosa. Los deudos se arrodillan alrededor de quien físicamente ya no se encuentra en el concierto de los vivos y riegan con lágrimas la tierra que cubre aquellos restos, o bien se depositan las citadas ofrendas. Dos actitudes que son, finalmente, el sentimiento que se guarda por quien ya no transita en el devenir mundano.

La festividad por los fieles difuntos es la conjugación, en el luto mexicano, de inocente alegría y crepuscular tristeza, adornadas con una flor de vivos colores que la naturaleza ha creado casi especialmente para esos momentos: los esbeltos pétalos de la bella flor de cempasúchil (o cempoalxóchitl).

La costumbre popular juega con sus recuerdos y el dolor se transforma en rostros sonrientes a través de las calaveritas de azúcar, de versos que advierten a los vivos con ironía y gracia, que algún día serán muertos con virtudes y defectos que sobresalen en los irregulares poemas.

Ni miedo ni temor desgajan el humor del mexicano. La mejor expresión en ese sentido se tiene en la inmensa obra del aguascalentense José Guadalupe Posada, quien hizo de la muerte un arte vernáculo.

Los campos donde están los restos de los difuntos, se iluminan con la presencia de innumerables personas que llevan entre sus manos las multicolores ofrendas. El tránsito se convierte en coro de murmullos, bajo esa bóveda espiritual cada lugar ocupa un sitio en este itinerario de más de cinco siglos. Así, surcan el tiempo y la historia el nombre original de Míxquic en el contorno del Valle de México, dentro de la geografía lacustre que en tiempo pretérito distinguió a la región de Tláhuac y en el centro dinámico de las tradiciones y costumbres mexicanas.

El pueblo de *Míxquic* está situado al sureste del Distrito Federal en la delegación Tláhuac. Su población actual es de 20 mil habitantes, distribuidos en cuatro barrios y una colonia. La principal ocupación de sus pobladores es la agricultura, productora de gran cantidad de verduras y legumbres.

Etimológicamente *Míxquic* significa "Lugar de mezquites". Antonio Peñafiel y Manuel Orozco y Berra afirman que el nombre deriva de *Mixcalco*: *Mizclit* (Mezquite) *Calli* (casa) y *Co* (lugar). Por metaplasmo (alteración material de una palabra mediante adición, supresión o cambio de ciertas letras) se dice *Míxquic*.

Otros autores consideran que *Míxquic* deriva de *Miquixtly* que significa "muerte" (por la tradición de venerar a los muertos). Otros más pretenden derivarlo de *Mixtli* como *Mixtlán* o Mixteca que significa "junto a las nubes".

Consideramos que con base en su jeroglífico formado por dos ramas sobre una casa, su etimología debe derivarse de la referencia a lugar o casa junto a los mezquites.

Esta población, al igual que Tláhuac, se asentó en el lago de Chalco. *Míxquic* aparece sobre los mapas con el ojo que indica la presencia de un embarcadero o un puerto. *Míxquic* es el único centro ribereño fuera del modelo cronológico de la región pues no existen restos arcaicos ni teohihuacanos. Su historia se remonta al postclásico que se inicia en Culhuacán, es decir, a los tiempos de la expansión azteca. Así lo señalaban más tarde los señores de *Míxquic* al referirse a su ascendencia tolteca.

Durante la conquista, y de acuerdo con los testimonios de Bernal Díaz del Castillo, se sabe que Hernán Cortés pasó una noche en el pueblo de *Míxquic* y que sus habitantes así como los chalcos y los xochimilcas fueron aliados del conquistador.

En este lugar y sobre las ruinas del *Teocalli* se construyó en 1537 la primera iglesia de tipo romano y el convento por los frailes agustinos, entre quienes estuvieron Jerónimo y Jorge de Ávila. La actual iglesia data de principios del siglo XVII (1620), construida también por padres agustinos y en la que subsiste la torre romana de la primera construcción.

Con motivo de las excavaciones que se han realizado, encontraron un *Chac-Mool*, aros de juego de pelota, columnas con figuras de *Quetzalcóatl*, vestigios del *Teocalli*, y una especie de calendario que se vació y fue convertido en pila bautismal.

En la Iglesia de *Míxquic* destaca la influencia agustina en combinación con la dominica. Está construida en tres naves con techo de estilo dórico. Posee además una columna central y cuatro columnas de menor volumen, una cúpula de estilo churrigueresco y un altar principal, retablo de cinco metros de altura; se encuentra también un segundo retablo con influencia churrigueresca en el que aparece san Andrés, patrón del pueblo. En el atrio, al costado izquierdo, se hallan frescos hechos por los agustinos: en uno aparece Cristo en marcha al Calvario. En el techo y bóveda se representa la consagración, representación que muestra la influencia de los agustinos.

CONMEMORACIÓN DEL DÍA DE MUERTOS

Esta fiesta tiene raíces prehispánicas puesto que los antiguos pobladores de *Míxquic* ya realizaban ritos para rendir culto a sus muertos.

Actualmente la celebración del 2 de noviembre en *Míxquic* ha alcanzado renombre internacional.

Podemos resumir esta festividad en los siguientes términos: al mediodía del 31 de octubre se tocan doce campanadas en el templo seguidas de un repique solemne que anuncia el momento en que llegan los niños difuntos. Para entonces se tiene en la casa una mesa adornada con flores blancas, vasos de agua y un plato con sal. Cada vela representa a un niño muerto de la familia; también se colocan figuritas de barro y juguetes para los niños. Se encienden las velas y el sahumerio echándole a éste resina de copal e incienso.

Después de las 7:00 p.m. se sirve la merienda de los niños consistente en pan, atole o chocolate, tamales de dulce y frutas. Se vuelve a echar copal al sahumerio.

El 1 de noviembre de 8:00 a 9:00 a.m. se sirve el desayuno a los niños. Se pone atole, chocolate, más pan y fruta. A las 12:00 a.m. repican las campanas solemnemente en la iglesia, anunciando que ya se van los niños; nuevamente se tocan las doce campanadas en señal de que llegan los difuntos adultos.

En la casa las ofrendas se adornan con flores amarillas (cempasúchil); se colocan candeleros negros con velas grandes, según el número de difuntos que tenga la familia; se ponen vasos de agua y sal.

A las 12:00 a.m. se da el toque de las ánimas; las familias se reúnen junto a las ofrendas para rezar el rosario por sus difuntos. Al terminar el rosario cada uno de los presentes enciende una vela y la coloca en la mesa dedicándola a un difunto en particular y reza un padrenuestro. Finalmente se enciende una vela por las almas olvidadas.

En este momento se ofrenda fruta, pan, conservas, tamales; se coloca un petate nuevo en el suelo —cuando no alcanza la mesa—, se distribuyen banquitos y sillas para que los difuntos se sienten a comer y algunas personas disponen una cama limpia y bien arreglada para que descansen. También se colocan sus pertenencias en vida: ropa, pala, ayate, hoz, azadón, remos, cigarros, cerillos y botellas de licor.

También a esa hora, los niños de siete a doce años se agrupan, llevando una campana y una bolsa para ir a rezar a casa de parientes, amigos y vecinos. Al terminar, el dueño de la casa comparte con ellos las ofrendas y cantan: "Campanero, mi tamal, y no me den de la mesa que me hace mal".

A las 12:00 a.m. del día 2 de noviembre nuevamente se dan las doce campanadas anunciando que ya se van los difuntos. En las casas se sirve la comida consistente en arroz, mole, pollo cocido e incluso un aperitivo; se colocan platos y cucharas y jarros.

Durante ese día se limpian las tumbas en el panteón. Si son sepulcros de niños se adornan con flores blancas y si son de adultos con flores amarillas.

A las 5 p.m. se reúnen las familias llevando sahumerios, copal, incienso y velas para alumbrar el camino de regreso de las ánimas; así cada uno enciende una vela por un difunto.

A partir del día 3 comienza el intercambio de ofrendas entre parientes y compadres. Cuando llega una familia dice al dueño de la casa: ". . .aquí están las ofrendas que dejaron los muertitos para ustedes". Comienza la conversación generalmente en torno de cómo pasaron los días festivos, y al despedirse el anfitrión también les dice: "llévense esto que los muertitos dejaron para ustedes".

De este modo concluye esta festividad, poseedora de un toque de alegría y de unión al establecer un puente entre la vida y la muerte, entre el presente y el pasado.

¿EN QUÉ QUEDAMOS PELONA, ME LLEVAS O NO ME LLEVAS?

Las calaveras literarias

En la época prehispánica la vida no tenía función más alta que desembocar en la muerte. De alguna manera el indígena esperaba la muerte en toda ocasión: en su ornamentación, en su calendario, en su pintura y escultura figura la indestructible diosa, la deseable diosa. Con la caída del pueblo azteca, cae también el resto del mundo indígena con la fascinada aceptación de la muerte.

Pero si para el indígena la idea de salvación era colectiva, para el católico es personal. El individuo es lo que cuenta, la muerte de Cristo nos salva a cada quien en particular. Europa está surgiendo de la Edad Media. Los horrores del infierno y el juicio final son temas populares de poesía, teatro, danza, pintura y grabado. Todos estos conceptos nos llegan a través de la educación religiosa.

Sucedió entonces que mientras la cultura rigurosamente española producía en México sonetos como los de Francisco Cervantes de Salazar o la poesía de Sor Juana, el indígena encontró en la religión cristiana una nueva superposición. Surgen durante la época colonial una serie de personajes de leyenda: fantasmas, brujas. . . Todo el estremecimiento gozoso con el autor ante el más allá abre sus puertas a un México fantásticamente indígena.

En la segunda mitad del siglo pasado, a raíz de la consumación de la Independencia, se verifica un cambio. Se publicaron los primeros impresos satirizando funerariamente a personajes muy conocidos popularmente. En tales publicaciones la imagen se caricaturiza, y en muchos se acompaña con versos alusivos a los que posteriormente se les dio el nombre de calaveras.

En la gráfica, Santiago Hernández, Venegas Arroyo y José Guadalupe Posada —junto con poetas y grabadores— mostraron a través de su arte una recreación de esta tradición popular. En adelante la muerte pierde por completo su poder de intimidar, ya no se envuelve en una túnica de misterio ni nos viene a causar el temor de las tinieblas. Todo lo contrario, esta vez es la antítesis de lo pavoroso; se quitó su vieja indumentaria y la echó al cesto de la basura, sus ropas van con la época y causa regocijo.

En otros países la palabra muerte jamás se pronuncia. El mexicano la adula, la festeja. Tal vez sea el mismo miedo de los otros, pero nosotros la miramos cara a cara. El Día de Muertos refleja claramente cuál es nuestra actitud ante el fenómeno: es la fiesta donde se canta, se come, se ríe, se baila con ella. . . con la pelona. El arte de la fiesta se encuentra casi intacto entre nosotros. En ella exhibimos todo el lujo, toda la suntuosidad que nos falta en nuestra vida diaria. Gracias al derroche se espera atraer la verdadera abundancia.

Pan de Muerto

INGREDIENTES:

5 *tazas de harina*
8 *cucharadas soperas de levadura comprimida*
   desmenuzada
5 *yemas*
5 *huevos*
2 *barras de margarina*
1 *taza de azúcar*
3 *cucharadas soperas de agua de azahar*
1 *cucharada sopera de raspadura de naranja*
2 *huevos para barnizar*
1 *pizca de sal*

139

ELABORACIÓN:

— *Deshaga la levadura en 4 cucharadas soperas de agua tibia, agregue 1/2 taza de harina y forme una pequeña bola de masa suave. Déjela 15 minutos en un lugar tibio hasta que crezca al doble de su tamaño.*
— *Cierna la harina con la sal y el azúcar; forme una fuente y ponga enmedio 3 huevos, las 5 yemas, la margarina, la raspadura de naranja y el agua de azahar. Amase bien.*
— *Agregue la pequeña bola de masa. Vuelva a amasar y deje reposar en un lugar tibio durante una hora. La masa deberá aumentar su tamaño casi al doble.*
— *Vuelva a amasar. Forme los panes del tamaño deseado y póngalos en charolas engrasadas.*
— *Bata los 2 huevos para barnizar y pegar.*
— *Adorne con formas de huesos de muerto y lágrimas hechas de la misma masa y péguelos con huevo batido. Barnice el pan con huevo y espolvoree con azúcar.*
— *Meta los panes al horno precalentado a fuego medio, durante 40 o 50 minutos. Sáquelos y déjelos enfriar.*

REFRANES POPULARES DEL DÍA DE MUERTOS
El muerto al hoyo y el vivo al bollo.

*Como el burro del aguador,
cargado de agua y muerto de sed.*

El muerto y el arrimado, a los tres días apestan.

Mala yerba nunca muere. . . y si muere, ni hace falta.

De limpios y tragones están llenos los panteones.

Sólo el que carga el cajón, sabe lo que pesa el muerto.

Te asustas de la mortaja y te abrazas al difunto.

El muerto al pozo, el vivo al gozo.

Cayendo el muerto y soltando el llanto.

*Hay muertos que no hacen ruido.
y son mayores sus penas.*

Donde llora el muerto, hay dinero.

Nadie muere en la víspera.

*Y la muerte dijo:
Flaca, pero no de hambre.*

140

CALABAZA[1]

Ayotli

Junto con el maíz y el frijol, integra la trilogía básica. Calabaza es el nombre con que se denomina a varias especies de cucurbitáceas de fruto comestible. Ayotera es como se le designa a la planta, voz de origen náhuatl proveniente de *ayotli* y el sufijo "tera" de influencia castellana. La ayotera es planta anual, trepadora y también rastrera con zarcillos ramificados (filamentos que se adhieren al suelo o a las paredes). Existen muchos tipos de calabaza de diferentes frutos, algunos se comen tiernos, otros se dejan que maduren y se dejan secar, pudiendo así guardarse por mucho tiempo.

Elemento prehispánico, de esta planta se aprovecha todo: tallos, guías, flores, fruto y semillas.

En la zona arqueológica de Tehuacán, Puebla, se descubrieron algunos restos de la cultura Coxcatlán (de 500 a 2500 años a.C.), vestigios de que ésa fue la primera cultura que empleó el maíz domesticado y que posteriormente añadió a su alimentación el frijol, el amaranto y la calabaza.

Tanto en la cocina indígena prehispánica como en la cocina mexicana contemporánea, la calabaza ocupa un lugar de privilegio. Con las guías y las calabacitas tiernas se elabora un guiso que se acompaña con granos de elote tiernos, chile *chipoctli*[2] y gusanos de maguey.

Una sopa muy sabrosa se prepara con las flores de calabaza, rajas de chile poblano, granos de elote, epazote picado y quelites; se sirve con quesillo de Oaxaca.

Una variedad de calabaza es el chilacayote. Con esta verdura se prepara el pipián rojo (con chile ancho y carne que puede ser de pato). Con las semillas de la calabaza se hace un guiso de abolengo, el pipián verde: se tuestan las semillas sin cáscara y se muelen junto con tomates, chile verde, cilantro y hoja santa; se sazona en grasa de guajolote y se agrega un poco de caldo donde se coció la carne que puede ser de guajolote, pollo, o puerco.

Otra sopa se prepara con flores de calabaza, epazote, jitomate molido con cebolla y ajo: se fríen las flores y el epazote, todo bien picado; se agrega el jitomate molido y se deja que sazone; se vierte su-

[1] CALABAZA/CALABACITA. Los enormes frutos de esta cucurbitácea de origen americano se utilizan en México de muchas maneras, asimismo sus semillas (o pepitas), sus flores y su versión minúscula, la calabacita. La *calabaza en tacha* es la confitada en piloncillo o azúcar de caña.

[2] CHIPOCTLI. Voz náhuatl. Chile ahumado.

De *Cocina mexicana*.

ficiente agua y, por último, unas bolitas de masa con sal y hoja santa picada, se deja hervir a fuego lento hasta que estén cocidas las bolitas de masa.

Y cabe mencionar las sabrosas dobladas de flor de calabaza, preparadas con tortillas de masa de maíz y rellenas con un guiso hecho con cebolla y epazote picados, se fríen en aceite y se integran las flores de calabaza bien limpias y picadas, se le pone sal al gusto; se tapa y se deja hervir dos o tres minutos; se acompañan con salsa verde o roja.

En los postres también está presente. Por ejemplo: calabaza en tacha, preparada principalmente para las tradicionales ofrendas del Día de Muertos en noviembre. Este dulce se elabora cociendo la calabaza en miel de piloncillo o panela (al cual antiguamente se llamaba "tacha").

Un dulce muy popular y al que se considera típico es el "calabazate", fruta cristalizada.

La medicina herbolaria mexicana utiliza la calabaza en diferentes formas, la más conocida contra los parásitos intestinales. Se toma en la mañana una leche preparada con semillas de calabaza sin cáscara (una cucharadita cafetera de semillas molidas con poca agua ingerida durante diez días). También se emplea la pulpa molida de calabaza para aliviar irritaciones y quemaduras de la piel aplicada en cataplasmas. Para combatir los cálculos renales, se administra al enfermo un té hecho de pulpa de calabaza hervida en agua.

Calabaza en tacha

Gran dulce popular en la cocina mexicana

Dentro de la variedad de platillos y dulces que se pueden preparar con el producto o fruto de esta planta, se tiene la famosa Calabaza en Tacha.

Dulce popular de la cocina mexicana que suele prepararse en los días de noviembre consagrados a los muertos, como parte de las tradicionales ofrendas a éstos.

La preparación de calabaza en tacha consiste en introducir dicho fruto en un cesto de palma que se confita en las calderas donde se fabrica el azúcar. Esta forma es la tradicional, pues en las antiguas máquinas de los ingenios se hacía la concentración del guarapo o jugo de la caña en dos calderas cónicas colocadas sobre un solo horno (mancuerna); una de las calderas era la "melera" y la otra la "tacha". En la actualidad se prepara cocida en miel de piloncillo o panela (antiguamente llamada "tacha".

Calabaza en Tacha

(Especial para el Día de Muertos)

INGREDIENTES:

1 calabaza de Castilla
3 conos de piloncillo
2 cucharadas soperas de cal
1 raja de canela

ELABORACIÓN:

— *Haga varios agujeros pequeños a la calabaza.*
— *Disuelva la cal en 3 litros de agua y sumerja la calabaza durante una hora. Escúrrala.*
— *Hierva el piloncillo y la canela en 4 tazas de agua hasta que se forme una miel espesa.*
— *Sumerja la calabaza en la miel de modo que se impregne por dentro y por fuera.*
— *Forre la calabaza con papel aluminio y colóquela en un molde refractario. Hornee durante unas 2 horas, según el tamaño de la calabaza. Para servir, córtela en trozos.*

Cempasúchil o cempoalxóchitl

Flor de los cuatrocientos pétalos o de las veinte flores

Tradición prehispánica

Cempoalxóchitl,* la flor de los cuatrocientos pétalos —como la designaban los antiguos pobladores de México— era parte desde tiempos remotos de los cultos religiosos.

Con la flor de *cempoalxóchitl* se cubren exhuberantemente las tumbas de los muertos y se adornan los altares de las ofrendas en estas mismas festividades.

La voz *cempoalxóchitl* denomina también a una pequeña flor de color amarillo que en algunas partes es llamada "pericón" y que es muy utilizada —desde los inicios del otoño cuando empieza a florecer— para hacer pequeñas cruces que se colocan a un lado de los sembradíos de maíz para que lleguen a buen término las cosechas y en las entradas de las casas en señal de buen augurio.

* CEMPASÚCHIL. *Tagetes erecta L.,* conocida también como Flor de Muerto, por su difundida aplicación en ofrendas florales para los difuntos, tiene gran significación

Pero no sólo tiene importancia mística. Además es una planta curativa que los antiguos mexicanos tenían en gran estima, ya que la aprovechaban para aliviar diferentes enfermedades y malestares.

Esta hermosa flor crece silvestre, como maleza, en los lugares cercanos a los cultivos, en los estados de Sinaloa, Michoacán, México, Veracruz, Hidalgo, Chiapas, Morelos, en el Valle de México y en otras regiones más.

Esta flor mexicana ha extendido sus fronteras a muchas partes del mundo, donde figura principalmente como planta de ornato. En México se ha iniciado la industrialización del cempasúchil para fabricar alimento para aves, incluso a nivel de exportación en grandes cantidades.

Además las hojas de *cempoalxóchitl* sirve para elaborar un preparado que elimina a los nematodos que atacan a las raíces de las plantas. Se machaca la flor utilizando la misma cantidad de agua, se deja reposar toda la noche y se aplica en la base de las plantas una cucharada disuelta en medio litro de agua.

---

económica por su alto contenido de carotenoides. Esta cualidad ha sido explotada industrialmente en México, Perú, Chile, España y Estados Unidos para producir un ingrediente pigmentante que se utiliza en los alimentos balanceados a la avicultura, pues origina un tono amarillo en la piel de los pollos y en la yema de los huevos. Los productos elaborados a partir de la flor de cempasúchil, de los cuales México es el principal oferente en el mundo, cuentan con una demanda creciente a causa del crecimiento de la producción avícola y de la sustitución de pigmentantes sintéticos por naturales, y porque el maíz, que normalmente produce el mismo efecto, está destinado exclusivamente al consumo humano en algunos países. En México la siembra de cempasúchil es entre 12 mil a 15 mil hectáreas por año, con rendimientos promedios de 10 toneladas por hectárea. Los estados de la República donde se produce esta flor son Sinaloa, Michoacán, Guanajuato, Morelos y Puebla. Las exportaciones de productos elaborados a partir de la flor de cempasúchil, fue en 1986 superior a los 10 millones, y los principales países adquirientes, Estados Unidos, España, Francia, Austria, Italia y Australia.

La harina de flor de cempasúchil fue por muchos años el producto utilizado en la avicultura, pero tenía la desventaja de presentar una acelerada degradación: su concentración de xantofilas era variable y su costo relativo en la formulación de los alimentos balanceados era alto. La tecnología desarrollada por Laboratorios Bioquimex, empresa mexicana constituida en 1979, logró evolucionar las propiedades de la harina y conferirle al producto final una mayor estabilidad, una concentración constante y un menor costo relativo. Sus volúmenes de producción y venta han permitido a esta empresa establecer tres plantas de deshidratación localizadas en Sinaloa, Michoacán y Morelos, y la principal en la ciudad de Querétaro, donde se hace la extracción, concentración y envasado de los productos. La compra de la materia prima durante 1986 generó una ocupación de mano de obra campesina equivalente a 6 300 personas. FLOR DE MUERTO. Tagetes erecta L. Hierba de la familia de las compuestas, de hojas divididas y flores dispuestas en cabezuelas sencillas o con doble o múltiple nú-

QUIEN HA MUERTO SE VUELVE DIOS

". . .decían los antiguos que cuando
morían los hombres, no perecían,
sino que de nuevo comenzaban a
vivir casi despertando de un
sueño. . ."

Fray Bernardino de Sahagún

Cuando morimos
no en verdad morimos
porque vivimos, resucitamos,
seguimos viviendo,
despertamos.
Esto nos hace felices.

mero de pétalos, amarillas, anaranjadas o rojizas, de olor penetrante. Se localiza casi
en todo el país, principalmente en el valle de México, Hidalgo, Veracurz, Tabasco,
Chiapas, Michoacán y Oaxaca. Las flores y las hojas se utilizan en la medicina popular para el tratamiento de cólicos estomacales y hepáticos, afecciones del bazo y contra las fiebres intermitentes. En Sonora se ha industrializado la flor para obtener
un pigmento usado como colorante comestible y para añadirse a los alimentos para
pollos a fin de que la yema y la piel de éstos tenga más color. La flor se usa todavía
tanto en el México mestizo como en el indígena, para la celebración de los días de
muertos. Con ella se hacen arreglos para adornar tumbas y altares domésticos. En
algunas partes se colocan en floreros o simplemente sobre los túmulos; en otras, se
cubren éstos únicamente con los pétalos, a veces en forma de cruces y corazones,
siempre orientados hacia determinado punto cardinal. Con las guirnaldas se adornan las cruces de madera y las portadas de las iglesias y capillas. Para que las almas
encuentren los altares hogareños, en ciertos pueblos la gente traza pequeños caminos de pétalos en las calles; de éstos se desprenden senderos amarillos que llevan a
las casas, cruzan los patios y entran hasta los altares.

En octubre y noviembre el consumo de la flor de muerto es tan grande que significa un apreciable ingreso para ciertos campesinos que la cultivan en sus parcelas.
En las ciudades más importantes del país, y especialmente en la capital, durante los
días que preceden las celebraciones mortuorias, son centenares los caminos repletos de estas flores que llegan a los mercados.

Dice Sahagún que en la ceremonia para la diosa de la sal, Huixtocíhuatl, ata-
viada de amarillo, la gente que presenciaba la fiesta llevaba en las manos ramos de
estas flores; las mismas que médicas y peteras —divididas en dos bandos— usaban
para pelear en las festividades dedicadas a Toci, "nuestra abuela". Ximénez y Hernández indican que el zumo de las hojas corrige diversas enfermedades del aparato
digestivo, sirve como diurético y sudorífico, relaja los nervios y cura la hidropesía.
La flor de muerto se conoce también como cempoalxóchitl, cempasúchil, rosa de
muerto y flor de cementerio.

Enciclopedia de México, de José Rogelio Álvarez. Tomo 3. Cía. Editorial de Enciclopedias de México, 1987, pág. 1464.

¿Acaso de verdad se vive en la
              Tierra?
No para siempre en la Tierra;
              sólo un poco aquí.
Aunque sea jade se quiebra;
aunque sea oro se rompe;
aunque sea plumaje de quetzal
              se desgarra.
No para siempre en la Tierra;
              sólo un poco aquí.

¿A dónde iré?, ¿a dónde iré?
Al camino del Dios Dual.*
¿Por ventura en su casa, en el
lugar de los descarnados?
¿Acaso en el interior del cielo?
¿O solamente aquí la Tierra,
es el lugar de los descarnados?

Poesía náhuatl

---

* DIOS DUAL. Divinidad de la cultura náhuatl a la que se le denomina *Ometeotl*. Esta deidad está integrada por: Omecihuatl (Señora Dual) y Ometecutli (Señor Dual), los cuales moran en Omeyocan (lugar de la dualidad).

DÍA DE LA VIRGEN DE GUADALUPE

12 de diciembre. México entero se une a la celebración de la Virgen de Guadalupe, devoción que tresciende al ámbito religioso para transformarse en símbolo de mexicanidad.

Desfile interminable de peregrinos que de los cuatro puntos del país acuden con sus flores, cantos y plegarias para la Guadalupana. Congregación multicolor de danzantes en la inmensa explanada de la antigua y la nueva Basílicas. Sentimiento profundo, hondo, de raíz y enjundia mexicana.

Y el altar se vuelve ascua de luces, de rosas y esperanzas. . .

NUESTRA SEÑORA DE GUADALUPE

Su aparición, su santuario y su culto

El culto a la Virgen de Guadalupe es la plegaria ferviente que la Nación Mexicana eleva, es el suspiro inmenso de su ternura que repercute en los cristales de sus lagos y en las crestas de sus volcanes, el Popocatépetl y el Iztaccíhuatl, que se difunde después sobre las olas de sus mares; es himno interminable de su amor, que resonando de corazón en corazón sobre las generaciones futuras, llegará hasta los dinteles de la eternidad.

El gran historiador español Bernal Díaz del Castillo nos cuenta en ese lenguaje muy suyo, que en el sitio de México, Cortés ordenó a Gonzalo de Sandoval: "Por tierra fuese a poner cerco a otra calzada que va a un pueblo que se dice Tepeaquilla".

En las actas del cabildo del México de los primeros tiempos de la Conquista, se piden solares y sitios para plantar huertas y labranzas. Estos mismos documentos nos muestran la época en que, perdiendo el pueblo su primitivo nombre indígena, se vulgarizó el de Guadalupe. En el acta del 3 de diciembre de 1563, se usa por primera vez el nombre de Guadalupe en vez de Tepeaquilla.

Aquel pobre y humilde sitio fue donde, dice la tradición conservada y dada a conocer profusamente, del idioma mexicano al nuestro, se apareció la Virgen de Guadalupe.

LAS APARICIONES

Primera Aparición

"En el año de 1531 y en diciembre, Juan Diego, natural de Cuautitlán, casado con María Lucía, venía del pueblo en que residía al Convento de Tlatelolco a oír la misa de los religiosos de San Francisco. Al pie de su cerro que se llama del Tepeyac, que significa extremidad o remate agudo sobresaliente, oyó una música delicada y suave en la parte más alta del cerrito. Vio un hermoso arco iris y en él a una Señora muy bella al modo como se presenta en su imagen. Detiénele el paso y le pregunta en lenguaje maternal a dónde va. El indígena contesta que al barrio de Tlatelolco a oír la misa. La Virgen le dice que es la Madre de Dios, siendo su voluntad que en ese lugar se le edifique un templo y que vaya con un mensaje de ella a ver al obispo, contándole lo que ha visto y oído.

Segunda Aparición

"La Virgen aguardaba la respuesta del mensaje, el indígena se presenta ante ella y le dice que está dispuesto a servirla en todo, pero que el obispo no da crédito a sus palabras. El indio piensa que debe ser persona de mayor representación que él, quien lleve su mensaje. Indícale que el obispo desea le mande una señal que demuestre palpablemente su mandato.

"El obispo, dudando del indio, envía personas de confianza en su seguimiento, pero Juan Diego se les pierde y despechados por ello informan al prelado de lo ocurrido, pidiendo que se le castigue por embaucador.

Tercera Aparición

"Juan Diego vuelve ante la Virgen y le da cuenta de lo que dice el obispo, y ella promete darle las señas que el prelado solicita, indicándole que vuelva al día siguiente. El indígena no acude como quedó comprometido porque al llegar a su hogar encuentra a su tío Juan Bernardino, muy grave de *cocolixtle** y va en busca del médico y también al Convento de Santiago Tlatelolco por un sacerdote. Juan Diego, apenado por lo que pasa, se dirige por otro camino para no encontrarse con la Virgen, pero ella sale a su paso y se le presenta de nuevo rodeada de una nube blanca y con la claridad en que la vio la vez primera.

"El indígena, avergonzado, le pide perdón, y la Virgen lo consuela y le dice que su tío estará sano y salvo.

"La Señora se le aparece a Juan Bernardino, y recobra, desde luego, la salud.

* COCOLIXTLE. Fiebre tifoidea o tifus.

148

Cuarta Aparición

"El indígena, consolado y satisfecho con lo que le dice la Virgen, le pide que le dé la señal que el obispo solicita. Por su mandato sube a la cumbre del cerro y entre riscos y peñas encuentra un vergel de rosas de Castilla, las que coloca en la manta, volviendo a mostrárselas. Cogiéndolas en la mano la misma señora le dice al indio que se las presente al obispo. En este instante se hizo la pintura de la milagrosa imagen, por el poder de Dios.

"Juan Diego en la presencia del prelado fray Juan de Zumárraga, extiende la tilma y aparece la imagen pintada cual se ve hoy día.

"El obispo cae de rodillas y es el primero en rendir pleitesía a la Madre de Dios."

(Citas de Higinio Vázquez de Santa Ana)

De la sencilla y poética tradición guadalupana, dice el maestro Ignacio Manuel Altamirano: "Es una tradición tan aceptada y tan querida que en ella están acordes no sólo todas las razas que habitan el suelo mexicano, sino lo que es más sorprendente, todos los partidos que han ensangrentado al país por espacio de medio siglo a causa de sus ideas políticas y religiosas".

La imagen comenzó a recibir culto en la capilla privada del obispo, hasta que la piedad cristiana le erigió primeramente una ermita y, después, varios templos, entre los que sobresale la Insigne y Nacional Basílica, actualmente nuestra antigua Basílica de Guadalupe.

LA INSIGNE Y NACIONAL BASÍLICA

El papa Benedicto XIV, el 15 de julio de 1746 dio su superior aprobación para la erección de la Colegiata y el 6 de marzo de 1749 el arzobispo de México, Manuel Rubio y Salinas, dio cumplimiento a aquel mandato.

No menos de seis millones de pesos se gastaron en la construcción de la Basílica, y todo ese dinero salió de las limosnas de los creyentes.

El antiguo templo era una maravilla del arte y sorprendía al observador por su magnificencia, esplendor y grandeza. De él dijo en otra época Vázquez de Santa Ana:

"El templo resplandece con los dones de todos los fieles y su riqueza asciende a más de dos millones de pesos, ya sea en la propia construcción del soberbio santuario, ya en objetos de plata como blandones, ramilletes y otras piezas, y en la magnífica crujía que liga al presbiterio con el coro.

"Era valiosa asimismo la serie de vasos sagrados, custodias, cálices de rica pedrería, candiles ciriales y lámparas, y para que se pueda justipreciar todo el valor de esos objetos de ornato, habrá que decir que sólo una de las lámparas pesaba setecientos marcos de plata.

"La Basílica es de tres espaciosas naves, hermosa, de vastas proporciones, de sólida y severa construcción; soberbias columnas sostienen los arcos esbeltos y las elevadas bóvedas, estando en el grandioso tabernáculo y en un marco de plata la imagen de la Virgen de Guadalupe."

Coronación de la Virgen de Guadalupe

Acontecimiento resonante que en el correr de los siglos se ha verificado en la Basílica de la milagrosa imagen, ha sido la Coronación de la Virgen de Guadalupe.

La Sede Romana concedió la autorización respectiva para poner a la imagen áurea corona, y el ilustrísimo señor doctor Próspero María Alarcón y Sánchez de la Barquera, llevó a cabo tan solemne ceremonia acompañado de todos los prelados de la Iglesia Mexicana y de algunos otros países de América. La solemnidad no tiene precedente en nuestros anales.

La regia corona se hizo con el oro y la plata regalada por las damas mexicanas y es una joya que al decir de los peritos no tiene rival como obra artística en el Nuevo Mundo a grado tal que ha superado a la famosa de Carlo Magno en Europa.

El abad de la Colegiata, Antonio Plancarte y Navarrete fue el que llevó a cabo la magna obra de la Coronación de la Imagen.

Tradición guadalupana en el México colonial

Cuadro auténtico de la vida mexicana

La fiesta de la Virgen de Guadalupe es sin duda la más suntuosa de cuantas tienen lugar en el país. La describen dos de los más célebres escritores mexicanos Manuel Payno e Ignacio Manuel Altamirano.

Dice Payno:
"Es admirable el concurso de peregrinos que vienen de todo el territorio nacional a la Villa de Guadalupe; la ciudad se despuebla, todos van a pasar un día de campo de gozo y de placer perdurables, mitad profano, mitad religioso.

"Después de oír misa precisamente en la Colegiata o fuera de ella por la gran aglomeración, van a la Capilla del Pocito y beben en

150

unas jarras de cobre que hay allí una gran cantidad de agua salobre y sulfurosa. De la Capilla del Pocito pasan a la del Cerro y se encomiendan de nuevo a la Virgen, y de allí se van a almorzar en medio de las breñas y de los abrojos de la montaña. El almuerzo se compone de piernas de chivo secas, que llaman chito, con una salsa de chile amasada con pulque, que llaman 'salsa borracha'.

"Después del almuerzo duermen la siesta a la sombra de una peña o de una pared vieja y así que el sol declina bajan a la plaza a comprar unas gorditas de maíz molido con dulce, que son del tamaño de un real y que no las hacen en ninguna otra parte del país más que en el santuario.

"Ya entrada la tarde regresan todas las familias a pie, rezando unas el rosario, cantando otras y todas amando a la Virgen de Guadalupe y con unas ramas de álamo, un cántaro de agua sulfurosa y los pañuelos y bolsillos llenos de tortillitas, que son los trofeos que forzosamente se traen de la peregrinación y los regalos que ansiosos esperan los chicuelos y parientes que se han quedado en casa".

Dice Altamirano:
"Celébrase en este día una de las mayores fiestas del catolicismo mexicano, la primera seguramente por su popularidad, por su universalidad, puesto que en ella toman parte igualmente los indios que la gente de razón. Juan Diego o don Quijote, Martín Garatuza y Guzmán de Alfarache. Todos se entusiasman del mismo modo, todos poseídos de una piedad sin ejemplo van ese día a rezar a la Virgen, a comer chito con salsa borracha en el venturoso cerro del Tepeyac y a beber el blanco néctar de los Llanos de Apam.

"Positivamente el que quiera ver y estudiar un cuadro auténtico de la vida mexicana, el que quiera conocer una de las tradiciones más constantes de nuestro pueblo, que vaya a la Villa de Guadalupe.

"Es la ciudad de México que se traslada al pie del Santuario, desde la mañana hasta la tarde, formando una muchedumbre confusa, revuelta, abigarrada, pintoresca, pero difícil de describir.

"Allí están todas las razas de la antigua colonia, todas las clases de la República, todas las castas que viven en nuestra democracia, todos los trajes de nuestra civilización, todas las opiniones de nuestra política, todas las variedades del vicio, y todas las máscaras de la virtud, en México.

"Allí se codea la dama encopetada de mantilla española o de sombrero de plumas con la india enredada de Cuautitlán o de Azcapotzalco; allí se confunde el joven elegante con el tosco y barbudo arriero de Ixmiquilpan, o con el indio medio desnudo de las comarcas de Texcoco, de Coatepec o de Zumpango, o con el sucio lépero de la Palma o de Santa Ana. Y no existen allí las consideraciones sociales: todo el mundo se apea y se confunde entre la multitud. La señora estruja sus vestidos, con la humilde hija del pueblo, con los calzones del peregrino de la tierra adentro. No se puede entrar al santuario sino a empellones, no se puede circular por la placita sino dejándose conducir por una corriente inevitable.

"Después de la misa de doce, solemnísima con acompañamiento de orquesta a voces celebrada de Pontifical y con asistencia por supuesto de los canónigos de la Colegiata y del Abad venerado de Guadalupe, durante la cual bailan en el centro de la iglesia sus danzas los indígenas vestidos con los curiosos paramentos de la época antigua, es decir, con penachos de plumas y con trajes fantásticos de colores chillantes, la muchedumbre se dispersa por las callejas del pueblo o Villa que tradicionalmente se llama Villa de Guadalupe y que oficialmente ha recibido el nombre de Guadalupe Hidalgo, nombre que entre paréntesis no ha pegado, y regresa a México".

ACONTECIMIENTOS NOTABLES OCURRIDOS EN LA BASÍLICA DE GUADALUPE

El 11 de julio de 1794 tuvo lugar en la Villa de Guadalupe, la entrega del bastón de mando por parte del ilustre conde de Revillagigedo al marqués de Branciforte.

El cuadro de la imagen de la Virgen de Guadalupe, tomado de la Iglesia de Atotonilco, sirvió al libertador Hidalgo como estandarte a sus tropas que gritaban: "¡Viva Nuestra Señora de Guadalupe! ¡Viva Fernando VII! ¡Viva la América! ¡Muera el mal gobierno!".

El insigne caudillo José María Morelos, oficialmente recomendó el culto de la Santísima Virgen de Guadalupe y envió a un emisario de incógnito a la Colegiata para que orara a los pies de ella y le ofreciera un valioso regalo.

El primer presidente de la República, Félix Fernández, al lanzarse a la Guerra de Independencia, cambió su nombre y apellido por el simbólico de Guadalupe Victoria el cual llevó hasta su muerte.

El libertador Agustín de Iturbide creó la Orden de Guadalupe.

Para aumentar la devoción a la Virgen Indiana, el Cabildo de la Colegiata de Guadalupe regaló al Primer Congreso Constituyente una copia de la imagen original, copia que estuvo por algunos años en el Salón de Sesiones de la Cámara de Diputados.

El 11 de agosto de 1859, el presidente de la República, general de división Antonio López de Santa Anna, restablece la Orden de Guadalupe.

El gobierno de Juárez expide un decreto firmado por Melchor Ocampo el 11 de agosto de 1859, en el que se suprimen las fiestas de carácter religioso, conservándose sólo la del 12 de diciembre.

En el Cerro de Guadalupe en Puebla, donde estaba el Santuario a la Virgen, se libra la Batalla del 5 de mayo en la cual salió victorioso el ejército republicano al mando del general Ignacio Zaragoza.

El emperador Maximiliano realiza una visita oficial a la Colegiata acompañado de la emperatriz Carlota Amalia, y el 10 de abril de 1865 restablece la Orden de Guadalupe.

El día 12 de diciembre de 1976, se inauguró la nueva Basílica de Guadalupe, donde se continúa venerando la imagen de la "Patrona de México".

BENDICIÓN DE LAS MANOS
DE LOS LADRONES

"¡Todos somos hijos de Dios!" —proclama convencido y seguro el sacerdote de los barrios bravos de México: La Merced, Tepito, Candelaria de los Patos y otros semejantes.

Y a la luz de esta verdad divina, que fundamenta la fraternidad universal, la paradoja se derrumba y a nadie extraña ya que el ladronzuelo indigente acuda al regazo de la Virgen de la Soledad en ceremonia privada, en busca de comprensión y amparo.

NAVIDAD MEXICANA

LAS POSADAS. HISTORIA DE UNA TRADICIÓN

Significado de las nueve Posadas

Las Posadas son festividades creadas con la intención de despertar la expectación hacia el nacimiento de Jesús. Por eso, se realizan
durante nueve días que, según la tradición religiosa, representan los
nueve días del 16 al 24 de diciembre, la petición del abrigo y calor
humano que María y José hicieron en la espera del advenimiento del
Niño Jesús.

La Posada es una fiesta comunitaria que se llena de colorido con
los cantos de letanías y villancicos, rompimiento de la piñata y todo
un variado y peculiar ágape de platillos, dulces y ponches.

Este novenario se inició con las misas de aguinaldo que los agustinos celebraban en el interior de sus conventos en tiempos de la Colonia. Posteriormente, de los templos pasó a las haciendas y ranche-
rías que contaban con un oratorio, a las mansiones de potentados y
finalmente a las vecindades, adquiriendo su configuración actual a
principios del siglo XIX.

Desde las celebraciones en el México de antaño, pedir posada es
uno de los aspectos importantes de las festividades navideñas pues
constituye la penosa jornada de los Santos Peregrinos desde Nazaret
a Belén. Ésta se iniciaba cuando los cantores entonaban un himno
navideño y daba principio la letanía de la Virgen. Unos niños llevaban
a los Santos Peregrinos con el ángel y la indispensable mulita, y en el
momento de llegar a uno de los hogares, procedían a pedir posada y
rezaban. Para dar por terminada la jornada, culminaban con el rompimiento de la piñata.

Aun cuando las costumbres y ritos extranjeros han venido a in-
fluir la idiosincrasia del mexicano, la Navidad en nuestro país no mo-
rirá porque representa una de las más profundas expresiones adop-
tadas por el indígena, desde el momento en que conmemoró la llegada
del Jesús Niño, con villancicos, letanías navideñas, posadas, nacimientos, piñatas y el uso de la flor de Nochebuena como emblema.

Difícil es enterarnos, hoy día, de la celebración de una Posada
tal y como nuestros abuelos y nuestros padres la vivieron: nueve días
(del 16 al 24 de diciembre) simbolizando la espera del advenimiento
de Jesús y la petición de abrigo y calor humano que María y José hicieran hace más de dos mil años; nueve días en donde no faltaba la
representación de la Sagrada Familia, las piñatas, colaciones y diver-

tidos bailes para redondear el acontecimiento. Pero mejor dejemos que los testimonios de otras épocas nos hablen, con lujo de detalles, de cómo eran las Posadas en México.

Testimonios

Antonio García Cubas en *El libro de mis recuerdos* (1904), recuerda Las Posadas, Los Nacimientos, La misas de Aguinaldo y de Gallo y Las Pastorelas; se refiere a una época, ya para entonces muy pasada: la de su propia infancia en 1832.

Existe mayor diferencia entre las costumbres de hoy y las de 1920, que entre aquéllas y las de 1840, descritas por García Cubas y que casi coinciden con las detalladas magistralmente por José Tomás de Cuéllar, nacido en esta misma ciudad de México sólo dos años antes que el autor de *El libro de mis recuerdos*.

El origen de estas celebraciones puede considerarse inmemorial. En su artículo "Posibles orígenes de las típicas Posadas mexicanas" (1945), Mariano de Carcer solamente afirma que vinieron de Andalucía y que fue un culto "legado por los colonizadores y festejado durante siglos en casas particulares y conventos". Sin embargo, puede imaginarse que —como sucedió con la festividad de la Virgen de Guadalupe— esta celebración tal vez coincidió con alguna de los antiguos habitantes del Anáhuac, pues sólo así se explicaría el arraigo extraordinario, excepcional, que estas fiestas lograron en nuestro pueblo, sobre todo en el pasado, el cual se manifiesta por un entusiasmo ausente hacia otras fiestas —por ejemplo, Pentecostés o Corpus— que en otros países cristianos son mucho más celebradas. En otros lugares no se tiene noticia de la popular conmemoración de este novenario lo que lo hace una fiesta particular y mexicana —y aun más, diríamos— capitalina, puesto que en otros puntos del país, como Querétaro por ejemplo, lo que rumbosamente se celebra es la Navidad, pero no las Posadas.

El investigador Germán Andrade Labastida sostiene que las posadas nacieron en el pequeño pueblo de San Agustín Acolman, es decir, casi a la sombra de las pirámides de Teotihuacán, lugar sagrado de nuestros antepasados indígenas. Asienta que: "los aztecas celebraban con toda pompa el nacimiento de *Huitzilopochtli*".* Y, según afirma el doctor De la Cerna, esta ceremonia era precisamente en la época de la Navidad, por la noche y al día siguiente había fiesta en todas las casas, donde se obsequiaba a los invitados con suculenta

---

* HUITZILOPOCHTLI. Deidad azteca de la guerra, la más importante. Su nombre significa colibrí del Sur, colibrí siniestro o colibrí zurdo.

comida y unas estatuas o ídolos pequeños hechos con una pasta comestible llamada *tzoatl*, preparada con maíz azul, tostado y molido, y mezclado con miel negra de maguey.

La marquesa Calderón de la Barca describe en sus célebres cartas sobre la vida mexicana, la última Posada que una familia de la Ciudad de México celebró hace casi ciento cincuenta años:

"Ésta es la última noche de las llamadas Posadas, curiosa mezcla de devoción y esparcimiento, pero un cuadro muy tierno: Un ejército de niños vestidos como ángeles se unió a la procesión; sus vestidos eran de plumas blancas, profusión de diamantes, de gasa y zapatos de raso blanco bordados de oro; jóvenes vestidos de pastores y un magnífico Nacimiento. Regresamos a la sala, ángeles, pastores y demás invitados, y hubo baile hasta la hora de cenar".

Nunca importaron los problemas por los que estuviera atravesando el país: aun en las épocas de mayor crisis política o económica, las familias mexicanas seguían celebrando las fiestas navideñas. Algunas veces el escenario se reducía a la intimidad del hogar, pero otras, las calles, los zócalos y las plazuelas se convertían en el espacio ideal para reafirmar nuestras costumbres nacionales. No había familia, por pobre que fuera, que no se animara a ser anfitriona de alguna de las nueve Posadas.

En los periódicos de la época se describían detalladamente las comitivas de quienes, con todo y músicos, se lanzaban a las calles a prolongar la fiesta y, como era tanta la pasión reinante, los asistentes a las Posadas se citaban a un "Baile de Compadres" que generalmente se realizaba el primer jueves del año siguiente.

Andrade escribe:

"La sorprendente analogía de esta fiesta ritualística azteca con la que rememora el nacimiento de Jesucristo, hizo que los frailes agustinos la para infundir en los indios la nueva religión. Al efecto, durante los mismos días que los aztecas usaban para sus fiestas de Navidad, los frailes escenificaban con personas vestidas con trajes que recordaban los de la época de Tito Vespasiano y de Tiberio, una representación cada uno de los nueve días anteriores al 25 de diciembre: Las diferentes jornadas que cubrieron de Nazaret a Belén, el patriarca José —carpintero de oficio— con su esposa María, para cumplir con el precepto de empadronamiento al que estaban sujetos todos los judíos. Así nacieron las fiestas caseras conocidas con el nombre de Posadas".

Religiosamente, las nueve jornadas simbolizaban también los nueve meses de embarazo de María. Andrade agrega que: "El religioso agustino fray Diego de Soria, prior del Convento de San Agustín Acolman, obtuvo durante su estancia en Roma, una bula del papa Sixto V para celebrar en la Nueva España unas misas llamadas de aguinaldo, que deberían celebrarse del día 16 al 24 del mes de diciembre de cada año".

Pero al parecer con el tiempo la gente fue resistiéndose a celebrar estas fiestas en los atrios de las iglesias o en los conventos — quizá por el frío propio de la estación— para ir gradualmente regresando a la costumbre indígena de celebrarlas en las casas, con vestigios tan característicos del ritual prehispánico como el obsequio de figuritas y el reparto de dulces y golosinas, "colaciones", (como las que hemos visto alguna vez) con la ceremonia final de la ruptura de la piñata, acerca de la cual Andrade explica:

"El simbolismo de la ruptura de la piñata es el siguiente: la olla, revestida vistosamente, representa a Satanás o al espíritu del mal que con su apariencia atrae a la humanidad. La colación que encierra representa los placeres desconocidos que ofrece al hombre para atraerlo a su reino; la persona vendada, a la fe, que debe ser ciega y que se encargará de destruir al espíritu maligno. En conjunto: la lucha que debe sostener el hombre, valiéndose de la fe, para destruir las malas pasiones".

La sustitución de una fiesta por otra no es nueva ni extraña a nuestras costumbres, aunque no podamos reclamarla como exclusiva. Prueba elocuente de esto constituye que la fuerza secular de las fiestas de *Tonantzin* en el cerro del Tepeyac explique el rigor impresionante del culto guadalupano.

Podemos tomar de un país distante otro ejemplo. Al ocupar los norteamericanos Japón, al terminar la Segunda Guerra Mundial, quisieron desterrar el culto esencialmente militarista al emperador Meiji. No obstante, ahora se realiza una gran "Fiesta de la cultura", precisamente en los mismos tres días del año y en el mismo lugar en que antes se recordaba y se adoraba a aquel guerrero. No es extraño pues que la "Fiesta de la cultura" tenga un gran éxito.

Las historias antiguas de México están llenas de anécdotas de descubrimientos, por los sacerdotes de Cristo, de idolillos enterrados bajo los altares del culto católico. El culto nuevo venía a apoyarse así en uno antiguo, en una tradición ya vieja, en una costumbre arraigada. Sólo una explicación de esta índole bastaría para justificar la gran fuerza que la celebración de las Posadas tuvo en México durante siglos.

Todavía no hace muchos años, las Posadas eran celebradas en los teatros, en los centros nocturnos y en las salas de baile, ya no solamente en las casas particulares; y una sombra de ellas seguía conservándose en las iglesias.

Durante los años veinte y treinta los puestos de piñatas, de colaciones, de peregrinos, de juguetes para aguinaldos, de lama, de musgo, de heno, de frutas secas y orejones, de confites, cacahuates, limas, naranjas y tejocotes que García Cubas vio en el Zócalo, se instalaban en la orilla norte de la Alameda Central, desde San Diego hasta el Teatro Nacional luego Palacio de Bellas Artes. Este gran mercado tenía juegos mecánicos para los niños, caballitos y rueda de la fortuna. Incluso en algún momento, durante el régimen del presidente Abelardo Rodríguez, quien gustaba del juego, había hasta loterías de cartones. Cuando estos puestos desaparecieron de La Alameda, por poco tiempo se establecieron en la calle de Ejido (hoy parte occidental de la Avenida Juárez), desde El Caballito hasta el monumento a la Revolución, que antes fue el Palacio Legislativo inconcluso. Luego, retirados también de allí, las piñatas, la fruta y todos los demás elementos para las Posadas se vendieron en el también ya desaparecido Mercado de San Juan o en el de San Cosme, que ha cambiado de sitio.

Quienes escriben sobre las Posadas, a menudo se lamentan de que la parte religiosa de ellas vaya perdiéndose a expensas de la parte social.

También es lamentable que los bailes, los comelitones y cuchipandas a los que las Posadas dieron origen, fueran olvidándose y perdiéndose. Ya no se reúnen los inquilinos de una vecindad para repartirse las fechas, ni los niños de un solo patio se intercambian invitaciones para cubrir el novenario.

García Cubas concluye así un relato del recorrido por los patios y corredores de la casa: "Terminada la letanía, durante la cual no habían dejado de echarse al aire cohetes tronadores, hacía alto la procesión y procedíase a pedir la Posada, para cuyo acto las cantantes, generalmente jóvenes bellas, se dividían en dos grupos, quedando uno dentro de la pieza elegida y otro fuera con las andas y con la mayor parte de la concurrencia".

En el periódico *El Monitor*, en 1886, se publicó esta clasificación:

Posadas de rezo

La abuela con sus gafas, o la tía más tía de la familia, llama en torno suyo a todos los habitantes de la casa; rezan la letanía, la novena, el rosario... y a dormir los niños después de haber besado la mano de papá. Los que asisten a estas posadas no perciben ni el olor de los confites.

Posadas de muchachos

Se canta la letanía, se rompen una o dos ollas de cántaros, se comen confites y canelones, se charla un poco, y a abrigarse, que las noches están frías.

Posadas de confianza

Una especie de bailecitos en donde se brinca al son del piano; una que otra noche acompaña la clave un rascatripas. Así se pasa la velada: no hay colación, ni agua fría, ni terrones de azúcar para la tos.

Posadas de rumbo

Están pasando a la leyenda. Las Jornadas, como también se les denominaba, permitían realizar nueve noches consecutivas de fiestas en una celebración que en sus orígenes fue totalmente religiosa y después, una alegre mezcla de ángeles, pastores, invitados, piñatas, aguinaldos y baile.

Para cantar en las Posadas

Una de las costumbres más bellas, entrañablemente arraigada a la vida familiar y social en México, son las Posadas.

Así celebramos, a la manera de nuestra propia fisonomía cultural, la tradición universal navideña. Conservar nuestras auténticas Posadas es defender lo nuestro, amar nuestra historia.

VERSOS PARA PEDIR POSADA

1. En nombre del cielo
os pido posada,
pues no puede andar
mi esposa amada.
2. No seas inhumano,
tennos caridad,
que el Dios de los cielos
te lo premiará.
3. Venimos rendidos
desde Nazaret,
yo soy carpintero
de nombre José.

4. Posada te pide,
amado casero
por sólo una noche
la Reina del Cielo.
5. Mi esposa es María,
es Reina del Cielo,
y madre va a ser
del Divino Verbo.
6. Dios pague señores
vuestra caridad,
y así os colme el cielo
de felicidad.

VERSOS PARA DAR POSADA

1. Aquí no es mesón
sigan adelante:
yo no puedo abrir
no sea algún tunante.
2. Ya se pueden ir
y no molestar
porque si me enfado
los voy a apalear.
3. No me importa el nombre,
déjenme dormir,
pues ya les digo
que no hemos de abrir.
4. Pues si es una Reina
quien lo solicita
¿cómo es que de noche,
anda tan solita?
5. ¿Eres tú José?
¿Tu esposa es María?
Entren, peregrinos,
no los conocía.
6. Dichosa la casa
que abriga este día
a la Virgen Pura
la hermosa María.

AL ABRIR LAS PUERTAS

Entren santos peregrinos
reciban este rincón
no de esta pobre morada
sino de mi corazón.
Esta noche es de alegría
de gusto y de regocijo
porque hospedaremos aquí
a la Madre de Dios Hijo.

ACTO DE CONTRICIÓN

¡Oh, Divinísimo Jesús, amado Padre mío! Perdona la criminal ce-
guedad en que he vivido desconociendo la inmensidad de tu misericordia y
poderío. La humanidad de que hoy das pruebas buscando el más insignifi-
cante de los hechos para hacer tu entrada al mundo que vienes a redimir,
abre mis ojos, me hace aborrecer mi negro orgullo y alienta mi perseverancia
para ofrecerte mi leal y firme arrepentimiento. No me niegues tu ayuda.
Amén.

Primera Jornada

¡Purísima e inocente Virgen María!, que por cumplir la orden de un soberano de la Tierra tuviste que partir de Nazaret para Belén, reanima mi fe para cumplir el mandato del Soberano del Cielo que me ordena aspirar a la perfección. Amén.

Segunda Jornada

Así como Tú sufriste los rigores de la intemperie, haz, Virgen Santísima, que mi esperanza se robustezca para no descarriarme en las jornadas de la virtud. Amén.

Tercera Jornada

Comunica a mi alma, ¡oh inmaculada María!, algo de la fortaleza con que Tú emprendiste esta tercera jornada para que yo contigo con-tinúe mi peregrinación en la Tierra. Amén.

Cuarta Jornada

¡Divina Madre del Salvador y Madre mía! Así como Tú soportaste las calamidades de esta cuarta jornada, vigoriza mi espíritu y aviva el fuego de mi amor a tu Divino Hijo. Amén.

Quinta Jornada

¡Cándida Paloma que alientas en tus entrañas divinas al Supremo Redentor! Sin desmayar en esta penosa jornada no dejes, Madre mía, que vacile en mi fe. Amén.

Sexta Jornada

Si Tú, Reina Soberana del Cielo, soportaste las duras fatigas de esta cruenta jornada, reposando en humilde asilo, ¿por qué no he de soportar yo las penalidades de la vida para alcanzar la eterna ventura? Tu ejemplo reanimará mi confianza. Amén.

Séptima Jornada

¡Purísima Rosa Mística de aroma celestial! Danos para sufrir las amarguras de esta vida, algo de la paciencia con que Tú soportaste tu penosa peregrinación en esta jornada. Amén.

Octava Jornada

Se acerca, ¡oh Reina Inmaculada!, el feliz momento de que des a luz al Redentor del mundo. Haz, Virgen Santa, que llegue a mí el momento de ser digno siervo tuyo. Amén.

Novena Jornada

Por fin llegó el deseado instante de tu divino alumbramiento que es celebrado en el Empíreo* con los hosanas de arcángeles, ángeles y querubines y en todo el orbe cristiano con júbilo de todos los millones de tus fieles hijos. Por este feliz momento en que recibiste el homenaje de los humildes, te pedimos la misma humildad para conformarnos con la voluntad de Tu Divino Hijo. Amén.

Se rezan nueve avemarías cantando una de las estrofas siguientes:

Humildes peregrinos,
Jesús, María y José,
mi alma os doy con ellos,
mi corazón también.

¡Oh, peregrina agraciada!
¡oh, dulcísima María!,
os ofrezco el alma mía.
Para que tengáis posada.

---

* EMPÍREO. Del latín *empirios* que a su vez proviene del griego. Significa inflamado, envuelto en llamas. Por ello se atribuye al cielo, en el cual los ángeles y los santos disfrutan el fuego espiritual y eterno porque están en presencia de Dios.

DESPEDIDA DE LOS PEREGRINOS DE LA POSADA

Mil gracias os damos
que en esta ocasión
posada nos dísteis
con leal corazón.

Pedimos al cielo
que esta caridad
os premie colmándoos
de felicidad.

NOCHEBUENA

Media hora antes de las doce de la noche se pondrán los pastores
en dos alas, y los padrinos al centro con el Niño Dios delante del Nacimiento en el que sólo estarán los Santos Peregrinos. Puestos de rodillas, con toda la concurrencia, rezarán nueve avemarías gloriadas
y, al fin de cada avemaría, se cantará paseando al Niño, la siguiente
letanía:

LETANÍA LAURETANA (DE SAN LAURENCIO)

Toquen los pitos
y los panderos
que viene a la tierra
el Rey de los cielos.
Rindamos homenajes
de sin igual cariño
a San José y al Niño,
a la Excelsa María.

Kyrie eleison
Christe audinos
Christe exaudinos
Pater de coelis Deus
Miserere Nobis
Fili Redemptor mundi Deus
Miserere Nobis
Spiritus Sancte Deus
Miserere Nobis
Sancta Trinitas Unus Deus
Miserere Nobis
Santa María,

Ruega por nosotros,
Madre del Redentor.
Esposa de San José,
Santísimo José,
Reina de los Ángeles.

Padre del Salvador,
Modelo de castidad.

Niño recién nacido,
te alabamos todos.
Niño poderoso,
Niño amable,
Niño humilde,
Niño venerable,
Niño fiel,
Niño creador,
Niño salvador,
Niño glorificado,
Niño laudable,
Niño misericordioso,
Niño consolador,
Niño espiritual,
Hijo de María,
Luz de la Redención,
Alivio del pecador,
Maná del consuelo,
Tesoro de la gracia,
Estrella del alba,
Faro de consolación,
Bálsamo de salud,
Alegría de los justos,
Templo de la pureza,
Templo de la verdad,
Padre de Israel,
Príncipe de los patriarcas,
Luz de los profetas,
Maestro de los apóstoles,
Arbol de la vida,
Vertiente de virtudes,
Divino Emmanuel,
Deseado del mundo,
Antorcha de pureza,

Modelo de perfección,
Inspiración celestial.

¡Oh bella María Sagrada!,
llena de gloria y dulzura,
llegó la noche deseada
de tu parto, Virgen pura.

Sol de verdad,
Patriarca de justicia,
Depósito de la bondad,
Lucero de la fe,
Arca de felicidad,
Dios humanado,
Principio y fin de todas las
cosas.

Agnus Dei quitollis pecata
mundi
Parce nobis Domine
Agnus Dei quitollis pecata
mundi
Exaudi nos Domine
Agnus Dei quitollis pecata
mundi
Miserere Nobis*

NUEVO RORREO O ARRULLO DEL NIÑO

Duerme, duerme niño hermoso,
duerme tranquilo y sin pena,
que al pie de tu humilde cunc,
mi leal cariño vela.

A la rorro niño, a la rorro, ro.
Duérmete bien mío, duérmete mi amor.

---

* Cordero de Dios que quitas los pecados del mundo.
—Danos la paz, Señor.
Cordero de Dios que quitas los pecados del mundo.
—Escúchanos, Señor.
Cordero de Dios que quitas los pecados del mundo.
—Ten piedad de nosotros.

Ya la luz de la alborada
aparece en el Oriente, y natura entusiasmada
se muestra alegre y sonriente.

A la rorro.
No abras, niño, los ojitos,
¡ay!, no los abras por Dios,
pues verás de mis delitos
la enormidad tan atroz.
A la rorro.

Tú eres, Niño soberano,
que desde el Empíreo vienes,
por redimir al humano
y colmarlo de mil bienes.
A la rorro.

Duerme, duerme bello Niño,
de mi amor en el regazo;
no me niegues tu cariño
en cuyo fuego me abrazo.

LETANÍA A MARÍA SANTÍSIMA*

Kyrie eleison
Christe eleison
Christe eleison
Christe audi nos
Christe exaudinos
Sancta María
Sancta Dei Genitrix
Sancta Virgo Virginum
Mater Christi
Mater Divinae Gratiae
Mater Purissima
Mater Castissima

Mater inviolata
Mater intemerata
Mater inmmaculata
Mater amantisima
Mater admirabilis
Mater Creatoris
Mater Salvatoris
Pater de coelis Deus
          "Miserere Nobis"
Fili Redemptor mundi Deus
Spiritus Sancte Deus
Sancta Trinitas unus Deus

* Se incluye esta versión latina porque el idioma litúrgico durante la Colonia y el siglo XIX era el latín.

169

Virgo prudentissima
Virgo veneranda
Virgo praedicanda
Regina Sanctorum ominium
Regina sine labe originales concepta
Regina Sacratissima Rosari
Virgo potens
Virgo clemens
Virgo fidelis
Speculum Justitiae
Sedes sapientiae
Causa nostrae laeticia
Vas spirituale
Vas honorabili
Vas insigne devotionis
Rosa mystica
Torris Davidica

Ora pro nobis

Torris eburnea
Domus aurea
Foedaris arca
Lanua Coeli
Stella matutina
Salus informorum
Refugium peccatorum
Consolatriz afflictorum
Aux Christianorum
Regina Angelorum
Regina Patriacharum
Regina Prophetarum
Regina Apostolorum
Regina Martyrum
Regina Confessorum
Regina Virginum
Regina sine labe concepta

Ora pro nobis

Feria de la Posada y la piñata en el Estado de México

Acolman, pequeño municipio mexiquense de sólo 87 kilómetros cuadrados, es famoso internacionalmente por su cercanía con la zona arqueológica de San Juan Teotihuacán y porque en su territorio se localiza el notable ex Convento Agustino, joya arquitectónica del siglo XVI ahora convertida en Museo y uno de los raros ejemplos de la arquitectura plateresca en México.

Esta hermosa edificación agustina posee notables retablos y pinturas murales donde se mezclan algunos rasgos de iconografía y del trabajo artesanal de las comunidades indígenas.

Su portada ostenta un interesante conjunto de elementos ornamentales, bellamente tallados con motivos de la flora y la fauna de la región. Del interior de la iglesia sobresale en el primer tramo del muro izquierdo de la nave, la pintura mural de un retablo churrigueresco ejecutado al temple. Al fondo, en los murales del ábside, destacan bellas pinturas al fresco que representan santos, obispos, cardenales y papas.

Su claustro principal es contemporáneo de la fachada de la iglesia y tiene un estilo renacentista, con columnas decoradas con motivos vegetales interpretados a la manera indígena. Destaca la cruz atrial, localizada frente a la puerta principal e interesante muestra de interpretación indígena con los símbolos de la Pasión de Cristo.

El 5 de agosto de 1586, el prior del convento que albergaba a los agustinos, Diego de Soria, obtuvo la bula papal (*Apud Sanctum Mar-*

cun)* que le concedía permiso para realizar las llamadas Misas de Aguinaldo, las cuales se llevaban a cabo del 16 al 24 de diciembre de cada año (fechas vigentes en nuestros tiempos) y que nosotros llamamos actualmente Posadas. Se fue haciendo costumbre que al terminar las misas los padres invitaran a la quiebra de ollas adornadas que simbolizaban el mal, al cual había que destruir a palos para que la fruta y los dulces, símbolos del bien, les tocaran a los asistentes. Así nacen nuestras piñatas.

Como puede verse las misas fueron el origen de las bellas tradiciones decembrinas de nuestro país.

Un programa de lujo

Durante muchos años se ha mantenido la tradición de las posadas y las piñatas. En 1985 se realizó la primera Feria de la Piñata, ocasión que reunió a gente de diferentes comunidades para que participara en la creación de piñatas y en eventos culturales y deportivos. Actualmente continúa organizándose con mayor proyección y fuerza.

Cada año se efectúa del 14 al 23 de diciembre, bajo el rubro de la Feria de la Posada y la Piñata. Para esto se hizo un estudio a fondo de las tradiciones y orígenes de estas festividades decembrinas y se llegó a la conclusión de que en realidad, la piñata nació como consecuencia de las Posadas; de ahí el nombre del evento.

Durante la feria se celebran corridas de toros, vuelan los hombres pájaro de Papantla, Veracruz; se escenifican Nacimientos y Pastorelas; bailan grupos de danza regionales, sin faltar nuestro tradicional palenque y bailes populares por las tardes; participan restaurantes típicos y puestos de antojitos; se exponen y venden artesanías, vistosas piñatas y productos de la región.

LAS PIÑATAS MEXICANAS

La piñata es el juguete de mayor atractivo e influencia en la familia mexicana durante la época navideña, pues estimula la fuerza anímica desbordante, con esa alegría tan particular derivada del reconocimiento colectivo del Salvador del Mundo, al recordar y celebrar el nacimiento de Jesús niño.

La piñata es un juguete maravilloso, bello y espectacular, aunque lamentablemente efímero si se toma en cuenta que su confección requiere de tiempo y esfuerzo para lograr su estética y perfección

---

* Significa "según San Mateo". El nombre de las bulas papales se toma de las palabras con las cuales se inicia el documento.

y, así, estar presente durante unos minutos, con su gran poder para unir en la alegría a las personas en las festividades navideñas. Del verbo apiñar, atar, juntar, el nombre piñata se deriva de la palabra piña fruta que simboliza este juguete, aunque con el tiempo se buscó imitar animales y otros frutos, así como la imaginación pudo concebir La *pignata italiana* estuvo presente desde las primeras navidades novohispanas. Las manos mágicas de los artesanos mexicanos tomaron las ollas y las transformaron, con el papel de china, en mameyes, guayabas, naranjas, papayas, rábanos, zanahorias, cebollas, dalias, estrellas, aves, barcos y un sinfín de otros objetos.

Julio Prieto declaró: "Se les nota una cierta influencia oriental en cuanto a la decoración del papel de china". Puede ser porque desde los inicios de la colonia existieron contactos con tierras de Lejano Oriente.

En su libro *Acta sobre piñatas,* Salvador Novo ayudó a redondear la hipótesis sobre el origen de estas obras de arte mexicanas, con esta pregunta válida como respuesta: "¿No le parece que el manejo de la piñata por una persona que tira de la cuerda que la sostiene para alejarla lo más posible de sus perseguidores, tenga un poco del papalote mexicano?" Además el entretenimiento de mariposas artificiales también formó parte de las primeras pastorelas y nacimientos organizados en vivo durante la etapa de la catequización.

Con base en lo anterior, algunos historiadores ubican el origen de la piñata en China y señalan que fueron llevadas a España y a Sicilia por los árabes, y traídas a América en el siglo XVII en la flota comercial como la *Nao de China.*

En cuanto a las piñatas con las cuales terminaban las posadas en Acolman, los rompimientos fueron aislándose en las casas hasta convertirse en sencillas ceremonias domésticas y querían dar este mensaje:

La olla revestida vistosamente, representa a satanás o al espíritu del mal que con su apariencia atrae a la humanidad.

La colocación encierra los placeres desconocidos que ofrece al hombre para atraerlo a su reino.

La persona vendada, a la fe, que debe ser ciega y que se encargará de destruir al espíritu maligno.

Ésta es la lucha que debe sostener el hombre valiéndose de fe, para destruir las malas pasiones.

Artemio Del Valle Arizpe manifestó que en España se rompían piñatas en el llamado Domingo de Piñata, siguiente al miércoles de Ceniza, y supone que algún español había traído la costumbre, la cual logró implantarse aquí y posteriormente se transfirió de la Semana Santa a otra celebración religiosa.

Así, se estableció la piñata en México como consecuencia de una mezcla de tradiciones prehispánicas y europeas en las que figura implícita la lucha del bien contra el mal.

La evolución de la forma y del contenido de las piñatas ofrece datos curiosos. En el siglo XIX las piñatas no se rompían, pues estaban hechas a manera de gajos, amarrados con listones de colores que debían jalarse para que los regalos y dulces quedaran al alcance de todos los asistentes. Otro tipo de piñatas fueron las rellenas de palomas blancas, y las de travesura y broma, que contenían confeti, harina, agua, ratones o zapotes[1] negros.

Después de haber rezado las oraciones de las posadas, se cantan algunos versos. Entonces la persona que da la posada ofrece en una charola diferentes clases de juguetes, pequeñas canastitas de colores, cazuelitas, cestitos de papel llenos de unos dulces especiales y los ofrece a todos los invitados. Entretanto cantan los siguientes versos:

Ándale Luisa
No te dilates
Con la canasta de los cacahuates

Ándale María
Sal del rincón
Con la canasta de la colación

Castaña asada,
Piña cubierta,
Echen a palos
A los de la puerta.

[1] ZAPOTE. Árbol de tierra húmeda y caliente, cuyo fruto deliciosamente dulce tiene carne suave y rojiza. Hay chicozapotes, zapote blanco y zapote negro.

Echen confites
Y canelones
Para los muchachos
Que son muy comelones.

No quiero níquel
Ni quiero plata;
Yo lo que quiero
Es romper la piñata.

Al momento de partir la piñata se canta esta canción:

Dale, dale, dale,
No pierdas el tino;
Porque si lo Pierdes
Pierdes el camino.

BOLSA PIÑATERA DE DICIEMBRE

- DE MÉXICO: Cacahuate[2],
  Tejocotes[3],
  Jícama[4],
  Guayaba.

- DE ESPAÑA: Caña,
  Naranja,
  Limas.

[2] CACAHUATE. Planta americana (*Arachis hypogaea*) leguminosa; el fruto es tan abundante y común que se dice "me importa un cacahuate" de algo desdeñable. En algunos sitios se le llama maní.
[3] TEJOCOTE. Del náhuatl *Texocotl*. Fruto anaranjado y pequeño que se come crudo o en almíbar, ate y en jalea. (N. del A.)
[4] JÍCAMA. (Familia de las leguminosas.) Del náhuatl *Xicamatl*, planta de la que se come la raíz. Es blanca, jugosa, dulce y refrescante. Se come cruda en ensalada con jugo de limón y chile piquín. (N. del A.)

La Piñata

D.P.

No quiero oro ni quiero plata,
yo lo que quiero es romper la piñata.
Echen confites y canelones
pa' mis muchachos que son muy tragones.
No quiero oro ni quiero plata,
yo lo que quiero es romper la piñata.

De los cerritos y los cerrotes
saltan y brincan los tejocotes.
Ándale amigo, sal del rincón
con la canasta de la colación.
Ándale amigo no te dilates
con la canasta de los cacahuates.

Ándale niña, sal otra vez
con la botella del vino jerez,
que muy alegre está la posada,
pero a mi copa no han servido nada.
Ande compadre, no sea payaso
y de ese ponche ponga a mi vaso.

Castaña asada, piña cubierta,
denle de palos a los de la puerta
y que les sirvan ponches calientes
a las viejitas que no tienen dientes.
No quiero oro ni quiero plata,
yo lo que quiero es romper la piñata.

Muy cerca de la capital

San Agustín Acolman está ubicado a sólo 40 kms. de la Ciudad de México, en el kilómetro 38 de la carretera a San Juan Teotihuacán. Se toma la avenida Insurgentes norte hasta el límite de la ciudad, pasando por los Indios Verdes; desde este punto se recorren aproximadamente 15 kilómetros hasta el lugar donde la nueva caseta y la vieja carretera libre separan la autopista, resulta más corto y más conveniente seguir las señales que indiquen cuota. Si usted sigue la carretera libre pasará por lugares interesantes. Acolman está situado en la carretera vieja pero puede ser visto desde la autopista y la desviación está en el kilómetro 38.

Acolman cuenta con dieciséis comunidades y ocho colonias, lo cual evidencia que es una de las poblaciones más grandes del Estado de México, poseedora, además, de una raigambre histórica que data de la época prehispánica.

LAS PASTORELAS
Enseñanza y diversión

Las pastorelas constituyen, junto con las posadas, el preludio clásico de la Navidad Mexicana.

Es la pastorela una bellísima, tierna e ingenua representación escénica, de marco festivo y alegre, que refiere acontecimientos previos al advenimiento de Jesús y que culmina con el esplendor inocente del pesebre y la adoración de los pastores.

Muestra de esta tradición son las estampas vivas de "nacimientos" en iglesias, plazas y jardines que en todos los rincones de la ciudad plantan los belenistas.

La pastorela, como género escénico y literario, tuvo sus raíces en el teatro religioso español, tan en boga en el siglo XVI. Fue utilizada y adaptada por los misioneros como instrumento para la evangelización de los naturales de América.

Cabe recordar que el teatro religioso español sigue los cánones, o al menos se inspira, en el teatro clásico griego, el cual es una mezcla magistral de personajes divinos y humanos en el marco de una escenificación en la que el destino de los dioses y de los hombres ocupa el papel central de la trama.

Con esta inspiración, las piezas españolas integran, como personajes centrales, a Dios, al Espíritu Santo y a la Virgen en su relación con los seres humanos, imprimiéndoles una moraleja y un mensaje de tipo religioso con vistas a la exaltación de la fe cristiana.

Los primeros misioneros que llegaron a México, se percataron de que los nativos del Anáhuac carecían de escritura propiamente di-

Un angelito caído del cielo

Los diablos de la Pastorela

Navidad veracruzana

El imprescindible Nacimiento

Nacimiento xochimilca

Ofrenda para los difuntos

Un vistoso Altar de Muertos

La calaca catrina

Máscara del Carnaval de Tepoztlán

Fiesta florida en Xochimilco

Feria de San Marcos

Feria del Dulce en Santa Cruz Acalpixcan

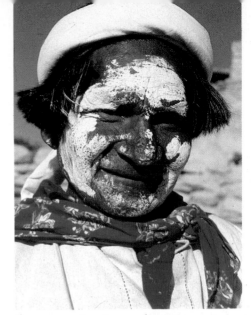

Síntesis de dos culturas

Nacimiento tarahumara

Noche de rábanos

Nacimiento oaxaqueño

Carnaval de Veracruz

Ritual del "ahorcado"

cha, y tuvieron que enfrentarse a esta dificultad. La resolvieron mediante el uso de medios gráficos que les eran familiares a nuestros antepasados. Así percibieron que el teatro religioso resultaba magnífico instrumento para su propósito, cumplía una función didáctica.

La representación del Nacimiento de Jesús fue iniciada por los franciscanos en el Convento de Acolman, en 1528, a manera de estampa escénica, ambientada con predicación y cantos.

El paso de la estampa escénica a la Pastorela encuentra en estos hechos su explicación. No se trataba de una obra teatral formal, sino más bien de una representación popular de los acontecimientos que rodean el Nacimiento de Jesús. Ciertamente el eje central eran los personajes y acontecimientos divinos, pero el ingenio indígena mezcló, con carácter festivo, personajes que se habrían de tornar clásicos. Surgen así: Gila, Bato, Bras, Menga, Celfa y otros más, pero con la característica común de que todos figuran como pastores que finalmente acuden a la primera adoración de Jesús Niño en la Gruta de Belén. De ahí el nombre de Pastorelas.

Las Pastorelas son piezas jocosas y alegres, con un humor inocente y campirano en las que incluso Luzbel y su corte de "diablillos" aparecen con una maldad ingenua, lo que otorga a estas piezas una especial dulzura, muy a tono para despertar los más nobles sentimientos de amor al prójimo y de fraternidad universal.

Ello explica que este género se haya difundido en los poblados como una representación en espacios abiertos. De la calle el género es rescatado por plumas de valía, como la de Joaquín Fernández de Lizardi, El Pensador Mexicano, con el propósito de revestirla de dignidad.

Texto original de Joaquín Fernández de Lizardi

"Pastorelas y Coloquios más celebrados tienen su diablo como uno de los actos mas principales, y algunas no sólo tienen su diablo, sino sus diablos, pues suelen tener hasta siete. Esto quiere decir que las mejores Pastorelas y Coloquios son endiabladas, llenas de impropiedades violentas, arrastrando en su estilo faltas de invención —y por lo mismo— dignas de excluirse de todo teatro público, pues pugnan contra el gusto. Yo las he visto delatables y quemables. Pudiera citar una —a cuyos ensayos asistí— en la que corregí no menos que una herejía que se cantaba y se escuchaba, no maliciosamente, sino ignorantemente en buena paz.

"Qué tal sería una pastorela que incluyera no menos que una herejía torpísima, y, sin embargo, se representó públicamente delante de un lúcido concurso y con aplausos.

"Otras hay tan lánguidas y sonsas que su representación excita en el espectador tanto sueño, como si se hubiera desvelado cuatro noches seguidas.

"Otras están llenas de vaciedades, que son bastantes a suplir por el emético más eficaz en los estómagos más resistentes. Si la pluma no se apartara del papel por la decencia, yo citaría alguna de las muchas estrofas indecentes que he escuchado y prueban la verdad; pero muchos testigos hay de ello para que no me imputen de calumniador.

"Esto, la costumbre que hay de hacer tales representaciones por el tiempo de Navidad y la insolencia con que he visto representar estos despilfarros, me animaron a escribir la pastorela "La Noche más Venturosa", que presento al público, si no libre de defectos, a lo menos purgada de lo más grosero que he notado en otras. Supongamos: mi diablo es un diablo cristiano, nada blasfemo ni atrevido, no tiene que tratarse de tú por tú con San Gabriel ni otro de los santos ángeles. Él es medio verónico y se deja engañar de los pastores, pero no les hace travesuras rídiculas ni muy pesadas. Mis pastores son sencillos y a veces tontos, pero no obscenos ni blasfemos. En fin, la pastorela presente tiene sus impropiedades como todas; pero no escandalosa ni impasable como las más, y yo me contentaré con que logre igual indulgencia que sus antepasados."

José Joaquín Fernández de Lizardi
El Pensador Mexicano

¡YA LLEGÓ LA RAMA!
Típica tradición navideña veracruzana

Las Ramas, tradición popular que principalmente se localiza en la región sotaventina del Estado de Veracruz (Medellín, La Mixtequilla, Alvarado, Tlacotalpan, Cosamaloapan, Tesechoacan, etc.), aunque su expresión ha prendido en toda la tierra veracruzana; inclusive, ha llegado a algunos poblados de Chiapas y Tabasco.

Su origen es difícil de ubicar claramente en el espacio y en el tiempo. Sin embargo, como muchas de nuestras manifestaciones, es producto de la interrelación permanente de las culturas hispánica, mesoamericanas y negra.

178

Originalmente, y en algunos lugares donde se ha conservado la tradición, se inició el 16 de diciembre con la selección, corte y engalanado de la Rama (de otate,[1] naranjo, o pino).

Los adornos, según la región, generalmente se confeccionan con papel china de colores, palma y frutas, configurando cadenas o farolillos de diferentes formas y tamaños. Algunas Ramas se ven iluminadas con velas que son colocadas dentro de los faroles.

El grupo que porta la Rama está integrado por niños, jóvenes y/o adultos que de casa en casa van entonando los villancicos que anuncian el nacimiento del Niño Jesús. El acompañamiento musical se ejecuta con jaranas, requinto, arpa y guitarra; el ritmo es encendido, con sonajas, panderos y latas vacías. Estos "soneros" o "jaraneros" —como también son conocidos— animan la fiesta o "fandango" el cual se organiza al término de la "parranda".

El ritmo vibrante y festivo se inicia con un son en la casa a donde llegan. Los alabados y villancicos aluden a las frutas, alimentos y costumbres de la temporada; así, las naranjas, las limas, los limones, la colación, los cacahuates y las piñatas, desfilan en cada uno de los versos.

La fiesta con la que en esta región se concluye la Rama, se ve aún más animada cuando la anfitriona ofrece los buñuelos y las hojuelas rociadas con miel tibia de trapiche.[2]También corre el aguardiente añejado con las frutas del rumbo: nanche, jobo, guanábana o simplemente los famosos "toritos" (mezcla de limón, miel y aguardiente), que aclaran las gargantas para seguir cantando.

El ritmo y la forma que adopta esta tradición en cada rincón de Veracruz, revela el temperamento de sus habitantes. Por ello en esta muestra podremos escuchar diferentes tipos de Ramas, lo mismo la melancólica que la alegre y bulliciosa, acompañada en algunas ocasiones con algún zapateado.

VERSOS AL LLEGAR LA RAMA

A las buenas noches
ya estamos aquí,
aquí está la rama
que les prometí.

Naranjas y limas,
limas y limones

---

[1] OTATE. Bambú. El bastón elaborado con la caña de bambú.
[2] TRAPICHE. Ingenio de azúcar. Molino para la caña de azúcar.

más linda es la Virgen
que todas las flores.

¡Alabado sea Dios!
quítense el sombrero
porque en esta casa
vive un caballero.

Vive un caballero,
vive un general,
denme licencia
para comenzar.

Naranjas y. . .

Abranme la puerta
qué bello por dentro
voy a saludar
este nacimiento.

Naranjas y. . .

Este nacimiento
ha tenido paz
por la Virgen pura
que está en el portal.

Naranjas y. . .

¡Arre!, borreguito,
vamos a Belén
a ver a la Virgen
y al Niño también.

Naranjas y. . .

La Virgen María
su pelo tendió,
hizo una cadena
que al cielo llegó.

Naranjas y. . .

En un portalito
de paja y arena
nació el Niño Dios
en la noche serena.

Naranjas y. . .

Arriba del cielo
hay un portalito
por donde se asoma
el Niño chiquito.

Naranjas y. . .

Señora Santa Ana,
¿Por qué llora el Niño?
Por una manzana
que se le ha perdido.

Naranjas y. . .

¡Arre!, borreguito,
¿Por qué vas tan recio?,
Voy a ver a Jesús
que lo llevan preso.

Naranjas y. . .

Zacatito verde
lleno de rocío,
el que no se case
se muere de frío.

Naranjas y. . .

Dénme mi aguinaldo,
si me lo han de dar,
que la noche es corta
y tenemos que andar.

Naranjas y. . .

Ya se va la Rama
muy agradecida
porque en esta casa
fue bien recibida.

En la mitad de mi existencia
bajo la luz del sol y
bañado en lo más hondo de mi ser
por el amor y la esperanza,
añoro la intuición del niño
para buscar —mitad afanoso, mitad entusiasmado—
todas las verdades escondidas
en la sonrisa abierta de las cosas.

El Nacimiento

El Belén o el Pesebre

Hace más de siete siglos se montó el primer Nacimiento

Todos los simbolismos y ritos peculiares en las festividades de la Navidad mexicana tienen diversas raíces. Tal es el caso de El Belén, también llamado Nacimiento o Pesebre, representación plástica del advenimiento del Mesías y cuya génesis es difícil precisar con exactitud.

Algunas fuentes aseguran que la primera presentación del Pesebre se remonta a los principios de la era cristiana, por el año 345, en un sepulcro de Letrán; en tanto que en el siglo VII se menciona a un antiguo Belén, en Santa María la Mayor de Roma, donde, al parecer existía un pequeño oratorio con estructura semejante a la cueva de un pesebre.

Sin embargo, la costumbre popular de representar Nacimientos —bien con figuras o mediante personas— fue iniciativa de san Francisco de Asís, verdadero propulsor de esta legendaria usanza, quien entre los años de 1200 y 1226 dio impulso definitivo a esta insólita (para los tiempos que corrían) manera de celebrar la navidad.

Previo permiso del papa Honorio III y en un lugar —frente a la ciudad de Greccio, en Rieti—. . . cedido por Giovanni Vellita, amigo de san Francisco, éste dispuso un altar frente a una cueva y un pesebre. Los pastores de la vecindad acudieron allí la noche de Navidad y el gran reconocimiento que gozó ocasionó que la orden adoptara la práctica.

Gracias a la pintura, la escultura, las representaciones teatrales y a la difusión de los franciscanos, el "Belén" se introdujo en España en el siglo XIV, pero no fue hasta el siglo XVII cuando los "belenes" alcanzaron su cristalización definitiva.

La ciudad de Nápoles se situó a la cabeza del movimiento. Estaba regida por el monarca español Carlos III, Rey de las dos Sicilias, quien en 1743 construyó la fábrica de porcelana de Capodimonte. Fue persona clave para la difusión de esta tradición.

En México fue implantada por los frailes que acompañaban a los conquistadores, quienes hicieron de ella un arma inapreciable para la catequización. Y de esa suerte, con sutiles adaptaciones a la idiosincrasia indígena, los misioneros introdujeron los Nacimientos, a guisa de obras teatrales, como autos sacramentales en los que participaban los propios catequizados.

Fray Pedro de Gante, en la escuela que fundó en Texcoco, adiestró a los indígenas en la elaboración de las figuras, en los detalles de los Nacimientos para estas procesiones. Posteriormente, las familias españolas y criollas montaron sus Pesebres con pequeñas figuras de origen europeo, modeladas por las hábiles manos de los artesanos.

Durante dos siglos la tradición estuvo prácticamente reservada y no fue hasta que a mediados del siglo XIX reaparecieron los Nacimientos, esta vez con una gran fuerza popular.

La alta demanda de estatuillas originó su fabricación en serie, al grado que alcanzaron el prestigio de obras de arte como en el caso de las realizadas a comienzos del siglo actual, en Tlaquepaque, Jalisco, elaboradas principalmente por las familias Panduro, Zacarías y Ortega.

Si Jesús Niño hubiera nacido en México que no en Belén, habría nacido en Xochimilco, sobre una trajinera, su Madre, María, lo hubiera envuelto en un huipil[1]bordado por sus manos, y José, su padre, le hubiera hecho, para recostarlo, un pesebre rojo de nochebuenas bajo una gruta de cempazúchiles.

Así, el niño Jesús habría mirado las primeras estrellas despuntando entre los volcanes, el Popocatépetl y el Iztaccíhuatl, y los primeros pastores que le hubiesen entregado sus ofrendas (tortillas, dulces de Santa Cruz de Acalpixcan, maíz blanco de San Lorenzo Atemoya, amaranto y nieves de Santiago Tulyehualco, artesanías de Tepepan y Santa Cecilia Tepetlapa), habrían sido los chinamperos de Xochimilco.

Los chinamperos de la comarca se habrían preguntado, como en su tiempo lo hicieron los pastores de Belén: ¿qué es lo que ocurre? ¿Por qué nuestros lagos y nuestros volcanes lucen esplendorosos esta madrugada, como iluminados por el sol de la mañana?

Y el mismo Ángel que acudió a Belén, habría bajado desde las alturas rielando entre los canales y habría llegado hasta las chinampas floridas de verduras, donde los chinamperos mexicanos dormían bajo el cielo raso y a la gran luz de las estrellas, para vigilar por turnos sus sementeras.

Y al ver que se les presentaba el Celestial Enviado y que la gloria del Altísimo les cubría con su luz, se hubieran sorprendido al igual que los pastores de Belén y entonces el Ángel les habría calmado hablándoles en náhuatl, diciéndoles:

No temáis chinamperos del Señor
porque vengo en misión Divina
para anunciaros la buena nueva
que traerá para siempre
para los corazones de los hombres una gran alegría
y proclamará la paz entre los pueblos.

El Señor ha querido que naciera entre vosotros, en el lago del Gran Ancestro, un salvador que es el Niño Jesús.

Y esta ha de ser la señal para que lo reconozcáis: "Encontraréis a Jesús Niño sobre una trajinera al pie de los volcanes, envuelto en un huipil bordado y recostado en un pesebre rojo de nochebuenas, y junto al niño estará su madre, la Virgen María, vestida de blanco —como la aurora—, cubierto el rostro con un manto azul, como un cielo tachonado de estrellas.

"y José, su padre, erguido y de pie, vestido de verde como una chinampa[2] fértil y sobre los hombros, un manto color cempazúchil dorado como el sol. Y todo esto a la orilla del lago, al pie de los volcanes, en nuestro valle del Anáhuac".

Minutos después y al hilo de nuestra fantasía, se unirán al Angel de la buena nueva, tal como lo narra el evangelista Lucas: una multitud de ángeles del ejército celestial, que entonarían aquel himno solemne y grandioso de alabanza que dice:

¡Vayamos alegres!
¡Que suenen los teponaxtles!
¡Que canten las chirimías!
¡Que todos vayamos presurosos a llevar nuestras ofrendas a Jesús, María y José!

Y hubiera acontecido entonces, una vez que los ángeles se hubieran remontado a los cielos de la región lacustre, en busca del niño nacido al pie de los volcanes, que los chinamperos[3], aún estremecidos, se hubieran dicho entre sí —al igual que los pastores de Belén—: ¡Vayamos nosotros también como estos ángeles hasta la trajinera[4] florida para saludar a Jesús Niño al pie de los volcanes, quien como nos lo ha manifestado el Ángel enviado para anunciarnos tan buena nueva, ha nacido hoy para alegrar nuestros corazones y traer paz y amor a los pueblos nuestros.

Junto a él, su padre, José, y más cerca su madre, María, y en lo alto, el Ángel cantando el himno "Gloria a Dios en las alturas". Y habrían sido en la tierra, en esta nuestra tierra, los chinamperos de Xochimilco, los hombres de buena voluntad, quienes con paz y alegría hubieran entregado la primera "Ofrenda pastoril, al primer nacimiento divino en la historia de la humanidad".

¡Que canten los coros!
¡Que suenen los teponaxtles!
¡Que entonen los clarines!

Porque esta noche, en el corazón de la antigua Tenochtitlan, hay una ofrenda pastoril para este nacimiento en trajinera.

[1]HUIPIL. Voz náhuatl que significa camisa de mujer.
[2]CHINAMPA. Huerto, sementera flotante.
[3]CHINAMPEROS. Quienes tienen o trabajan en chinampas.
[4]TRAJINERA. Vehículo para traer y llevar objetos diversos. Generalmente se aplica a las canoas que transitan por canales.

Traducción al náhuatl de si Jesús Niño hubiera nacido en México
Intla Jesustzin piltzintli omotlacatiliyani nican Mexico

Intla in Jesustzin piltzintli omotlacatitliyani nican Mexico in Macamo ipan Belen, cuix omotla-catili ipan Tlahuac nozo Xochimilco ipan ce acalli, inantzin Mariatzin oquilalo ica ce quechtlamitl tlen oquichichiuc ica imahuan huan itahtzin oquichichi- uc ihuicpa iquitecac ce mazatlacualtiloyan ica cue- tlaxochimeh itec ce cempoal xochicalli.

Yuhqui in Jesustzin piltzintli otlachiac in ach- tocitlaltin tepetzalan in Popocatepetl uan in Iz- taccihuatl huan in achtoichcapixqueh oquimacac intlamanal: Tlaxcalli'tzopelic Santa Cruz acalcapa- yahuitl Santiago Tulyehualcopa, Toltecatlamantin, Tepenancopa noihuan Santa Cecilia Tepetlapaco- pa, cuix in chinampatlacah itech Tlahuac nozo Xochimilco achtopan acitozquiah.

In chinampatlacah itech altepenahuac, cuix oquimotlatlaniliqueh in quenin incahuitl oqui- chichiuhqueh in ichcapixquimeh Belencopa: ¿Tlen pano?, ¿Tleica toatezcameh huan totepemeh quia- cih mahuizt iqueh inin yohuatzinco yuhqui tlahuilli ipampa tonayohuatzinco?

Ihuan icel teoconec, aquin oyauhqui ompa Be- len, otemoc huehcaipa, yuhqui ce mahuiztic tlahuilli nemi ipan atl huan ononacizquia ixquichca in chinampameh ica miec quilitl yuhqui xohitl, ca- nin inchinampatlacah ocochiaqueh ixcitlailhuicac uan in icxitlan hueytlahuilli itech citlaltin, canin tlachiah inmilhuan cecen.

Icuac tlachiah tlen oacico in Teotitlanilo uan teotzin imahizo oquintlaquenti ica hueytlahuilli cemtlahtoa quen in ichcapixqueh Belencopa uan in teoconec oquintlahtoc ica Nahuatl quimilhuitica:

Amo ximomauhtica iteotzin chinampatlacah
pampa nihua ala in teotzin itequi ihuicpa nian-
mechtlahtoatzin, in yancuic cualli tlen quinhualicaz
cemicac ipan in yolotlacameh ce papaquiliztli uan
tlahtoazin in tlamatcayeliztli altepemetzalan.

In teotahtzin oquimonequilti tlen omotlacati-
liani canamehua ipan yeneppa atezcatl ce tema-
quixticatzin: in Jesustzin piltzintli.

Huan inin yez in machiotl tiquixmatizqueh:
"Ticacizqueh in piltzintli Jesustzin ipan ce acalli ix-
citlatepemeh oquilaloqueh ica ce quechtlamitl mo-
tecatica pan ce chichiltic cozolli ica cuitlaxochi-
meh, uan in pictzintli inahuac yez inantzin in ich-
pocatl Mariatzin oquitlaquetiqui ica iztactilmahtli
—quen tlanextli— oquitlapachuqui ixayac ica matla-
lli tilmahtli quen ilhuicatl ica citlaltin.

Uan itatzin Josetzin icac uan ica tilmahtli xo-
xoct ic quen cualchinampa auh pan iacoltin ce cozt
ictilmahtli quenin coztic tonatiuh, nochi pan atentli
huan ixcitla totepemeh to Anahuac.
Zatepan huan totopalnemiliz, mocenyelizqueh
ica in teoconec itech yancuic cualli, quenin zazanilli
in evangelista san Lucas: Ce teoconecent iliztli tlen
culcutizqueh in teocuicatl tlen quitoa:

> *¡Tiahui papaquiliztli!*
> *¡Tlen tzotzona teponaztli!*
> *¡Tlen cuicah chirimias!*
> *¡Tlen nochtin tiahui, ticihul, ticuicaz*
> *totlamanaltin ihuicpa Jesustzin,*
> *Mariatzin uan Jesustzin!*

Teipan tlen in teoconemeh oyaqueh in toatezca
iilhuicac quitemohuayah in piltzintli, cuiz in chi-
nampatlacah ocnoma huihuiyoquiltiqueh, onmo-
cemitoqueh, quen in ichcapixquimeh Belencopa,
ma tiahuih noihuan quen inin teoconomeh ixquichca
in xochiacalli ihuicpa tontetlapaloh in Jesustzin
piltzintli icxitla in totepemeh, aquin quen otech-
tlahto in teoconetitlanilo: in mahuiztic yancuic cu

alli, axcan otlacatilli ihuicpa quinpapaquih toyoltin
uan quihualica tlamacayeliztli uan tlazotlaliztli to-
altepemeh.

Itahtzin Josetzin uan inantzin Mariatzin
inahuac huan ilhuicac in teoconec cuicatica in teo-
cuicatl "Mahuizotl teotzin ilhuicac". Uan Tlalpan
in Xochimilchinampatlacah, in cualcealiztlacah,
aquiqueh ica paccanemiliztli oquimaquili in ach-
toichcapxtlamanal, ihuicpa in cenetetl teotlacati-
liztli itech tlacayotlahtolyotl.

¡Ma cuicati tlacah!
¡Ma tzotzona in teponaztin!
¡Na cuicati in clarines!

Pampa inin yohualli ipan yeneppatenochtitlan
iyolo, oncah ce ichcapixtlamanal ihuicpa inin tlaca-
tilztli ipan acalli.
Teotli oquimonequilti, tlen omotlacatili totzal-
lan, ipan totachtohuan iatezca tech hueytenoch-
titlan ce temaquixticatzin tlen ca in Jesustzin pilt-
zintli.

Traducción al náhuatl:
Profesora de lengua y cultura
náhuatl, Ruth Flores.

Navidad de ensueño y de milagro
en la Sierra Tarahumara, Chihuahua
Nacimiento tarahumara

Un poeta sentado frente a un niño de las inmensas barrancas de
la Sierra Tarahumara, dejó volar al cielo su fantasía lírica y tomando
entre las suyas las cobrizas y huidizas manitas del pequeño tarahumara, el poeta —henchido de amor— le dijo suavemente: "te voy a
contar un cuento."
La fría Navidad de este año, en la Sierra Tarahumara, no es igual
a las otras de cielos azules y blancas nieves: algo extraordinario y
magnífico anuncia el eco de los tambores primitivos; el canto musical de las rústicas flautas de carrizo unidas con el sin par sonido del
viento, preludian un acontecimiento insólito, milagroso y excelso.

Jesús Niño pidió a su madre y al siempre bueno y ejemplar José, encarnarse en la rojiza piel de los indios tarahumaras en esta celebración navideña.

La Virgen iluminó su rostro con una sonrisa y vistió la blanca y florida indumentaria de las madres tarahumaras, confeccionada con las manos mágicas de las mujeres de esta raza, con manta primitiva. También trazó las "zapetas"* de Jesús Niño.

Así, José, vestido ya a la usanza tarahumara, con sus manos carpinteras y ayudado por los pájaros del mismo oficio, fabricó el pesebre humilde que habría de recibir a Jesús Niño, al abrigo de las más altas rocas que existen en las barrancas.

Cobre es el nombre de la principal barranca, cobre es la piel del tarahumara autóctono y cobre es el rostro que, en esta Navidad de sueños y milagro, luce el Niño Jesús, Redentor en todos los abismos de la sierra.

Los yamury emprendieron su veloz carrera para ser los primeros en adorar al dulce Niño de ojos prodigiosos, y subieron riscos y peñascos al son de flautas y tambores; las mujeres hieráticas, estoicas y hermosas, reunieron —presurosas— maíz, calabacitas tiernas y frutas de la montaña para colocarlas en su cestería de ensueño, filigrana de palma por sus manos hecha. Y se repite la historia: los primeros en adorar al Niño fueron los pastores buenos de esa raza legendaria de cobre que habita en la Sierra Tarahumara; y los despeñaderos se llenaron de oraciones, redobles de tambores y dulces melodías de flauta de carrizo.

El corazón de las monjitas y los frailes misioneros estalló en acción de gracias, y el amor infinito de Jesús Niño corrió veloz por las montañas y cascadas de la Sierra Tarahumara hasta llegar al mar, a la Bahía de Topolobampo, Sinaloa. Y la sierra entera y sus aves, sus venados, sus pinos, encinos y flores de montaña, entonaron juntos el canto de los ángeles:

Gloria a Dios en las alturas y paz a los hombres de buena voluntad.

TRADUCCIÓN AL TARAHUMARA DEL CUENTO
NACIMIENTO TARAHUMARA
Ramámuli Kulí Ochériame

Ra'íchami bachami osáa bilé taa towí yua, ne wilé ulí ralámuli pirelchi, riwikachi inía riweli kipi nátala, li chapiká kipí niwala, chókami, masiame

* ZAPETAS. Pañales.

kuuchi sikala taa towí, we nakíame ra'íchame,
kilíi, ané, mapi aniwá nimí ra'íchima.

Romó ra'íchaliami
awichí ralámuli
pirelchi.

We rulaachi jipi bamíali, awichí ralámuli pi-
relchi ke chiyóchare jípiko mapi riké jaré bamíali
siyónami riwikachi li ipalí rosákame, we kami, we
alabé aní, ro'ína ané anayauli rampola; mapi wika-
rá siméka baká kusela napawika ané ikárili bachá,
isísimi mapi keti buwé li ne alabé.
Taa Jisús tani kipi iyé María li José mapi sinibí
alabé ju, jipi romó omáwaliachi, mapi oná chóka-
me ralámuli wichila bakimea ruyé.
Kipi akala rajeli Virgen achiká li nawiili chu-
milá li siwákame sipúchala ralámuli iyela sikala ne-
walila, chiní anayauli, Virgen rikali takola taa towí
Jisús li José.
Echiriká José, takoli mapi riká ralámuli, kipi
sikala usí nóchame li uwírili chuluwí mapi echiriká
nóchame, niwalí ipolí asalá périka, mapi oná nawa-
ma taa towí Jisús, weli ripá jawame rité tíbútoma
ulí nirúame.
Chókame ju rijói ne walubé ulí bitéame, chó-
kame ju ne alabé rijói, wichila, chókame ju akala
na romó rimúliame li ne iná rajeli taa towí Jisús ri-
léaye awirili.
Yamuli we walínika juma jiti bachá nakiméa
towí ne alabé buséame li ripá ritérili mósili mapi ri-
ká anésimi rampola li kusé; umiki ne cha rikaame,
ne ke nokaame li ne bayóami, we sapuka napubuli
sunú, bachí chilaami usí rakala ripá rabó li
muchúali walichi, new kuuchi we alabé uluku sikati
niwárame, li uchecho niwá mapi nokíliru chabée.
Mapi nakili taa towí, bu'wá niséame, niili, ne alabé
rejóame chókame mapi bité ralámuli awichí ulírili
ra'íchala bochili rampoli wipisoka li we alá simeka
baká kuseti.
Mukí wichíuame sulala li pali we jiwérika aní
natétala nijá li taa towí Jisús we nakíame we sapu-
ka mawá ripá rabó li okírili, awichí ralámuli pi-

relchi a nawá mi marchi, bawí érkrami Topolo-
bambo oná, Sinaloa li awichí suníame li kipi
chuluwí yua, kipi chomalí, kipi okoko, rojaka li si-
waka rabó wikarali sinéamika mapi Riosi we alabé
ju ripá li kilíi ralámuli mapu alá nakí.

Jipi na romóali taa towí Jisusi ralámuli ju,
chókame wichéame, echirikáoyénali kiliipi naí
Chihuahua awichí, naí romóali jipi aparúame.

Acho chiyochi yiri ju towí mapi riwali rajami
Belenchi a uchecho ayena na towí Jisús, ipaachi ri-
pá kowata awí ralámulichi na Chihuahua.

Traducción: Profesor Clemente Cruz
Huahuichi.

Nacimiento en el Desierto de Altar

Dios está en todas partes. En Navidad vuelve a nacer también en el desierto, Jesús Niño.

Al pesebre, al pie de un cactus solitario, lo acompañan los hombres que han vencido la dureza y la soledad del desierto, los recios hombres del Desierto de Altar.

Y una fauna acostumbrada al desprecio humano, presurosa acude al nacimiento de Jesús Niño, arrastrando como ofrenda una o dos flores desérticas de insólita belleza, ya que tampoco abunda la flora.

Los coyotes y los zorros se unen a los cantos del coro angélico y para compensar la ausencia de dones terrestres, el esplendoroso cielo del desierto multiplica sus estrellas y meteoritos, haciendo de este Belén sonorense un milagroso y mágico espectáculo en el Desierto de Altar.

No hay pastores. Los suplen guardianes y cazadores a los que se unen los descendientes de los seris, güarijíos, mayos, yaquis, ópatas, pimas y pápagos, llevando sus prodigiosas ofrendas de palo fierro, cestos y coritas al son de sonajas, cascabeles, violines y guitarras.

Y antes de la llegada de los Reyes Magos, venidos también de otros lejanos desiertos, la alegría del nacimiento de Jesús se encarna en "La danza del venado" que esconde en el tesoro de su fuerza, el nacimiento de Jesús Niño en el Desierto de Altar.

Se cumple así la sentencia bíblica de que: Bajo las estrellas, sólo Dios y Hombre.

> *En el horizonte gris,*
> *arena y cactus.*
> *Sólo la paz de Dios*
> *y el aliento del hombre.*

TRADUCCIÓN AL YAQUI DE NACIMIENTO EN EL DESIERTO DE ALTAR
YEU, TOMITIA-UM-DESIERTO-DE ALTAR

Dios-jak-uni-ane-sime-partem   po-Navidapo-avo no noy-te-desierto Jesús-fli, usi

-Uhu-pesebre-ah, gueyek de un-catus-apela-ume-ohoguin amak-reste-

DESIERTO-DE-ALTAR

Ynto-guepulay kajoigala-tucan- gua, natuu-ren-yli, bamseka -au ructekai -guau yeu tomtek-hu Jesús -Niño- emo guik - sime - kay horitabenaci- ofrenda guepulay - o - guoy desérticas jita de insólita us, lloria - bejajita - ka -nuenian - abunda gua bejeta-cion y flora-
-Ume - guoim - ynto kagui sim - ama - nav-yasa a-ume-bwibwica - un - coro po - ume - ama -angele-sim ynto - ama - yli mikna - amak -kabetone-jita. Hombres terrestres - gua. Us-yoli si aneme-ania - ta desierto. Nau - emo -culala- ume-a. Choquiguam - into- meteoritos ajosimne-into-gua-Belem.
-Sonorense, si milograso-ynto-maguo. Sime ta-jo-joame-en el desierto de el Altar, kaita-pionim,

Ume - guariam. Y to-ume-amureom - into-guame-guita - nau. Guame desendientem- de-guame-se-rim-guarigeom. Into-ume, jiakim, o'patam - piman into-papaguem -ha guellea -ume-ven-yokho- tuturia uka-cuta-ynto-cicigoki
-Guarim- y cocoritas-guabwica. Into-ayam- ca-sa-beles babenim-tenabarim y quitarram.-

192

-Ynto. Chea-bachia- que guaka-llepsau -ume reiyes. Mayom-guame-avo. Reresteame- que chia. Into-guate-mectea-desierto-gua alle-grame -gua-yeu-tomteme- gua- Jesucristo- avi tequiat uagalc-ume-

-Mazo -llihguame -que- he euse - um -buhu-guapo ha -oripo a uteepo-guaye tomte-te-la bitnee. Jesustristo- ilitchi um-deciertopo. Altaregui-inim-act-lleu-llumagua -inienia-jiba Batchivo. Biblica-de-que - betuk - guame -cho-quim. Bempola

Dios-ynto-hu-holtou- en el ta ha ta - aman-yeu-gueyeu bicha-sche- ynto-cactus-apela -gua-paz-de-Dios ynta-gua-aliento del ombre.

Traducción: Señorita Margarita Márquez
Valencia. Torim, Río Yaqui, Sonora

JURAMENTO YAQUI Y SU TRADUCCIÓN

Para ti no habrá ya sol,
Ebetchí'ibo kaa taataria ayune
para ti no habrá ya muerte
Ebetchí'ibo kau ko kowame ayune
para ti no habrá ya dolor,
Ebetchí'ibo kaa kososi ewame ayune
para ti no habrá ya calor
Ebetchí'ibo kaa tatallwume ayune
ni sed, ni hambre, ni lluvia,
Ba'a ji'ipewame junit tebauriwame juni juku juni
ni aire, ni enfermedades,
Jeka juni kokoiwame juni
ni familia.
wawaira juni kaitatune
Nada podrá atemorizarte.
Kaita majjaíwame kaita et aune
Todo ha concluido para ti,
Si'ime inii kaitetaune ebetchí'ibo
excepto una cosa:
Senu weeme ama ayuk kaa koptanee

El cumplimiento del deber.
Em ibaktakeú tu'isi aet
En el puesto que se te
yuma'ane makwakau
designe, allí quedarás
junama empo ta'awane
por la defensa de tu nación,
jak junii yo emiata beas kíkteka am
de tu pueblo, de tu
jin'neusim'nee pueplota at teakame elebenak
raza, de tus costumbres
ojbokame waa jíak kostumbrem
de tu religión.
tekia jaura.
¿Juras cumplir con el
Empo ama emo yumaletek
mandato divino?
Líojta neusaupo emo jípune.

Con estas palabras los capitanes
Inen au nokaka ume jíak Kapitaním
Yaquis otorgan la investidura
yaurata a mabet tuane
a los nuevos oficiales que,
ume bemelasi amk tekianeme
bajando la cabeza, responden
ko'om musukteka, ayopname
    JEEWI = Sí

AVE MARÍA

(Español)	*(Yaqui)*
Dios te salve, María.	*Santa María, em-po ji-ne Ioj-ta.*
	Santa María, a tí salve Dios
Llena eres de gracia.	*em jiap-si tu-uri gracia te-uame em-po tapunia.*[1]
	Tu corazón buena gracia llama
	Tú llena
El Señor es contigo.	*em-po tu-a-catec itom iaut-si Ioj-ta.*[2]

---

[1] GRACIA. Intraducible. No se buscó giro en el dialecto yaqui.
[2] TU-A CATEC. Ser y estar; forma yaqui de usar los dos verbos unidos para la idea de existir.

Bendita tú eres entre todas las mujeres

y bendito es el fruto de tu vientre, Jesús.

Santa María, Madre de Dios, ruega por nosotros los pecadores

ahora y en la hora de nuestra muerte. Amén.

en Ti es y está nuestro señor Dios

tchic-ti ja-jamutchim be-ua bu-ti turi-riua[1-2]

entre el mujerío demasiado en bondad

soc tche-tche-uasu io-iori-ua em-tom-po taca tu-came, Je-sús.[3]

y muy reverenciado tu vientre fruto hacer, Je-sus

Santa María, Ioj-ta na-e, itom ca-turisi a-neme ioc-ria[4]

Santa María, Dios Madre

nosotros pecadores a Él ruega

ie-ni itom mu-cuc june-li. A-men.[5]

ahora nuestra muerte señalada. Amén.

Traducción al yaqui: Profesor Palemón Zavala Castro.

NOCHE DE RÁBANOS Y CALENDAS

Navidad en Oaxaca

En la época de la Colonia y con la llegada de los evangelizadores, los frailes implantaron el mercado de vigilia, con el fin de racionalizar el consumo de carne durante los días fijados por la Iglesia. En ese mercado sólo se expendían verduras y frutas, por lo que para lograr la participación de los hortelanos y el cumplimiento de las ordenanzas por parte de los feligreses, los frailes organizaban concursos y premiaban las hortalizas más grandes. Así nació la fama de las hortalizas del barrio de la Trinidad de las Huertas, zona bien abastecida de agua en aquellos tiempos. Sus hortalizas alcanzaron tamaños descomunales. Sobresalieron los rábanos por sus formas caprichosas y

[1] JA-JAMUTCHIM. Todas las mujeres; el plural unido a la abundancia para totalizar el concepto.
[2] BE-UA BU-TI. Por completo, demasiado.
[3] TCHE-TCHE-UASU IO-IORI-UA. Muy respetado; usado por "bendito" que no tiene traducción ni giro posible.
[4] CA-TURI-SI. No buenos; usado por "pecadores" que no es traducible.
[5] JUNE-LI. Señalar; usado por "en la hora" que no tiene traducción ni giro.

su gran longitud, lo que motivó a los horticultores y artesanos a plasmar en formas humanas o de animales.

El 23 de diciembre de 1889, por iniciativa de Francisco Vasconcelos Flores —notable personaje oaxaqueño— se llevó a cabo la primera exposición de horticultores y floricultores en los pasillos del palacio de gobierno. Con el tiempo las exposiciones siguientes habrían de experimentar algunas modificaciones favorables. Actualmente esta exposición se realiza en el zócalo de la ciudad, frente al palacio de gobierno. En ella participa gran número de artistas y reciben premios los puestos más armoniosos y detallados. Además pueden admirarse nacimientos, danzas, pasajes bíblicos o históricos, etc. Una vez finalizada la muestra y después de la premiación, los artesanos pueden vender sus artículos al público.

Los objetos sujetos a concurso pertenecen a dos modalidades: los arreglos de flor inmortal y las figuras de *totomoxtle* (hojas secas de la mazorca del maíz que se utilizan previamente remojadas para envolver tamales y en la fabricación de artesanías). Ello le da mayor versatilidad a la Noche de Rábanos, velada en la cual queda patente la creatividad de los artesanos oaxaqueños.

Esta noche es una ocasión muy especial en la ciudad de Oaxaca. El pueblo y los turistas se arremolinan llenos de curiosidad ante los puestos para observar el trabajo de los artesanos. Mientras, en el kiosko, la Banda del estado toca lo mejor de su repertorio, confundiéndose el sonido alegre y rítmico de sus notas con el barullo entusiasta, afable y sencillo del gentío de la plaza, que saborea los antojitos de los puestos.

Las Calendas

Las Calendas son manifestaciones populares y públicas organizadas para solemnizar las festividades de los santos. Las Calendas están llenas del folclor oaxaqueño: presentan adornos típicos en los carros llenos de colorido y alegría, banda de música, cohetes, gente de los diferentes barrios que muchas veces portan atuendos típicos de la región y lleva marmotas, faroles y los famosos "monos de calenda", los cuales personifican a la gente del pueblo.

Cada uno de los barrios y de los templos prepara su Calenda. La procesión que integra cada Calenda sale de la casa de la madrina (donde todos sus componentes se dan cita) y se organiza en el siguiente orden: en primer lugar, los coheteros con su alegre estruendo y sus luces de colores, "siguen los músicos con su banda y orquesta", a continuación vienen los "monos de calenda" y todos los hombres, mujeres y niños del barrio correspondiente, cada uno con su farol, el cual imprime especial colorido a cada grupo. Cada Calenda tiene su propio recorrido, que es motivo de lucimiento. Así pasan las Calendas a su templo respectivo, donde se encuentra el Nacimiento del Niño Dios.

FLOR DE NOCHEBUENA CUETLAXÓCHITL

Símbolo de nueva vida

Flor originaria de México a la que fray Bernardino de Sahagún describe diciendo: "...flor que se llama cuetlaxóchitl, de un árbol con hojas muy coloradas".

Cuetlaxóchitl es voz náhuatl que significa "flor de pétalos resistentes como cuero", de *cuetlax-tli* (cuero o piel curtida) y *xóchitl* (flor).

Los antiguos mexicanos, como casi todos los pueblos mesoamericanos, le daban gran importancia al cultivo de las flores y de las plantas. Tanto era así que a los conquistadores les causaron gran sorpresa los jardines botánicos que aquí había, entre otros, los de Chapultepec y de Oaxtepec. Para nuestros antepasados la flor era insustituible, tanto en la vida cotidiana como en la vida religiosa; la consideraron un símbolo, no sólo para representar lo hermoso físicamente, sino además la belleza de expresión: a la poesía le denominaban Palabra Florida, y en la escritura prehispánica un poeta era dibujado con el símbolo de la palabra —la vírgula— rodeado por florecillas.

Por su hermoso colorido y porque florece principalmente en diciembre, a la *cuetlaxóchitl*, se le conoce como "Flor de Nochebuena".

En algunos países se le llama poinsetia, nombre que en 1828 le dio el en aquel entonces embajador de Estados Unidos en México Joel R. Poinset, de quien se afirma que le gustó tanto esta flor que la tuvo por su consentida y por eso la bautizó con su nombre, la envió a Estados Unidos y posteriormente la propagó a Europa. Actualmente esta flor se cultiva en diferentes países y su uso es principalmente como planta de ornato.

Ha sido tan aceptada que, desde el siglo pasado, se le puede ver en las fiestas decembrinas en iglesias europeas; se dice que en diciembre de 1899, la Basílica de San Pedro en el Vaticano fue adornada con *cuetlaxóchitl*.

En el campo de la medicina también ocupó un lugar de importancia. Por los datos que proporciona el médico español Francisco Hernández, en el siglo XVI, se sabe que era utilizada pra aumentar la leche de las nodrizas; actualmente, en algunos lugares de nuestro país se le sigue empleando para este fin. También se usa como cataplasma y en forma de fomentos contra la erisipela y otras enfermedades de la piel.

Pero en el México prehispánico no sólo era una planta medicinal y de ornato, era también un símbolo: el de la "nueva vida" alcanzada por los guerreros muertos en batalla.

Por si fuera poco, los pétalos macerados y mezclados con *oxtle** y otras sustancias, servían para teñir cuero y algunos textiles.

LA COCINA NAVIDEÑA EN MÉXICO

Muchas festividades navideñas en el mundo son frías y escuetas; en México existe una gran variedad de platillos que integran nuestra gran cena de Nochebuena, enriquecida con el múltiple e impresionante follaje de nuestra época prehispánica y con la fusión de la olla con el caldero español y las especias llegadas en la Nao de China. El México actual asimila cualquier influencia.

Esta herencia la disfrutamos en nuestro país y trasciende nuestras fronteras: la guayaba, el nopal, el maguey, el maíz, el frijol, el chile, el aguacate, la vainilla, el cacao, la calabaza, el chayote, el zapote, el mamey, la papaya, el chocolate, el jitomate o el guajolote, por mencionar algunos, son parte muy significativa de la Gastronomía Internacional.

PLATILLOS MÁS REPRESENTATIVOS DE LA COCINA MEXICANA NAVIDEÑA

Ensalada de Navidad
Ensalada "Sorpresa" de Navidad
Romeritos en Revoltijo
Romeritos "Celebración"
Bacalao a la Vizcaína
Guajolote "Belenista"
Guajolote Decembrino
Guajolote de los Pastorcitos
Guajolote de los Pastores
   de Belén
Guajolote de Navidad
Guajolote de Nochebuena
Guajolote en Relleno Blanco
Guajolote Relleno Decorado
   con Flores de Nochebuena
Guajolote Pibil
Guajolotito de Aguinaldos
Lechoncito Pastoril al Horno
Pierna de Cerdo al Horno de
   Nochebuena
Puré "Belén" de Manzana
Buñuelos de Navidad

Buñuelos de Pascua Navideña
Buñuelos de Canasta
Capirotada de Navidad
Capirotada Mexicana de
   Navidad
Pastel de Navidad
Atole almendrado
Atole blanco
Atole chorreado de chocolate
Atole de fresa
Atole de pepita chica
Café de olla
Champurro (o champurrado)
   de Sinaloa
Rompope navideño especial
Ponche de ciruelas
Ponche de granada
Ponche de Navidad
Ponche de Nochebuena
   estilo Verti
Chocolate mexicano
Chocolate oaxaqueño

* OXTLE. Proviene del náhuatl *oxtli*. Resina (sustancia viscosa) semilíquida que se extrae de los pinos.

El Recetario Navideño de la actual cocina, se ha enriquecido en su variedad y en sus elementos por aportaciones de los países anglo-americanos, pero dada la fuerza de nuestra tradición culinaria, esas aportaciones cobran un acento típicamente mexicano. Está por demás decir que los platillos que continúan presidiendo nuestras mesas familiares navideñas, son aquellos que heredamos de nuestros antepasados indígenas: los manchamanteles; los moles de romeritos; los tamales, reyes de la antojería y de las fiestas familiares de México y, sobre todo, su majestad: el guajolote. Jesús Niño ha de bendecir las mesas navideñas de los hogares de todos los mexicanos.

¡Gloria a Dios en la alturas y paz
a los hombres de buena voluntad!

Delicias de Navidad

Ensalada de Navidad

INGREDIENTES:

4 betabeles grandes
1/2 lechuga orejona picada
3 trozos de caña de azúcar
4 naranjas con cáscara
3 plátanos machos con cáscara
3 manzanas
3 limas con cáscara
3 jícamas limpias y peladas
3 limones reales con cáscara
1 taza de cacahuates
1 taza de colación

ELABORACIÓN:

— *Haga rodajas con las naranjas, las limas, los plátanos machos, los limones reales, las manzanas y las jícamas. Pele la caña y haga tiritas.*
— *Cueza los betabeles con un poco de azúcar en 7 tazas de agua. Conserve el caldo. Rebane los betabeles.*
— *En una ensaladera, mezcle las rodajas de las frutas con las tiritas de caña y las rebanadas de betabel. Vierta parte del caldo en que se coció el betabel. Enfríe.*
— *Al servir cubra con lechuga picada, cacahuates y colación.*

Ensalada "Sorpresa" de Navidad

INGREDIENTES:

6 manzanas sin pelar, cortadas en cuadritos
6 betabeles cocidos, pelados y cortados en cubitos
4 naranjas peladas, en gajos, sin piel ni semillas
1 taza de jugo de naranja
4 jícamas peladas y cortadas en cubitos
1 1/2 tasa de cacahuates pelados
1/2 kilo de uvas desgranadas

Aderezo:

3 tazas de crema para batir
azúcar al gusto

Para decorar:

12 ramitos de uva, pequeños
flores frescas de Nochebuena

ELABORACIÓN:

— Coloque todos los ingredientes de la ensalada en una ensaladera de vidrio soplado o de barro.
— Prepare el aderezo endulzando la crema al gusto, bátala ligeramente con un tenedor y viértala sobre la ensalada; revuelva suavemente con ayuda de dos cucharas y refrigérela.
— Al momento de servir, colóquele los ramitos de uva y las flores frescas de Nochebuena de manera decorativa.

Romeritos en Revoltijo*

INGREDIENTES:

1 1/2 kilo de romeritos, ya limpios
1/4 kilo de camarón seco
100 gramos de pan molido
6 huevos frescos
1 cucharadita de polvo de hornear
1/2 kilo de papas pequeñas
10 nopales cocidos y partidos en tiras

       3 cucharadas de ajonjolí tostado
    1/4 de taza de almendras tostadas
       7 chiles anchos
       3 chiles pasillas
       3 chiles mulatos
         un pedacito de tortilla frita
         un pedacito de pan frito
         manteca de cerdo o aceite de oliva
         necesario para freír
         una rajita de canela
         sal, la necesaria

ELABORACIÓN:

— Limpie y lave los romeritos con bastante agua para que se les quite bien la tierra.
  Póngalos a cocer en agua hirviendo con sal y escúrralos ya cocidos.
— Limpie los camarones de su cáscara y muélalos con el pan hasta convertirlos en
  un polvo bastante fino.
— Bata las claras de huevo a punto de turrón y luego agregue las yemas, el camarón
  molido y el polvo de hornear. Forme una pastita tomando cucharaditas de la
  misma para freírlas en el aceite muy caliente a fuego lento para que no se quemen
  y esponjen; deje dorar y escúrralas de la grasa.
— Limpie y ponga a cocer los nopales en agua hirviendo, con sal y un pedazo de cebolla; ya que estén cocidos escúrralos, déjelos enfriar y pélelos.
— Tueste y desvene los chiles y póngalos a remojar en poca agua caliente. Tueste y
  muela el ajonjolí con la canela, la tortilla, el pan, las almendras y la sal.
— Ya que todo está bien molido, agregue una poca de agua fría para que no esté tan
  espeso y ponga el resto de los ingredientes ya preparados que antes se indicaron:
  sazone con la sal y deje hervir a fuego lento una media hora, hasta que todo esté
  bien incorporado y el caldillo ligeramente consumido.
— Es un guisado muy común en México que se sirve con tortillas calientes. En las
  casas de la provincia mexicana, todavía se hacen las tortillas en comal y se sirven
  en la mesa "calientitas".

* ROMERITOS. Se llama así esta planta que se produce sin ningún cultivo, por la semejanza que tiene con el romero, y no se come sino en revoltillo de pipián con papas,
nopalitos, camarones y torta de aguahutle.
ROMERITOS (Revoltijo de). Se limpian los romeritos de todas sus raíces, y de la
tierra con que suelen venderlos, se lavan y se ponen a cocer en agua con un poquito
de tequesquite blanco; después de cocidos se exprimen apretándolos entre las manos, y se ponen en una tortera mientras se dispone el pipián de ajonjolí en que se
han de guisar; hecho éste, se ponen en él los romeritos con papas cocidas y rebanadas, nopalitos cocidos y picados, camarones enteros con un poco de caldo en que se
cocieron y pedazos de torta de aguahutle, dejándose hervir todo junto hasta que el
pipián quede en la debida consistencia, cuidándose de no echarle nuevo caldo para
que no se corte.
Del *Nuevo Cocinero mexicano en forma de diccionario, 1888.*

Romeritos "Celebración"

(10 o 12 porciones)

INGREDIENTES:

1 1/2 kilo de romeritos limpios
750 gramos de papas de cambray
5 huevos separados
250 gramos de camarón seco molido
1 cucharadita de polvo de hornear
aceite para freír
6 nopales cocidos y cortados en cuadritos
6 chiles anchos
2 chiles pasilla
2 chiles mulatos
1/2 tortilla frita
2 rebanadas de bolillo frito
2 cucharadas de ajonjolí tostado
3 cucharadas de almendras tostadas
1 rajita de canela
sal al gusto

ELABORACIÓN

— *Limpie, lave y cocine los romeritos en agua con sal; escúrralos y exprímalos bien.*
— *Cocine las papas en abundante agua con sal, retírelas y pélelas. Córtelas a la mitad si son algo grandes.*
— *Haga las tortas de camarón batiendo las claras a punto de turrón, agrégue las yemas una por una, revolviendo suavemente y espolvoree el camarón mezclado con el pan molido y el polvo de hornear. Revuelva con espátula de hule y fría la mezcla por cucharadas en aceite bien caliente, a fuego lento para que no se quemen, sino que se doren bien y se esponjen. Escúrralas sobre papel absorbente.*
— *Ase los chiles, desvénelos y póngalos a remojar en un poco de agua caliente.*
— *Muela el ajonjolí con almendras, canela, tortilla y bolillo frito y sal al gusto; añádale un poquito de agua fría para formar una pasta cremosa.*
— *Escurra los chiles, muélalos y fríalos en un poquito de manteca, añada la pasta de ajonjolí y agua suficiente como para obtener una salsa no muy espesa. Sazone con sal al gusto y deje hervir a fuego lento durante 20 o 25 minutos. Agregue los romeritos y las papas y al momento de servir, integre las tortas de camarón.*
— *Sirva con tortillas calientes.*

————

Algunas veces, aunque no es lo común, se hace este revoltijo en clemole, y para esto se muele chile ancho remojado, con tomates cocidos y pan tostado; se fríe lo molido en manteca con sal, y se echan allí los romeritos con los demás ingredientes y el caldo que fuere necesario del mismo en que se cocieron los camarones, dejándose hervir hasta su perfecta sazón.

Bacalao* a la Vizcaína

(8 porciones)

INGREDIENTES:

1 kilo de bacalao de buena calidad
1 kilo de papas cocidas y peladas
4 dientes de ajo pelados y picados
  aceite de oliva para freír
1 kilo de jitomate de bola maduros, asados,
  molidos y colados
  pizca de azúcar
  sal y pimienta al gusto
2 cucharadas de perejil picado
4 cucharadas de aceitunas
6 chiles güeros largos en vinagre

ELABORACIÓN:

— Remoje el bacalao durante toda la noche para quitarle lo salado, cambiándole el agua varias veces. Al día siguiente cúbralo con agua limpia y hiérvalo hasta que esté cocido; escúrralo y desmenúzelo en trozos, quitándole las espinas.
— En aceite de oliva acitrone el ajo y la cebolla, integre el jitomate, tápelo y deje hervir a fuego lento hasta que sazone. Añada la pizca de azúcar, sal y pimienta al gusto, una cucharada de perejil, las aceitunas, las papas cortadas en cubos y los trozos de bacalao. Cueza durante 10 minutos más, agregando un poco de agua si es necesario.
— Añada los chiles güeros, espolvoreé la cucharada restante de perejil y estará listo para servir.

Nota: Este bacalao se guisa en cazuela de barro y se sirve en la misma cazuela.

Receta exclusiva de la Asociación de Belenistas de México

Guajolote "Belenista"

(24 porciones)

INGREDIENTES:

1 guajolote de 8 a 9 kilos
1/2 taza de aceite
50 gramos de mantequilla

* BACALAO, BACALLAO O ABADEJO. Pescado bastante conocido, cuyo uso es general, tanto que suele llamarse el *buey de los días de vigilia.*
Del *Nuevo Cocinero mexicano en forma de diccionario, 1888.*

300 gramos de tocino picado
2 tazas de cebolla picada finamente
1 taza de zanahoria pelada y picada
8 hígados de pollo picados
1/2 kilo de carne molida de ternera
1/2 kilo de carne molida de res
1 kilo de carne molida de cerdo
2 tazas de jamón picado
3 tazas de puré de jitomate
1 1/2 taza de almendras con cáscara, fritas y picadas
2 tazas de pasas sin semillas
2 1/2 tazas de plátano pelado y picado
1 taza de aceitunas picadas
2 tazas de pan blanco cortado en cuadritos y frito
1 taza de avena natural
10 huevos
1 taza de vino blanco
3 zanahorias peladas y partidas a lo largo
1 cebolla grande partida en cuatro
3 tallos de apio
sal, pimienta y nuez moscada al gusto

Para adornar:

6 betabeles cocidos, pelados y rebanados
1 manojo de perejil chino limpio
6 naranjas rebanadas

ELABORACIÓN:

— Relleno: Caliente el aceite y fría el tocino con la cebolla hasta que acitronen; agregue los hígados picados y fría por 2 minutos, meneando un par de veces; añada las carnes, revuelva bien y sazone con sal y pimienta al gusto. Continúe friendo durante 15 minutos e integre el resto de los ingredientes, menos los huevos, el vino, la zanahoria, la cebolla y el apio. Deje cocer muy bien a fuego lento hasta que las carnes estén suaves, agitando de vez en cuando; retire del fuego y deje entibiar.
— Bata ligeramente los huevos y vacíelos en el picadillo junto con el vino, revolviendo bien.
— Rellene el guajolote y cosa la abertura con aguja e hilo de cocina. Póngalo en una charola de horno profunda, úntelo con mantequilla y espolvoree sal y pimienta. Vierta 2 tazas de agua o caldo de pollo en la charola e incorpore las zanahorias, el apio y la cebolla.
— Colóquelo en horno precalentado a 220°C y cuézalo durante 8 a 10 horas aproximadamente, rociándolo cada 30 minutos con agua fría. Cuando se haya dorado un poco, rocíelo con su propio jugo para que tome color café. Si ve que se dora demasiado y aún no está cocido, cúbralo con papel aluminio.
— Para servir, retire del horno y deje reposar durante 20 minutos. Colóquelo en

una fuente de plata para guajolote y adorne sobre la pechuga y alrededor de la
fuente con flores de betabel, sobre rebanadas de naranja y ramitos de perejil chino.
— *Acompáñelo con su salsa (en salsera de plata y cucharón para servir).*

— *Flores de betabel: De cada rebanada cocida de betabel corte una flor con un cor-*
tapastas. Al momento de usarlas, remoje las flores en aceite para que brillen y, si
desea, puede poner en el centro de cada flor un pedazo pequeño de zanahoria.

Guajolote Decembrino

(24 porciones)

INGREDIENTES:

1 guajolote de 6 a 7 kilos
4 cucharadas de mantequilla
750 gramos de carne molida de cerdo
750 gramos de carne molida de res
1/2 kilo de jamón molido
1 taza de aceitunas picadas
1/2 taza de almendras peladas y picadas
3 rebanadas de pan blanco sin corteza,
remojado en leche y exprimido
4 huevos
2 cucharadas de perejil picado
3 cucharadas de cebolla finamente picada
4 huevos duros, pelados
2 tazas de vino blanco seco
1 cebolla partida
2 tallos de apio cortados en trozos
sal, pimienta y pimentón al gusto

Salsa:

las mollejas, hígado y pescuezo del guajolote
1/2 cebolla
1 diente de ajo
1 tallo de apio
1 ramita de perejil
70 gramos de mantequilla
sal y pimienta al gusto

ELABORACIÓN:

— *Lave y seque bien el guajolote; úntelo con la mantequilla y sazónelo con sal, pi-*
mienta y pimentón por dentro y por fuera.

205

— En un recipiente amplio mezcle las carnes molidas de cerdo, res y jamón con las aceitunas, las almendras, el pan exprimido y desmenuzado, los huevos ligeramente batidos, el perejil y la cebolla picada, la sal y la pimienta al gusto. Revuelva muy bien con la mano y proceda a rellenar la cavidad del guajolote, colocando en medio del relleno los huevos duros pelados y enteros. Cierre con broches especiales o cosa la abertura con aguja e hilo de cocina.
— Acomódelo en una charola de horno para guajolote e inyéctele el vino blanco por todas partes, con una jeringa.
— Ponga en la charola la cebolla partida y los tallos de apio en trozos, añada una taza de agua y cubra con papel aluminio flojo. Colóquelo en horno precalentado a 200°C y cuézalo durante 6 horas aproximadamente, bañándolo frecuentemente con su líquido. Debe situar una charola de agua fría abajo para que el guajolote no se seque y resulte jugoso; agregue agua, a medida que se vaya consumiendo.
— Una media hora antes de que el guajolote esté en su punto, quítele el papel aluminio para que se dore bien.
— Retire del horno y deje reposar durante 20 minutos antes de servir. Colóquelo en una fuente para pavo y adórnelo con rebanaditas de naranja y perejil chino.

Salsa:

— Coloque en un recipiente las mollejas, el hígado y el pescuezo, cubra con agua e intégrele la cebolla, el ajo, el apio, la ramita de perejil y la sal. Deje hervir a fuego medio hasta que todo esté muy cocido. Quite los huesitos y licue, cuele, agregue la mantequilla y sazone con sal y pimienta al gusto.
— Hierva esta salsa durante 2 minutos y póngala en una salsera para que cada comensal se sirva a su gusto sobre el relleno.

Guajolote de Aguinaldos

(10 porciones)

INGREDIENTES:

1 guajolote chico o un pollo de 3 kilos aproximadamente
  jugo de 3 limones
3 cucharadas de aceite
1/2 taza de cebolla finamente picada
500 gramos de salchichas blancas de cerdo
2 tazas de jamón picado
1 taza de ciruelas pasa picadas
2 tazas de castañas asadas, peladas y picadas
1/2 taza de piñones
3 tazas de caldo de pollo
1/2 cucharadita de canela
1/4 cucharadita de nuez moscada
1/2 taza de vino blanco seco
  pizca de azúcar
  sal y pimienta al gusto

ELABORACIÓN:

— *Caliente el aceite y acitrone la cebolla. Añada las salchichas picadas y el jamón y fría durante 8 minutos, meneando constantemente. Agregue las ciruelas, las castañas, los piñones y una taza de caldo de pollo; sazone con la canela, la nuez moscada, el azúcar, sal y pimienta al gusto, y continúe cocinando por 10 minutos más. Vierta el vino blanco, agite bien y deje entibiar.*
— *Frote el ave con el jugo de limón y salpiméntelo. Rellene con la mezcla de salchicha y cosa la abertura con hilo de cocina. Coloque el pavo en una charola profunda y derrámele las 2 tazas restantes de caldo de pollo; cubra con papel aluminio y hornée a 220°C durante 3 horas aproximadamente, bañándolo cada media hora con su propio jugo. Media hora antes de que esté listo, quítele el papel y déjelo cocer hasta que esté bien dorado. Retire del horno y deje reposar durante 20 minutos.*
— *Presente el manjar en un platón adornado con hojas de lechuga acompañado de su salsa (ésta en un salserita aparte).*

Salsa:

— *Cuele el jugo de la charola, añada una cucharada colmada de harina y revuelva bien sal y pimienta al gusto; cueza a fuego lento durante 2 minutos hasta que espese ligeramente. Sirva muy caliente.*

Guajolote de los Pastorcitos
(24 porciones)

INGREDIENTES:

1 guajolote de 6 a 7 kilos
4 cebollas grandes
2 tazas de jugo de limón
1 taza de agua
sal y pimienta al gusto

ELABORACIÓN:

— *Lave y seque muy bien el guajolote. Espolvoreelo con sal por dentro y por fuera. Colóquelo en una charola profunda para horno.*
— *Licue la cebolla partida junto con el jugo de limón y el agua y bañe el guajolote con esta mezcla. Deje reposar durante 3 horas.*
— *Hornee a 220°C durante 6 a 7 horas rociando cada 20 minutos con agua fría y cuando comience a dorar, báñelo con su propio jugo. Debe quedar bien dorado y con poco líquido.*
— *Retírelo del horno, acomódelo en una fuente grande y sírvalo acompañado de puré de manzanas.*

Guajolote de los Pastores de Belén

(30 porciones)

INGREDIENTES:

1 guajolote grande, de 10 kilos aproximadamente
3 cucharadas de aceite
250 gramos de tocino ahumado picado
1 cebolla grande finamente picada
2 zanahorias peladas y picadas
5 hígados de pollo picados
1 kilo de carne molida de cerdo
1 kilo de carne molida de ternera
1/2 kilo de carne molida de res
300 gramos de jamón picado
1 taza de puré de tomate
1 taza de almendras con cáscara, fritas y picadas
1 taza de pasitas
2 plátanos pelados y picados
1 taza de aceitunas picadas
1 taza de pan frito y desmenuzado
3/4 de taza de avena natural
8 huevos ligeramente batidos
3/4 de taza de vino blanco
1 barrita de mantequilla con sal
4 zanahorias peladas y cortadas a lo largo
2 cebollas partidas en cuatro
2 tallos de apio
sal, pimienta y nuez moscada al gusto

ELABORACIÓN :

— Prepare el relleno: Caliente el aceite y fría el tocino con la cebolla. Agregue la zanahoria, los hígados, la carne de cerdo, la de ternera, la de res y el jamón picado;
sazone con sal y pimienta al gusto y continúe añadiendo la taza de puré de tomate, las almendras, las pasitas, el plátano, las aceitunas, el pan frito desmenuzado
y la avena. Deje que todo se fría bien a fuego medio meneando ocasionalmente,
hasta que las carnes estén cocidas.
— Retire del fuego e integre los huevos batidos y el vino blanco, revolviendo bien.
— Proceda a rellenar el guajolote y cosa la abertura con hilo de cocina. Colóquelo
en una charola especial para guajolote, úntelo con la mantequilla y espolvoréelo
con sal y pimienta. Acomode las zanahorias, el apio y la cebolla en la charola y
vierta 2 tazas de agua.
— Póngalo en horno precalentado a 220°C y rocíelo cada 15 minutos con agua fría.
Cuando se comience a dorar, báñelo frecuentemente con su propio jugo, si se dora
demasiado y aún no está cocido, cúbralo con papel aluminio.

— *Tardará 7 u 8 horas aproximadamente en estar cocido.*
— *Retire del horno y deje reposar durante 20 minutos antes de servir.*
— *Páselo a una fuente. Puede servirlo acompañado de ensalada mixta de lechuga, jitomate y aros de cebolla.*

Guajolote de Navidad

(15 porciones)

INGREDIENTES:

1 guajolote de 5 o 6 kilos
1/2 taza de vino blanco
   aceite para freír
12 rebanadas de tocino
1 cebolla picada
3 dientes de ajo picados
1/2 taza de jamón picado
1/2 taza de almendras peladas y picadas
1/2 taza de ciruelas pasa picadas
4 manzanas peladas y picadas
3/4 de taza de apio picado
1/2 taza de jerez dulce
   sal y pimienta al gusto

ELABORACIÓN:

— *Salpimiente el guajolote, amárrele las patas y las alas, y póngalo en una olla con agua y sal para que hierva durante 10 minutos; escúrralo bien y séquelo con un paño de cocina. Colóquelo en una charola para guajolote desamárrelo e inyéctele la media taza de vino blanco, por todas partes, utilizando una jeringa.*
— *Prepare el relleno: En 4 cucharadas de aceite fría ligeramente 6 rebanadas de tocino, picadas; añada la cebolla y el ajo para que acitronen, agregue la carne de cerdo revolviendo bien y fría hasta que comience a dorar; integre las almendras, las ciruelas pasas, las manzanas, el apio y el jerez, y deje hervir a fuego muy lento hasta que la mezcla haya secado un poco; retírela del fuego y déjela entibiar.*
— *Rellene el guajolote, ciérrele la abertura cosiendo con aguja e hilo de cocina, amarre las patas y coloque las 6 rebanadas de tocino restantes, cubriendo la pechuga.*
— *Cubra con papel aluminio, ajustando bien las orillas a la charola y hornee a 220°C durante 5 horas. En este transcurso, destape cada 40 minutos y báñelo con su propio jugo y vuelva a tapar.*
— *Media hora antes de que esté listo, quítele el papel para que se dore bien. Si estuviera muy seco, vierta media taza de agua meclada con media taza de vino blanco.*
— *Cuando esté listo retírelo del horno y déjelo reposar durante 20 minutos, luego colóquelo en una fuente y sírvalo acompañado de su salsa.*

Salsa:

— *Vierta dos tazas de agua en la charola donde se horneó el ave. Ponga el pavo a fuego medio y revuelva con una cuchara para aflojar el fondo de cocción; retírelo del fuego y cuélelo en una cacerolita.*

— *Disuelva una cucharada y media de harina en un poquito del líquido y mézclelo con el resto, agitando bien; colóquelo a fuego lento y deje hervir durante 3 minutos o hasta que esté un poquito espesa, sin dejar de menear. Póngale sal y pimienta negra al gusto, pásela a una salsera y sírvala para acompañar el guajolote.*

Guajolote de Nochebuena

(24 porciones)

INGREDIENTES:

1 guajolote de 6 kilos
180 gramos de mantequilla con sal
5 perones pelados y picados
3 tazas de ciruela pasa picadas
1 1/2 kilo de carne molida de cerdo
3/4 taza de pan molido
1 cucharadita de canela en polvo
1/2 cucharadita de clavo de olor
3 zanahorias peladas y partidas a lo largo
2 tallos de apio en trozos
sal y pimienta al gusto

ELABORACIÓN:

— *Unte el guajolote con la mitad de la mantequilla y póngale sal y pimienta al gusto, por dentro y por fuera. Refrigérelo.*

— *Prepare el relleno: Coloque en una cacerola las manzanas y las ciruelas picadas, cubra apenas con agua y ponga a hervir a fuego medio hasta que el agua se haya casi consumido.*

— *En una cacerola caliente el resto de la mantequilla y fría la carne hasta que esté sancochada, revolviendo ocasionalmente. Agregue el hervido de frutas, el pan molido, canela, clavo, sal y pimienta al gusto; agite bien y deje entibiar.*

— *Coloque el guajolote en una charola profunda para horno, añada las zanahorias y el apio, vierta 2 tazas de agua o caldo de pollo.*

— *Hornee a 200°C durante 6 horas aproximadamente, bañándolo cada media hora con su propio jugo.*

— *Cuando comience a tomar color dorado, siga rociándolo con su propia salsa para que ésta quede café. Añada un poco más de agua o caldo para que no se seque.*

— *Cuando esté listo, retírelo del horno y déjelo reposar durante media hora antes de servir.*

Guajolote de Relleno Blanco

INGREDIENTES:

1 guajolote de 5 a 6 kilos
2 kilos de carne de puerco
125 gramos de recaudo de especias
1 taza de vinagre
3 paquetitos de azafrán
150 gramos de manteca
5 jitomates grandes, pelados y picados
1 cebolla picada
2 pimientos morrones limpios y picados
3/4 taza de aceitunas deshuesadas y picadas
3/4 taza de pasitas
1 cucharada de alcaparras picadas
18 huevos duros
5 huevos crudos
4 dientes de ajo pelados
1 cucharada de orégano
1 cucharada de anís estrellado
1 1/2 taza de harina
1/4 taza de vinagre
sal al gusto

Salsa de jitomate:

1 taza de aceite
4 cebollas peladas y picadas finamente
4 pimientos morrones limpios y picados
6 chiles güeros limpios y picados
10 jitomates pelados y picados
2 tazas de puré de tomate
1 pizca de azúcar
1 taza de aceitunas deshuesadas y picadas
1 cucharada de alcaparras picadas
3/4 taza de pasitas
sal y pimienta al gusto

ELABORACIÓN:

— Disuelva el recaudo de especia en los 3/4 de taza de vinagre, añádale sal al gusto y dos paquetitos de azafrán. Integre la mitad de esta mezcla a la carne molida de cerdo y reserve la otra mitad.
— Pele los huevos duros y pique las claras. Conserve las yemas.
— Acomode la carne en un recipiente extendido, sin agua, a fuego medio y cueza revolviendo constantemente hasta que comience a dorar. Retírela del recipiente.

— Ponga en el recipiente 1/2 taza de manteca y acitrone la cebolla y los chiles morrones picados; incorpore los jitomates y sal al gusto dejando cocer hasta que sazone.
— Agregue las aceitunas, las pasitas, las alcaparras y la carne de puerco, agite bien
y cueza a fuego medio durante 15 minutos, meneando de vez en cuando. Añada
un chorrito de agua caliente, si es necesario; luego integre las claras picadas. Una
vez que esté bien frito el picadillo, retírelo del fuego e incorpórele los huevos crudos; revuelva muy bien y corrija la sazón.
— Rellene el pavo con esta mezcla colocándole también las yemas cocidas; luego
cierre la cavidad con broches especiales o cósala con aguja e hilo de cocina.
— Sitúelo en una olla grande y cueza en agua con sal, los 4 dientes de ajo y la cucharada de orégano, o si lo desea aromatizado, cocínelo en tisana preparada con
anís estrellado. Otra opción es cocerlo enterrado, "pibil", o en horno a 200°C
cubierto con papel aluminio, durante 5 a 6 horas aproximadamente.
— Cualquiera que sea la forma elegida para guisarlo, retírelo 20 minutos antes de
que esté listo, escúrralo y unte el recaudo de especias ya preparado que reservó;
termine de cocerlo hasta que se dore.
— Cuele el caldo donde guisó el ave y añada la harina disuelta en un poco del mismo caldo, más el cuarto de taza de vinagre, sal al gusto y el tercer paquetito de
azafrán; agregue un poco de manteca si desea aunque el caldo ya tiene bastante
grasa del mismo pavo; cueza a fuego lento, removiendo hasta que espese. Sazone
al gusto con sal y pimienta. Debe quedar una salsa cremosa de sabor muy agradable; esta salsa es el "kol".

Salsa de jitomate:

— Caliente el aceite y acitrone la cebolla, el pimiento y los chiles güeros. Integre el
jitomate y el puré de tomate más la pizca de azúcar, las aceitunas, las alcaparras,
las pasitas, sal y pimienta al gusto. Deje hervir tapado, a fuego lento, hasta que
espese, con un poquito de agua caliente, si es necesario.
— Al momento de servir, corte el guajolote en piezas y acomódelas sobre una fuente de barro ovalada. Báñelo con la salsa de pavo (kol) y con la de jitomate. Adorne el borde de la fuente con ramitas de perejil chino.

Espectacular Guajolote Relleno
Decorado con Flores de Nochebuena

(24 porciones)

INGREDIENTES:

1 guajolote de 6 kilos
6 dientes de ajo
2 cebollas
2 cucharadas de jugo sazonador
2 cucharadas de salsa inglesa

sazonador de aves, en polvo
2 barritas de mantequilla ablandada
3 tazas de vino blanco
sal y pimienta al gusto

Relleno:

1 barrita de mantequilla
2 dientes de ajo picados
1 taza de cebolla picada finamente
1 kilo de hígados de pollo picados
2 tazas de camote pelado y cortado en cubos
100 gramos de almendras peladas y picadas
100 gramos de pasitas
100 gramos de acitrón picado
3 rebanadas de pan blanco remojadas
en leche y escurridas
3/4 taza de aceitunas picadas

Para adornar:

flores frescas de Nochebuena

ELABORACIÓN:

— Inyecte una taza de vino blanco al guajolote, un poco por todas partes y utilizando una jeringa; colóquelo en una charola de horno profunda.
— Licue el ajo, la cebolla, el jugo sazonador, la salsa inglesa, el sazonador para aves, la mantequilla, 1 taza de vino blanco, sal y pimienta al gusto, hasta que tenga consistencia de crema espesa.
— Unte el guajolote por todas partes con el licuado y déjelo reposar en refrigeración, cubierto, durante toda la noche.
— Prepare el relleno: Caliente 1 barrita de mantequilla y acitrone el ajo y la cebolla; añada los hígados y fría durante 3 minutos, revolviendo un par de veces; luego agregue el resto de los ingredientes, vierta un chorro de agua, sazone con consomé en polvo, tape y deje cocer durante 10 minutos. Retire y deje entibiar.
— Rellene el guajolote y cósale la abertura con hilo de cocina. Vierta 2 tazas de consomé de pollo en la charola, tape con papel aluminio y cocine en horno a 220°C durante 6 horas aproximadamente, bañándolo con su propio jugo cada media hora. Unos 40 minutos antes de que esté listo, quite el papel para que se dore bien. Más tarde retire del horno y deje reposar durante 25 minutos.
— Páselo a una fuente de barro grande y decórelo con las flores frescas de Nochebuena. Sírvalo acompañado con su salsa (en salsera de barro).

Salsa:

— Afloje el fondo de cocción de la charola donde horneó el guajolote, echándole 1 taza de caldo (y vino blanco si se desea); póngala a fuego alto durante 1 minuto y luego cuélela en un recipiente. Añada 1 cucharada de harina y, sin dejar de agitar, deje que hierva por 4 minutos. Salpimiente al gusto.

Guajolote "Pibil"*

(15 porciones)

INGREDIENTES:

    1 guajolote de 5 a 6 kilos
1/2 pasta grande de recaudo colorado
    2 tazas de jugo de naranja agria
    8 chiles güeros
    1 cabeza de ajo asada
125 gramos de manteca o aceite
    6 hojas de plátano
    4 tazas de escabeche de cebolla
    1 lechuga romana limpia
    4 pepinos rebanados
    6 jitomates rebanados y aliñados con sal, aceite,
      pimienta y vinagre al gusto
      sal al gusto

ELABORACIÓN:

— Corte el guajolote en cuatro partes;
— Deshaga el recaudo en el jugo de naranja, póngale sal al gusto y adobe bien el guajolote; déjelo reposar en refrigeración durante toda la noche. Al otro día, áselo ligeramente al carbón, un poco por todos lados.
— Coloque agua en una vaporera para guajolotes y acomode el ave sobre la rejilla; añada los chiles güeros, el ajo y la manteca; cúbralo con las hojas de plátano sin permitir que el agua toque las hojas. Cueza a fuego lento hasta que esté en su punto.
— Retírelo de la vaporera y sitúelo en un platón, con las hojas de lechuga alrededor; adorne con el pepino rebanado, el jitomate y el escabeche de cebolla mezclado con el jugo de la vaporera.

* PIBIL. Manera clásica de cocinar carnes, envueltas en hojas de plátano, en horno subterráneo (*pib*), sin grasas.
De *Cocina Mexicana.*

Lechoncillo* "Pastoril" al Horno

(15 porciones)

INGREDIENTES:

1 lechoncito tierno, limpio, de 5 kilos aproximadamente
1 taza de jugo de naranja agria
1/2 taza de vinagre de vino
1 taza de vino blanco seco
1 taza de aceite de oliva
sal y pimienta al gusto

ELABORACIÓN:

— Pida a su carnicero que le abra el lechoncito a lo largo y le quite las menudencias. Lávelo y séquelo muy bien.
— Mezcle el jugo de naranja con el vinagre y frote el lechoncito por dentro y por fuera; luego salpimiéntelo al gusto.
— Inyéctelo por todas partes con el vino blanco, utilizando una jeringa.
— Colóquelo en una charola de horno y úntelo con el aceite de oliva. Cúbralo con un lienzo de cocina mojado y exprimido y luego con papel aluminio.
— Colóquelo en horno precalentado a 220°C y ponga abajo un recipiente con agua. Hornéelo durante 3 horas aproximadamente o hasta que esté cocido.
— Quítele el papel y el lienzo, úntelo nuevamente con aceite y vuelva a ponerlo en el horno hasta que la piel esté muy dorada, seca y crujiente.
Sírvalo acompañado con una salsa verde.

* LECHÓN, LECHONCILLO. El cochinillo que todavía mama. El uso ha extendido la significación de la primera voz a todos los puercos machos, indistintamente, de cualquier edad que sean, y en este sentido.
Del *Nuevo cocinero mexicano en forma de diccionario, 1888*

Pierna de Cerdo de Nochebuena al Horno

(8 porciones)

INGREDIENTES:

1 pierna de cerdo pequeña de 2 kilos aproximadamente
2 cucharadas de aceite
3 cebollas ralladas
1 cucharada de "maizena"
5 cucharadas de pulpa de tamarindo
sin huesos y molidas
1 taza de pasitas sin semillas

1 cucharadita de azúcar morena
2 cucharadas de vinagre de manzana
1 planta de lechuga francesa
8 rábanos limpios, cortados en flor
  sal y pimienta al gusto

ELABORACIÓN:

— Caliente el aceite y acitrone la cebolla, añádale la maizena y fría hasta que se dore. Agregue la pulpa de tamarindo, las pasas, el azúcar, el vinagre y agua suficiente para obtener una salsa ligera. Sazone con sal y pimienta y hiérvala durante 5 minutos.
— Coloque la pierna de cerdo en una charola de horno y cúbrala con la salsa. Cuézala en horno precalentado a 220°C, bañándola frecuentemente con su propia salsa. Cuando se dore de un lado, voltéela para que se dore parejo. Añada un poco de agua si se seca demasiado.
— Sírvala en un platón de barro grande, rebanada, vuelta a armar y adórnela alrededor con hojas de lechuga enteras y los rabanitos en flor.

Puré "Belén" de Manzanas

(24 porciones)

INGREDIENTES:

20 manzanas verdes
25 malvaviscos (bombones)
 1 taza de azúcar morena
 1 taza de leche evaporada
 1 cucharadita de canela
1/4 cucharadita de clavo
40 gramos de mantequilla

ELABORACIÓN:

— Pele las manzanas, córtelas en cuatro partes y quíteles el corazón y las semillas. Acomódelas en un recipiente con 3 tazas de agua y 2 tazas de azúcar y póngalas a fuego medio, cuando hierva baje la flama al mínimo y tape el recipiente para que se cuezan al vapor.
— Una vez consumida el agua y que estén en un jarabe espeso, retírelas y déjelas entibiar; luego licúelas con la leche evaporada, canela y clavo. Añada la mantequilla revolviendo hasta que se derrita completamente.
— Engrase 2 refractarios rectangulares y vierta el puré de manzanas. Acomode encima los malvaviscos (éstos serán de color de su preferencia). Coloque los refractarios en horno precalentado a 220°C, sólo unos minutos, los necesarios para que los malvaviscos se derritan y doren.
— Retire del horno y deje entibiar antes de servir.

Buñuelos* de Navidad

(20 porciones)

INGREDIENTES:

1 kilo de harina
3 huevos frescos
6 cáscaras de tomate verde
1 cucharadita de polvo de hornear
1 cucharada de manteca
un poco de anís
aceite comestible, el necesario

ELABORACIÓN:

— Hierva las cáscaras de tomate con el anís en una poca de agua; ya que hirvió bastante, cuele el agua.
— Vierta la harina en una tabla de amasar y forme una fuente en medio y ponga en ella todos los ingredientes, menos el agua, la cual irá derramando poco a poco, según necesite para incorporar toda la harina.
— Amase y golpee la pasta hasta que haga vejigas y se desprenda de la tabla, tape y deje reposar 1 hora antes de hacer los buñuelos.
— Forme pequeñas bolas y estírelas con la mano encima de una servilleta y fríalas en bastante aceite caliente. Escurra y deje enfriar.
— Sírvalas con miel de abeja o de piloncillo preparada.

Miel:

— Ponga a hervir el piloncillo en agua con anís, una rajita de canela y una cáscara de tejocote; deje hervir hasta que espese, retire del fuego y deje enfriar. Sírvala fría sobre los buñuelos.

Buñuelos de Pascua Navideña

(22 porciones)

INGREDIENTES:

2 1/4 tazas de harina, cernida 3 veces
2 tazas de piñones pelados y picados muy finitos
4 cucharadas de azúcar blanca
2 cucharaditas de ralladura de limón verde
1 cucharadita de polvo para hornear
4 yemas de huevo fresco
4 claras de huevo, batidas a punto de turrón
aceite abundante para freír

* BUÑUELO. Fritura de harina, grande y redonda, a menudo endulzada con miel. De *Cocina mexicana*.

ELABORACIÓN:

— *Bata las yemas hasta que esponjen. Agregue la ralladura, la harina (previamente cernida con el polvo de hornear, alternándola con las claras y los piñones). Deje de batir e incorpore. Debe quedar una pasta muy espesa. Si la pasta queda muy suelta, añada un poco más de harina.*
— *Vierta en una sartén bastante aceite y cuando esté bien caliente, tome cucharadas de pasta y fríalas a fuego lento, procurando cubrirlas de aceite para que se esponjen.*
— *Escurra la grasa y espolvoree con azúcar glass (azúcar impalpable).*
— *Sírvalos calientes o fríos.*

Buñuelos en Canasta Navideña

INGREDIENTES:

15 *cáscaras de tomate verde*
2 *huevos frescos*
4 *tazas de harina*
2 *cucharadas soperas de azúcar*
2 *cucharadas soperas de manteca*
2 *tazas de piloncillo*
1 *cucharada sopera de anís*
  aceite para freír

ELABORACIÓN:

— *Hierva en una taza de agua las cáscaras de tomate y el anís. Retire del fuego, enfríe y cuele.*
— *Cierna la harina y forme una fuente; ponga en el centro el azúcar, el huevo y la manteca. Mezcle todo y agregue poco a poco el agua donde hirvió las cáscaras de tomate y el anís. Amase bien y golpee un poco la masa hasta que se le formen burbujas de aire por dentro. Cubra la masa con una servilleta o trapo y déjela reposar durante 2 horas.*
— *Enharine el rodillo y la masa. Con la mano forme bolitas de masa; estírela un poco con el rodillo. Termine de formar el buñuelo sobre una superficie esférica (puede ser su rodilla cubierta con una servilleta).*
— *Fría los buñuelos en aceite caliente hasta que se doren. Sáquelos y escúrralos en papel estraza.*
— *Sírvalos bañados con miel de piloncillo.*

Capirotada de Navidad

INGREDIENTES:

4 *bolillos partidos en rebanadas*

        2 conos de piloncillo
    1/2 taza de cacahuate pelado
    1/2 taza de pasas
      1 taza de queso añejo partido en cuadros
      1 rama de canela
      1 cucharada sopera de grageas de colores
        aceite para freír

ELABORACIÓN:

— Hierva el piloncillo con la canela en 2 tazas de agua para formar una miel.
— Dore las rebanadas de pan en aceite y quite el exceso de grasa poniéndolas sobre una servilleta de papel.
— En una cazuela coloque una capa de rebanadas de pan, cúbralas con pasas, cacahuates y trozos de queso; luego ponga otra capa de pan, pasas, cacahuates, etc., y así sucesivamente; bañe con la miel.
— Ponga la cazuela a baño de maría una media hora para que se suavice el pan; espolvoree con grageas de colores.

Capirotada* Mexicana de Navidad
(6 porciones)

INGREDIENTES:

7 bolillos fríos
1 kilo de piloncillo o azúcar morena
1 jitomate
2 rabos de cebolla

CAPIROTADA. Platillo nacido para utilizar el pan seco. En la actualidad, generalmente se endulza con piloncillo y se enriquece con frutas y especias, pero antiguamente las capirotadas contenían verduras, queso y carnes y eran un tipo de sopa.
De *Cocina mexicana*.
* CAPIROTADA. Con este nombre se distinguen las siguientes variaciones de la sopa común:
CAPIROTADA CORRIENTE. Se pone en una tortera o cazuela un poco de aceite y de manteca, y se fríen en ella una cabeza de ajo, dos cebollas y cuatro xitomates, todo picado, sazonándose con la correspondiente sal, y echándose después una poca de agua: en otra tortera se pone una capa de tostada de pan, se le echa un poco del caldo que se hizo en la otra, y se le espolvorea queso añejo rallado, y un poquito de clavo y canela con cebolla picada muy menuda: así se van poniendo capas, cociéndose después a dos fuegos hasta que consuma el caldo. Esta sopa se adereza con huevos estrellados en manteca, y se sirve en los días de vigilia.
CAPIROTADA DE MENUDO. Esta se hace cociendo el menudo un día antes con bastante jamón, deshebrando las membranas del menudo, y acomodando el jamón picado en cortos pedazos sobre cada una de las camas de pan tostado, como en la anterior.
Del *Nuevo cocinero mexicano en forma de diccionario*, 1988.

        200 gramos de cacahuates
        200 gramos de piñones
        1/4 de kilo de queso añejo desmenuzado
          4 cucharadas de aceite
          3 cucharadas de mantequilla

ELABORACIÓN:

— Hierva el piloncillo con el jitomate (partido a la mitad) y los rabos de cebolla.
  Agregue agua suficiente para formar una miel aguada.
— Rebane el pan en pedazos chicos y fríalo en aceite, dórelo y escúrralo.
— En un plato de loza refractaria sin engrasar, ponga una capa de pan, otra de cacahuates, piñones, pasas y queso; bañe con la miel colada, después coloque otra
  capa de pan, y así sucesivamente hasta terminar con queso, piñones, pasas y cacahuates; vuelva a bañar con bastante miel y encima sitúe trocitos de mantequilla; meta a horno mediano, a 250°C, hasta que se dore, y se consuma un poco
  la miel.
— Sirva frío o caliente.

Pastel de Navidad

(10 porciones)

INGREDIENTES:

        2 1/4 tazas de harina de trigo cernida tres veces
          4 tazas de nuez en mitades
          4 tazas de dátiles deshuesados
        3/4 de taza de azúcar morena, moscabada
          4 huevos frescos
          3 cucharaditas de polvo de hornear
          2 cucharaditas de polvo de clavo de olor

ELABORACIÓN:

— Ponga al fuego 2 tazas de agua con el azúcar y el clavo de olor, para formar una
  miel de regular consistencia. Bata las yemas hasta que hagan espuma, agregue la
  harina cernida con el polvo de hornear, batiendo siempre; la miel (que ya deberá
  de estar fría); los dátiles, las nueces y las claras batidas a punto de turrón.
— Incorpore todo y vacíe la mezcla en un molde de panqué previamente engrasado
  con bastante mantequilla y forrado con papel encerado. Métalo al horno regular
  a 300°C y cueza aproximadamente durante media hora; pruebe con un popote y
  si éste sale seco y está ligeramente dorado, saque el molde del horno; voltee y
  quite el papel con cuidado.
— Elabore una miel con 1/2 taza de azúcar moscabada y un poco de agua, para que
  la miel quede ligera. Retire del fuego, deje enfriar y, cuando esté tibia, agregue 2
  copas de coñac. Al pan, que ya estará casi frío, déle unos piquetes con un palillo

y báñelo con la miel para que se impregne por dentro y no se escurra fuera del pastel.

— Éste es un pastel muy fuerte por lo que debe rebanarlo muy delgado.

BEBIDAS TRADICIONALES EN LA REPÚBLICA MEXICANA PARA LA ÉPOCA NAVIDEÑA

Atole almendrado de Coahuila
Atole de: arroz
          elote
          pepita chica de Yucatán
          leche
          frutas (su fruta preferida)

En Yucatán: Atole chorreado de chocolate y
atole nuevo

Café de olla
Café de olla Camino Real de México, Distrito Federal

Champurrado o
Champurrado de Sinaloa

Chocolate de leche
Chocolate de agua
Chocolate frío
Chocolate oaxaqueño

Ponche especial de pastorela
Ponche de granada

Atole Almendrado
(6 porciones)

TIEMPO DE PREPARACIÓN:
20 minutos

TIEMPO DE COCCIÓN:
30 minutos aproximadamente

UTENSILIOS:
Cacerola, licuadora

INGREDIENTES:

1 litro de leche
1 canela en rama

1   taza de harina de maíz
250 gramos de almendras molidas
1   taza de azúcar
    canela molida

ELABORACIÓN:

— Hierva la leche con una rajita de canela.
— Incorpore la harina de maíz diluida en un poco de agua, meneando para que no
  se queme.
— Después de que la mezcla haya hervido 5 minutos, integre las almendras, el azúcar y la canela; hierva 15 minutos a fuego muy lento.
— Sirva muy caliente y decore con pequeños sarapes a manera de manteles individuales.

Atole* Blanco

INGREDIENTES:

1   taza de masa de maíz cacahuacintle
8   tazas de agua

ELABORACIÓN:

— Caliente 6 tazas de agua en una olla
— Con las 2 tazas de agua restante, disuelva la masa y viértala en la olla, pasándola
  por un colador fino. Agite continuamente hasta que espese.

Atole Chorreado de Chocolate
(20 a 24 porciones)

TIEMPO DE PREPARACIÓN:

40 minutos

TIEMPO DE COCCIÓN:

50 minutos

UTENSILIOS:

Olla, recipiente, colador de tela o coladera, pala de madera.

* ATOLE. Bebida de harina de maíz disuelta en agua o leche, generalmente con sabor de frutas o especias. "Dar atole con el dedo" quiere decir embaucar a alguien. El
que tiene "sangre de atole" es un tipo muy flemático.
De Cocina mexicana.

INGREDIENTES:

1 kilo de masa
1/2 kilo de azúcar
3 tablillas de chocolate
pimienta molida de Tabasco
anís de grano.

ELABORACIÓN:

— Deshaga la masa en 10 tazas de agua y cuele en la coladera de tela.
— Bata el chocolate molido con 3 tazas de agua hirviendo; añádalo a la masa colado con azúcar y cueza sin dejar de menear hasta que tome consistencia de atole ligero; si es necesario, agregue un poco de agua.
— Sírvalo en vajilla de artesanía maya.

Atole de Fresas

INGREDIENTES:

5 cucharadas soperas de maizena
5 tazas de leche
1 taza de fresas
azúcar

ELABORACIÓN:

— Disuelva la maizena en 1/2 taza de agua.
— Machaque las fresas, agrégueles el azúcar y póngalas a fuego lento hasta que se cuezan un poco.
— Añada la leche y la maizena y cueza moviendo hasta que espese.

Atole de Pepita Chica

(20 a 24 porciones)

TIEMPO DE PREPARACIÓN:

50 minutos

TIEMPO DE COCCIÓN:

1 hora aproximadamente

UTENSILIOS:

Licuadora, olla, colador de tela

INGREDIENTES:

1/2 kilo de maíz
1/2 kilo de pepita chica
1/2 kilo de azúcar

ELABORACIÓN:

— *Limpie bien el maíz y la pepita y cueza con 8 tazas de agua aproximadamente.*
— *Cuando estén suaves lávelas y muélalas; después cuele, agregue el azúcar y ponga a cocer con 8 a 10 tazas de agua —sin dejar de mover—, hasta que tome consistencia de un atole ligero. Si es necesario añada agua.*

Nuestro Aromático café

Los mexicanos somos por excelencia grandes bebedores de café y, por lo mismo, muy exigentes en su preparación. Nuestra República Mexicana cuenta con café de alta calidad.

Antes de que aparecieran las máquinas tostadoras y moledoras, en cada casa se tostaba el café en comal de barro y se molía en pequeños molinos manuales o en el metate. Esto debía hacerse en porciones pequeñas, como máximo para surtir las necesidades de una semana.

El grano molido se guarda en botes o pomos de buena tapa para que el café conserve su olor y sabor.

Como no siempre se dispone de una cafetera con precolador (cuyo funcionamiento consiste en el ascenso del agua caliente por un tubo que baña el café situado en el colador), puede prepararlo usted mismo así:

— *Ponga 1 litro de agua sobre la lumbre y cuando hierva incorpore de 6 a 12 cucharadas de café molido, según lo cargado que lo quiera.*
— *Con el hervor, el café sube, por lo cual debe agitarlo con una cuchara, y sacarlo de la lumbre.*
— *Nunca debe hervir ni ser recalentado. Añada un chorro de agua fría para que se asiente y posteriormente cuele directamente a la cafetera de servicio.*

Café

Para hacer un buen café es necesario derramar agua hirviendo a través de una capa de café fresco, una sola vez. Si quiere el café más fuerte o más débil, haga la capa más gruesa o más delgada. Puede pasar agua hirviendo por el café en un filtro. También puede hervir agua, quitarla del fuego, echar café, esperar un poco y después colar. Lo importante es que el café, una vez hecho, ya no hierva.

El sabor del café depende del tostado y del molido. El café turco y el expreso se hacen con café molido fino; el americano con molido medio; el buen café de olla, se prepara del modo anterior pero se le añade canela y piloncillo; el café vienés se elabora agregando crema dulce batida al servir.

Cada persona tiene su gusto para tomar café. Prepare poco; siempre es mejor tomarlo recién hecho.

Café de Olla

(6 a 8 porciones)

TIEMPO DE PREPARACIÓN:

3 minutos

TIEMPO DE COCCIÓN:

20 minutos aproximadamente

UTENSILIOS:

Olla honda de barro, jarritos individuales

INGREDIENTES:

6 tazas de agua
1 rajita de canela gruesa de 8 milimetros aproximadamente
6 a 8 rajas de canela delgadas de 4 milimetros
2 clavos de olor
100 gramos de piloncillo
50 gramos de chocolate de metate
100 gramos de café molido

ELABORACIÓN:

— *Ponga el agua a calentar en la olla, cuando empiece a hervir, añada la raja gruesa de canela, los clavos, el piloncillo y el chocolate; baje la flama; cuando vuelve a hervir quite la espuma al chocolate.*
— *En el momento que vuelva a soltar el hervor, incorpore el café y apague. Déjelo cerca de la lumbre para mantenerlo caliente y para que se asiente el café pues éste nunca debe hervir.*
— *Sirva usando un jarrito a modo de cucharón. Tome el café de la parte más superficial, evite agitar el sedimento.*
— *En cada jarrito (servido sólo hasta la mitad) coloque una raja de canela en lugar de cucharita.*

Champurro o Champurrado*

(4 porciones)

TIEMPO DE PREPARACIÓN:

30 minutos

TIEMPO DE COCCIÓN:

20 minutos aproximadamente

UTENSILIOS:

Olla, sartén, coladera, 4 tazones

INGREDIENTES:

1 1/4 de agua
1/4 de panocha (piloncillo)
1 raja de canela
4 clavos de olor
75 gramos de harina de trigo
100 gramos de cocoa

ELABORACIÓN:

— Hierva el agua con la panocha (piloncillo), canela y clavos hasta que se disuelva el
piloncillo; resérvela.
— En un sartén tueste la harina hasta que se dore, añada la cocoa para que se disuelva en una taza de agua fría. Cuele.
— Agregue esta mezcla poco a poco a la anterior, moviéndola rápidamente para evitar grumos. Hierva sin dejar de agitar hasta que se espese.
— Se toma caliente.

Nota: En otras partes de México, el champurro se hace con harina de maíz y se llama Champurrado.

* CHAMPURRADO. Bebida de atole, chocolate y piloncillo.
CHAMPURRO. Parecido al anterior, pero con harina de trigo, no de maíz.
De Cocina Mexicana.
ATOLE CHAMPURRADO. Se mezclan al atole común una o más tablillas de choco-
late, según las tazas que han de ser de champurrado; se baten bien con el molinillo,
se endulza y se deja hervir.
Del Nuevo cocinero mexicano en forma de diccionario, 1888.

5 pedazos de caña pelada y partida en rajas
1/4 de taza de pasitas sin semilla
1/2 taza de ciruelas pasas
7 guayabas peladas y partidas en cuartos
2 rajas de canela
2 pedacitos de cáscara de naranja
jugo de 2 limones verdes
azúcar para endulzar, al gusto
brandy o ron, al gusto

ELABORACIÓN:

— Hierva en una olla el agua con los tejocotes, las cañas, las pasitas, las pasas, las guayabas, la canela y la cáscara de naranja y un poco de azúcar granulada. No debe edulzarse mucho porque al consumirse el agua puede guardar demasiado dulce.
— Deje hervir a fuego alto hasta que las frutas estén casi deshaciéndose. Si se consume el agua puede agregar un poco más de agua fría.
— Ya que esté listo para servirse, agregue el jugo de limón y el brandy o ron. Sírvalo muy caliente y con las frutas.

Ponche Navideño
(8 porciones)

INGREDIENTES:

4 ramas de canela
2 litros de agua
1/4 de guayaba
1/4 de tejocotes
2 manzanas
1 taza de ron
4 trozos de caña
150 gramos de ciruela pasa
azúcar

ELABORACIÓN:

— Hierva el agua y agregue la canela y el azúcar al gusto, lave la guayaba y córtela en trozos; lave y quite la parte superior del tejocote y trace en él una cruz; lave las manzanas y córtelas en cuadritos; limpie las cañas y córtelas en trocitos. Añada agua y deje hervir hasta que tome sabor.
— Antes de servir, póngale el ron.

DÍA DE LOS INOCENTES

LAS "INOCENTADAS" DEL 28 DE DICIEMBRE
Una tradición que se pierde

¡Mucho cuidado! Que no lo hagan inocente. Hoy, 28 de diciembre si alguien se acordó de que en este día se pide prestado algo y no se devuelve por ser el Día de los Santos Inocentes, le puede gastar a usted una guasa.

El origen de esta tradición se ignora. El único antecedente es el señalado en la *Crónica* de Antonio de Robles, donde se indica que la orden de los betlemitas —establecida en México en 1673– celebró su fiesta el 28 de diciembre de 1703: "Hoy, Día de los Santo Inocentes, se celebró en la Iglesia de los Betlemitas, la fiesta de si título y la colación y estreno del retablo del altar mayor. . ."

En 1820, cuando quedó suprimida esta orden, la fiesta dejó de celebrarse.

Esta costumbre (el Día de los Santos Inocentes) con la que se pretende conmemorar jocosamente que Herodes mandara matar a todos los niños para acabar con el recién nacido Jesús, también existe en otros países, en diferentes fechas. Por ejemplo, en Francia la celebran el 1 de abril y la llaman *Poisson d'abril.*

En los pueblos de habla hispana, está entrando en desuso, como tantas otras tradiciones que ya son sólo parte del pasado.

Los 28 de diciembre de otras épocas, en nuestro país, estaban llenos de encanto e ingenuidad. El buen humor compeaba en las bromas y así, vecinos, amigos y parientes, se mandaban recaditos pidiendo prestado algo y luego, como contestación, se enviaban una canastita de dulces y pequeñas figuritas propias para niños, que señalaban la inocentada con una inscripción que decía:

Inocente palomita que te dejaste engañar, sabiendo que en este día nada se debe prestar.

También las "inocentadas" consisten en divulgar en forma convincente una noticia imposible de creerse o de suceder, para que la persona lo crea y caiga en el engaño; es parte de la diversión.

Otra variante que ya se ha perdido consistía en que al regresar el objeto prestado se regalaban charolitas de hojalata con juguetes en miniatura, elaborados para la ocasión. Con este regalo se entregaban tarjetas con un verso que rezaba:

Herodes, cruel e inclemente, nos dice desde la fosa, que considera inocente al que presta alguna cosa.

Es probable que en algunos mercados de nuestra ciudad se puedan encontrar todavía los regalos en miniatura para esta fecha, aunque la mayoría de la gente ya no los liga con los Santos Inocentes.

El 28 de diciembre es, sin duda, un día muy especial, en el que se pone de manifiesto el ingenio del mexicano para hacer las bromas más increíbles, engañando a sus amigos. Por ello, recuerde que el 28 de diciembre no debe prestar nada ni creer en cosas fuera de lo común que le comenten, para que no le vayan después a decir: "Inocente palomita que te dejaste engañar, sabiendo que en este día nada se debe prestar".

MÉXICO ALEGRE

CARNAVALES EN MÉXICO

LOS CARNAVALES SE CELEBRAN UNA SEMANA ANTES
DEL MIÉRCOLES DE CENIZA

Una de las celebraciones más desbordantes, coloridas y populares de México es el carnaval. Al igual que en otras grandes ciudades del mundo —como Venecia y Río de Janeiro— en algunos lugares de nuestro país la gente toma las calles en estas fechas para dar rienda suelta a su alegría.

El carnaval es, por excelencia, la fiesta de la diversión. En carnaval se permite romper todas las reglas y rebasar todos los límites, y las fantasías no sólo pueden convertirse en realidad, sino que son la norma. Ocultos tras el disfraz más descabellado o apenas cubiertos por un sencillo antifaz, podemos cantar, bailar, reír a carcajadas. Lo más importante es transformarse, contradecir el orden de todos los días. Ser no lo que somos siempre, sino lo que siempre hemos querido ser. En carnaval todo es posible.

Los carnavales más famosos de México se llevan a cabo en los puertos de Veracruz y Mazatlán, siguiendo la tradición de alegría y hospitalidad que caracteriza a los habitantes de la costa. En estos lugares la fiesta de carnaval es multitudinaria y popular, y atrae a un gran número de visitantes. Varios días antes de que la fiesta comience, las calles son engalanadas con listones, arreglos de papel y luces de colores. El rasgo más distintivo es el derroche. No se escatiman los recursos para dar brillo y lucidez a la fiesta. Es costumbre elegir a una Reina de la Belleza y a un Rey Feo, que habrán de presidir las celebraciones. El evento más importante es el desfile de comparsas y carros alegóricos para el cual se han preparado —con meses de anticipación— los vecinos de los diferentes barrios. La fiesta tiene lugar a todas horas del día y de la noche. Son continuos el bullicio, el encuentro inesperado y la amistad espontánea, la cálida sensación de celebrar en compañía de toda la ciudad, una misma alegría.

Pero el carnaval en México es mucho más. En casi todos los poblados de nuestro país se celebran fiestas de carnaval con personalidad propia, aunque no tengan el carácter masivo y desbordante de los carnavales urbanos, y sean mucho más tradicionales, íntimos y costumbristas.

Carnavales en Tlaxcala, Puebla y Morelos

En San Juan Totolac, al igual que en muchos otros pueblos del Estado de Tlaxcala, es tradición colgar al "ahorcado". Éste es un personaje que simboliza los pecados de la comunidad, así que el pueblo lo toma preso, lo enjuicia y lo declara culpable. Condenado a muerte, da cuenta de sus actos y reparte sus pertenencias entre su "viuda" y sus "hijos". Después le amarran una cuerda a la cintura y lo cuelgan entre dos estacas. Ya "muerto" lo llevan a enterrar, pero el "ahorcado" resucita y comienza a repartir azotes a diestra y siniestra.

Huejotzingo, Puebla

Huejotzingo, en el Estado de Puebla, es famoso por su fiesta de carnaval en la que se rememora la lucha del pueblo mexicano contra el ejército invasor durante la intervención francesa. Cuenta la leyenda que, para vengarse de los invasores, uno de los famosos "bandidos de Río Frío", secuestró a una dama francesa durante el carnaval de 1865, se la llevó a la sierra y la desposó. En la representación actual se escenifica el rapto, el intento de rescate por parte de los franceses y la lucha entre mexicanos y extranjeros. Una parte de los habitantes hace el papel de mexicanos y la otra se disfraza de franceses. Para reproducir el fragor de la batalla se utilizan fuegos artificales y el público participa activamente siguiendo a ambos bandos por las calles de la ciudad.

Carnaval de Tepoztlán, Morelos

De particular interés es el carnaval de Tepoztlán, en el Estado de Morelos, donde los famosos "chinelos" bailan la Danza del Brinco en la plaza del pueblo. El atractivo principal de los chinelos está en sus hermosas túnicas de seda y en las impresionantes máscaras con que se cubren el rostro. Estos personajes bailan también en el vecino pueblo de Yautepec, donde cada año se realiza el *Entierro del Mal Humor*, que consiste en lanzar al río una caja en la que se ha colocado un monigote mientras las "viudas" lloran y lloran.

Las comunidades indígenas

Es importante mencionar que los carnavales realizados por algunas de las comunidades indígenas del país, mezclan en estas celebraciones los ritos cristianos con las tradiciones prehispánicas, dando como resultado ceremonias llenas de fuerza, simbolismo y religiosidad.

Carnaval de los chamulas

En San Juan Chamula, Chiapas, un poblado indígena de origen maya, el carnaval da comienzo con el Sábado de Barrienda día en que se limpian todas las calles del pueblo y termina el Miércoles de Ceniza. Según los antropólogos estos días corresponden a los cinco días perdidos del calendario maya.

Para los chamulas el carnaval es mucho más que una fiesta de la alegría. En estos días hay cambio de poderes y ellos piden la bendición del cielo para que todo les salga bien a sus autoridades cívico-religiosas. Además, realizan numerosas ceremonias y rituales en los que cada participante tiene una función específica y un disfraz diferente. Una de las fiestas más espectaculares se lleva a cabo el martes de carnaval. En la plaza, frente a la iglesia, se forma un corredor de paja en el que no se permite pasar. A las dos de la tarde se enciende la paja, y las nuevas autoridades tendrán que pasar corriendo sobre el fuego. El humo envuelve entonces sus siluetas que hacen pensar en seres misteriosos provenientes de otro tiempo.

Bullanguero, lleno de simbolismo surgido de la tradición popular, e incluso religioso, el carnaval tiene tantas facetas como comunidades hay en nuestro país. Esto es apenas una introducción a ese espacio mágico que crean dichas fiestas durante febrero. Un mundo en el que usted puede ingresar para abandonar por un momento la reglamentada vida cotidiana.

Carnaval de los Papaquis en Jalisco

Llegó el carnaval con su algarabía, con su animación; su bullicio, sus máscaras, sus músicas. con todo lo que, en fin, es goce, vida y dulzura.

Desde la mañana del Martes de Carnaval en todos los poblados de Jalisco, todo el mundo ha dejado el hogar para gozar y divertirse.

Un número de los más sugestivos, de los más interesantes, de los más típicos, va a ser el de los Papaquis. El acto va a desarrollarse teniendo como escenario el aire libre.

Se ha escogido para el efecto una gran plazoleta, una amplia calle o el atrio de algún templo —algunas veces aunque éste hubiese servido antaño de camposanto y tenga todavía algunas cruces y los montones de tierra en donde moran los muertos. Ya lo dijo el verso popular:

> *El Muerto a la sepultura;*
> *el vivo a la travesura.*

Los *Papaquis* consisten en encuentros simulados de guerras sin tregua ni cuartel que harán los partidos que se forman en el momento de iniciarse la fiesta con los elementos que ya llegan preparados para divertir a centenares de curiosos quienes no van a ser meros espectadores, sino también partícipes de aquel jolgorio.

El material de guerra en las improvisadas luchas van a ser millares de cascarones de huevo bellamente decorados y pintados con gusto y primor, en donde se han colocado —antes de taparse— los amores, o sea, el papel de china picado (de diversos colores) al que se ha mezclado el oropel.

Aunque la mayoría de los cascarones se rellenan con amores, hay algunos que tienen líquidos colorantes, y lo que es más chusco, otros con tintas de colores para manchar los vestidos o con huevos podridos para que esparzan mal olor en medio de la algarabía y ajetreo de las multitudes. No es raro, asimismo, que los cascarones estén repletos de polvo de ceniza, de chile o hasta de alguna sustancia inflamable.

Comienza la lucha que dura tres o cuatro horas. Los partidos se multiplican, los combatientes se remplazan, y hay momentos en que hasta los espectadores más indiferentes se contagian de la alegría del conjunto, de aquel concurso de centenares o de millares de individuos, y también participan de la fiesta.

No hay edades, no hay sexos, no hay categorías sociales: todo es una democracia verdadera.

Las canciones que se entonan al compás de las músicas —muchas veces en los mismos instantes de los combates o al principiar y terminar estos actos— reciben también el nombre de *Papaquis*.

En los grupos de combatientes hay un abanderado que funge como maestro de ceremonias y dirige los coros.

Es aquí o no es aquí,
o será más adelante,
porque dicen que aquí vive
la princesa más constante.

Despídanse de la carne,
también de la longaniza
porque se nos va llegando
el Miércoles de Ceniza.

Esta casa está medida,
con cien varas de listón,
en cada esquina, una rosa,
y en medio, mi corazón.

Cúbranse los cascarones
con amor y con cariño,
que en estas carnestolendas
soy yo quien anda de niño.

Échenme ese pinolito
comido de los ratones,
que yo le hago los mandados
y me cojo los pilones.

Quién pudiera de los cielos
bajarte dos jerarquías;
una para saludarte
y otra para darte los días.

Suenan, suenan los Papaquis,
se arremolinan banderas
porque estamos ya de fiesta
y usando las chaparreras.

Ya cantan los pajarillos,
linda de mi corazón,
acércate aquí conmigo
y alíviame esta pasión.

¡Qué linda está la mañana
cuando el sol viene rayando!,
mas dices que eres mujer
cuando me estás abrazando.

Este pobre enamorado,
necesita de licor
porque le han enajenado
los encantos del amor.

¡Vivan, vivan los Papaquis
dónde están los cascarones,
oiga, amigo, no se raje,
conquiste los corazones!.

Hasta el año venidero,
se repite la función
y entonces a este hervidero
le repica el corazón.

Mezquitán, Atemajac y Zoquiapan

La tierra donde en otro tiempo sentaron sus reales los famosos Chimalhuacanos es —a no dudarlo— una de las que se ufanan en conservar algunas de sus muchas costumbres típicas de antaño.

Los pueblos de origen *tecuese* han hecho llegar hasta nuestros días las fiestas carnavalescas más originales y de buen gusto de las que ellos llevaron a cabo en sus pueblos.

La Suelta del Diablo se nos presenta con una indumentaria rara y extraña. Los diablos portan la imprescindible máscara de sompantle, con unos cuernos tan enormes que a veces llegan a alcanzar cada uno de ellos cuarenta centímetros.

Por un sistema especial, el diablo a la hora de entrar en actividad, lanzaba a los cuatro vientos unas llamaradas de lumbre.

Este diablo una vez que era soltado —pues iba atado por una gran cadena que arrastraban otros comparsas llamados diablos menores— hacía cabriolas que causaban admiración por la destreza y habilidad de suerte que era preciso ser un gran danzarín para poder desempeñar perfectamente ese papel de principal y de grandes atractivos en aquella mascarada.

Se usaban como instrumentos típicos, el teponaxtle, la chirimía y una media docena de tambores rústicos, con los que hacían un ruido ensordecedor que a veces simulaba el de una tempestad —de esas tan comunes en la típica ciudad tapatía y en las comarcas vecinas.

El Papaquiteuhtli

El sábado anterior al domingo del carnaval se reunían en el atrio de Mezquitán —donde las costumbres tradicionales han imperado— los indios principales, quienes toman parte en la "Suelta del Diablo". Entre éstos se hallaba el viejo que había de presidir la reunión, en la cual como primera providencia, elegían el *Papaquiteuhtli* o Rey del Buen Humor.

El Diablo mayor recibía en el acto un chicote, un traje morisco, un gran rollo de papel de china y un enorme cuchillo. En seguida, acompañado de la chirimía, iba de casa en casa preguntando si había alguna imagen de san Miguel.

Si le contestaban afirmativamente entraba al lugar donde estaba el santo, se arrodillaba ante él y le decía en voz alta: *"con la venia de mi Señor"*. Acto continuo, despojaba al arcángel del Lucifer que tenía encadenado y, cuando no podía practicar esta operación sin que averiase demasiado la estatua, o cuando se trataba de algún cromo, se conformaba con cubrir con papel de china la imagen del santo dejando descubierta la del demonio cuyas cadenas fingía romper.

Concluida su comisión el viejo volvía con los electores a comunicarles que ya todos los diablos estaban sueltos y que podía, desde luego, comenzar el *mitote.*

Entonces los electores le quitaban el cuchillo, le recogían el papel que le había sobrado, le ponían en la cara una máscara negra con cabellera natural o de pita y le proporcionaban un costalito lleno de harina. Precedido de la chirimía y rodeado de toda la *nigua* (algarabía) del pueblo, salía a recorrer las principales calles.

La multitud entre tanto quedaba en ansiosa espera frente al templo parroquial hasta que el Rey del Buen Humor regresaba. Al ver éste al populacho, como disponiéndose a entrar a la iglesia, arremetía furiosamente contra él fingiendo querer azotarle.

Chispeante y pintoresca charla había entre los principales actores de esta farsa tan sugestiva y alegre, farsa que pone de relieve el ingenio y la vivacidad de los actores quienes por lo común, ya en el instante de desempeñar el papel que se les asigna, improvisan algunas palabras o frases que provocan la hilaridad entre los concurrentes, y que no pocas veces son alusivas a algunos de los asistentes de cierta importancia social.

En tanto el pueblo comenzaba a correr en desbandada, uno de los más jóvenes enmascarados se enfrentaba con el viejo gritando en alta voz:

¡Aaaaaaa, coopaaaaa!

El Rey del Buen Humor alternando las sílabas de los vocablos con voz altisonante lo demandaba:

—*¿Qué erequete us?*

—*¿Qué quiere usted?*

El atrevido joven le respondía:

—La venía para *mitotear.*

El *Papaquiteuhtli* hacía entonces un aspaviento de sorpresa, enrollaba violentamente el chicote y cambiando el tono de la voz decía:

—*¡Ah yo bacrei las con tasbia arapa uar-ré!*

—¡Ah, yo creiba (creía) que venían con las viejas a rezar!

—¡No, no! —agregaba el interpelado. Queremos *mitote,* que ya mañana es Carnaval, hay harina y hay pinole, suenan ya los *Papaquis* y está tocando el mariachi. No queremos rezar, queremos *mitotear,* queremos bulla, queremos fandango, que hay muchachas *rete* chulas que aguardan a sus novios *pa* ponerse a bailar. Ya los diablos andan sueltos, tiempo es ya de *fandanguear. . .*¡ay!

—¡Ay mi papá!, ¡ay mi mamá!, ¡que ya estamos en el Carnaval!

El viejo echaba un pie adelante y como queriendo interrumpir al muchacho exclamaba:

—¡*Nobue, nobue, tebas ya, musguadia!*

(—Bueno, bueno, basta ya, guadiamos)

Y el pueblo en coro respondía:

—¡Amén, amén, amén!

El Mitote

El Rey del Buen Humor se incorporaba entonces con la comitiva, los músicos tocaban de nuevo el *teponaxtle* y la chirimía, y comenzaba la guasa, la algarabía, los bailes, las danzas, las bromas pesadas, las travesuras, las luchas o combates de los Papaquis. Al día siguiente casi todos los indios estaban ebrios de vino, de amor y de placer: ¡Era la gran noche de carnaval!

Al llegar el Miércoles de Ceniza, cuantos habían tomado parte en las fiestas del carnaval se hallaban curándose la cruda, muchos, viendo salir del atolladero; y los que habían recibido alguna herida, haciendo votos al *mismísimo* diablo para que no volviesen a "soltarlo" en las *carnestolendas*.

Alguien, en son de broma decía, refiriéndose a las fiestas del carnaval en Mezquitán, Atemajac y Zoquiapan, que allí no se gastaba mucha ceniza el Miércoles de Cuaresma porque como la borrachera era general, no había quien se levantara a recibirla. Por lo que algunos de esos indios, muy valentones, solían decir con cierta gracia el conocido refrán:

A mí no me tiznan curas
ni el Miércoles de Ceniza.

Del antiguo Jalisco las fiestas de carnaval perduran hasta nuestros días en Mezquitán, Atemajac y Zoquiapan.

XOCHIMILCO

La sementera* de flores

Antes, mucho antes que fueran moda los concursos de belleza, Xochimilco celebraba ya la fiesta de La Flor más Bella del Ejido.

De las mil y más chinampas salen las lujosas trajineras, doblemente florecidas, rumbo a esa fiesta en la cual las doncellas nativas habrán de competir por el galardón.

Rostros morenos, rasgos bruñidos por el sol a los que el aroma suave de las flores y las hortalizas maquilla suavemente; vestidos multicolores que se reflejan en los espejos eternos de los canales como proclamando el orgullo de su raza; resuena el verbo musical de su idioma de origen; y el azul inmarcesible del cielo cobija el escenario de esta romántica tradición xochimilca.

Fiesta de La Flor más Bella del Ejido

Feria de alegría y tradición

La fiesta de *La Flor más Bella del Ejido* surgió de la propia cultura xochimilca como un homenaje a los dioses aztecas de la danza y las flores: Macuilxóchitl y Xochipilli.

Sigue la celebración

Después de un periodo de transición, el virrey de Gálvez dio un nuevo auge a la festividad en 1785. Con el nombre de Viernes de las Flores se festejaba en el Canal de la Viga con bailes populares, venta de flores y legumbres, comidas acompañadas de pulque, así como concursos de trajes de charro y de chinas poblanas.

En 1897 adquirió un nuevo impulso y se le llamó Viernes de la Primavera. Después de una serie de interrupciones durante la Revolución, el presidente Lázaro Cárdenas reanudó los festejos en 1936 con el nombre de Viernes de las Flores. Ésa fue la primera vez que se eligió a una bella joven como la Flor más Bella del Ejido.

* SEMENTERA. Porción de tierra donde se siembran algunos tipos de vegetales para traspasarlos semanas después a una superficie más grande.

Renovación de lo típico

Hoy en día esta fiesta es la más importante en Xochimilco. Incluye celebración de competencias de remo (Acalli) y de canoas alegóricas, concurso de gastronomía típica, exposiciones de artesanías, cultivo de chinampas, floricultura y ganadería. Todo esto amenizado por mariachis, juegos pirotécnicos, y espectáculos de música y danza.

La bella joven: una flor

Y en este marco de fiesta y alegría sobresale el certamen *La Flor más Bella del Ejido* donde las participantes lucen atuendos típicos del Valle de México consistentes en: chincuete, blusa blanca con bordados en llamativos colores, ceñidas por la cintura con rebozo o un tlatzincuilo y cubiertas por un quezquémetl (especie de jorongo de lana o tela) o un huipil (capita tejida). También llevan adornos de flores, frutas o jaulas de pájaros.

La más bella concursante es elegida por su personalidad, sus características étnicas y por la manera como vista su traje de gala.

¡Ven a la fiesta!

En estas celebraciones participan las delegaciones políticas que aún conservan ejidos: Álvaro Obregón, Coyoacán, Cuajimalpa, Gustavo A. Madero, Iztapalapa, Magdalena Contreras, Milpa Alta, Tláhuac, Tlalpan y Xochimilco. La elección de la Flor más Bella del Ejido se lleva a cabo en el centro de Xochimilco el viernes anterior a la Semana Santa.

LOS ANTIGUOS PASEOS DE SANTA ANITA

Santa Anita fue uno de los lugares donde la vida se deslizaba mansa, callada y silenciosamente. Fue un sitio delicioso para los enamorados, como lo sigue siendo Xochimilco.

Todos los domingos del año la gente del pueblo organizaba divertidas excursiones por el desaparecido canal. Se reunían varias familias en el embarcadero. Tomaban canoa y salvo las escenas chuscas de una señora sesentona que no quería mojarse las puntas de los zapatos nuevos de ante o de raso; o de una joven que tenía mucho miedo a saltar a la canoa; de otra que pecaba por el extremo contrario, y que por atrevida metía media pierna y enseñaba más de la mitad de la otra; de un hombre que al entrar a la canoa por poco la hacía zozobrar; y de un mozalbete que queriéndose darla de remero, lo que se daba era una buena zambullida, empezaba a bogar la leve embarcación, mecida mansamente por el suave oleaje; se escuchaba el pespuntear de una guitarra, y a poco, una vocecita suave y dulce como un terrón de azúcar que era la de una tal Mariquita que entonaba una canción melancólica:

> *No se me olvida cuando en tus brazos*
> *al darte un beso mi alma te di,*
> *cuando a tu lado de amor gozando,*
> *¡ay!, delirante morir creí.*

Y seguían las canciones, lo mismo las antiguas que las modernas, había libaciones del néctar blanco de los sueños negros que inventara la reina Xóchitl.

Pero el aspecto más típico de Santa Anita era el Viernes de Dolores, el mero día de la Verbena.

Desde la madrugada presentaba el canal un aspecto inusitado. Del embarcadero a la Viga se veía una larga serie de jacalones con techos de lona en los que estaban los fogones, puestos de enchiladas, pulque, frutas, tamales, atole, carnitas, barbacoa, cabezas, tortas compuestas, chalupas cargadas de flores, trajineras con verdura, mesitas de café aguado y hojas de naranjo, barquilleros, dulceros, música de viento, música de cuerda, organillos. . . En ese lugar se habían dado cita para gozar, para divertirse, para pasar el rato, gente de toda clase, desde la dama encopetada que iba en poderoso automóvil hasta la que iba en un coche de tostón la dejada, o bien, en el camión por la planilla o los diez centavos. Jóvenes calaveras, ciclistas, charros, militares, toreros, chinas poblanas, mujeres de rompe y rasga, rateros, limosneros y, en suma, la mar de gente ya que era rara la clase social, gremio o profesión que no tenía allí quién la representara.

Todos nuestros costumbristas se han ocupado de reseñar esa gran fiesta llena de color y de alegría.

Rafael Heliodoro Valle en su obra *México Imponderable* nos dice: "Ayer estaban suaves las trajineras como para llegar al fin del mundo. El Viernes de Dolores hay que pasarlo en Santa Anita, oyendo la alharaca de las vendedoras de rábanos y amapolas a precios irrisorios, o ese no es México o ese rebozo no es de bolita. ¿En dónde quedó el Rey?, gritaban los *carcamaneros*. ¿Qué es el Casarín y qué nos hizo y puso en la Reforma antes que nos trajeran aquí?, suspiraban los estupendos indios verdes. A lo largo del canal iban y venían los indios al compás de los remos y adentro de guitarras de antaño, las chinas desentendidas ante el vendedor de muñecos.

"¡Aquí está Cupido! ¡El gran rey del amor! ¡Una gran fábrica que avienta diez mil cupidos por minutos! ¡Cincuenta centavos nada más!

"Cuando yo llegué, que fue a las seis, el mujerío armaba un ruido que podía acabar con la langosta. En los desplumaderos no se sabía en dónde quedó el rey. Por la calzada de la Viga comenzaban a llegar los trenes de Ixtapalapa, folclóricamente adornados de rábanos, coles, lechugas.

"Faltan dos quintitos, gritaba el guitarrista de León de los Aldamás. Pero hay que pagarlos porque si no, mi compañero no sigue cantando.

"Y entonces ante el asombro del ruedo, respondía el chamaco que le hacía segunda voz: 'Pues no se les puede fiar'.

"Y hasta que habíamos todos completado los treinta centavos en que nos vendían la canción, comenzaba diciendo con ternura que nos partía el alma:

—*¿Paloma de dónde vienes?*
—*Vengo de San Juan del Río.*
—*Cobíjame con tus alas*
que ya me muero de frío."

Al mediodía llegaba la fiesta a su apogeo. La genta iba y venía por aquellos lugares. Había concursos de canoas con flores, los charros lucían sus habilidades en el coleadero; las músicas se pegaban el ¡quién vive! Todo el mundo comía el mole, la barbacoa, los chiles rellenos, la pancita, la cabeza, el menudo, las enchiladas y tantas fritangas ofrecidas en las fondas y en los puestos. Allá unos charros apurando una medida de colorado, acullá una señora muy pintada regateaba el precio de las amapolas y de los rabanitos. En medio del bullicio que no cesaba, en aquel ajetreo, en aquella algarabía donde sonaba el radio y todo era confusión, se escuchaban las peculiares voces de los mercaderes:

Pase 'el amo, pase la niña. . .
Aquí está el blanco y el colorado. . .

De tal o cual jacalón surgían las notas de un jarabe nacional. Los mariachis de Cocula tocaban las golondrinas; los léperos gritaban sus dicharachos; los versadores hacían bromas a cualquier incauto; los pollos que apenas habían salido del cascarón iban muy del brazo de sus improvisadas amadas echándoles el verso; un atrevido pasaba junto a una remilgada de medio pelo y le daba un pellizco con una letanía de frases: "lépero, ordinario, mal nacido. . ."

El paseo subía de punto, se ponía color de hormiga y ya en la tarde, al ocultarse el sol, la sombra era mala consejera; los parranderos, los valientes de oficio, las mujeres de la vida galante, la plebe, todo el mundo gozaba de lo lindo; ya sin cortapisas, ya sin barreras, todos eran dueños de aquel sitio, y como amos y señores a hacer de las suyas. Y entonces ocurría todo género de escenas escandalosas: se embriagaban, se insultaban, se daban de golpes, el boxeo entraba en escena, salían a relucir las chavetas, la sangre se derramaba, acababa el paseo con la nota que para los valientes era lo mejor de lo mejor: varios muertos y centenares de heridos.

TEXTO ORIGINAL DEL CORRIDO DE LA FIESTA DE SANTA ANITA

Voy a cantar un corrido
en esta gran ocasión
en que se celebra un día
que es de gran recordación.

La Fiesta de Santa Anita,
nunca se debe acabar
porque es la fiesta del pueblo
de la gran Tenochtitlán.

En ella vienen ufanos
desde oscura la mañana,
para beber el atole
que es cosa muy mexicana.

Toman los ricos tamales
de chile o de mantequilla
y hasta se chupan los dedos
cuando comen la tortilla.

Todos los enamorados
gozan en esta reunión
en que obsequian a sus mozas
con platos de requesón.

El mole de guajolote
es un platillo afamado
con el que aumenta el ardor
de todo el enamorado.

Pulque curado se vende
de toditos los colores,
y hasta los muertos se alegran
con estos lindos sabores.

Por el canal se divisa
la indita muy salamera
que ofrece su mercancía
y puede ser prisionera.

· La vendedora de flores
nos ofrece salerosa
la amapola y el clavel
y la violeta olorosa.

Los apios son deliciosos
por el sabor sin igual,
y hasta se chupan los dientes
los que acuden al canal.

El charro con su jarano
lleva garboso a su china,
y ella es tan guapa y gentil
que hasta arma una tremolina.

Todo en esta feria es gozo
porque es fiesta nacional
para el ranchero y el mozo
de toda la capital.

Una indita mexicana
viene lanzando un pregón
y su voz es tan melosa
que cautiva el corazón.

Es tan bella como flor
de las que hay en los vergeles,
su cabeza está adornada
con magníficos caireles.

China calma mi ansiedad,
bríndame tu corazón;
yo te amo con loco afán,
no hagas piedra la razón

LAS NIEVES ETERNAS DE TULYEHUALCO

Las nieves* de Tulyehualco. ¿Acaso son una tradición prehispánica? ¿Fue un postre de la mesa de Moctezuma? ¿Fue un postre de la Mesa Imperial Azteca?

La tradición oral de Tulyehualco —antiguo y hermoso pueblito al pie de los volcanes que data de la época prehispánica— proclama que como las de los volcanes, las nieves de Tulyehualco son eternas. En efecto, los más antiguos pobladores de este antiguo reducto poblacional, al ser interrogados sobre el origen de las nieves de mil sabores que le han hecho famoso, contestan orgullosos que sus antepasados indígenas ya tenían la costumbre de traer en trajineras, la nieve de los volcanes, en la época que el calor arreciaba, para las mesas de los grandes señores y afirman también que entonces surgió la costumbre, en forma espontánea y natural, de mezclar la nieve con mieles silvestres de tuna, de maguey, avispa y de maíz; todo ello con el propósito de hacerla más agradable al paladar.

De hecho, los neveros de mayor edad recuerdan que las nieves de Tulyehualco se elaboraban con nieve del Iztaccíhuatl y del Popocatépetl en lugar de fabricarla con hielo artificial.

Esta tradición oral nació a raíz de la proximidad de este pueblo con las llamadas nieves eternas de los volcanes; es lógico que despertara la inquietud de consumirlas en los días calurosos y saborearlas con los frutos naturales que tenían a mano. A decir verdad, lo anterior explica la infinita variedad de lo que se me antoja llamar Las Nieves Eternas de Tulyehualco.

NEVADO. Suele llamarse así al líquido helado y dispuesto para refrescar, y en este sentido se dice LIMÓN NEVADO, PIÑA NEVADA, etc.

* NIEVE. Cuando se habla de nieve para la mesa no se trata de los vapores condensados en la atmósfera por el frío, que es lo que propiamente se llama nieve, sino de cualquier licor, principalmente del agua, convertido artificialmente en un cuerpo sólido y algunas veces cristalino, por la intensidad de frío que se le comunica con la nieve mojada y mezclada con salitre o sal común. En este sentido se dice NIEVE DE LIMÓN, NIEVE DE PIÑA, etc., aunque es más propio llamar hielos o helados a estos licores endurecidos por el frío. El uso del hielo o de la nieve en esta significación es común en todas partes y útil en los lugares en que el calor excesivo y sofocante hace indispensable y apetitoso este refrigerio; pero es necesaria mucha precaución para no usarlo de modo que en vez de ser saludable cause enfermedades terribles, como espasmos y dolores de costado, seguidos frecuentemente de la muerte.
Del *Nuevo cocinero mexicano en forma de diccionario, 1888.*

Cuando escuché por vez primera el relato de esta tradición de boca de mis queridos xochimilcas, me ganó la emoción y el candor romántico de su relato, pero al fin y al cabo investigadores de tradiciones, pasado el tiempo me ha despertado la inquietud de analizar y estudiar el fundamento de tan romántica y legendaria tradición. Muy de primera mano me percato que en las fuentes tradicionales, escritas o gráficas (crónicas o códices), no existe una referencia o alusión a esta tradición. Sin embargo, sí existe referencia documental clara y específica del siglo pasado, que ya calificaba de tradición ancestral la costumbre de saborear las nieves exquisitas de los rumbos xochimilcas, especialmente en la época de cuaresma, única licencia permitida a la rígida austeridad con que se vivía este tiempo de penitencia en el México colonial. Esto ocurría sobre todo en los viernes de Santa Anita y en la Semana Santa, cuando las familias guardaban rigurosamente los ayunos y penitencias que según su costumbre no eran rotas cuando se saboreaba por las tardes en la plaza una deliciosa nieve.

La famosa y tradicional feria se celebra la semana que antecede a los días santos y ello explica también el porqué me tomo la licencia literaria de bautizar a esta feria como: La Feria de las Nieves Eternas.

No se puede terminar sin hacer una especial mención de lo que es la más infinita y deliciosa variedad de nieves de que se tenga noticia en el mundo. Para comprobarlo bastará con mencionar sólo algunas de las variedades que usted podrá degustar personalmente cuando asista a la feria; las hay de: piña, melón, fresa, mango, mamey, guanábana, plátano, durazno, manzana, tejocote, nuez, piñón, guayaba, coco y cajeta. Por mencionar sólo algunas.

NIEVES EXÓTICAS

Faustino (Tino) Sicilia Mora es el creador de las "nieves exóticas": pétalo de rosa, betabel, zanahoria, chicharrón, romeritos, mole, apio, nopal, tequila, brandy, queso, aguacate, pepino, lechuga, jitomate, yerbabuena, ostión (de reciente surgimiento) y muchas más.

Una conclusión se impone; la tradición nevera de Xochimilco tiene antigüedad, tiene carácter y es deliciosamente bella; y sobre todas las cosas, resulta ser un testimonio sin par del genio gastronómico y de la imaginación creadora de los hacedores de la inmortal tradición culinaria de México.

Nieve de Tuna de Xochimilco

INGREDIENTES:

12 tunas coloradas
2 tazas de hielo picado
1/2 vasito de tequila
azúcar al gusto

ELABORACIÓN:

— Licue las tunas con el hielo picado y el tequila (si las tunas no están dulces añada un poco de azúcar). Póngalas en el congelador durante 1 hora o hasta que la mezcla empiece u cuajar.
— Saque la mezcla semicongelada. Licue una vez más.
— Vierta en copas individuales y vuelva al congelador hasta que empiece a endurecerse.

FERIAS DE MÉXICO

Una de las costumbres sociales en la tradición festiva de México son las ferias, las cuales —como la palabra lo expresa— son eventos festivos, muchos de ellos de carácter religioso, en los que se conmemora algún acontecimiento importante de la comunidad; en México siempre llevan aparejada la presencia de un mercado público de importancia mayor al que comúnmente y en forma cotidiana provee a la comunidad.

Las tradicionales ferias de las distintas regiones de México encuentran su origen en los famosos *tianguis* efectuados por los diversos grupos indígenas de México, costumbre que fue retomada por los frailes que evangelizaron a la Nueva España y que aprovecharon extraordinariamente para arraigar la devoción al santo patrono lugareño.

Si hemos de creer a los cronistas de la Conquista —como Bernal Díaz del Castillo, al propio Cortés y a historiadores posteriores de la talla de Torquemada— el carácter festivo y alegre de las ferias, su colorido, así como su peculiar fisonomía y acento regional vienen de muy lejos y, a no dudarlo, han sido la fuente de muchas de las manifestaciones folclóricas y artísticas de nuestro país.

La feria, queridos amigos, ha sido desde siempre un evento de gran trascendencia social para la enorme gama de comunidades de nuestro país, toda vez que a ella acuden —con sus mejores galas y con el mejor de los ánimos— todos los miembros de la población, lo cual fortalece las relaciones de solidaridad social entre los lugareños, les da sentido de grupo y fortalece los vínculos a sus costumbres y tradiciones.

Además posibilita que la comunidad muestre las habilidades de sus artesanos y dé a conocer los productos y mercancías de la región.

Las ferias se han convertido, pues, en un temple de orgullo para las poblaciones que las organizan; por ello forman parte del cuerpo de sus tradiciones. No se trata de un acto frívolo, de una explosión intrascendente y circunstancial de euforia, sino, por el contrario, de una legítima manifestación de la fisonomía social y cultural de un pueblo que se expresa festivamente en las ferias.

ENERO
Jojutla, Mor. FERIA REGIONAL DE JOJUTLA.
Comercial y artesanal.

Matehuala, S.L.P. FERIA REGIONAL DE REYES.
Industrial y comercial.

León, Gto. FERIA DE LEÓN.
Exposición nacional porcícola, agrícola, comercial, artesanal, cultural y deportiva.

Almoloya del Río, Edo. de Méx. DÍA DEL SEÑOR DE BURGOS.
Fiesta folclórica.

Ciudad del Maíz, S.L.P. FERIA REGIONAL.
Agropecuaria, industrial y comercial.

Chiapa de Corzo, Chis. FERIA REGIONAL.
Agropecuaria, artesanal y comercial.

Taxco, Gro. FESTIVAL DE SANTA PRISCA.
Fiesta popular religiosa.

En todo el país. DÍA DE LOS SANTOS REYES.
Fiesta popular religiosa.

FEBRERO
Santa María del Tule, Oax. FERIA DE LA CANDELARIA.
Fiesta popular religiosa.

Distrito Federal. FERIA DEL HOGAR.
Comercial e industrial.

Zitácuaro, Mich. FERIA ESTATAL.
Comercial y artesanal.

Almoloya del Río, Estado de México. DESFILE DE DISFRAZADOS.
Fiesta popular.

Mérida, Yuc. CARNAVAL DE MÉRIDA.

Mazatlán, Sin. CARNAVAL DE MAZATLÁN.

MARZO
San Miguel de Allende, Gto. DÍA DEL SEÑOR DE LA CONQUISTA.
Celebración religiosa popular.

Huauchinango, Pue. FERIA DE LAS FLORES.
Floral, agrícola, artesanal, cultural y deportiva.

San Cristóbal de las Casas, Chis. FERIA REGIONAL DE LA PRIMAVERA Y DE LA PAZ.
Agropecuaria, industrial, comercial, artesanal y cultural.

Tapachula, Chis. FERIA NACIONAL.
Agropecuaria, industrial, comercial, artesanal y cultural.

Irapuato, Gto. EXPO FRESA.
Agrícola, comercial y cultural.

Coatzacoalcos, Ver. FERIA REGIONAL DE COATZACOALCOS.
Agropecuaria, industrial, artesanal y deportiva.

Texcoco, Edo. de Méx. FERIA INTERNACIONAL DEL CABALLO.
Exposición ganadera, comercial y artesanal.

Celebración Nacional (en todo el país). SEMANA SANTA.
Celebración popular religiosa.

ABRIL
Cuernavaca, Mor. FERIA DE LA FLOR.
Floricultura y artesanías.

Xochimilco, D.F. FERIA DE LAS FLORES.
Floricultura y artesanías. Concurso de "La Flor más Bella del Ejido".

Villahermosa, Tab. FERIA REGIONAL DE TABASCO.
Agropecuaria, industrial, comercial, cultural y deportiva.

Morelia, Mich. FERIA Y EXPOSICIÓN DE MICHOACÁN.
Agropecuaria, industrial comercial y cultural.

Tuxtla Gutiérrez, Chis. FERIA DE SAN MARCOS.
Agropecuaria, artesanal y deportiva.

Puebla, Pue. FERIA NACIONAL Y DE PARTICIPACIÓN INTERNACIONAL.
Agropecuaria, industrial, comercial, artesanal y turística.

Aguascalientes, Ags. FERIA DE SAN MARCOS.
Agropecuaria, industrial, comercial, cultural y turística.

MAYO
Linares, N.L. FERIA REGIONAL DE LINARES.
Agropecuaria, industrial y comercial.

San Luis Potosí, S.L.P. FERIA NACIONAL POTOSINA.
Agropecuaria, industrial, comercial, artesanal y turística.

Loma Bonita, Oax. FERIA DE LA PIÑA.
Agropecuaria.

JUNIO
Papantla, Ver. FERIA DE CORPUS CHRISTI.
Exposición ganadera, comercial, cultural y deportiva.

Cd. Juárez, Chih. EXPO JUÁREZ.
Feria comercial, cultural, deportiva y turística.

San Juan del Río, Qro. FERIA REGIONAL.
Agropecuaria, industrial, comercial y artesanal.

JULIO
Guasave, Son. FERIA DEL ALGODÓN.
Exposición de producción regional.

Actopan, Hgo. FERIA DE LA BARBACOA.
Gastronómica, comercial, artesanal, cultural y deportiva.

Cd. del Carmen, Camp. FERIA DEL CARMEN.
Exposición de producción regional.

Parras, Coah. FERIA DE LA UVA.
Exposición agrícola.

Tulancingo, Hgo. FERIA EXPOSICIÓN.
Agropecuaria, industrial, comercial y artesanal.

Santa Ana Chiautempan, Tlax. FERIA NACIONAL DEL SARAPE.
Artesanal y comercial.

Cuetzalan, Pue. FESTIVAL TRADICIONAL.
Folclórico.

Oaxaca, Oax. LUNES DEL CERRO (LA GUELAGUETZA).
Fiesta folclórica.

AGOSTO
Zacatlán, Pue. GRAN FERIA DE LA MANZANA.
Frutícola, industrial, artesanal y comercial.

258

Durango, Dgo. FERIA NACIONAL DE DURANGO.
Comercial, industrial y artesanal.

Santa Clara del Cobre, Mich. FERIA NACIONAL DEL COBRE.
Artesanal y comercial.

Juchitán, Oax. FESTIVAL DE LAS VELAS.
Celebración popular, cultural y folclórica.

SEPTIEMBRE
Zacatecas, Zac. FERIA NACIONAL DE ZACATECAS.
Comercial, artesanal, cultural y deportiva.

Huejotzingo, Pue. TRADICIONAL GRAN FERIA DE LA SIDRA.
Agropecuaria, industrial, comercial, artesanal y turística.

Temoaya, Mex. DÍA DEL CHARRO.
Fiesta popular, jaripeos.

Celebración nacional (en todo el país). GRITO DE INDEPENDENCIA.
Evento cívico.

OCTUBRE
Pachuca, Hgo. FERIA DE HIDALGO.
Industrial, comercial y artesanal.

San Pedro Atocpan (Milpa Alta), D.F. FERIA NACIONAL DEL MOLE.
Gastronómica y artesanal.

Mexicali, B.C. FERIA DEL SOL.
Feria agropecuaria, industrial y artesanal.

Colima, Col. FERIA REGIONAL DE COLIMA.
Agropecuaria, industrial, comercial, artesanal y turística.

Tlaxcala, Tlax. FERIA DE TLAXCALA.
Agropecuaria, industrial, comercial, artesanal y cultural.

San Luis Río Colorado, Son. FERIA EXPOSICIÓN DEL ALGODÓN.
Agrícola, industrial y comercial.

Guanajuato, Gto. FESTIVAL INTERNACIONAL CERVANTINO.
Cultural y turístico.

Guadalajara, Jal. FIESTA DE OCTUBRE.
Feria agropecuaria, industrial, comercial, artesanal y turística.

NOVIEMBRE
Jilotepec, Edo. de Mex. EXPOSICIÓN DE JILOTEPEC.
Agropecuaria, industrial y artesanal.

Guanajuato, Gto. FIESTA DE LAS ILUMINACIONES.
Celebración popular.

Celebración nacional (en todo el país). FIESTA DE TODOS LOS SANTOS.
DÍA DE MUERTOS.
Celebración religiosa popular.

Taxco, Gro. FERIA NACIONAL DE LA PLATA.
Artesanal y comercial.

Celebración nacional (en todo el país). ANIVERSARIO DE LA
REVOLUCIÓN MEXICANA.
Evento cívico.

DICIEMBRE
Tuxtla Gutiérrez, Chis. FERIA DE CHIAPAS.
Ganadera, comercial y artesanal.

Querétaro, Qro. EXPOSICIÓN REGIONAL.
Ganadera, comercial y artesanal.

Celaya, Gto. FERIA DE LA NAVIDAD.
Industrial, comercial, artesanal y cultural.

Vicente Guerrero, Dgo. FERIA DEL MAÍZ.
Agropecuaria, industrial y comercial.

Morelia, Mich. FERIA NAVIDEÑA.
Comercial y artesanal.

Oaxaca, Oax. NOCHE DE LOS RÁBANOS.
Exhibición de horticultura regional, fiesta popular.

Celebración nacional (en todo el país). POSADAS.
Celebraciones populares.

Mes de marzo

Tultepec —en el Estado de México— es el centro pirotécnico más reconocido de la República Mexicana, como lo demuestra el hecho de que sus artesanos han fabricado durante más de 25 años los fuegos artificiales que forman parte de las fiestas patrias en el Zócalo de la Ciudad de México, así como los castillos, toritos y cohetes que animan las fiestas y ferias en muchas regiones del país.

Tultepec está situado en las llanuras que pertenecen a la región lacustre de los lagos y volcanes del Anáhuac. Tiene clima templado con lluvias en verano y superficie regada por algunas corrientes procedentes de los municipios vecinos.

Ubicado a 45 kilómetros de la capital por la autopista México-Querétaro, Tultepec cuenta con suelo propicio para la agricultura de riego, como para pastizales.

Económicamente depende del cultivo del maíz, haba y frijol, la cría de ganado porcino, vacuno, lanar, equino y caprino; y la extracción de nitro de salitre para la pólvora.

Año con año se celebra la Feria Nacional de la Pirotecnia, bajo los auspicios de las autoridades municipales que —además de apoyar la feria— promueven un concurso de fuegos artificiales para artesanos pirotécnicos de siete estados del país.

No faltan —como ya es tradicional en una feria— los torneos de gallos, eventos deportivos, culturales y artísticos, verbenas populares y exhibición artesanal en la que sobresalen castillos en miniatura, toritos y juguetería coheteril muy variada.

Tultepec cuenta con 70 mil habitantes entre los que todavía se pueden encontrar grupos indígenas como mazahuas, náhuas y otomíes, núcleos estos que tienen un gran predominio en la región.

Por otra parte, es importante destacar que este lugar cuenta con el Santuario de Nuestra Señora de Loreto, joya arquitectónica que data del Siglo XVI. El templo tiene una fachada realizada en cantera con motivos indígenas y españoles, una torre lateral, columnas salomónicas y un singular altar con muros repletos de imágenes de ángeles rosados.

La feria ofrece al público una visión amplia del quehacer del artesano, y con motivo del concurso se reunirán también representantes de los estados de Guanajuato, San Luis Posotí, Querétaro, Hidalgo, Puebla y Tlaxcala, entidades que promueven su artesanía pirotécnica.

La Feria Nacional de San Marcos es ya un acontecimiento legendario de nuestra tradición festiva, una síntesis magnífica, polícroma que presenta el rostro alegre de nuestra provincia y de nuestra patria.

México es poseedor de un hermoso mosaico festivo el cual se conforma con todas las ferias que a lo largo del año se celebran en nuestro territorio.

Entre las ferias esplendorosas, la de Aguascalientes ha destacado siempre como la más representativa de lo que me gusta llamar la tradición festiva de México.

Las ferias están arraigadas en el sentimiento nacional; son una expresión alegre y natural del gusto mexicano.

Si bien la costumbre de celebrarlas tiene origen hispánico, su arraigo entre nosotros se debe a que —como ya lo señalaba Bernal Díaz del Castillo— El Tianguis Azteca representaba una gran similitud con las ferias españolas. De ahí que nuestras ferias, desde sus inicios, tuvieron un marcado acento mexicano.

Nuestras ferias, a semejanza de las de España, se conformaron inicialmente como mercados extraordinarios para comerciar mercadería procedente de diversas regiones mexicanas, y de Europa y Asia. Sin embargo, las más importantes de las que persisten, encuentran su fuente en motivos espirituales.

Tal es el caso de la Feria de San Marcos la cual debe su nacimiento a la devoción y reverencia al santo patrono de un pueblo humilde de indígenas chichimecas, aledaño entonces a la orgullosa Villa de Nuestra Señora de la Asunción de las Aguas Calientes y fundado en 1604 bajo la protección de Marcos, el evangelista ilustre. Por sus antecedentes, figura entre las más antiguas de México.

Por brotar de un sentimiento espiritual, la Feria de San Marcos se engrandeció y con el tiempo habría de convertirse en prototipo de lo que es y debe ser la feria mexicana: una manifestación espontánea y festiva del espíritu nacional que integra su perfil con elementos diversos, lo mismo del sentimiento espiritual que del arte, la cultura, la gastronomía, el folclor y el comercio de productos agrícolas, artesanales, industriales y pecuarios.

La Feria de San Marcos es, por ello, una tradición nacional que por celebrarse en el centro geográfico de nuestro territorio, constituye una acabada expresión de lo que en la vida de provincia somos y queremos ser todos los mexicanos, aun cuando abandonamos las tareas cotidianas.

Pero no se piense que la feria es un acto informal; por el contrario, se trata de un evento social formalmente atendido y cuidado. Por siglos los aguascalentenses han puesto el mejor de sus esfuerzos para pulirla y superarla porque están conscientes de que es una forma de convivencia grata, espejo de la hospitalidad del pueblo de Aguascalientes.

Así, a lo largo de su historia, las diversas generaciones de Aguascalientes, le han impuesto el sentir de sus tiempos. Bastará con leer la crónica que de la misma ha escrito Alejandro Topete del Valle, para percatarnos que cada versión de la feria ha sido un reflejo de quienes la organizaron y de la época en que vivieron.

Es así como en el siglo XVIII se significó por su profundo sentido religioso y esplendor comunal. En el siglo XIX, en el México Independiente, se acentuó su sabor regional, para ahora, en el siglo XX, conservando huellas fundamentales de un pasado esplendoroso, sea una gran manifestación del Aguascalientes pujante y laborioso de hoy.

La historia es algo más que un breviario anecdótico de fechas y datos; cada capítulo tiene un contenido social y humano. Por eso, en los finales de este siglo XX, la Feria de Aguascalientes es un eco vibrante del espíritu aguascalentense decantado y purificado por el tiempo. Pero sobre todas las cosas, sigue siendo manifestación magnífica de lo que hoy significa para México todo Aguascalientes: orgullo nacional e histórico, superación pujante y alegría de sentirse y de ser mexicano.

La Feria Nacional de San Marcos ha sido, es y será la expresión genuina del sentimiento mexicano y de nuestra tradición festiva.

Por esto no es fortuito que en la Plaza de las Tres Culturas de la antigua capital azteca, Aguascalientes esté representada por una réplica del Jardín de San Marcos.

Y por si fuera poco, como toda feria de abolengo, como toda feria que se precia de ser famosa, la de San Marcos tiene su propio tren: el Sanmarqueño que de México transita por la vía con rumbo a la ciudad de Aguascalientes, tal como lo pensó López Velarde: "un aguinaldo de juguetería".

Un árbol sin raíz está predestinado a la muerte, y en forma semejante, los pueblos que en la historia perviven, son aquellos que cultivan sus raíces y aman, por ello, la historia de sus ancestros.

Ojalá que las nuevas generaciones sepan aprender de los aguascalentenses de hoy y de ayer el orgullo de conservar y enriquecer esta bella manifestación que brota del sentimiento popular, así como todas sus tradiciones y costumbres.

El mexicano tiene muchos rostros, y las ferias —ya se ha dicho— son el rostro alegre, bravío y romántico en donde estalla el sentimiento mexicano.

Es la suave patria "alacena y pajarera" de una "briosa raza de bailadores de jarabe", orgullosa de su historia y de su peculiar manera de ser.

VIVE VALLARTA FIESTAS DE MAYO

En el mundo existen espacios geográficos con vocación innata para destinos luminosos: Vallarta, Puerto Vallarta confirma esta idea por ser uno de esos sitios privilegiados.

Durante muchos siglos este hermoso lugar del Pacífico, originariamente denominado Las Peñas, esperó la realización de su destino a partir de que el capitán Francisco Cortés de Buenaventura, sobrino del conquistador, desde sus montañas divisara el mar y un valle hermoso poblado de indios "belicosos" por lo cual solicitó la posesión de esas tierras. Fue este capitán quien impuso nombre a una de las más grandes bahías del mundo, Bahía de Banderas, en 1527. Trece años después, Pedro de Alvarado desembarcó sus tropas en costas vallartenses y las describió como "hermosas playas y rocas horadadas que emergen del mar", razón por la cual a partir de entonces quedaron identificadas como Las Peñas.

Ciertamente, la historia de este lugar paradisiaco está aún por escribirse, pero gracias al esfuerzo de investigación de ilustres vallartenses, podemos conocer algo de la historia de Puerto Vallarta. Justo es rendirles hoy un homenaje por ese afán de preservar la tradición histórica de Vallarta.

Son múltiples los ilustres exploradores que dan testimonio de la belleza legendaria de este lugar, el cual también fungió como refugio de piratas y oasis para las naves de Oriente. Sin embargo, Vallarta aguardaba paciente e inédito su plena realización universal.

No fue sino hasta mediados del siglo XIX, México ya independiente, cuando un joven decidido, jalisciense originario de Cihuatlán, decidió fundar un poblado con su esposa; Guadalupe Sánchez Torres y Ambrosia Carrillo daban así los primeros pasos en la historia de Vallarta. Y ellos también, a semejanza de los antiguos exploradores, le impusieron un nombre a este poblado, el de Las Peñas de Santa María de Guadalupe, habiéndose asentado el 12 de diciembre de 1851. Vallarta quiso nacer jalisciense y mexicano, justamente en un periodo en que la nación mexicana se configura en sus perfiles más acendrados.

Y de ahí en adelante, con pasos lentos, pero seguros, y rompiendo adversidades, Puerto Vallarta inicia su ruta hacia el progreso. Primero se apoyó en el comercio de la sal; después en la agricultura y la ganadería; más tarde en el comercio marítimo para, finalmente, descubrir ese intangible pero riquísimo filón humano y económico que es el turismo. Con estas bases, Vallarta realiza el destino universal al que tiene derecho por vocación y por gracia de la naturaleza.

Un paraíso así no podía permanecer ignorado por el mundo, pero para emanciparlo de lo oculto —así es la ley del acontecer humano— fue necesario que un grupo de pioneros con arraigo y amor a su pueblo forjaran su destino. Catalina Montes de Oca de Contreras, ilustre vallartense por adopción, así lo narra en su prosa sencilla y bella del *Puerto Vallarta en mis recuerdos*. Casi sin sentirlo, en forma natural y continuada, Puerto Vallarta emerge como sus peñas, como las sierras que lo circundan, a la luz de México y, finalmente, del Universo entero. Hoy Puerto Vallarta, lo afirmamos sin ambages, es un destino universal de gran fama en el mundo.

Puede bien suponerse que los primeros pobladores que fundaron Las Peñas de Santa María de Guadalupe, tenían una fe inquebrantable en el destino de su pueblo porque estaban en contacto diario con la naturaleza de su poblado.

Su desarrollo fue paulatino y natural: primero alcanzó la categoría de comisariado político, fue después puerto de cabotaje; más tarde tuvo aduana; y ya en nuestro siglo —el 31 de mayo de 1918— fue elevado el puerto a la categoría de municipio, adquiriendo el nombre de uno de los más ilustres jaliscienses Ignacio Luis Vallarta.

Cuando las cosas siguen su ruta natural parece como si su realización surgiera del misterio y del encanto; pero no es así, tiene una explicación histórica que vale centrarla en la enjundia y en el tezón humano valiente de los pioneros pobladores, hermoso tesoro social que da configuración y perfil urbano a la tradición vallartense.

Esta base de valor humano es lo que ha hecho que Puerto Vallarta sea hoy lo que es: un centro de convivencia universal en territorio jalisciense y mexicano, que ofrece al mundo no sólo la belleza de sus playas, la riqueza de sus mares, la frescura de sus sierras y el aroma de sus flores, sino también la invaluable hospitalidad vallartense.

Algunos sociólogos críticos aducen que el turismo, moderna industria humana, desfigura los perfiles originales; Puerto Vallarta es testimonio de lo contrario. En la medida que se ha convertido en uno de los principales centros turísticos de México, Puerto Vallarta ha ido reafirmando más su perfil de provincia jalisciense y de solar mexicano. Porque hay que decirlo, en elogio de la comunidad, los vallartenses han hecho un esfuerzo encomiable por retomar entera la riquísima tradición cultural y social jalisciense, lo que les ha permitido reafirmar los valores mexicanos. Albricias de que así sea, y ojalá que las nuevas generaciones se concentren en este espíritu de lucha para conservar su autenticidad y los valores regionales, sin menoscabo del progreso y la modernidad.

Precisamente las Fiestas de Mayo participan de este espíritu, pues tienen su origen en costumbres de la zona, cuya finalidad consistía en agradar a los peregrinos de la Virgen de Talpa, quienes solían extender su camino para tomar "baños de mar" en Vallarta.

Las Fiestas de Mayo fueron y son en la actualidad una forma nueva de hospitalidad en la que se expresa el sentimiento alegre del vallartense, al fin y al cabo jalisciense. Los vallartenses son hospitalarios por naturaleza, por eso han podido realizar su vocación turística en forma espontánea y natural pero al hacerlo, lo hacen como vallartenses, como jaliscienses que son y como mexicanos. Felicidades a los vallartenses por este loable empeño en conservar su fisonomía típica de provincia jalisciense y por el esfuerzo que realizan para conservar los valores de su origen. El programa de las Fiestas de Mayo muestra con creces este propósito.

El México actual, la gran capital orgullosa y centralista, vuelve ahora la mirada a sus provincias para encontrar en ellas los más ricos tesoros de la Patria.

Por ello, cabe exhortar a los vallartenses, con el pensamiento de López Velarde, a que sean siempre fieles a su espejo diario, porque cincuenta veces es igual el ave y es más feliz y plena. Por eso iremos gozosos los mexicanos a las Fiestas de Mayo, porque en Vallarta se cumple la sentencia velardiana de que en su suelo "la Patria Mexicana se nos entrega entera".

QUERÉTARO AYER Y HOY

México, nuestro México debe su presencia histórica en el concierto universal —como América entera— a dos grandes hallazgos.

El primero de ellos —no siempre reconocido como merece, quizás por perderse en el origen remoto de los tiempos— se refiere al descubrimiento efectuado por los primeros pobladores de América quienes domesticaron sus tierras feraces y sobre ellas hicieron florecer nuestras grandes culturas y civilizaciones indígenas desde la espléndida civilización olmeca hasta la cultura del imperio azteca, de cuya magnificencia y grandeza bien hablan los cronistas. Los primeros conquistadores de América realizaron una gran hazaña al asentar su civilización sobre el territorio de nuestra patria. Son ciertamente conquistadores anónimos, pero sin duda alguna, merecedores de nuestro reconocimiento, porque sobre lo que ellos nos legaron, posteriormente los nuevos conquistadores habrían de fincar lo que hoy somos.

El otro es el descubrimiento de Colón, quien abrió las rutas sobre las que más tarde habrían de transitar los conquistadores españoles para fundar el México virreinal.

Del crisol de estas dos magnas hazañas, habría de surgir el rostro y la identidad nacional de una nueva cultura: nuestra cultura mexicana. La fusión de estas dos vertientes culturales —la indígena y la hispana— permea todas las manifestaciones culturales, artísticas y sociales de nuestro pueblo, y por ende, somos herederos y legatarios de dos generosas fuentes de tradiciones y costumbres.

No es de extrañar, por ello, que toda nuestra tradición gastronómica sea reflejo de esta fusión, la cual dio por resultado una gastronomía muy rica en variedad, de altísima calidad y de fuerte personalidad que la identifica como nacional.

Dos hechos explican por qué la gastronomía mexicana, teniendo un perfil unitario y nacional, admite también regionalización: el territorio del México virreinal más extenso que el del Imperio Azteca y los exploradores y conquistadores de las diversas regiones de México procedían de diferentes partes de Europa.

Así podemos hablar con propiedad de la cocina queretana, de la cocina yucateca, de la cocina poblana, de la cocina norteña y muchas más propias de una región particular. En la cocina queretana encontramos muchos de los platillos comunes en toda la República, pero que al ser asimilados por los queretanos, adquieren un sello y matiz propio convirtiéndose en algo nuevo. Por citar sólo un ejemplo, Querétaro tiene más de 20 variedades de nuestras famosas "carnitas"* las que en una forma u otra son un platillo generalizado en todo el país.

Por estar Querétaro ubicado en el corazón del territorio nacional, por su cercanía con la capital y por haber sido la ciudad de Querétaro dos veces capital de la República, su cultura regional es, sin duda alguna, magnífica y refinada. Su gastronomía, manifestación cotidiana y necesaria de su propia civilización, participa de estas características.

No debe extrañarnos que la culinaria queretana haya sido calificada por algunos expertos como "la mesa de las sorpresas" en atención a que sus mujeres —hay que recordar que la cocina mexicana existe por obra y gracia de nuestras mujeres— hacen de cada platillo una creación. Sus recetarios son tradicionales, pero al elaborarlos aplican su imaginación, y así —como en el caso de las carnitas— la

---

* CARNITAS. Carne, generalmente de puerco, frita; los tacos de carnitas se encuentran entre los más populares y sabrosos.
De *Cocina Mexicana*.

variedad se torna casi infinita: sus tamales, sus moles, sus salsas, sus enchiladas e incluso sus tacos, tienen un acento y sabor peculiar.

Su fecundidad culinaria es vigente y actual. Que lo digan la infinita variedad de quesos[1] y de vinos, última de las aportaciones que hace este famoso estado de la República a la cocina nacional. La quesería es una aportación europea a la culinaria mexicana, ya que los indígenas precolombinos no probaron las delicias de los productos lácteos, hasta la llegada de los españoles. Mas cabe reflexionar en lo siguiente: el continente europeo es famoso por su quesería, pero si analizamos los diferentes tipos de quesos, nos daríamos cuenta que en cada país europeo la variedad no es muy amplia; en cambio, la variedad de quesos de una sola región de México está a la vista en la Feria del Queso y el Vino. No sólo aprendemos pronto, sino que además, con base en lo aprendido, enriquecemos la variedad. He aquí el por qué hablar de creatividad y de fecundidad al referirse a la cocina queretana, cocina que constituye una agradable sorpresa para el más refinado y exigente de los gustos.

La Feria Nacional del Queso y el Vino se lleva a cabo en Tequisquiapan, Querétaro, durante la última semana de mayo.

FERIA DEL DULCE[2] EN SANTA CRUZ ACALPIXCAN
Del 17 al 26 de junio

En la actualidad Xochimilco conserva de manera ferviente y arraigada sus tradiciones, leyendas y costumbres en cada uno de los catorce pueblos y los diecisiete barrios que lo conforman políticamente.

En este sitio se celebran más de cuatrocientas fiestas al año, en las cuales se transmite la hospitalidad característica del pueblo xochimilca. Uno de los pueblos que goza de gran tradición y arraigo es Santa Cruz Acalpixcan, cuyo nombre en lengua náhuatl significa "cui-

---

[1] QUESO. En México se elaboran gran variedad de quesos, algunos tradicionales (asadero, panela, etc.), otros muy parecidos a los de diversos países (brie, camembert, gruyère, manchego, gorgonzola, etc.).

[2] DULCE. Esta voz comprende todas las preparaciones y composiciones, en que entra la miel o el azúcar, sean de la clase que fueren, a no ser que sólo se ponga una cantidad muy corta, para suavizar los ácidos del vinagre, del xitomate, de la acedera, etc., o como sazonamiento; pero estando clasificados ya todos los dulces, bien sean líquidos, pastosos o secos, se trata de ellos en los artículos separados, correspondientes a la inicial de su nombre, donde pueden verse, bajo los rubros: CAJETAS, ATES, POSTRES, JARABES, BOCADILLOS, etc., etc., etc., no debiendo buscarse en este lugar sino aquellos que en su calsificación han conservado el nombre de dulces, como dulces abrillantados, dulces cubiertos, etc., [. . .].
Del *Nuevo cocinero mexicano en forma de diccionario, 1888.*

dadores de canoas". Localizado a 15 minutos del sureste del Centro de Xochimilco, aproximadamente, por la carretera Xochimilco-Tulyehualco, este bello poblado celebra con gran beneplácito la Feria del Dulce, singular festividad que en esta ocasión celebra su sexto aniversario, brindándole la oportunidad de paladear los dulces más deliciosos de la región, conocidos como dulces cristalizados, entre los que podemos mencionar: camote, higo, pepitorias, obleas, limones, palanquetas de pepita y de cacahuate, cocadas, acitrón de leche y necuatole (dulce de calabaza), entre otros.

Además de paladear los diferentes dulces de la región, usted podrá convivir con su familia y divertirse en forma gratuita con la presentación de artistas, concursos y bailes populares que han sido preparados para hacer más agradable su visita. Las fiestas son parte de Xochimilco, conózcalas y comparta nuestras tradiciones.

Asimismo, podrá conocer y descubrir la gran variedad de atractivos turísticos que posee este pintoresco pueblo, entre los que se encuentran: el Museo Arqueológico de Xochimilco —bello edificio de la época del porfiriato que exhibe alrededor de 480 piezas arqueológicas, y al cual se puede llegar por vía lacustre y terrestre—, se localiza en la calle de Tenochtitlan sobre la carretera Xochimilco-Tulyehualco; y la zona arqueológica Cuailama —sitio que preserva interesantes petroglifos que muestran el devenir histórico del pueblo xochimilca— se localiza al final de la calle 2 de abril, aproximadamente a 10 minutos del museo.

Los habitantes del pueblo de Santa Cruz Acalpixcan le invitan a vivir una feria diferente del 17 al 26 de junio de todos los años.

FERIA DE LAS FLORES

Todos los años la Feria de las Flores se efectúa en julio, alrededor del día 10, en San Ángel

La Feria de las Flores se viene realizando en San Ángel desde hace más de 132 años. Su objeto radica en salvaguardar las tradiciones de ese lugar conocido antiguamente como "Tenanitla".

El carácter de las festividades de las flores es netamente indígena pues surgió como culto que los antiguos habitantes de *Tenanitla* —que quiere decir bajo el volcán— rendían al señor de las flores *Xiuhtecuitl*, cada año.

Integran esta festividad exposiciones y venta de flores, concursos de pintura, balcones y jardines, elección de la reina de la feria, callejoneadas, charreadas, actividades culturales (conciertos, danzas, teatro, exposiciones), verbenas populares, fuegos artificiales, muestra gastronómica y el festival de ceremonia de clausura.

La gran fiesta —entre julio y agosto de nuestro calendario— se dedicaba al dios Xiuhtecuitl para agradecerle la cosecha de flores y frutas.

Con el transcurso del tiempo, el sincretismo religioso le dio un carácter "profano", aunque todavía se le imprimía un toque sacro, pues fueron los carmelitas descalzos quienes decidieron conservar la antigua tradición, vinculándola con el culto que rendían a la Virgen del Carmen, patrona del lugar.

Origen de la feria

Los carmelitas tenían un culto especial a la Madre de Dios, en la advocación de la Virgen del Monte Carmelo —Nuestra Señora del Carmen— cuya festividad se celebra en julio.

Desde entonces aprovecharon el mes con gran solemnidad porque coincidía con las celebraciones indígenas al dios Xiuhtecuitl. Con el paso de los años se fue convirtiendo en una feria en la que había distintas divinidades, peleas de gallos, juegos de azar, corridas de toros y juegos pirotécnicos.

Durante algunos años en el siglo XIX, las festividades quedaron relegadas hasta que en 1885, un vecino de San Ángel organizó una junta especial para revivir las fiestas de la Virgen del Carmen y rescatar el antiguo culto al Señor de las Flores. En 1940 las autoridades de la delegación Álvaro Obregón decidieron fusionar los eventos en uno solo y le denominaron La Feria de las Flores San Ángel, retomando el aspecto indígena y el católico, infundido por los carmelitas.

Un festejo tradicional

De esta forma las festividades que ahora se celebran en San Ángel, de hecho datan del siglo pasado. Ininterrumpidamente han pasado por varias etapas: la prehispánica, la colonial, la de la Reforma, la revolucionaria y la actual.

Con ciento treinta y un años de antigüedad, la Feria de las Flores es la fiesta tradicional más importante de la delegación Álvaro Obregón, en la zona correspondiente a San Ángel que fuera desde el Virreinato hasta 1987 el centro político y administrativo, primero del municipio y después de la delegación.

Esta fiesta es el resultado de la unión de elementos religiosos, económicos y sociales, ya que desde sus inicios fueron éstos los factores fundamentales para la organización de la feria.

La primera fue organizada en 1857. Durante varios años fueron ambulantes y de duración variable. Ya desde entonces, se organizaban una serie de actividades en las que participaba la población.

San Ángel no es muy antiguo. Su nombre primitivo fue Tenanitla, un caserío sin gran importancia vecino de poblaciones muy importantes como Coyoacán y Tizapán. Como hemos dicho, en lengua náhuatl Tenanitla significa "Bajo el volcán" y sin duda se refiere al pedregal que originó la erupción de volcán Xitle, del cual estaba cercano.

LA GUELAGUETZA
Espectáculo multicolor

Entre los antiguos zapotecas de Oaxaca el vocablo *Guelaguetza* designaba un acto de cortesía o gentileza. Posteriormente la palabra fue utilizada también para denominar los sistemas tradicionales de ayuda mutua establecidos en las comunidades indígenas para la siembra y la cosecha, y para la ayuda otorgada a los matrimonios jóvenes y a los parientes enfermos. Finalmente, los actos ceremoniales y rituales en los cuales se presentaban ofrendas a Centeotl y Xilomen, dios y diosa de la agricultura y el maíz, así como a Huitzilopochtli, deidad guerrera. Por cierto, estos actos iban siempre acompañados de música y danzas rituales.

Durante la época virreinal, por la influencia de los evangelizadores, la Guelaguetza se transformó en un acto de cortesía para recibir a personajes importantes y para celebrar a la Virgen del Carmen.

Éstos son los antecedentes de la actual Guelaguetza, fiesta que se celebra tradicionalmente en las cercanías de la ciudad de Oaxaca y que es conocida como Lunes del Cerro y que prácticamente se ha apropiado del nombre.

Estos Lunes del Cerro se efectúan los dos lunes siguientes al 18 de julio, fecha en que se conmemora el aniversario de la muerte del ilustre Benemérito de las Américas, Benito Juárez. La festividad ha llegado a ser el espectáculo folclórico más importante no sólo de Oaxaca, sino incluso de la República Mexicana por su riqueza musical, coreográfica y dancística. La variedad de ritmos, el colorido de los vestidos, el virtuosismo de los ejecutantes, hacen de este espectáculo uno de los más bellos conjuntos coreográficos de alto valor artístico de fama internacional.

La coreografía —cuerpo y alma de este espectáculo— fue integrada en forma natural a la música y las danzas tradicionales de las siete regiones que componen el bello mosaico indígena de Oaxaca. Estas regiones son:

1. La Costa: Pachutla, Jamiltepec y Pinotepa.
2. La Cañada: Teotiltán del Valle y Huautla de Jiménez.

3. La Mixteca: Tlaxiaco, Huajuapan, Chicahuaxtla y Copala.
4. El Istmo: Tehuantepec y Juchitán.
5. El Valle: Mitla, Tlacolula, Ocotlán y Ejutla.
6. La Vertiente Atlántica: Tuxtepec, Ojitlán y Valle Nacional.
7. La Sierra: Yalalah, Choapan y la zona Mixe.

Este espectáculo se inicia con un desfile de todos los participantes, quienes lucen sus trajes regionales. Su desarrollo comprende:

1. Jarabe del Valle, ejecutado por las chinas oaxaqueñas.
2. Los sones serranos y el Jarabe de la Botella, de la Sierra de Juárez.
3. La Flor de la Piña, de Tuxtepec.
4. Los sones mazatecos (Jarabe Huauteco, La Flor de Naranja, Anillo de Oro) de Huautla de Jiménez.
5. Los bailes: El Perro, El Quirio, El Zopilote, El Cotón.
6. La Chilena, La Malagueña, El Son, El Rumbero, La Vaca y El Pandero, de Pinotepa Nacional.
7. El Jarabe Mixteco, de Huajuapan.
8. La Sandunga y La Tortuga, de Tehuantepec.
9. El Jarabe Chenteño y el son El Palomo, de Ejutla.

Todos acompañados por bandas regionales, en especial por las de la región Zacatepec-Mixe, notables por su excelencia. La fiesta termina con la Danza de La Pluma, en la que los personajes llevan enormes penachos multicolores decorados con espejos.

FERIA DE LUCES Y MÚSICA EN SANTIAGO, ZAPOTITLAN

Expresión de tradición, leyenda y costumbres de un pueblo, una raza y un país. Delegación Tláhuac. Del 23 al 31 de julio.

La Feria de las Luces, que desde tiempos inmemoriales celebra el pueblo de Santiago Zapotitlán de la delegación Tláhuac, es una típica feria mexicana en la que para celebrar al patrono del pueblo, los habitantes de esta bellísima población conurbada de la capital, muestran con orgullo y con esplendidez lo que es representativo de la actividad cotidiana de sus moradores: los juegos pirotécnicos.
Debe mencionarse, a manera de aclaración, que la pirotecnia es en la actualidad, una de las profesiones más reconocidas y cotizadas en el mundo entero, pues además de los conocimientos técnicos, requiere imaginación creadora y amor al oficio.

Atuendo femenino oaxaqueño

La Guelaguetza

La cocina prehispánica

Legado culinario del México Antiguo

El emperador Moctezuma II

Mosaico de chiles

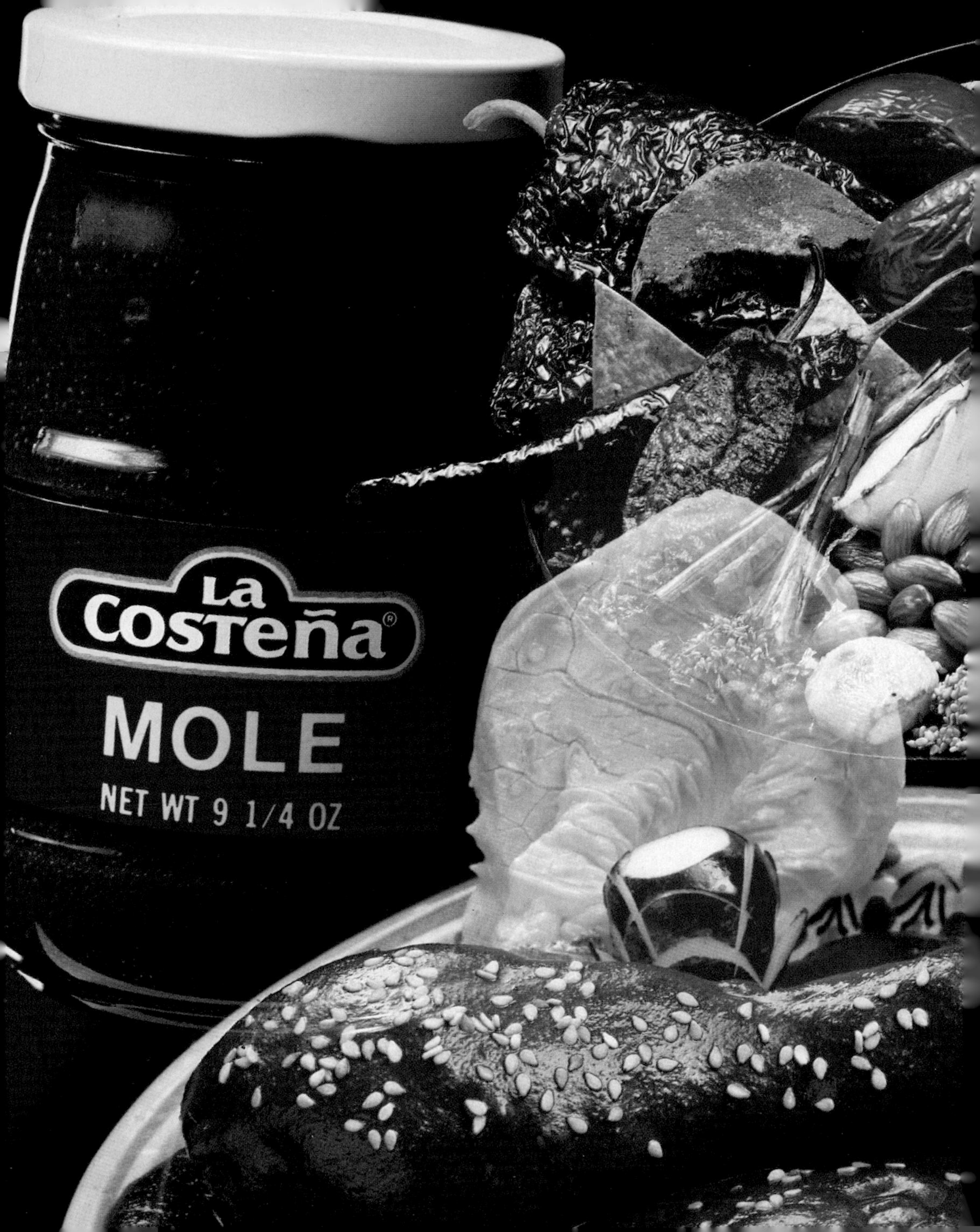
LA COSTEÑA
MOLE
NET WT 9 1/4 OZ

Las mil y una formas del nopal

Golosinas de amaranto

La China Poblana

Indita adornada con festones tricolores

Bandas tricolores por doquier

Celebración de la Independencia Nacional

Chiles en nogada

El Jarabe Tapatío

Reatas para las suertes de la Charrería

El paliacate

El rebozo

Sarapes y jorongos multicolores

Jóvenes herederos del folklore patrio

Pintura en papel amate

Danza de los Viejitos

Morir al pie de los volcanes

Ciertamente los juegos pirotécnicos y, por tanto, su oficio, fueron introducidos en México por los españoles. Sin duda alguna este gusto por el artificio de las luces se vio reformado por las relaciones que por varios siglos tuvo nuestro país con el Lejano Oriente a través del Galeón de Filipinas, ya que no hay que olvidar que la pólvora y los juegos de luces provienen de China.

A todos los mexicanos embeleza la "quema de castillos" de las celebraciones pueblerinas, porque la pólvora que otros utilizan para matar, nuestros maravillosos pirotécnicos la manejan para expresar su alegría y para llevar felicidad a sus compatriotas.

¿Quién entre los mexicanos no ha disfrutado de los cielos estrellados de las ferias pueblerinas en competencia magnífica con los cielos inventados de nuestros pirotécnicos, quienes rasgan las noches con miles de estrellas y luceros provenientes de las manos mágicas y la mente creadora de nuestros coheteros?

Son auténticos murales efímeros los que visten de gala todas las ferias de México. Imaginación, sueño, poesía policroma del alma pura de México, nuestra pirotecnia es, a no dudarlo, una recreación del alma popular de nuestra patria.

Y es así como no sólo nos damos el lujo de vestir de luces todas las ferias de México, sino que los habitantes del pueblo de los descendientes de los antiguos mexicanos se han invadido de este espléndido espectáculo, regalo sin par llamado Feria de las Luces.

EL LEGADO CULINARIO
DEL MÉXICO ANTIGUO

LA COMIDA PREHISPÁNICA

El arte de la gastronomía se inicia a partir del momento en que se contó con el empleo del fuego. La mayoría de las recetas que conocemos actualmente, fueron transmitidas en forma oral. No sabemos a quién se le ocurrió por vez primera preparar una salsa, cuándo se elaboró la primera tortilla. En fin, gracias a la necesidad, en primer lugar, y al ingenio y dedicación, principalmente femenino, contamos hoy con un incalculable número de recetas prehispánicas.

Antes de la llegada de los conquistadores, los mexicas tenían una alimentación equilibrada y muy diversa.* Se ha dicho que era un pueblo subalimentado porque su dieta carecía de productos lácteos y de carne al estilo europeo. Esta teoría ha sido refutada. Gracias a los conocimientos actuales, hoy sabemos que una combinación de alimentos basada en maíz, frijol y amaranto produce suficientes aminoácidos para una buena nutrición. La tortilla es superior en nutrientes al pan blanco, pues el tratamiento del maíz con la cal y calor (nixtamalización) es un proceso fundamental para mejorar el valor nutritivo del grano. Este procedimiento incorpora el calcio —tan necesario y que suele faltar en la dieta humana— así como aumenta el hierro asimilable. El número de platillos que se preparan con base en maíz es extenso, citaremos algunos: tortillas, tlacoyos, tamales, pozole, dobladas, pinole, etcétera.

* ACOCILES. Del náhuatl ACOCILLI. Son una especie de camarones muy pequeños de agua dulce.
ACHIOTE. Condimento que se obtiene al macerar y moler las semillas del fruto de ese nombre. Además de utilizarse como condimento, se usa para teñir de rojo.
AHUAUTLI. Huevecillos blancuzcos de mosco lacustre. Del náhuatl A: raíz de atl —agua y huautli— bledo, literalmente: bledos de agua.
AMINOÁCIDOS. Compuestos orgánicos que constituyen la estructura primaria de las proteínas.
CAPULÍN. (Del náhuatl CAPOLLIN.) Fruto pequeño de color oscuro, se come fresco y en conserva. Es parecido a la cereza.
CUTÍCULA. La cutícula del maguey se saca del centro de la planta, es una tela muy delgada de color blanco que en la época prehispánica se utilizaba como papel para escribir o pintar. Sirve para envolver carne previamente adobada y cocida al vapor, platillo al que se denomina MIXIOTE.
CHAYOTE. (Del náhuatl CHAYOTLI.) Fruto con forma de pera, de pulpa dulce, blanda y aguañosa, su cáscara es fuerte. Según la variedad puede ser lisa o con espinas.
CHIRIMOYA. Fruto acorazonado, verdoso con semillas negras cuya pulpa blanca es de sabor dulce muy agradable.
GUANÁBANA. Fruto muy parecido a la CHIRIMOYA.

Por otro lado, el pueblo mexica consumía proteínas de origen animal de diversas especies, tanto a través de caza como de la pesca y de animales domésticos. Citaremos entre los primeros: armadillo, jabalí, tlacuache, liebre, conejo, tuza; de la pesca en lagos y lagunas de agua dulce o salada obtenían: pescados, ranas, ajolotes, tortugas, camarones, acociles; entre los domésticos: guajolotes e *itzcuintles*. Se alimentaban también de insectos comestibles y de la hueva de un mosco lacustre denominado *ahuatli*, considerado el caviar mexicano. Asimismo, consumían el *teocuitlatl* o alga espirulina, muy rica en proteínas. Esta planta flotaba en el agua, de donde la recogían, dejándola secar para luego agregarla a diferentes platillos.

Preparaban sus alimentos en forma variada, asados, hervidos, a vapor, o como lo que hoy conocemos como barbacoa, por cocción en un hoyo en la tierra. Utilizaban poca grasa, la que obtenían del jabalí o del guajolote.

En una buena dieta no podían faltar los vegetales y las frutas, fuente de vitaminas y minerales. Entre los primeros mencionaremos los quelites, calabacitas, nopales, *huatzontles, xoconochtles*, chilacayotes, chayotes, hongos, *huitlacoche*, flor de calabaza, flor de *izote*, de maguey y muchos más. Entre las frutas: zapote, mamey, tuna, aguacate, piña, guayaba, ciruela silvestre, capulín, chirimoya, guanábana, tejocote, jícama. Para aderezar, aromatizar o condimentar las comidas utilizaban: achiote, vainilla, miel de abeja, miel de maguey, hoja santa, epazote, cilantro, *chipilli*, etcétera.

Es necesario mencionar muy especialmente el cacao, el maguey, el chile y el *huautle*.

ITZCUINTLI. Perro pelón al que se cebaba para comerlo en diferentes formas.
JÍCARA. (Del náhuatl XICALLI.) Utensilio hecho de la corteza del fruto de la güira. Significa cuenco vegetal y sirve a manera de plato, taza o medida.
MAGUEY. AGAVE. Voz latina que significa admirable. Planta de hojas largas y espinosas. Del centro de la planta se extrae el aguamiel, el que cuando se fermenta se convierte en pulque. Los gusanos que se crían en él son muy apreciados. Con las hojas se envuelve carne para prepararla en barbacoa y con la cutícula se preparan los mixiotes. Con la fibra se fabrican costales, ayates, bolsas, etcétera.
MECATE. Cuerda hecha con la fibra del maguey.
MEZCAL. Aguardiente elaborado con el aguamiel.
OCTLI. Nombre con el que los antiguos mexicanos denominaban a la bebida que sacaban del maguey y a la que posteriormente se le llamó pulque.
PENCA. Hoja carnosa de algunas plantas como el nopal y el maguey.
PULQUE. Bebida derivada de la fermentación del maguey.
TLACOYO. Tortilla algo gruesa y alargada rellena de frijoles.
XOCONOCHTLI. Voz náhuatl que significa tuna agria.

El cacao era tan apreciado que también se utilizaba como moneda. Al preparárselo en forma de bebida — frío o caliente — era primeramente tostado y molido con maíz, posteriormente disuelto en agua y endulzado con miel; se perfumaba con vainilla, era batido con un molinillo o vertido en jícaras desde lo alto para que espumase.

La palabra maguey pertenece al género *agave*, voz latina que significa admirable. De este vegetal todo se aprovecha. De él obtenían una bebida llamada *octli*, a la que posteriormente se le conoció como pulque, consumido tanto en la vida diaria como en las festividades religiosas. Con la cutícula se preparan los mixiotes. Con la fibra de la penca se elaboran tejidos y mecates. En esta planta se crían gusanos (blancos con la parte inferior del tronco roja) que son también muy alimenticios. La piña del maguey y la parte gruesa de las pencas pueden ser horneadas, resultando así un dulce muy sabroso llamado mezcal.

El chile, indispensable en la elaboración de muchos platillos, se puede consumir fresco o seco y hay una variedad muy grande: poblano, cuaresmeño, verde, chilaca, pasilla, ancho, mulato, chipotle, árbol, guajillo, piquín, etc. Utilizado con moderación es buen estimulante del apetito y además contiene vitamina K y ácido ascórbico.

La semilla de *huautle* o amaranto era tostada y mezclada con miel. Con esta pasta formaban figuras *(tzoalli)* que eran consumidas en algunas festividades religiosas y son las que actualmente se conocen con el nombre de alegrías. El amaranto se utiliza para la preparación de diversos platillos como galletas, atole y dulces en general.

Como vemos, la alimentación en el México prehispánico era equilibrada, buscaban siempre la armonía entre platos fríos y calientes, comían dos veces por día, sin exceso, guardando un profundo respeto y silencio, evitando cualquier desavenencia. La variedad de platillos era muy extensa y algunos todavía existen.

EL PORQUÉ DE LA TRADICIÓN DE COMER UN PLATILLO DIFERENTE
Y ESPECIAL EN LAS FIESTAS DE LOS MEXICANOS

El cronista fray Diego Durán dice al describir las fiestas que a lo largo de un año celebraban en Tenochtitlan:

"Esto de comer diferentes comidas en sus fiestas era rito y ceremonia de diferenciar los manjares y comer en cada fiesta un manjar nuevo, el cual aquella fiesta permitía comer".

Los cuales ofrendaban a sus dioses.

Para algunas personas puede resultar extraño que hablemos de una Cocina Imperial Azteca, referencia a una gastronomía selecta, muy refinada y variada. Pero no se trata de una simple metáfora, sino de una realidad histórica. Suele tenerse la visión equivocada de que la cocina prehispánica estaba reducida al maíz, frijol y chile. Algunos antropólogos han llegado a considerarla la trilogía de los hábitos alimentarios de nuestros ancestros indígenas, pero afortunadamente no fue así. Ciertamente son tres elementos usuales, pero de ninguna manera los únicos que utilizaban cotidianamente las grandes cocineras indígenas, creadoras de la grandiosa Cocina Mexicana.

Bastará recordar el gran asombro con el cual los conquistadores españoles describieron los mercados indígenas de Tlaxcala, de Chalco-Puebla y, finalmente, el de Tlatelolco. Hernán Cortés en su Segunda Carta de Relación al emperador Carlos v; también Bernal Díaz del Castillo, fray Francisco de Aguilar y, sobre todo, fray Bernardino de Sahagún, todos ellos testigos de primera mano que visitaron los famosos *tianguis* de los reinos indígenas.

Con base en lo que dicen Hernán Cortés y fray Bernardino de Sahagún, mencionaremos algunas de las mercancías que allí se vendían. Existía en los antiguos mercados indígenas una calle dedicada exclusivamente a la venta de todos los linajes de aves, bien fueran de caza o domésticos: guajolotes o gallos de papada, gallinas, perdices, codornices, lavancos, dorales, zarcetas, tórtolas, palomas, pajarillos en cañuelas, papagayos, águilas, halcones, gavilanes, cernícalos y patos.

En otro apartado del mercado se vendían cuadrúpedos: conejos, liebres, venados y perros pequeños que criaban para comer castrados, armadillos, monos arañas y mapaches y en otra calle más se expendían pescado fresco, salado y cocido, ajolotes, caracoles, camarones y toda clase de mariscos.

Entre los alimentos vegetales figuraban *verduras*: nopales, jitomates, quelites, tomates, *huitlacoche*, calabazas, ejotes, hongos, setas, chayote, *huauzontles*, aguacate, *izote* o yuca, xoconochtli; *frutas:* papaya, tuna, mamey, piña, guanábana, chirimoya, capulines, ciruela silvestre, zapote negro, blanco, amarillo, chicozapote, nanche, guayaba, pitahaya, tejocote; *tubérculos:* camote, papa, raíz de chayote, jícama; *frijoles, maíz y sus derivados*: tortillas, tlacoyos, totopos, pozole, dobladas, pinole, tamales, atole, palomitas; *Chiles verdes o secos*: ancho, pasilla, mulato, guajillo, morita, de árbol, catarina, piquín, poblano, habanero, verdes; *bebidas*: chocolate, agua miel, pulque, aguas de frutas, atoles endulzados con mieles y perfumados con vainilla; *dulces:* palanquetas de semilla de calabaza y de cacahuate; pinole (a partir del grano de maíz), palomitas, mieles de caña de maíz, mieles mezcladas con semillas de amaranto, mieles de avispa y de colmena, miel de maguey, miel de tuna, biznagas, mezcal, camote asado.

Esto fue lo que hizo exclamar a Hernán Cortés que nuestros mercados eran superiores a los de Oriente y a los de la misma Constantinopla; éstas eran las mercancías que estaban a la mano y al alcance de los habitantes de la Gran Tenochtitlan, mercancías que dieron origen a la cocina azteca la cual culmina en la riqueza y variedad de la Mesa Imperial de Moctezuma.

Con estos antecedentes entraremos ya a la Cocina Imperial Azteca, la cual conocemos a través de las descripciones que los cronistas ya mencionados hacen de la Mesa de Moctezuma. Si le llamamos Cocina Imperial Azteca, es porque no solamente su confección, variedad y gusto eran exquisitos; sino que la ceremonia de servicio era de lo más refinado y elegante, requisito para que una cocina pueda ser considerada como auténticamente Imperial siempre superior a la Regia.

Cabe mencionar, además, que Moctezuma II es descrito como un hombre fuerte de carácter y culto, inteligente, carismático y con profundo sentido religioso. De ahí que su personalidad se hubiera reflejado también en la forma de comer. Fue él el autor de un rígido ritual culinario.

Escuchemos lo que Bernal Díaz del Castillo nos dice al respecto:

"Volvamos a la manera que tenía en su servicio al tiempo de comer: Que si hacía frío teníanle hecha mucha lumbre de ascuas (brasa roja) de una leña de cortezas de árboles que no hacían humo y el olor de las cortezas de que de allí se hacían aquellas ascuas —eran muy olorosas, y por que no le diesen más calor de lo que él quería, delante de él ponían una tabla tipo biombo, labrada con oro (y otras figuras de ídolos), y él sentado en un asentadero bajo blando y la mesa también baja hecha igual que los asentaderos. Ahí le ponían sus manteles de mantas blancas y unos pañizuelos largos de lo mismo, y cuatro mujeres muy hermosas y limpias le daban aguamanos en unos como a manera de aguamieles hondos que llaman xicales.

"Ponían debajo, para recoger el agua, otras a manera de platos, y otras dos mujeres le traían tortillas, ya que comenzaba a comer echábanle o le colocaban una como puerta de madera muy pintada de oro para que no le viesen comer, y estaban apartadas las cuatro mujeres; y allí se le ponían a su lado cuatro señores grandes viejos de pie con quien Moctezuma de vez en cuando platicaba o les preguntaba cosas. . . y a cada uno de ellos les regalaba al terminar un plato de aquello que más les había gustado".

También menciona el cronista, que una especie de maestresala le presentaba los platillos, y él con una varita le indicaba el que más le apetecía. Las vajillas se utilizaban una sola vez.

"Eran de barro de Cholula, colorado y negro y los más de trescientos platillos iban colocados en braserillos individuales cargados por jóvenes indígenas de la nobleza.

"En la sala y detrás del biombo, permanecían en silencio los sacerdotes, los jueces, los ministros y guardias allí reunidos (sin hablar). Algunas veces, cuando Moctezuma estaba de vena, escuchaba música, y una especie de bufones —indios corcovados, feos, deformes porque eran chicos de cuerpo, chocarreros y truhanes que le hacían gracias— le bailaban y le cantaban. Y al finalizar de comer, volvían las damas y alzaban los manteles y le daban agua para lavarse las manos, despedía a los cuatro grandes señores y, después de fumar su pipa, se quedaba reposando. Luego que había terminado se distribuían los alimentos sobrantes entre todos los miembros de la corte y de sus guardias que según los cronistas eran más de mil. Esto era el protocolo".

Veamos ahora algunos de los platillos que se le solían ofrecer, basándonos en la crónica de fray Francisco de Aguilar, quien también dice:

"Que su manera de servicio era muy grande como príncipe muy poderoso —según su decir— henchían toda la sala en hileras; las aves cocinadas de las más diversas maneras, cocidas, asadas o bien guisadas; otra hilera de empanadas muy grandes, o sea, eran las diversas variedades de tamales que también eran de aves, gallos y gallinas. Otra hilera de codornices y palomas también ocupaba su lugar; los pescados de río y de la mar de todas las especies; cazuela de con chile verde; cazuelas de mole verde, rojo, amarillo y negro; pipianes verde y rojo; barbacoa de aves, de jabalíes y de perros *tepezcuintli* y *techiches*; cazuelas de gusanos de maguey y *escamoles* y otros insectos como chapulines y langostas; guisos de nopales, quelites, verdolagas; huevos cocidos de aves, codornices, gallinas, palomas y guajolotes.

"También tenían su lugar las ranas, los ajolotes y toda una rica variedad de tortillas que mucho agradaron a los conquistadores. Les servían también toda clase de frutas locales y de todas las regiones. Capítulo especial era el de la variedad de postres, entre los que mencionamos: elotes endulzados con mieles, capulines, miel de abeja, caña de maíz; frutas: mamey, zapote negro, zapote blanco, chicozapote, chirimoya, pitayas, tejocotes, capulines y tunas."

Como puede verse por esta descripción de la Mesa de Moctezuma, no resulta exagerada la cifra de trescientos platillos. ¿No es una gran Cocina Imperial? Entonces, ¿cuál podría serlo?

Es necesario aclarar que la abundancia y exquisitez de la Mesa de Moctezuma, no quiere decir que fuese un glotón exagerado. Por el contrario, se comportaba siempre como un hombre disciplinado, pues los cronistas señalaban expresamente que era un hombre de poco comer y no dado a los excesos, o sea, un señor digno de tal mesa. En consecuencia el refinamiento de su gran cocina era sólo el reflejo de una tradición de su pueblo y de un grado muy alto de cultura y calidad espiritual.

Debemos sentirnos muy orgullosos de nuestro pasado histórico porque desde nuestras raíces indígenas, todas las manifestaciones culturales denotaban una civilización integrada con identidad y carácter de fuerza tal que aún hoy, después de cinco siglos sigue presente en las manifestaciones culturales de los mexicanos. Ésta es la razón por lo que resulta interesante el tema de la Cocina Imperial Azteca y de la Mesa de Moctezuma, antecedente directo y con vigencia para la cocina mexicana actual.

Incluidas las nuevas tendencias, lo que más debe llenar de orgullo es que la mujer indígena fue la creadora de esta gran cocina que ha sido y sigue siendo la protagonista de nuestra gastronomía, que por haber alcanzado niveles imperiales antes de la conquista, imprimió su sello y heredó su grandeza a lo que habría de ser —con la mezcla de nuestra olla con el caldero español— la Cocina Típica Mexicana.* La mesa actual de los hogares mexicanos es descendiente directa de la Imperial Mesa de Moctezuma.

---

* AJOLOTES. Del náhuatl AXOLOTL. Anfibio de México.
CERNÍCALO. Ave de rapiña de plumaje rojizo manchado de negro.
CHAPULÍN. Del náhuatl CHAPOLLIN. Langosta mexicana que se cría generalmente en las milpas.
CHICOZAPOTE. Del náhuatl XICOTZAPOTL. Fruto de cáscara y pulpa café con semillas negras y lustrosas. Se come fresco y en dulce.
ESCAMOLES. Del náhuatl AZCAMOLLI. Hueva de hormiga. De aspecto semejante al arroz blanco inflado, se come en guiso o en taquitos con guacamole.
IZOTE O YUCA. Del náhuatl ICZOT que significa árbol. Especie de palma con hojas y flores comestibles de color blanco cremoso y aroma agradable.
LAVANCOS. Un tipo de pato.
PERDIZ. Ave de la familia de las gallináceas, de carne muy apreciada, de cuerpo grueso y plumaje ceniciento rojizo.
PITAHAYA. Planta trepadora de hermosas flores y fruto del mismo nombre.
QUELITE. Del náhuatl QUILITL. Hierba comestible.
TIANGUIS. Del náhuatl TIANQUIZTLI que significa "mercado".
TEPEIZTCUINTLI Y TEPEZCUINTLI. Voz náhuatl que significa "perro de las montañas", el cual se alimentaba de frutas y vegetales. Formaba parte importante de la alimentación prehispánica.

Quesadillas de Huitlacoche*

INGREDIENTES:

1 kilo de huitlacoche
20 tortillas recién hechas, pequeñas
2 ramas de epazote picado
5 dientes de ajo picados
chile serrano al gusto
cebolla picada finamente
aceite para freír
sal

ELABORACIÓN:

— *Lave bien los huitlacoches.*
— *Ase y pique los chiles serranos.*
— *Fría la cebolla y los ajos; agregue el huitlacoche, los chiles, el epazote y la sal, tape la cacerola. Deje todo a fuego bajo hasta que estén bien cocidos los huitlacoches.*
— *Rellene las tortillas y dóblelas para formar quesadillas. Fríalas por ambos lados.*

PLATILLOS PREHISPÁNICOS DE LOS EMPERADORES AZTECAS

ACOCILTIN
Acociles

ACHMICHIN TAMALLI
Tamal de charales

AYOAYOTL
Sopa flor de calabaza

CAMOTLI
Camote achicalado

ELOAYOTLICA CUITLACOCHI
Sopa de elote con huitlcoche

GUANÁBANA
Guanábana

HUEXOLOXOCPIPIANTLI
Guajolote en pipián verde con tamal de hoja santa

MEIXIOMICHIN
Mixiote de pescado

* CUITLACOCHI. Voz náhuatl que quiere decir "desecho" o "excrecencia".

NANACAAYOTL
Sopa de hongos

NOCHTLI
Tuna

OLOLAHUAUHTLI
Tortas de ahuautli

OLOL MICHIN TLACUALLI
Tortitas de pescado seco con
quelites al vapor

TLACUELPACHOLLI
Dobladas

TOTOPOCHNANACATL
Hongos asados

TZOPELTEXOCOTL
Dulce de tejocote

YEPPA CAXTILLAN
TLACUALAYOTL
Sopa prehispánica

TECUITLATL

Alga Espirulina

Alimento prehispánico que los aztecas consumían regularmente. Es un alga microscópica azul verde de la clase de las cianoficeas que se presenta en forma de filamento helicoidal, vive en aguas fuertemente alcalinas.

De los alimentos naturales es el que posee el mayor contenido de proteínas. La espirulina, al igual que los vegetales, crece por medio de la fotosíntesis. Es un organismo multicecular, que vive en cultivos acuáticos de elevada concentración de sales inorgánicas que con el efecto de los rayos del Sol desarrolla su protoplasma con un alto contenido de proteínas de excelente calidad.

En 1524 llegó al Valle de México fray Toribio de Benavente, mejor conocido con el nombre de Motolinía, y acerca del alga espirulina dijo: ". . .había sobre las aguas del lago de México cierta clase de un lodo muy fino y en cierta época del año, cuando la capa de lodo se había engrosado, los indígenas lo recogían con unas redes muy finas hasta llenar con ese barro sus acales o canoas, y luego lo depositaban sobre la tierra o la arena de la playa en montículos de dos o tres brazas de ancho y un poco menos de largo. Allí lo dejaban secar un poco y luego hacían pasteles de dos dedos de grosor que en pocos días estaban completamente secos, tenían forma de ladrillos. Los indígenas lo comían mucho y obviamente les gustaba y se satisfacían. Este producto era intercambiado con los comerciantes de tierra firme, como lo es el queso entre nosotros. Tiene un extraño y salado sabor. . .".

El tecuitlatl es un alimento de bajo costo y altamente nutritivo por lo que puede ayudar a resolver el problema de la mala nutrición en el mundo entero.

Análisis químicos revelan que la espirulina contiene de 65% a 70% de proteínas, el más alto porcentaje encontrado en un alimento natural; además contiene ocho aminoácidos esenciales: leucina, isoleucina, valina, treonina, lisina, metionina, fenilalanina, triptófano. Cuenta también con algunos minerales como: calcio, potasio, hierro, fósforo y sodio; ácidos grasos no saturados y siete vitaminas: A1, B1, B2, B6, B12, C y E. La espirulina es de fácil digestión.

Un siglo después de la llegada de los españoles, el *tecuitlatl* había desaparecido de los mercados, pero los indígenas —que desde hace mucho han vivido en las orillas del lago de Texcoco— lo han seguido consumiendo.

Existen dos razones importantes para valorar realmente a la espirulina:

a) Es completamente digerible y no causa efectos colaterales. En su largo historial de uso como alimento humano no ha habido ninguna evidencia de complicaciones.

b) Puede ser producida con tecnología de bajo nivel y trabajo intensivo. Se recomienda para llevarla cuando se viaja o en excursiones, ya que siendo un alimento muy concentrado, resulta una carga ligera, a diferencia de otros alimentos que son voluminosos y pesados.

Algunas personas lo utilizan como fertilizante para las plantas de sombra. Por su alto contenido de clorofila, xantofila, caróteno y vitaminas A y E, produce resultados sorprendentes como acondicionador del cabello y de la piel.

Actualmente la empresa Sosa Texcoco la está produciendo con tecnología industrial avanzada. A partir de 1967, y como consecuencia de investigaciones científicas realizadas en México sobre la espirulina, Sosa Texcoco construyó, en colaboración con el Instituto Francés del Petróleo, una unidad de producción industrial de espirulina donde se llevó a cabo un programa para el cultivo de esta alga en forma controlada.

Esperamos que muy pronto este alimento esté realmente al alcance de todos los presupuestos.

LA CULTURA DEL MAÍZ Y LA CIVILIZACIÓN DEL CHILE

Las formas de alimentación de los pueblos son, a no dudarlo, un dato antropológico vinculado esencialmente a la geografía, al territorio de ese pueblo y a su cultura. El arte culinario resulta, así, ser una expresión natural de la civilización de un pueblo.

La manera como se transmiten los hábitos alimentarios es precisamente la tradición, que no es otra cosa que la trasmisión efectuada en forma cotidiana, de generación en generación, de los usos y costumbres en materia de alimentación.

Es por ello correcto referirse a una tradición culinaria mexicana la cual, ciertamente, está integrada por las llamadas cocinas regionales, en virtud de que como ya se indicó, la cocina está vinculada a la geografía y, al ser México un país integrado por diversas regiones, cuando hablamos de tradición culinaria, tenemos que entender que se alude a una cocina plural, necesariamente regional.

Pero es válido hablar de una tradición culinaria nacional, toda vez que en el proceso histórico de integración cultural de México, en lo que a cocina se refiere, se funden diversos elementos de aceptación general en todo el territorio nacional.

Tal es el caso del maíz, de los jitomates, de los tomates y, básicamente, del chile.

Algunos antropólogos suelen mencionar una Cultura del Maíz para simbólicamente expresar los hábitos de las culturas de Mesoamérica, y en ese mismo sentido, podría también calificárseles como Civilización del Chile porque éste es un ingrediente universal en la alimentación del Anáhuac.

El chile es un ingrediente originario de México cuya función es dar carácter, sabor y colorido a los platillos mexicanos, un auténtico acento culinario, una sazón — si se prefiere el término más usual. Al mencionar que es un acento, no necesariamente se quiere sugerir la característica de picante, porque los platillos mexicanos han evolucionado y la alta cocina ha procurado eliminarla o, por lo menos, tiende a suavizarla, para hacerla más universal en el gusto. Se trata más bien del resultado obtenido en el manejo del chile, manejo que imprime a los platillos un sabor especial.

La enorme variedad de chiles, con sus respectivas características en color, sabor y modalidades de elaboración, brinda a las salsas mexicanas una variedad y una riqueza invaluables, para ser utilizadas como guarnición de los platillos de origen mexicano.

Los grandes hallazgos culinarios mexicanos están basados en el empleo de los ingredientes y en su combinación con otros elementos e ingredientes, bien sean nativos de Mesoamérica o aportados por otras civilizaciones — como sería el caso de las especias, de los vegetales y de los animales traídos de otros países.

En México el chile, compendiando en esta expresión todas sus especies, ha sido utilizado durante mucho tiempo como un ingrediente en la elaboración de los platillos, es decir, si se analiza la historia de la cocina mexicana, se verá que durante mucho tiempo el chile siempre ha figurado como un complemento o un acompañante de la parte substancial o principal del manjar.

Como puede apreciarse, es lícito hablar de una civilización de la mesa, porque la alimentación es expresión de la cultura con la que se identifica a un pueblo.

Su majestad el chile y las divinas salsas

Este producto es de origen prehispánico. Algunos investigadores consideran que el cultivo del chile es anterior al del maíz, del frijol y de la calabaza.

Dos sitios del Valle de México comprueban el consumo del chile en el altiplano desde la época preclásica: en la excavación de Loma Torremote, Cuautitlán, México, se encontraron en los escombros de subterráneas, semillas de chile carbonizadas del tipo tronco cónico fechadas entre 2950 y 2250 a.C., y restos de chile en forma de semillas carbonizadas en casi toda la secuencia cronológica de Teotihuacan.

Ingrediente indispensable en la elaboración de la mayoría de los platillos mexicanos, se utiliza tanto fresco (verde) como seco; la variedad es muy extensa.

El Códice Mendocino —que debe su nombre al primer virrey de la Nueva España don Antonio de Mendoza, por ser él quien lo mandó pintar para informar al emperador Carlos V de las riquezas de las nuevas tierras conquistadas— menciona en la Matrícula de Tributos los productos y las cantidades que debían entregar a México los pueblos sometidos.

Al chile también se le menciona en la educación de los niños, pues se dice que cuando algún niño se hacía merecedor a un castigo, se le hacía respirar el humo del chile tostado, con lo que prometía corregirse.

Muchos platillos que hoy disfrutamos y que contienen chile son de origen preshipánico como el chileatole, los tamales, las dobladas y los tlacoyos con sus distintos tipos de salsas; el pipián rojo, el pipián verde, los guisados de escamoles, de charales, de tortitas de *ahuautle*, de camarón, los mixiotes, las calabacitas con rajas y otros.

Fusión de la olla con el caldero español

Con la llegada de los conquistadores, nuestra cocina se hace más variada, ya que al combinar los diferentes tipos de alimentos que aquí teníamos con los que se trajeron, surge la cocina mestiza, tan apreciada por propios y extraños y situada en tercer lugar en el mundo por su sabor exquisito, su alto valor nutritivo, su variedad y su presentación. Citaremos algunos ejemplos de esta cocina: un primerísimo lugar ocupa el mole poblano; le seguirían: el mole negro de Oaxaca, el huachinango a la veracruzana, los tradicionales romeritos con tortitas de camarón, los famosos chiles en nogada, la tinga poblana, el mole de olla, el pozole, la pancita... la lista podría volverse interminable. Y no podemos dejar de mencionar el chile piquín en polvo que, mezclado con sal, se espolvorea en frutas y verduras, en los elotes cocidos o asados y en diferentes frituras.

Siendo el chile un ingrediente tan familiar entre nosotros, su nombre está presente en dichos, juegos de palabras y canciones.

Se dice que en la Edad Media los europeos apreciaban mucho las especias, pues no contaban con suficientes sazonadores o estimulantes lo cual constituyó un factor determinante para buscar nuevas rutas hacia la India para proveerse de especias. En esa búsqueda llegaron a América y aunque su aportación a la cocina mexicana fue determinante, también ellos, a partir de entonces, contaron con nuevos elementos culinarios, entre los más importantes: el chocolate, la vainilla, el chile, etcétera.

El chile se puede consumir verde o seco. Generalmente se le denomina de diferente manera cuando ya está seco que cuando estaba verde. Ejemplo: al chile chilaca se conoce así cuando está verde y como chile pasilla cuanto está seco; al poblano cuando está seco se le llama ancho o mulato; el cuaresmeño, chipotle; al chile verde morita se le denomina serrano, de árbol, según el tipo de chile.

Los chiles que se dejan secar en la planta son de mejor calidad. A este tipo de chile seco se le llama "pasera"; aunque actualmente la mayor parte de los chiles se secan en hornos e inmediatamente se les echa agua para poderlos empacar en costales. Los chiles secados al sol se reconocen porque su tallo no está quemado.

Aunque la variedad de chiles es muy grande, el ama de casa experta sabe diferenciar los sabores.

El grado de cualidad de picante va de poco picante hasta muy picante. La mayor concentración de picante se encuentra en la sección transversal del chile; por lo tanto, los chiles pequeños son más picosos que los grandes.

Entre los chiles menos picantes citaremos: el mulato, ancho, guajillo grande, pimiento morrón; y de entre los más picantes: de árbol, pulla, piquín, serrano, morita y habanero.

Al hablar del chile debemos mencionar al vocablo del idioma náhuatl *molcaxitl* (plato o escudilla para salsa) pues se puede decir que no hay salsas más sabrosas que las que se hacen en molcajete, aunque ahora por razones de tiempo, se utiliza mucho la licuadora.

México es un productor importante de diferentes tipos de picante debido a que el chile está presente en muchos platillos, desde sopas como la sopa de tortilla, el caldo tlalpeño; en los guisados como los moles, salsas; hasta en golosinas como en las pulpas y las paletas, por citar sólo algunos productos. Sin embargo, la mayor parte de la producción la absorbe la industria ya que los chiles enlatados tienen mucha demanda dentro y fuera del país, sobre todo los preparados en escabeche.

Si se consume con moderación, el chile es estimulante del apetito, además contiene vitaminas A, C, K y ácido ascórbico.

Fray Bernardino de Sahagún en su obra *Historia General de las cosas de la Nueva España* hace mención del chile para usos medicinales:

a) Como remedio para problemas dentales.
b) Para heridas en la lengua [como antiséptico].
c) Para problemas del aparato digestivo.
d) Para la tos.
   Entre otros.

En la medicina popular contemporánea se usa el chile, aunque se le considera remedio casero.

Cuando se sabe comer chile éste es una delicia; para quien no lo conoce, comerlo puede ser un sufrimiento o una nueva experiencia.

«*Yo soy como el chile verde, chiquito, pero picoso*»

En este punto procede hablar de la tradición mexicana de los chiles en nogada.

Los chiles rellenos y los famosos chiles en nogada, vienen a marcar un grado de evolución cultural, de avance, en la civilización general de México, representado en los hábitos alimentarios. En efecto, como habíamos señalado, hasta antes de la creación del chile en nogada, el chile cumplía una función complementaria o de acompañamiento. Sin embargo, al aparecer este platillo, el chile superó la función de mero aderezo y se independizó e impuso su soberanía y su personalidad en la mesa del mexicano, convirtiéndose en un manjar principal.

Es curioso que la invención de los chiles en nogada coincidiera con la etapa de independencia nacional y de reafirmación de la soberanía mexicana, no sólo independizándose de su función anterior, sino presentado plásticamente los colores de la recién nacida enseña nacional, más aún la fantasía monacal lo ofrece como un símbolo que reafirma nuestra nacionalidad por lo cual se empeñó en presentarlo con los colores nacionales: verde, blanco y colorado de la enseña trigarante. (Al referirnos a las conmemoraciones de las fiestas patrias presentaremos las recetas de los chiles en nogada.)

Los chiles frescos son:

Jalapeño cuaresmeño. Mide de 3 a 6 centímetros. Es carnoso y de punta redonda. Se utiliza para escabeche y rellenos.

Jalapeño chico. Hay variedades de menor tamaño (2 a 3 centímetros) y más picantes.

Serrano o verde. Puntiagudo y pequeño. Se come sólo en salsas crudas o cocidas, en escabeche y guisados.

Poblano. Grande y verde, el más común para rellenar. También se corta en rajas o se muele para sopas, se asa y se pela antes de usarlo. Una variante de poblano pequeño se llama chile de agua.

De árbol. Muy pequeño y picoso. Para salsas y escabeches.

Chilacas. Verde oscuro, largo y liso, muy picante. Hay que asarlo, pelarlo y desvenarlo. Se usa para rellenar, en rajas y escabeche.

Mirasol. Sus flores siempre miran al sol. Fresco no se usa mucho.

Piquín. Es el chile más pequeño, más conocido y quizá más picante. Es verde y se vuelve rojo al madurar. Para muchas salsas. Otros nombres que se le da: chiletepin, pulga, amash (en Tabasco), enano, tichusni (en Oaxaca) y guindilla (en España).

Trompo. Esférico, pequeño. Para salsas frescas. También se llama bola o trompita.

Güero. Amarillo o verde claro. En el Sureste se llama ixcatic. Aromático y fino. Se usa en cocidos y guisos o como relleno; curtido, en salsas o escabeches. Otros nombres que recibe son: caribe y caloro.

Habanero. Muy aromático y el más picante, exclusivo del Sureste. Para pucheros y otros guisos.

De agua. Parecido al poblano, pero más pequeño, verde claro. Se encuentra en Oaxaca.

NOTA: Al hablar de "rajas" se hace referencia generalmente a rajas de chile poblano.

Los mismos chiles, secos, tienen otro nombre:

Chipotle. Se seca ahumándolo. Es rojo oscuro, arrugado, aromático y picante. Para salsas, adobos y (entero) en guisos y sopas. Seco y sin ahumar se llama meco.

Morita. Rojizo, aromático y picante. Otros nombres que se le da: chilaile y mora.

Serrano seco. Para salsas y adobos. Molido se usa para condimentar frutas y ensaladas.

Ancho. Color vino aladrillado. Proviene del poblano claro.

Mulato. Rojo intenso. Proviene del poblano oscuro. Para adobos, moles y salsas. También se rellena. Se le llama también chino.

De árbol seco. En polvo se usa para aderezar verduras y frutas.

Pasilla. Largo, arrugado, rojo oscuro, aromático y con un picante dulce. Para rellenar o en adobos y salsas. También es llamado achocolatado.

Guajillo. Largo, de piel lisa y gruesa, carnoso y aromático. Para salsas y adobos. Cuanto más chico es más picante.

Piquín seco. Toma color rojo morado. Base de múltiples aderezos, entre ellos, la salsa Tabasco.

Cascabel. Conserva su forma esférica suena como "cascabel". Picante y de aroma fuerte.

Rojo. Del Sureste. Es la base del chilmole.

Chilhuacle. Color sepia oscuro. Ingrediente necesario del mole negro de Oaxaca.

Chiles en Escabeche*

INGREDIENTES:

10 chiles poblanos
aceite para freír
1/2 taza de vinagre

* ESCABECHE. Salsa o adobo con vinagre, ramitas de tomillo, de albahaca y de mejorana, hojas de laurel y otros ingredientes para quitar el mal sabor a algunas carnes, o para conservar y hacer sabrosos los pescados y otros manjares. Del *Nuevo cocinero mexicano en forma de diccionario, 1888.*

1 cebolla morada rebanada finamente
5 dientes de ajo en mitades
1 zanahoria en rebanadas finas
   sal

RELLENO:

3 tazas de frijoles cocidos
1 chorizo
1 jitomate mediano pelado y picado
1 cebolla picada finamente
1 trozo grande de queso añejo
6 rebanadas de queso panela
12 hojas de lechuga romanita
3 cucharadas soperas de aceite

ELABORACIÓN:

— *Ase los chiles y límpielos. Póngalos en aceite caliente en una sartén y tápelos para que suden durante unos 5 minutos. Sáquelos y escúrralos.*
— *Para hacer el escabeche, fría el ajo y la cebolla morada en el mismo aceite, añada la zanahoria, el vinagre y dos cucharadas soperas de agua. Agregue sal y hierva a fuego bajo durante unos 2 minutos. Apártelo.*
— *Para el relleno, muela los frijoles cocidos con su jugo.*
— *Pele y desmenuce el chorizo y fríalo durante unos 5 minutos. Apártelo. Fría la cebolla picada en la misma grasa y agregue el jitomate. Sazone. Añada los frijoles molidos y el chorizo. Siga friendo y mueva para que la mecla no se pegue en la sartén. Cuando espese, apague el fuego. Enfríe un poco y añada el queso añejo desmenuzado.*
— *Abra los chiles de un lado, quite las venas y las semillas y rellene con la mezcla de frijol.*
— *Coloque los chiles sobre hojas de lechuga aderezadas con aceite. Ponga una rebanada de queso panela encima de cada chile y báñelos con el escabeche. Deje enfriar.*

Chiles en Vinagre

INGREDIENTES:

12 chiles cuaresmeños partidos en rajas
12 chiles serranos partidos en rajas
3 zanahorias peladas y en rodajas
1 manojo de cebollitas de cambray sin rabo
3 cabezas de ajo partidas a la mitad
1/2 taza de ejotes en rajas

1/2 taza de nopales en rajas
1/2 coliflor en trocitos
1 taza de vinagre
hierbas de olor
aceite para freir
sal

ELABORACIÓN:

— *En una cazuela con suficiente aceite fría ligeramente todos los vegetales.*
— *Agregue 1 taza de agua, sal y hierbas de olor. Deje hervir 5 minutos. Agregue el vinagre. Deje enfriar.*
— *Ponga todo en un frasco hervido y tape.*

Guacamole de Molcajete[1]

INGREDIENTES:

3 aguacates[2] maduros
7 tomates
2 dientes de ajo
1 cebolla
2 cucharadas soperas de cilantro
chiles serranos al gusto
sal

ELABORACIÓN:

— *Ase los chiles y los tomates.*
— *Muela en un molcajete el ajo con la sal y los chiles.*
— *Ya bien molidos, agregue los tomates y el aguacate y muela un poco más.*
— *Para adornar el guacamole,[3] ponga encima la cebolla rebanada y el cilantro picado. Sirva al momento.*

[1] MOLCAJETE. Mortero de piedra en el cual, mediante otra piedra llamada tejolote, se muele maíz, semillas, especias, chiles. . .
[2] AGUACATE. El fruto suave y cremoso que despertó la admiración de los cronistas de Indias. Las hojas de aguacate se usan como condimento.
[3] GUACAMOLE. Puré de aguacate, sazonado con cebolla, chile verde y cilantro picados.
    De *Cocina Mexicana.*

Guacamole[1] Rojo

INGREDIENTES:

3 aguacates maduros
1 jitomate pelado
1/2 cebolla
1 diente de ajo
2 cucharadas cafeteras de cilantro
1 cucharada cafetera de aceite
chiles serranos al gusto
sal

ELABORACIÓN:

— Pele los aguacates y machaque la pulpa con un tenedor hasta que se convierta en puré.
— Pique el jitomate, la cebolla, el ajo, el cilantro y los chiles. Mézclelos con el puré, aceite y sal.
— (Para que el guacamole no se ponga negro deje el hueso dentro o póngale unas gotas de jugo de limón.)

Salsa Chipotle[2]

INGREDIENTES:

2 jitomates grandes
6 tomates verdes
chiles chipotles al gusto

---

[1] AGUACAMOLE. Se cuecen xitomates maduros y chiles verdes a falta de tornachi les, cuando no es su tiempo, pues entonces tostados, pelados y en rajas se revuelven con lo demás: se mondan unos y otros y se muelen; se suelta lo molido con vinagre bueno, y se revuelve con chillitos curados picados y cebollas cocidas desbaratadas, y se pone el aguacate limpio en tajadas con abundancia, sazonándose con sal y mucho aceite. El platón se adorna por encima con tornachiles curados, en rajas, aceitunas, otras más rebanadas de aguacate y orégano en polvo.

[2] CHILPOCLE. Esta voz trae su origen de la mejicana *chiulpoctli*, y se llaman así unos chiles secados al humo para ponerse en venta en el comercio. Se encurten en corta cantidad, por ser de poco consumo, en ollas: el caldillo se hace con mitad de agua y mitad de vinagre bueno, y la sal en proporción para que quede de buen gusto, añadiéndose unos ajos enteros, otros machacados, unas ramitas de tomillo y algunas hojas de laurel. En la cocina sólo se hace uso de ellos en la salsa de chilpocle.
Del *Nuevo cocinero mexicano en forma de diccionario, 1888.*

1 cebolla picada finamente
1 diente de ajo
1 cucharada cafetera de vinagre
  aceite para freír
  sal

ELABORACIÓN:

— Hierva los tomates y los chiles en 1 taza de agua durante unos 15 minutos.
— Licue los chiles, los tomates, el jitomate, el ajo y agregue el vinagre. Cuele.
— Fría la cebolla. Agregue la mezcla anterior y cueza 10 minutos más, moviendo continuamente para que no se pegue. Añada sal y sirva con tortillas calientes. Puede añadir queso añejo desmenuzado.

Salsa de Pasilla

INGREDIENTES:

6 chiles pasilla
5 dientes de ajo
  sal
1 trozo de queso fresco

ELABORACIÓN

— Desvene, tueste y remoje los chiles.
— En un molcajete muela los ajos y los chiles con el agua en que los remojó. Añada Sal.
— Al servir, añada el queso fresco desmenuzado.

Salsa Ranchera

INGREDIENTES:

3 jitomates
1/2 cebolla
2 dientes de ajo
1 cucharada sopera de aceite
  chiles serranos al gusto
  orégano al gusto
  jugo de medio limón
  sal

ELABORACIÓN:

— Sumerja los jitomates en agua hirviendo unos segundos; pélelos, píquelos y póngalos en una salsera.
— Pique la cebolla, los chiles y el ajo y mezcle con el jitomate.
— Añada el aceite y el jugo de limón y espolvoree con el orégano.

¡VIVA EL MOLE!

Del mole,* como de las cosas que son importantes en la vida, mucho se ha escrito y aún más se ha hablado.

Lo cierto es que se trata de un guiso de antiguo linaje, nacido en las tierras del Anáhuac, en donde figuraba ya como un platillo principal en la mesa de los emperadores aztecas. De ello dan testimonio los cronistas y, por si esto no fuera suficiente, bastaría recordar el origen de su nombre: procede de la palabra náhuatl *mulli* con la que se designaba a las salsas de chile.

Pierde así fuerza la jocosa anécdota referente al origen del mole poblano, en la que se asevera que la palabra procede de la exclamación de una monja, quien al observar a su compañera sor Andrea de la Asunción, preparar la receta creada por aquella, dijo aturdida "Pero cómo mole". A lo que sus compañeras de inmediato atajaron diciéndole: "Muele, hermana, muele; no mole".

Jocosidad aparte, el origen del mole o de los moles —para mayor precisión— es indudablemente prehispánico. Era un platillo servido y gustado por los pueblos de Mesoamérica, y no podía ser de otra forma, porque si bien, es cierto que en lo que a tradición culinaria se refiere, se nos suele conocer como la "Civilización del Maíz", también vale reconocer que la utilización de los chiles como ingrediente básico de la alimentación indígena, es indiscutible.

Resulta oportuno señalar la existencia de una "alta cocina" indígena, como lo prueba el testimonio detallado de varios cronistas sobre la mesa del emperador Moctezuma. Se menciona este hecho porque siendo el mole uno de los platillos de la mesa imperial, su elaboración era refinada y de hecho integraba las características básicas que conservan los moles posteriores: a saber, se trata de una combina-

---

* MOLE. Los aztecas para decir salsa decían *molli*. Hoy por mole se entiende una salsa espesa a base de chiles y especias. Son famosos los moles de Oaxaca y de Puebla, preparado éste con más de 40 ingredientes.
MOLE DE OLLA: Guiso campesino a base de res y elote, bastante caldoso. Se sirve como sopa. Entre los sabores, predomina el epazote.
CHILMOLE. Condimento a base de chiles quemados y otras especias, usado en el Sureste de México.
MANCHAMANTELES. Guiso de carnes con chiles, frutas y diversas especias.
De *Cocina mexicana*.

ción selectiva y cuidadosa de varios chiles a los que, para afinar la sazón, se les agrega cacao, o chocolate, amaranto y diversas especias nativas hasta obtener un sabor refinado y diferente. En esta combinación juega papel básico el pavo silvestre o guajolote.

El mole tiene una larga carrera histórica y con ella sigue el destino de su pueblo: si los pueblos indígenas habían de mezclarse con el español, los platillos de su mesa harían lo mismo. Puede aseverarse del mole, que este monumento gastronómico es producto no de la imaginación de una monjita, sino del devenir de la historia.

En efecto, el mole en sus diferentes versiones regionales se va enriqueciendo con los ingredientes traídos del Viejo Continente y con las especias de las Indias Orientales.

Entre los moles regionales se ha destacado sin duda el mole poblano de guajolote, no sólo porque la cocina poblana tiene fama y prosapia nacionales, sino porque logró llevar este platillo a una excelsitud de mezclas de ingredientes. No es de extrañar que en su breviario del mole poblano, Taibo, en forma por demás divertida, haga un símil entre el barroco poblano y la estructura gastronómica del mole; podría decirse que este magnífico platillo es mexicanamente "churrigueresco".

Se menciona que en 1680 llegaba a México el virrey don Tomás Antonio de la Cerda y Aragón, conde de Paredes y marqués de Laguna, quien entre sus virtudes, tenía la de haber sido admirador y mecenas de otra monja famosa, pero ésta en las letras: sor Juana Inés de la Cruz. El arzobispo de Puebla, queriendo recibir con pompa y circunstancia a dicho virrey encarga al Convento de Santa Rosa la elaboración de un platillo autóctono de especial calidad.

La encomienda fue a parar a las manos de sor Andrea de la Asunción, quien seleccionó el mole para crear su receta mestiza, sin duda alguna para adaptar el guiso a la sazón y gusto del recién desembarcado virrey y de su esposa.

Otros la atribuyen a fray Pascual, quien, dicen, la creó para otro virrey, el obispo Palafox.

Nosotros preferimos creer, por ser más acorde con la tradición culinaria mexicana, que la receta del mole mestizo fue creado por las angelicales manos de una mujer, porque hay que recordar que desde la época prehispánica la mujer y sólo la mujer, ha sido la gran protagonista en la tradición gastronómica de México.

Ahora bien, nadie duda que el mole es el platillo nacional por excelencia, protagonista de todas las mesas mexicanas, de las pobres y las ricas; de las selectas y las populares; de la alta cocina o de la cotidiana. Esto explica por qué hay tantos moles como regiones del país. Pero hay que enfatizar que todas las variedades conservan ciertas características fundamentales. Para decirlo en frase común: "todo mole es mole".

En el Valle de México es famoso el mole de San Pedro Actopan, al grado que su producto elaborado se distribuye ya en toda la República. Las cocinas de San Pedro Actopan han venido a sustituir, en el México moderno, la función que desempeñaban en el México virreinal los famosos conventos de Puebla que recibían encargos de toda la República para que elaboraran el famoso mole poblano.

Variedades de mole hay todas las imaginables en colores y sabores: mole rojo, mole negro, mole verde, mole amarillo, pipianes y manchamanteles; recetarios del siglo pasado llegan a incluir hasta cien diferentes recetas.

HUEXOLOTL.[1] EL GUAJOLOTE[2]

Antes de la Conquista, los aztecas ya comían guajolote

El tradicional pavo (ave galliforme) adorna las mesas navideñas de muchos países del mundo. En el México prehispánico fue conocido con el nombre de guajolote o gallo de papada, y se encontraba en los bosques de pino o encino de las mesetas tanto del occidente como del este del país, y en las planicies costeras de lo que hoy son Tamaulipas y Veracruz. Era ampliamente utilizado por los habitantes indígenas, quienes lo domesticaron.

[1] GUAXOLOTE (HUEXOLOTL). Esta ave, a la que llamaron los Españoles gallipavo, es el gallo de estas regiones, y su hembra, conocida con el nombre de pípila, es la gallina mejicana. Sus carnes son sabrosas y aun exquisitas, cuando se han cebado cuidadosamente, lo que se hace teniéndolas en corrales limpios con grano y agua en abundancia: quince días antes de matar a los guaxolotes, se les echan por el pico nueces chiquitas, comenzándose el primer día por una, al siguiente se le echan dos, y así sucesivamente hasta la víspera de matarse, sin perjuicio del maíz que coman voluntariamente en este tiempo.
Se guisan de innumerables maneras, tanto a la extranjera como a la mejicana, en todas son sabrosos y de fácil digestión.
Su guisado propio, aprendido de los originarios del país, es el mole; pero se hace este de tantas maneras, que no sería exageración decir que en cada casa se dispone de diverso modo que en las otras, aunque en todas es la base el chile, mexclándose en mayor o menor cantidad el ancho con el pasilla, y poniéndose más o menos pepitas de esta y de la otra clase, para espesar el caldillo, y las especias en diferentes proporciones, añadiéndose, o no, xitomates y tomates.
Del *Nuevo cocinero mexicano en forma de diccionario, 1888.*
[2] GUAJOLOTE. Es el pavo, ave de origen mexicano. La hembra se llama pípila.
De *Cocina mexicana.*

La mayor parte de los expertos coincide en afirmar que el pavo o guajolote es oriundo de América y que de aquí se difundió a todo el mundo.

Por su tamaño o por la calidad de su carne, los indígenas lo tenían en gran aprecio y formaba parte del alimento de sus celebraciones festivas, utilizado en diversas modalidades —usualmente con los moles.

A no dudarlo formaba parte de la mesa imperial de Moctezuma II, porque varios cronistas mencionan que esta especie existía en los famosos criaderos de animales del monarca.

Está presente en el amplio repertorio de mercancías del famoso mercado de Tlatelolco, que tanto sorprendiera a Cortés y a Bernal Díaz del Castillo.

Figura, además, en varios códices con el nombre de *huexolotl* que, castellanizado y deformado, produjo el nombre de guajolote. Bernal Díaz del Castillo y otros cronistas se referían a él, que ya en 1525 se cita la excelencia de esta ave y se habla del gran aprecio que los españoles sentían por su carne.

A la popularidad alcanzada por el pavo, como un platillo selecto y festivo, en mucho contribuyó la tradición sajona que lo volvió un platillo tradicional del *Thanksgiving Day*, lo cual impuso su propagación en el continente europeo. Ciertamente las especies de pavos que existen en la actualidad, son muy variadas; los hay de todos los colores y tamaños, dado el alto grado de consumo y comercialización. Pero, sin duda alguna, el pavo conserva las características fundamentales de los ancestros mexicanos.

El guajolote resulta ser otra aportación muy significativa de la cocina tradicional mexicana al mundo.

Receta exclusiva de la Asociación de Belenistas de México

Guajolote en Mole Poblano

(20 porciones)

INGREDIENTES:

1 guajolote limpio de 7 a 8 kilos
500 gramos de chile mulato
750 gramos de chile ancho
750 gramos de chile pasilla
200 gramos de chile chipotle
1 poro
2 cebollas

3 ramitas de perejil
8 dientes de ajo
4 zanahorias
1 cucharadita de sal
450 gramos de manteca
4 ramitas de tomillo
4 ramitas de romero
1 1/2 taza de ajonjolí
1/2 cucharadita de semillas de anís
1/2 cucharadita de semillas de cilantro
3/4 taza de cacahuate pelado
250 gramos de almendras
1/2 taza de pepitas de calabaza
150 gramos de pasas
3 jitomates de bolu grandes
300 gramos de tomate
1 cucharada de pimienta en grano
8 clavos de olor
2 rajas de canela
4 tortillas secas
1 bolillo rebanado
4 tabletas de chocolate de metate

ELABORACIÓN:

— *Prepare los chiles con un día de anticipación. Lávelos muy bien, despepítelos y desvénelos, reservando una cucharada de las semillas. Caliente una taza de manteca y fríalos cuidando que no se quemen; escúrralos y póngalos en una cazuela. Cúbralos con agua caliente y colóquela a fuego medio; deje que hiervan durante dos minutos. Retire la cazuela, tápela y déjela reposar durante toda la noche.*
— *Al día siguiente, corte el guajolote en piezas. Introduzca el guacal y los alones en una olla junto con el poro rebanado grueso, las ramitas de perejil, la cebolla partida, los tallos de apio partidos, 4 dientes de ajo pelados, las zanahorias en trozos y sal al gusto. Cubra con agua y ponga a hervir hasta obtener un buen caldo.*
— *Caliente 3/4 de taza de manteca y dore ligeramente las piezas de guajolote; retírelas y escúrralas sobre papel absorbente. Espolvoréelas con sal y acomódelas en una charola de horno; tape la charola con papel aluminio y hornee a 200°C durante 1 hora 50 minutos o 2 horas o hasta que estén bien cocidas. Retírelas de la charola (manténgalas calientes) y vierta el jugo que soltaron en un recipiente; mézclelo con el caldo de los alones colado y refrigérelo durante 3 horas, tiempo en que la grasa habrá formado una costra en la superficie; quítesela con una cuchara y deséchela.*
— *Muela los chiles con suficiente agua para que resulte una crema espesa.*
— *En la misma manteca donde frió los chiles el día anterior, fría las ramitas de romero y tomillo; retírelas. Añada los chiles molidos y cocine a fuego lento durante 15 minutos, agitando constantemente con cuchara de madera.*

— En 3/4 de taza de manteca —cuidando que no se quemen y meneando constantemente— fría las semillas de chile que reservó, el ajonjolí, el cilantro, el anís, el cacahuate pelado, las almendras, las pepitas de calabaza, las pasitas y 4 dientes de
ajo. Luego añada los jitomates y los tomates pelados y molidos, la pimienta, el
clavo y la canela molida. Fría durante 5 minutos.
— En un poquito de manteca, fría las tortillas duras partidas en cuatro y escurra y
añada el bolillo rebanado a la salsa de pepitas. Guise por 5 minutos más y luego
muela esta salsa en la licuadora con un poco del caldo desgrasado de guajolote.
— En una cazuela grande de barro, mezcle la salsa de chiles con la de semillas y especias, y deje cocinar a fuego lento durante 8 a 10 minutos, sin dejar de revolver
con cuchara de madera.
— Pique el chocolate y añádalo al mole, agitando hasta que se derrita, y continúe
cocinando durante 5 minutos más.
— Añada caldo hirviendo (lo suficiente para que la salsa tenga la consistencia deseada) y cueza a fuego lento durante 20 minutos. Debe resultar una salsa espesa, pero
cremosa.
— Coloque en el mole las piezas cocidas de guajolote y caliente por 10 minutos.
— Lleve el platillo a la mesa en la misma cazuela de barro, espolvoreado con el resto
de las semillas de ajonjolí tostadas.
— Sirva el mole acompañado de arroz rojo y deliciosos frijoles refritos.

EL NOPAL

Nopalli

El nopal, perteneciente al grupo de las cactáceas. Abunda en ex-
tensas áreas de nuestro territorio, principalmente en el centro y norte de nuestro país, así como en Milpa Alta, donde se cultiva la mayor
parte de este vegetal para el consumo en el Distrito Federal. Los productores de este lugar están organizados y cada año llevan a cabo "La
Feria del Nopal" en la que presentan diferentes platillos que van desde nopalitos compuestos, hasta mermelada de nopal, pasando por
sopas e infinita variedad de guisos.

El nopal es de origen prehispánico y está presente en el símbolo
cósmico "águila-serpiente".

Fray Bernardino de Sahagún, en su *Historia general de las cosas de
la Nueva España*, nos relata:

"Hay unos árboles en esta tierra que llaman *nopalli*, quiere decir
tunal o árbol que lleva tunas. Es monstruoso este árbol: el tronco se
compone de las hojas, y las ramas se hacen de la mismas hojas; las
hojas son anchas y gruesas, tienen mucho zumo y son viscosas, tienen
espinas las mismas hojas; la fruta que en estos árboles se hace, se
llama tuna y son de buen comer, es fruta preciada; las hojas de este
árbol comenlas crudas o cocidas."

Esta planta o árbol da un fruto de exquisito sabor dulce y jugoso al que se le conoce como tuna y del cual hay diferentes especies: blancas, amarillas y rojas.

El sabor delicioso de las tunas lo podemos disfrutar al comer la fruta en su estado natural, aunque también se puede preparar como agua, mermelada y dulce cristalizado. Asimismo hay un fruto al que se conoce como *xoconoxtli* o tuna agria, el cual se utiliza en algunas salsas y en el mole de olla.

A la tuna también se le da usos medicinales: si se come sin cáscara pero con semillas alivia trastornos gastrointestinales; el jugo —tomado con regularidad— normaliza la temperatura del aparato digestivo y de los riñones y cura enfermedades de origen biliar.

En el nopal se cría la cochinilla, gusano que produce un colorante que sirve para el teñido de telas y para la fabricación de cosméticos. En el México prehispánico las mujeres lo utilizaban para dibujarse adornos sobre el cuerpo.

Entre los dulces más sabrosos que se elaboran con la tuna, se encuentra el famoso "queso de tuna" de San Luis Potosí, producto representativo de ese lugar.

Sus propiedades medicinales y cómo eliminar su consistencia babosa

El nopal nos aporta calcio y hierro, principalmente, pero también vitamina A y vitaminas del grupo B; además, es rico en fibra.

¿Para qué sirve?

El calcio interviene en la formación y mantenimiento de huesos y dientes, y ayuda a la contracción muscular, a la transmisión de impulsos nerviosos y a la coagulación de la sangre. El hierro forma parte de la sangre e interviene en el transporte de oxígeno de los pulmones a todos los tejidos del organismo.

Por su parte, las vitaminas del grupo B contribuyen al buen funcionamiento de los sistemas respiratorio, nervioso y cardiovascular; además, la mayoría de ellas participa en la transformación de los carbohidratos, como almidones y azúcares, en energía.

La vitamina A fortalece nuestros ojos y favorece la vista para que se adapte a los cambios bruscos de luz. También interviene en la formación y conservación de la piel y de la mucuosa que recubre diferentes órganos. El alto contenido de fibra del nopal contribuye al buen funcionamiento intestinal.

En estado de madurez su color es verde intenso. Es conveniente que no sea demasiado grande ni muy grueso. Se recomienda comprar los nopales de tamaño mediano, cuidando que estén tiernos (hundiéndole una uña puede verificar esto). Evite adquirir aquellos que estén manchados o marchitos, ambos estados indican que ya están viejos.

¿Cómo se puede consumir?

El nopal es un alimento tradicional en la cocina mexicana. Se puede consumir en diversos platillos, como sopas, ensaladas, acompañando carnes, como plato fuerte y hasta como postre.

¿Sabía usted que...?

—Para eliminar la consistencia babosa del nopal hay que desflemarlo cociéndolo en cuadritos con abundante agua, sal y cebolla.
—Si los cuece en un cazo de cobre conservarán su color verde intenso.
—El xoconostle, fruto de cierta variedad de nopal, por su concentrado sabor agridulce se utiliza como condimento para muchos guisados caldosos.

RECETARIO DEL NOPAL
Recetas exclusivas de la "Capital del Nopal",
Milpa Alta, hermosa provincia del Distrito Federal

Crema de nopales con jugo de espinacas

INGREDIENTES:

20 nopales finamente picados, cocidos y escurridos
4 kilos de espinacas cocidas
5 jitomates
cebolla
ajo
1 barrita de mantequilla
chiles al gusto

ELABORACIÓN:

— A la mantequilla caliente agregue los jitomates, la cebolla y el ajo molidos.
— Añada el caldo de espinacas, los chiles y los nopales.
— Sirva bien caliente con queso rallado.

Crema de nopales con jugo de zanahoria

INGREDIENTES:

20 nopales finamente picados
1 kilo de zanahorias
10 zanahorias finamente picadas
1 barra de mantequilla
1 cebolla
1 diente de ajo
3 jitomates
1 litro de caldo de pollo

ELABORACIÓN:

— Integre a la mantequilla derretida las zanahorias en jugo, los nopales y las zanahorias y el caldo de pollo.
— Sirva con queso rallado.

Crema de nopales en papa

INGREDIENTES:

20 nopales finamente picados
1 barra de mantequilla
5 papas grandes cocidas y peladas en puré
jitomate
cebolla
ajo
1 litro de caldo de pollo

ELABORACIÓN:

— Fría el ajo, la cebolla y el jitomate en mantequilla.
— Una vez sazonados añada el caldo de pollo, los nopales y galletas doradas.
— Sirva bien caliente.

Ensalada de nopales

INGREDIENTES:

2 kilos de nopales cocidos, picados y escurridos
1 lechuga desbaratada en trozos grandes
3 pepinos pelados en rebanadas

3 pimientos verdes cocidos, desvenados y en tiras
6 cebollitas cambray partidas a la mitad y sin rabo
   aceite de oliva
   vinagre
   sal y pimienta

ELABORACIÓN:

— Mezcle los nopales, la lechuga, el pepino, los pimientos y las cebollas con el aceite, el vinagre, la sal y la pimienta. Sirva.

Ensalada de nopales a la mexicana

INGREDIENTES:

2 kilos de nopales cocidos, picados y escurridos
1 kilo de ejotes cocidos y picados en trocitos
3 jitomates en rebanadas
3 rábanos grandes [o más si son pequeños] rebanados
   cebolla
   cilantro
   aceite de oliva
   vinagre
   chiles poblanos en rajas

ELABORACIÓN:

— En una ensaladera ponga los nopales, los ejotes, la cebolla, los chiles poblanos y el cilantro.
— Mezcle con aceite de oliva, vinagre, jitomate y rábanos.
— Adorne y sirva con queso rallado.

Ensalada de nopales compuestos

INGREDIENTES:

2 kilos de nopales cocidos, picados y escurridos
1 kilo de jitomates en rodajas
4 rabanitos
1 manojo de cilantro
5 aguacates en tiras
   venas de chiles guajillos
2 cebollas en ruedas
   sal
   vinagre

306

aceite de oliva
queso picado
rodajas de huevo cocido

ELABORACIÓN:

— Mezcle todos los ingredients, excepto las rodajas de huevo cocido y el queso picado.
— Sirva con estos últimos ingredientes.

Ensalada de nopales con espinacas

INGREDIENTES:

2 kilos de nopales cocidos, picados y escurridos
3 kilos de espinacas
1/4 de tocino
1/4 de pan en cuadritos
1 taza de cacahuate molido
1 ajo picado
2 huevos cocidos
aceite de oliva
vinagre
sal y pimienta al gusto

ELABORACIÓN:

— Lave las espinacas, dore el tocino y un poco de pan en la grasa del tocino. Espolvoree la ensaladera con apio molido.
— Mezcle estos ingredientes con las espinacas crudas, los nopales, el vinagre y el aceite de oliva.
— Adorne con ruedas de huevos cocidos.

Ensalada mixta de nopales

INGREDIENTES:

2 kilos de nopales finamente picados, cocidos y escurridos
2 lechugas deshojadas
3 aguacates pelados y rebanados
3 jitomates rebanados
1/2 kilo de ejotes cocidos
un poco de apio picado y cocido
6 cebollitas cambray rebanadas
1/4 de kilo de tocino frito [partido en trozos]
un poco de vinagre

aceite de oliva
orégano
sal y pimienta

ELABORACIÓN:

— Cueza bien los nopales y escúrralos, lave la lechuga.
— Colóquelos en una ensaladera junto con los aguacates partidos en tiritas, el jitomate, los ejotes, las cebollitas y el tocino. Mezcle todo con vinagre, aceite de oliva, orégano.
— Sirva inmediatamente.

Ensalada verde de nopales

INGREDIENTES:

2 kilos de nopales cocidos y escurridos, picados en tiritas
3 pepinos en ruedas
4 aguacates en tiritas
aceite de oliva
sal y pimienta

ELABORACIÓN:

— En una ensaladera ponga las tiritas de nopales.
— Lave los pepinos y córtelos en rodajas. Pele los aguacates y córtelos en tiritas.
— Añada el aceite y el vinagre, la sal y la pimienta.

Nopales con bistec

INGREDIENTES:

15 nopales
1/2 kilo de bistecs
1 cebolla
3 cucharadas de aceite

ELABORACIÓN:

— En una cacerola ponga los bistecs a freír con la cebolla y los nopales previamente cocidos y picados. Tápelos y deje cocer por 10 minutos a fuego lento.

308

Nopales con carne deshebrada

INGREDIENTES:

10 nopales
1/2 kilo de carne de res
1/2 kilo de jitomate
1 cebolla
1 diente de ajo
caldo de pollo
6 cominos

ELABORACIÓN:

— En una cacerola con aceite fría el jugo de jitomate, la cebolla y el ajo.
— Ya condimentado agregue el caldo de pollo, los nopales, la carne de res deshebrada y los cominos.

Nopales con chicharrón en salsa

INGREDIENTES:

20 nopales cocidos y en tiritas
1/2 kilo de chicharrón
1/2 kilo de tomate de hoja
chiles serranos al gusto
3 hojas de laurel
ajo
cebolla
pimienta

ELABORACIÓN:

— Parta los chicharrones en trocitos y póngalos en la cacerola con aceite o manteca.
— Una vez dorados agrégueles la salsa de tomate, sazónelos y póngales las hojas de
laurel, la cebolla, el ajo y la pimienta.
— Integre los nopales en tiritas delgadas al momento de servir.

Nopales con espinacas

INGREDIENTES:

2 kilos de nopales picados, cocidos y escurridos
4 kilos de espinacas cocidas y escurridas

4 jitomates
1 cebolla
ajo
un poco del caldo de las mismas espinacas
chiles picados

ELABORACIÓN:

— Sazone con el aceite los nopales, las espinacas, el jitomate, la cebolla y el ajo.
— Agregue los nopales y las espinacas.
— Añada los chiles picados.

Nopales con longaniza

INGREDIENTES:

10 nopales picados finamente, cocidos y escurridos
1/2 kilo o 1/4 de kilo de longaniza
1/2 kilo de jitomate
7 chiles catarina
cebolla
sal

ELABORACIÓN:

— En una cacerola fría la longaniza en trozo de regular tamaño. Una vez frita agregue el chile previamente molido, con el jitomate, el ajo y la cebolla.
— Sazone y añada los nopales. Deje hervir por 15 minutos y ponga sal al gusto.

Nopales con pollo

INGREDIENTES:

1 pollo cocido y en raciones
1/2 kilo de nopales picados en cuadritos
5 chiles poblanos, asados, pelados y desvenados
1/4 vaso de leche
queso rallado
sal y pimienta

ELABORACIÓN:

— Licue los chiles con la leche y la cebolla.
— Sazone la salsa con sal y pimienta.
— Coloque el pollo y los nopales en un refractario engrasado con manteca.

310

— *Bañe con la salsa de chile, crema y queso rallado.*
— *Hornee a 190°C por 20 minutos.*

Nopales con romeritos

INGREDIENTES:

1/2 *kilo de nopales cocidos, escurridos, finamente picados*
3 *kilos de romeritos cocidos*
1/2 *kilo de chile pasilla o mulato*
  nueces
  almendras
  pimienta
  ajo
  cebolla
  ajonjolí
  cacahuates
  pan tostado
1 *raja de canela*
  cáscaras de camarón
1 *tablilla de chocolate*
3 *papas cocidas y picadas*

ELABORACIÓN:

— *Revuelva los chiles molidos y todas las especias, el pan tostado, el ajonjolí, el cacahuate y la cáscara de camarón en agua y sazone la pasta.*
— *Agregue los nopales, los romeritos, las papas y las cáscaras de camarón.*
— *Sirva bien caliente.*

Nopales en escabeche

INGREDIENTES:

50 *nopales cocidos y escurridos*
1 *kilo de chiles cuaresmeños*
2 *kilos de cebollitas cambray*
3 *kilos de zanahorias*
4 *kilos de colifor*
1 *ramo de hierbas de olor*
1 *litro de vinagre*
1/4 *de aceite de oliva*
1 *kilo de ejotes*
2 *kilos de papas chicas*
3 *kilos de calabacitas*
1 *kilo de chícharos*

ELABORACIÓN:

— *En una cacerola ponga el aceite. Parta todo en tiras, menos la coliflor. Acitrone todo en el aceite bien caliente.*
— *Una vez sazonados integre el vinagre, las hierbas de olor y los nopales, tápelos y póngalos a fuego lento hasta que estén bien cocidas las verduras. Si gusta agregue manitas de puerco bien cocidas.*
— *Sírvalos, son muy ricos.*

Nopales en su crema

INGREDIENTES:

20 nopales finamente picados, cocidos y escurridos
    jitomate
    cebolla
    ajo
    caldo de pollo
    mantequilla
    queso rayado

ELABORACIÓN:

— *Una vez caliente la mantequilla sazone el jitomate, la cebolla y el ajo.*
— *Integre los nopales y el caldo de pollo.*
— *Agregue queso rallado.*

Nopales navegantes

INGREDIENTES:

15 nopales picados finamente, cocidos y escurridos
 8 chiles catarinas
 5 huevos
 1 jitomate grande
 2 cucharadas de aceite
    cebolla
    ajo
    sal al gusto

ELABORACIÓN:

— *Muela el jitomate, el chile y la cebolla. En una cacerola agregue el aceite y fría el chile sazonándolo bien; agregue un poco de agua.*
— *Una vez que esté hirviendo, incorpore los nopales y estrelle uno por uno los huevos, no moviéndolos para evitar que se rompan. Espere a que se cuezan.*

Nopales rellenos con picadillo

INGREDIENTES:

16 nopales
1 kilo de carne para deshebrar
3 jitomates picados
1 cebolla picada
4 huevos
pasitas
sal y cominos al gusto

ELABORACIÓN:

— Sazone en aceite los nopales y la carne con el jitomate y la cebolla. Agrégueles sal y cominos. Rellene los nopales sujetándolos con palillos para evitar que se salga el relleno.
— Bata los huevos a punto de turrón, revuelque en harina y capéelos con el huevo.
— Póngalos a freír en la sartén.
— Acompáñelos con ensalada al gusto.

Quesadillas de nopales

INGREDIENTES:

15 nopales finamente picados, cocidos y escurridos
4 chiles poblanos
1 cebolla
1/2 kilo de papas en puré
1/4 kilo de queso rallado
1/4 kilo de chorizo
tortillas

ELABORACIÓN:

— Ase, pele y corte en rajas los chiles y fríalos en aceite con cebolla en rodajas hasta que acitronen.
— Mezcle la mitad del puré de papa con los nopales, el queso y las rajas de chile, y la otra mitad con el chorizo frito en muy poco aceite.
— Haga las quesadillas rellenando las tortillas al gusto y friéndolas en aceite hasta que estén doradas. Escúrralas perfectamente.
— Sírvalas calientes con frijoles refritos.

Sopa de nopales con camarón

INGREDIENTES:

20 nopales finamente picados, cocidos y escurridos
1 lata de chiles chipotles
ajo, cebolla y jitomate bien molidos
ramas de perejil
aceite
camarón cocido y cáscaras del mismo para agregar a todo el
condimento

ELABORACIÓN:

— Una vez caliente el aceite sazone el jitomate con el ajo, la cebolla molidos.
— Añada el caldo de camarón, los chiles chipotles, los nopales y ramas de perejil.

Sopa de nopales con huevo

INGREDIENTES:

20 nopales finamente picados, cocidos y escurridos
1 litro de caldo de pollo
1 barra de mantequilla
rajas de chile poblano o mulato frescos
huevos suavemente batidos
ajo, cebolla y jitomate molidos

ELABORACIÓN:

— Una vez caliente la mantequilla agregue la cebolla, el ajo, el jitomate picado y las rajas de chile.
— Una vez sazonado añada el caldo y los nopales. Al hervir agregue los huevos y mueva hasta que se desbaraten. La sopa debe estar caldosa y bien caliente.

Sopa de nopales con relleno de puerco

INGREDIENTES:

20 nopales finamente picados, cocidos y escurridos
ajo, cebolla y jitomate picados
1 lata de chiles chipotles
caldo de pollo
sal y pimienta al gusto
relleno de puerco

ELABORACIÓN:

— *Fría la cebolla, el ajo y el jitomate en aceite de cártamo. Agregue los chiles chipotles al gusto.*
— *Integre el relleno de puerco desbaratado, el caldo de pollo, la sal y la pimienta al gusto.*
— *La sopa debe quedar caldosa.*

Sopa juliana de nopales

INGREDIENTES:

20 nopales finamente picados, cocidos y escurridos
1/2 kilo de tomates de hoja en salsa
    chiles serranos
  1 barra de mantequilla
    queso rallado
    caldo de pollo
    sal y pimienta al gusto

ELABORACIÓN:

— *Ponga la mantequilla. Una vez caliente sazone la salsa, agregue los nopales, el queso rallado y el caldo de pollo. La sopa debe quedar caldosa.*
— *Sirva caliente.*

Sopa tolteca de nopales

INGREDIENTES:

20 nopales picados finamente, cocidos y escurridos
  1 barra de mantequilla
  1 cebolla finamente picada
  2 elotes desgranados tiernitos
  5 jitomates de regular tamaño, molidos con la cebolla y el ajo
    sal y pimienta al gusto
    chiles poblanos

ELABORACIÓN:

— *En una cacerola ponga la mantequilla. Acitrone las rajas de chile poblano y los granos de elote. Cuando estén transparentes añádales el jitomate molido y los nopales finamente picados.*
— *Deje hervir hasta que estén cocidas las verduras.*
— *Agregue crema, la sopa debe quedar caldosa.*
— *Sirva caliente.*

Tamales de nopales

INGREDIENTES:

20 nopales picados finamente, cocidos y escurridos
1 kilo de harina de maíz
1 kilo de harina de trigo
1/2 kilo de manteca
2 huevos
1 cucharada de polvo de hornear
1 kilo de chorizo
rajas de chiles poblanos o venas de chile
sal al gusto

ELABORACIÓN:

— Bata la harina de maíz con la manteca, la harina de trigo con un poco de agua. Una vez batida póngale el polvo de hornear, los huevos y la sal.
— Ponga a freír el chorizo y agréguele los nopales dejándolos 10 minutos sazonándose.
— Agregue las venas de chile o las rajas de chile poblano.
— Prepare las hojas.

(En esta página el autor evoca el grato recuerdo de su querido amigo Manlio Fabio Murillo Soberanis, de cuyo amor al terruño —Milpa Alta— aprendió a valorar una tradición gastronómica tan bella y fundamental para los mexicanos.)

EL AMARANTO

Huautli, amaranto, bledo, tzoalli o alegría

El consumo se remonta a la época prehispánica. Fray Bernardino de Sahagún nos dice que se hacían las imágenes de los dioses con esta pasta "y pasada la fiesta, dividían entre sí las imágenes y comíanlas".

En la alimentación cotidiana, el amaranto se consumía como verdura cuando estaba tierno y con las semillas maduras preparaban atole, tortillas y tamales.

En la época colonial se restringió su consumo pues se creía que era una costumbre pagana. Sin embargo, esta planta subsistió. En la actualidad se cultiva en diferentes zonas, principalmente en Tláhuac, Milpa Alta y Xochimilco. Además se lleva a cabo la Feria de la Alegría en Tulyehualco y Xochimilco, lugar en donde se encuentra su principal promotor a nivel nacional e internacional: el señor Mateo Mendoza.

Gracias a los conocimientos actuales, se sabe que una combinación de alimentos basada en maíz, frijol y amaranto, produce los suficientes aminoácidos para una buena nutrición. En Estados Unidos al parecer hay un proyecto para producir amaranto a nivel industrial, pues ha sido reconocido su alto contenido de proteínas y se le considera uno de los alimentos más importantes del futuro. Especialistas en dietética de la NASA le han dado su aprobación y en la dieta del astronauta mexicano Rodolfo Neri, se incluyó este producto.

Igual que el chile, el amaranto se siembra primero en almácigos a principios de mayo y ocho semanas después se trasplanta a tierra firme. Las lluvias favorecen su crecimiento y en octubre se cosecha. En su madurez esta planta llega a alcanzar un crecimiento de 2 metros en promedio y presenta diferentes tonalidades: rojo intenso, verde, amarillo, naranja, morado y magenta.

El análisis químico indica que el *huautli* contiene 63% de carbohidratos, 15.8% de proteínas, 7.12% de grasas, además de calcio y fósforo. El amaranto ayuda a conservar el equilibrio del calcio, fósforo y magnesio, minerales que nutren al sistema nervioso central.

Con las semillas de esta planta, se elaboran dos tipos de panes de alegría: fino y corriente.

El pan fino se prepara con las semillas bien limpias y tostadas en comal. Se pone a hervir igual cantidad de miel de colmena; se retira del fuego. Se agregan las semillas y se meclan muy bien; se vuelven al fuego sin dejar de mover para evitar que se peguen. Cuando espesan se vacían en moldes de madera de 2 centímetros de espesor espolvoreados con almidón, se presiona con un rodillo para que queden bien prensados y no se despedacen al desmoldarlos. Se cortan en tiras y se colocan en cajas forradas con obleas. (En la época prehispánica se preparaba con miel de hormiga mielera.)

El pan de alegría corriente se elabora con miel de piloncillo. Las semillas se remojan durante seis horas, se dejan secar y se tuestan en comal hasta que florecen. Se agregan a la miel de piloncillo y se vacían a moldes que pueden ser redondos. Se rebanan.

Productos de amaranto

Cereal de Amaranto. Puede consumirse directamente o acompañado con leche.

Harina de Amaranto. Granulado molido para preparar tortillas, galletas y atole. Despide un aroma agradable por ser 100% natural.

Alegría (golosina). Dulce típico mexicano hecho con amaranto, miel de abeja o piloncillo y adornado con nueces, piñones, cacahuates y pasas.

Atole de amaranto

INGREDIENTES:

150 gramos de harina de amaranto
1 litro de leche
piloncillo al gusto
canela
agua, la necesaria

ELABORACIÓN:

— Hierva el piloncillo con la canela en un poco de agua.
— Por separado disuelva la harina de amaranto en agua fría; agréguela al piloncillo y mueva constantemente.
— Cuando suelte el hervor añada la leche y deje hervir hasta que quede ligeramente espeso.

Cereal de amaranto

INGREDIENTES:

3 cucharadas soperas de semillas de amaranto
1/3 de taza de agua hirviendo
1 pizca de kelp

ELABORACIÓN:

— Vierta lentamente las semillas de amaranto en el agua hirviendo. Sazone con kelp.
— Tape el recipiente y endulce con miel de abeja o con piloncillo. Adorne con nueces.

Galletas de amaranto

INGREDIENTES:

1/4 kilo de harina de amaranto
1/4 kilo de cereal de amaranto
1/2 kilo de harina de trigo
400 gramos de azúcar
2 cucharadas de polvo de hornear
1/2 kilo de mantequilla
1 taza de leche
3 huevos (2 yemas y 1 completo)

ELABORACIÓN:

— *Cierna las harinas, el azúcar y el polvo de hornear; con esto forme una fuente y en el centro coloque la mantequilla, los huevos y la leche.*
— *Bata y cuando tenga consistencia cremosa, revuelva las harinas y agregue el cereal del amaranto; continúe batiendo hasta formar una masa blanda que no se pegue a las manos.*
— *Extienda la masa con un rodillo sobre una superficie plana y corte las galletas en la forma deseada.*
— *Colóquelas en una charola engrasada, barnice con huevo y hornee durante 15 minutos.*

Horchata de amaranto

INGREDIENTES:

1/4 kilo de harina de amaranto
1 litro de leche
    miel de abeja
3 litros de agua

ELABORACIÓN:

— *Endulce 1 litro de agua con la miel de abeja.*
— *En el agua restante disuelva la harina perfectamente. Deje reposar 10 minutos.*
— *Agréguela ya colada, al agua endulzada. Póngale hielos y la leche al gusto.*

Omelet de hojas de amaranto

INGREDIENTES:

1 taza de hojas de amaranto finamente picadas
1 jitomate picado
2 cucharadas de cebolla picada
    chile verde picado al gusto
2 huevos
2 cucharadas de aceite de oliva

ELABORACIÓN:

— *Fría la cebolla, el jitomate y el chile en el aceite de oliva. Agregue las hojas de amaranto y guise durante 5 minutos a fuego lento.*
— *Aparte revuelva los huevos con una pizca de sal y fríalos en una sarté. Cuando el omelet esté a punto de voltearse añádale el preparado de hojas. Doble el omelet por la mitad y termínelo de freír.*

Pastel de amaranto

INGREDIENTES:

1/4 kilo de harina de amaranto
1/4 kilo de cereal de amaranto
1/4 kilo de harina de trigo
1/2 kilo de mantequilla
400 gramos de azúcar
   3 cucharadas de polvo de hornear
   1 taza de leche
   5 huevos

ELABORACIÓN:

— Ponga la mantequilla a derretirse y retírela; agregue las yemas y el azúcar y bata hasta que tenga consistencia cremosa. Cierna las harinas y el polvo de hornear, incorpore las claras batidas a punto de turrón; siga trabajando. Después agregue el cereal y la leche y bata todo perfectamente. Por último agregue nueces o pasas.
— Engrase un molde y hornee de 30 a 35 minutos a fuego medio.

Sopa de pasta de amaranto

INGREDIENTES:

1 paquete de sopa de amaranto
3 jitomates
1 trozo de cebolla
1 diente de ajo
1 ramita de perejil
   aceite de oliva
2 litros de caldo o de agua

ELABORACIÓN:

— Fría la sopa en el aceite. Cuando tome un color dorado, agregue el jitomate molido con el ajo y la cebolla; deje sazonar. Agregue la sal, el perejil y el caldo.
— Deje hervir de 10 a 15 minutos.

Tortas de amaranto

INGREDIENTES:

1/4 kilo de cereal de amaranto

2 huevos
aceite, el necesario
sal

ELABORACIÓN:

— *En un recipiente coloque el cereal de amaranto, agregue los huevos y la sal, re-*
vuelva muy bien esta mezcla y forme las tortitas.
— *Fríalas en el aceite bien caliente hasta que queden doradas de ambos lados.*
— *Sírvalas con ensalada o en caldillo de jitomate.*

Tortillas de amaranto

INGREDIENTES:

1/4 kilo de harina de amaranto [sin tostar, en crudo]
1/2 kilo de masa de maíz
agua, la necesaria

ELABORACIÓN:

— *Mezcle la harina de amaranto con la masa de maíz; agregue un poco de agua.*
— *Amase hasta que se forme una masa compacta y elabore las tortillas en la forma*
tradicional, cociéndolas sobre un comal.

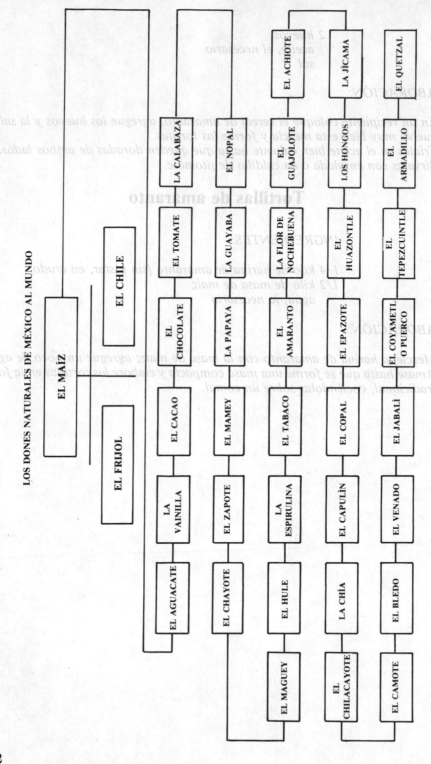

LOS DONES NATURALES DE MÉXICO AL MUNDO

MÉXICO HISTÓRICO

LA GRANDIOSA LEYENDA
DE LA NAO DE CHINA

Su presencia en las tradiciones de México dejó rastro en la decoración de las casas y en la forma de vestir del mexicano.

Sin duda alguna, la significación fundamental de la legendaria Nao de China, Galeón de Filipinas o de Acapulco (pues de las tres formas se le conoce) se da en el ámbito del comercio internacional de los siglos XVI, XVII y parte del XVIII.

Mas independientemente de su señalada importancia histórica en el comercio de la Nueva España con las demás colonias españolas y con la propia España, para México la Nao de China significó un intercambio cultural con todos los países de Oriente, intercambio que dejó una huella de consideración en nuestras manifestaciones artísticas y culturales.

Entre dichas influencias cabe mencionar nuevas formas de vestir, mobiliario, utensilios y decoración de las casas habitación; tradición culinaria, arte pictórico, etc. Todo ello envuelto en un ambiente de aventura, de leyenda y de misterio, que siempre ha rodeado a los países de Oriente.

También procede señalar que el mérito de haber logrado establecer la ruta de navegación con Filipinas pertenece a los habitantes de la Nueva España, al grado que se considera al llamado "tornaviaje" como el primer antecedente de la tradición marítima mexicana, ya que los novohispanos abrieron la ruta, la mantuvieron contra viento y marea luchando contra los corsarios que asolaban el Pacífico.

La Nao de China es un aspecto muy nuestro. Pero retomemos el hilo de nuestra reflexión en torno de las influencias comerciales ya indicadas. Para ello, bastará la lectura de un memorial del procurador de Manila en el que detallan algunas de las mercancías que traía el galeón al puerto de Acapulco:

Bálsamo y marfil de Abada y Cambodia.
Alcanfor de Borneo.
Agalia de Lequiois.
Diamantes de Goa.
Rubíes, zafiros y topacios de Tailandia.

De la India: tapetes, alfombras, algodones (del Imperio Mongol de la India el cual abarcaba Bengala), ricos cortinajes y colchas de Bengala; perlas y piedras preciosas.

De China: sedas de todas clases —cruda y tejida— en terciopelos y damascos (éstos con brocados bordados con fantásticos dibujos en oro y plata), delicadas gasas y crepés cantoneses, la florida seda de Cantón llamada primavera, tafetanes, pañuelos, linos, servilletas y mantelería, tibores, porcelanas, muebles, colgaduras, artículos esmaltados de oro, adornos, papel y otras preciosidades de gran valor y aprecio.

De Japón: ámbar, perlas, sedas de colores; escribanías, cofres y mesas de maderas preciosas laqueadas y con adornos curiosos; fina platería.

Soberbios mantones de Manila, vestidos de seda (y otras telas preciosas) para dama. De la ropa de seda se vendían miles de pares de medias —más de 50 mil en un galeón—, faldas y corpiños de terciopelo, capas, batas y kimonos; colchas de seda y tapices.

En el siglo XVIII el clero llegó a ser el dueño del comercio. La Iglesia absorbía gran parte de aquellos prodigios asiáticos puesto que los ornamentos religiosos venían de China: dalmáticas para arzobispos y obispos, sobrepellices, encajes de roquetas, vestiduras guardadas en las cajoneras de caoba y de ébano de las sacristías, ricos trajes talares para frailes y clérigos.

Lingotes de oro, joyas (anillos de diamantes, brazaletes, pendientes, aretes, collares); piezas religiosas como crucifijos, rosarios y relicarios.

Empuñaduras de espadas y vainas con incrustaciones de piedras preciosas y, en ocasiones, con dientes de lagarto montados en oro.

A lo anterior habría que agregar las famosas y codiciadas especias: canela de Ceilán y Malabar, pimienta de Sumatra y Java, nuez moscada, clavo (y otras especias) de las islas Molucas y Bunda.

Como puede verse, la mayor parte de todas estas mercancías no estaba fabricada en Manila, ni en las Islas Filipinas, sino que era comprada a los comerciantes chinos, japoneses, indios y de los demás países de Oriente.

Fue así como la Nao de China vino a enriquecer nuestros hábitos cotidianos, nuestras alacenas y recetarios, así como nuestro gusto y aprecio por los decorados orientales.

El galeón de Filipinas favoreció el nacimiento de las famosas ferias comerciales en diferentes ciudades de la Nueva España, porque la Nao de China en su llegada constituía todo un acontecimiento nacional, todo mundo la estaba esperando, hombres y mujeres la aguardaban con ansia.

Los tianguis tradicionales de la época prehispánica, cobraron un nuevo aspecto, ya que dieron origen a nuevas actividades y formas artesanales. En Puebla, zona de textiles por excelencia, se empezaron a fabricar terciopelos y sedas que competían con las que se traían de España y Oriente y que, posteriormente, se exportaron de la Nueva España hacia Cuba y Perú.

También nos enriquecimos con las técnicas de laqueados.

Como se puede percibir la Nao de China dejó poderosa influencia en nuestras tradiciones y costumbres, arraigándose en tal forma, que nosotros la hemos considerado siempre parte nuestra porque la adoptamos y la adaptamos a nuestro estilo de vida.

Y con razón porque la Nao de China nació en nuestro territorio y se mantuvo con nuestro esfuerzo.

Lamentablemente, el éxito alcanzado por esta ruta comercial provocó resentimientos entre los comerciantes españoles que traían mercadería del Imperio español, por lo que pusieron infinidad de limitaciones a este servicio que duró de 1571 a 1734. Durante 163 años pudo mantenerse dicha ruta para, finalmente, darla por terminada.

La Nao de China no regresó jamás con sus fastuosos cargamentos, sin embargo, ha sobrevivido en la grandiosa leyenda de La Nao de China.

Es digna de congratulación la tentativa de los acapulqueños por rescatar del olvido a la Nao de China, pues revive grandes glorias del puerto de Acapulco el cual desde el siglo XVI era ya famoso en el mundo entero.

LA CHINA POBLANA

De todas las tradiciones la más arraigada en el pueblo mexicano es la de la China Poblana, pareja hermosa del charro mexicano. Ambos simbolizan la identidad nacional, quizás por haberse forjado juntos en la época en que se reafirma la República mexicana, después de la invasión francesa.

No es de extrañar así que su historia, su origen y su ascendencia estén envueltos en la leyenda surgida del misterio y de la falta de una fuente histórica precisa.

Para conocer su perfil nada mejor que recurrir a la descripción que de esta linda figura mexicana nos dejó Carlos Rincón Gallardo, marqués de Guadalupe y guardián sin par de las tradiciones charras de nuestra patria.

"El peinado de la china es precisamente de raya en medio y dos trenzas colgantes, cada una con listones tricolores que las sujetan y adornan al final, anudados en sendos moños de mariposas.

"Lleva al cuello sartas de corales; de las orejas penden primorosos zarcillos y engalanan los desnudos brazos llamativas pulseras.

"La linda camisa, honestamente descotada, va bordada de chaquira de colores vivos y luce mangas que sólo cubren los hombros.

"El zagalejo lleva pretina de seda verde, del mismo matiz que el primer color de la adorada insignia nacional.

"La falda es roja —color de sangre—, artísticamente salpicada de brillantes lentejuelas; llega hasta los tobillos, y cuando la chinita se la levanta discretamente para pespuntear los variados pasos del baile mexicano, deja ver el aplanchado y crujidor refajo adornado con su precioso ruedo de relindos bordados con encajes de bolillo.

"Rodea a la cintura un ceñidor verde, blanco y colorado, cuyas sedosas puntas cuelgan a la siniestra mano.

"Las medias son de color de piel humana y las zapatillas, de raso verde, como la pretina.

"El rebozo, de bolita, de esos tan finos que pasan por una sortija, o de aquellos famosos de Santa María —comúnmente en colores— llamados palomo coyote. Cuando con él no se cobija, sino que se lo tercia para bailar el zapateado, le rodea el talle de atrás para adelante, en donde cruza; y cada punta sobre el hombro que le corresponde y cuelga por la espalda luciendo los finísimos flecos.

"Así el vestir legítimo de la china poblana, según me dicen quienes de sabedoras tienen fama, y no hay que modificarlo en nada, pues se debe conservar incólume tan tradicional ropaje."

¿De dónde vino esta legendaria figura que aún en nuestros días nos asombra, nos encanta y nos llena de amor a lo nuestro? Casi toda la bibliografía que existe sobre el tema, no invita a inclinarse por ninguna de las dos versiones hasta ahora sustentadas, a saber:

La primera, la más antigua, quizá la más hermosa, legendaria y romántica, afirma que la primera china poblana que en México existió, está vinculada a la historia de una mujer de origen asiático, fallecida en Puebla en olor de santidad. Se trata de la princesa *Mirrha*, descendiente del gran mongol Humayum, fundador de la gran dinastía mongólica. Por azar del destino una tarde la bella princesa caminaba despreocupada con su hermano menor por las costas de Delhi, cuando fue arrebatada de su padre a manos del pirata sir Towly, quien de inmediato la despojó de sus reales vestiduras y la mandó al depósito de esclavas que él habría de mercadear.

Cuenta también la leyenda que el virrey de Nueva España, el conde de Gálvez, había solicitado para su servicio al entonces gobernador de Manila, que le comprara "esclavas de buen parecer y gracia para el ministerio de su palacio".

Al mismo tiempo, un comerciante portugués había recibido el encargo del capitán, Miguel de Sosa —comerciante poblano— y de su esposa doña Margarita de Chávez, de comprar una chinita para el servicio de su casa. Dio la casualidad que el barco pirata que llevaba a la princesa, después de pasar por La Conchinchina en busca de más esclavos, se dirigió a Manila para comerciar con ellos, infame costumbre que había alcanzado entonces la categoría de un tráfico comercial de ultramar similar al de otras mercancías.

Esto acontecía durante la primera mitad del siglo XVII. Pues bien, el gobernador de Manila intentó comprar para el virrey Gálvez, a la hermosa princesa Mirrha cuyo nombre —como un presagio— quiere decir amargura. En su intento le ganó la partida, quizá por más ladino, el comerciante portugués, quien la embarcó sigilosamente en el galeón que partía para Acapulco. Cabe aclarar que algunos cronistas comentan que el gobernador de Manila la compró para el virrey Gálvez y que en Acapulco, a la llegada del galeón, fue adquirida por el comerciante poblano (capitán Sosa) toda vez que el conde de Gálvez había sido forzado a marcharse a España por las desavenencias con el arzobispo Juan Pérez de la Serna.

Sea una u otra cosa, lo cierto es que la princesa Mirrha llegó a Puebla con el capitán Sosa, y dada su dulzura, la mujer de éste la recibe con gusto. El padre Aguilera, panegirista de nuestra "china", así la describe:

"Una de las más agraciadas y perfectas hermosuras que conoció su edad. Su color más bien blanco que trigueño, el cabello rubio, la frente espaciosa, los ojos vivos, la nariz bien nivelada, todas las demás facciones de su rostro a la medida del airoso garbo de todo su cuerpo. . . y todo esto se juntaba con un eficaz deseo de conservar incontaminada su pureza."

Miguel de Sosa y doña Margarita Chávez la hicieron educar cristianamente, bautizar con el nombre de Catarina de San Juan y, finalmente, casar con un esclavo de raza china llamado Domingo Suárez, a quien apodaban El Chino. Los cronistas de Catarina de San Juan narran que la princesa sumisamente aceptó el matrimonio, pero nunca llegó a admitir al "Chino" en su lecho, y que incluso forzada por los asedios naturales del esposo, llegó a pedirle a Dios que lo recogiera de la tierra para llevarlo al cielo. El hecho es que al poco tiempo sus ruegos fueron escuchados, y El Chino murió piadosamente.

Fue así como se inicia una intensa vida religiosa de la primera china, Catarina de San Juan, que la hace famosa en toda la comarca poblana, de donde procede el mote afectuoso de La China Poblana.

Poco se dice de su indumentaria, como no sea que, por su gran amor a los poblanos, adoptó algunas de sus prendas, combinándolas con reminiscencias de la indumentaria de su patria. Dada la gran admiración que por ella sentían, todas las mujeres del servicio doméstico trataron de imitarla también en su vestimenta, la cual portaban con orgullo.

La otra versión es menos romántica y menos precisa. Parte de considerar que la palabra "china" procede de la palabra de origen peruano *quichua*, que quiere decir "hembra", pero que con el transcurso del tiempo fue adoptada en el Perú para designar a los sirvientes en forma familiar y cariñosa. Del Perú esta palabra corrió por todos los países de la América colonial hasta llegar a la Nueva España, de ahí que fuera costumbre el llamarlas así.

En cuanto al vestido la explicación que se da consiste en que se trata de un sincretismo indumentario, que bien puede proceder del vestido de las salmantinas el cual también se confecciona con vistosos colores y bordados de chaquiras.

Lo cierto es que al despuntar el siglo XIX las chinas eran famosas por su indumentaria, por su limpieza y garbo, y que se trataba de gente del pueblo que se dedicaba a servicios tales como: venta de aguas frescas o dulces, servicio de las fondas, lavanderías u otros quehaceres domésticos.

Con estos antecedentes y con datos más cercanos a nuestra historia próxima, bien podemos delinear la tradición de La China Poblana.

En la guerra contra el Imperio de Maximiliano y Carlota, juegan un papel preponderante los rancheros mexicanos, conocidos como los chinacos de Juárez, quienes por su ropaje resultan ser los más próximos antecedentes del actual charro mexicano. Se sabe que especialmente por los rumbos de Puebla se libraron importantes batallas contra los franceses.

Los chinacos de Juárez fueron asistidos por las "chinas" (soldaderas de aquellos heroicos y valientes juaristas) conocidas como las Chinas de Puebla, y consecuentemente, Chinas Poblanas. Ahora bien, dado el carácter alegre y bullanguero del mexicano, aun en el fragor de las batallas, en las noches de tregua sonaban las guitarras con los sones, jarabes y huapangos de todas las regiones del país, y los chinacos bailaban con las "chinas" estos alegres aires musicales muy mexicanos —conocidos genéricamente con el nombre de jarabes—. De este modo nació la pareja simbólica de la "china" y el charro, pareja que acrecentó su fama al triunfo de la República, integrando el conocido jarabe "tapatío" (conjunto de bailes típicos de diversas zonas del país fundidos en una unidad coreográfica espontánea y natural) denominado así dada la gran habilidad para el baile y la música de los tapatíos.

La leyenda o narración histórica de Catarina de San Juan constituye una tradición aceptada por el pueblo de México que, en el caso de que fuera sólo una bella leyenda, explica en cierta forma algunas características fundamentales de la China Poblana más acordes con el espíritu mexicano y con la realidad histórica de vinculación con las costumbres y la indumentaria de Oriente venidas a través del Galeón de Filipinas.

La regia indumentaria de la china poblana, el porte y el donaire que exige su vestido, bien ameritan una leyenda de origen principesco. En justa recompensa los charros mexicanos han saldado esta deuda histórica otorgándole el título de reina-patrona de la charrería mexicana a Catarina de San Juan.

Sea lo que fuere, una verdad incontrastable es que la china poblana —tal como ha sido descrita— reafirma su presencia en el ámbito nacional del brazo del charro mexicano —precisamente después de haber vencido al invasor— por haber sido protagonista de esa epopeya mexicana. A la china y al chinaco se debe el triunfo de la República sobre el Imperio.

PUEBLA

La Gran Cocina Mexicana es un libro abierto con muchos capítulos, fascinantes y atractivos. Las cocinas regionales —las cuales conservan ciertas características generales que las identifica como mexicanas— tienen un fuerte carácter. Tal es el caso de la tradición culinaria de Puebla.

Hablar de la cocina poblana es hablar de un arte legendario y barroco, espejo maravilloso y fiel de su propia historia. Sin duda alguna, una de las más variadas y refinadas cocinas regionales de México, ha sabido vincular sus platillos más famosos con hechos históricos y leyendas fascinantes.

Por su posición geográfica Puebla se convirtió en un *cruce* de las mercancías que venían de la vieja Europa y del misterioso Oriente. Poco después de la llegada de Hernán Cortés, cruzaron por Puebla las recuas que sobre sus lomos traían los productos provenientes de España, que habrían de convertirse en la aportación que hace el caldero español con la olla indígena. Feliz encuentro que revela el actual linaje de la cocina mexicana. Y pasado el tiempo, con la aparición de la Nao de China, que en realidad era en Galeón de Manila, embarcación que en tiempos de la Colonia hacía el tránsito entre México y Filipinas, llegaron a la Nueva España nuevos ingredientes alimenticios y mercaderías: telas, perfumes, tallas de marfil, muebles, mantones de Manila. . . por mencionar algunas.

Como ya se mencionó El Galeón de Manila era entonces el navío a cuyo cargo corría el servicio marítimo anual establecido por los españoles entre el puerto de Acapulco y Manila, servicio vigente de 1571 a 1734.

Además de su importancia económica constituyó un nexo cultural transmisor de rasgos orientales —orientalismo— al arte colonial mexicano. Entre las aportaciones culinarias figuran las especias: de China, el clavo; de la India, la pimienta, el jenjibre y el azafrán; y de Ceylán, la canela. Cabe aclarar que el orégano es originario de los países del Mediterráneo (Grecia e Italia) y pasa a Francia y España; el comino y el cilantro son yerbas europeas que se aclimataron en México. Con los antecedentes de su cocina nativa y las aportaciones de España y oriente no es de extrañar que la cocina poblana se perfilara como una de las primeras cocinas mestizas de gran carácter, muy elaborada y muy acorde con el espíritu barroco de Puebla de los Ángeles.

Por haber sido Puebla uno de los centros ceremoniales más importantes de la población prehispánica, los evangelizadores encontraron terreno fértil para difundir la doctrina cristiana. Puebla surgió así como una ciudad muy a tono para fundar conventos que, independientemente de cumplir con su función espiritual, habrían de convertirse en cuna de la imaginación culinaria. Fueron las manos angelicales de las monjas las que esculpieron los suculentos platillos que habrían de hacer famosa a la cocina poblana, al grado de alcanzar el privilegio de ostentarse como el prototipo de la Gran Cocina Mexicana.

PLATILLOS POBLANOS

Deliciosas son las chalupas del barrio de San Francisco en Puebla, al igual que numerosos platillos a base de *huitlacoche*, hongo que se forma en los granos de elote con la humedad y con el cual también se hacen sabrosas quesadillas.

Las semitas son panes de harina blanca originarios de Puebla, preferidos para preparar bocadillos y tortas cubiertas de ajonjolí. Por cierto, con las semitas se inician las tradicionales tortas poblanas.

chileatole
pipián* de maíz prieto
pipián verde
mole poblano en sus diferentes versiones o modalidades.

* PIPIÁN. Guiso propio del país, hecho con chile colorado o verde y pepitas, almendras, o semillas aceitosas, como las de calabaza, la almendra dulce, el ajonjolí, el cacahuate y aun la simiente del algodón. En cada casa varían las cantidades de los ingredientes de innumerables maneras.
PIPIÁN DE PEPITAS DE CALABAZA. Se tostará la porción necesaria de pepitas de calabaza, que después se molerá mucho para que quede como chocolate, y se formará de ella un bollo, que se pondrá a hervir fuertemente en agua. Entretanto se habrán desvenado en seco los chiles anchos necesarios, y se freirán bien estos chiles en manteca; también se agregará una porción de las pepitas del chile, que se freirán y se molerán bien juntamente con él; cuando se haya cocido el bollo de la pepita, se sacará del agua, se deshará en el chile, y puesta una cazuela al fuego con manteca, se volverá a freír el chile molido y la pepita deshecha en él, se le agregará agua y se le echarán las sustancias o frutas y legumbres de que se quiere hacer el pipián, cuidándose de no sazonarlo con la sal hasta que esté ya para quitarse del fuego, porque se corta. Este pipián puede formarse de todas las pepitas que tengan una sustancia aceitosa, tostándolas siempre y refriéndolas, cuidando de no echarles la sal hasta lo último. También se guisan con este caldillo todas las carnes, y especialmente la de cerdo y las frutas fritas después de rebosadas con huevo batido, o sin este requisito. Así se disponen los chayotes, rábanos, papas, chilacayotitos, romeritos, nopales y toda clase de legumbres, añadiéndoles carnes, pescados o camarones.
Del *Nuevo cocinero mexicano en forma de diccionario, 1888.*

El mole poblano, plato barroco por excelencia, obra maestra de la culinaria mexicana, tiene tantas recetas como hogares tiene Puebla. Las recetas más famosas son las de los conventos de monjas; son imprecisas y omiten detalles e ingredientes superfluos para los cocineros de la época, pero imprescindibles para los menos expertos cocineros de hoy.

Siguiendo los resultados de las investigaciones de Artemio del Valle Arizpe, cronista de la ciudad de México, recordamos que sor Andrea de la Asunción —del Convento de las Dominicas de Santa Rosa— que en honor del obispo Manuel Fernández de Santa Cruz y de su invitado —nada menos que el virrey de la Nueva España, Antonio de la Cerda y Aragón— un día de marzo de 1681. De este modo nace la hermosa leyenda del mole.

Como parte de este legado culinario destacan los moles de las religiosas de Santa Mónica, Santa Teresa y Santa Clara:

mole de cadera
tinga poblana con sus variantes
tinga caliente
tinga fría
tinga de chile meco
pipián de puerco
manchamanteles poblanos
chiles en nogada
moles de carne

Entre toda su maravillosa repostería tenemos:

Figuras de pasta de almendras de mazapán de infinitas posibilidades para los escultores. Lo más fácil, para empezar, es plasmar pequeñas frutas, luego vendrán obras de arte, imágenes religiosas, retratos, utensilios, animales, edificios en miniatura y muchas figuras más. También en el ramo de los postres, encontramos:

Besitos de almendra, limones rellenos de piña y coco, los rompopes de Santa Clara, los populares camotes en cajitas de cartón, camote aristocrático —cuando cristalizado, se adorna con rositas rococó con nombres femeninos— y jamoncillos de pepita y piña.

Mole de cadera

Se trata de un platillo singular de la región de Tehuacán, Puebla, el cual se elabora especialmente en el mes de noviembre, ya que su principal ingrediente es la cadera y el espinazo de los chivos que durante ese mes suelen llegar procedentes de la Mixteca poblana, alimentándose en el trayecto por yerbas y biznagas, alimentación que da a su carne un sabor especial.

Es un tipo de mole de olla que se prepara con chile costeño, jitomate y cebolla, todo lo cual se asa y se muele en molcajete y se agrega al caldo con las caderas y el espinazo.

Recetas originales de las monjas de Santa Clara, Santa Mónica
y Santa Teresa de Puebla, Puebla

Mole poblano

	Monjas de Santa Clara	Monjas de Santa Mónica	Monjas de Santa Teresa
Guajolote	1 de 6 kilos	1/2 guajolote o 3 pollos chicos	1 de 5-7 kilos
chile chipotle	6 piezas	-	8 piezas
chile ancho	12 piezas	20 gramos	125 gramos
chile mulato	1 kilo	120 gramos	1 kilo
chile pasilla	125 gramos	-	100 gramos
almendras	500 gramos	60 gramos	100 gramos
ajonjolí	5 cucharadas	12 gramos	1/2 taza
jitomate	4 piezas	2 piezas	500 gramos
pasas	500 gramos	-	-
ajo asado	1 cabeza	5 dientes	1 cabeza
pepitas de chile	-	-	1/2 taza
Canela	50 gramos	1 raja	50 gramos
anís	2 cucharadas	-	2 cucharadas
pimienta	1 cucharada	1 cucharada	25 gramos
clavo de olor	-	1 cucharada	25 gramos
cebolla	-	1 chica	-
semillas de cilantro	1 cucharada	1 cucharada	2 cucharadas
pan frito dorado	4 rebanadas	2 rebanadas	-
tortilla frita	1	-	-
tablillas de chocolate	6	-	-
azúcar	al gusto	-	-
sal	al gusto	-	-
biscocho en polvo	-	-	4 cucharadas

Es fácil percatarse que uno de los capítulos más fascinantes y atractivos de ese gran libro abierto que es la tradición gastronómica de México, resulta ser el escrito por las angelicales manos y el genio creador de las mujeres poblanas, bien lleven el hábito de monja o cumplan la sagrada vocación de madre, ama o señora de su casa. Porque el talento de la mujer mexicana es infinito; sí, infinito, como la dulce mirada de sus ojos, tanto como su amor y ternura, tanto como su dedicación y entrega.

De ahí se desprende que aún habrá nuevas y maravillosas aportaciones de la cocina poblana al recetario de México.

FIESTAS CÍVICAS
DE LA REPÚBLICA MEXICANA

Las fiestas cívicas de México se celebran en todas las ciudades y en todos los pueblos. Las fechas más importantes son:

5 de febrero — Se conmemora la promulgación de la Constitución de 1917.

21 de marzo — Natalicio de Benito Juárez "El indio de Guelatao". "Benemérito de las Américas".

5 de mayo — Aniversario de la Batalla de Puebla en 1862 en la cual el general Ignacio Zaragoza derrotó a los invasores franceses.

15 y 16 de septiembre — Aniversario del inicio de la Guerra de Independencia (1810).

20 de noviembre — Con un magno desfile deportivo se celebra el inicio de la Revolución de 1910.

SINFONÍA TRICOLOR

Como todos los años, durante el mes de septiembre, nuestra gran capital —tan ajetreada cotidianamente— empieza a convertirse ya en una sinfonía tricolor.

Septiembre, el mes por excelencia de celebraciones patrias, anuncia su llegada con la aparición por todos los rumbos de la ciudad, de miles de vendedores de banderitas mexicanas de todos los tamaños, armónicamente incrustadas en una gran asta de carrizo o madera, imponiendo a la fisonomía capitalina una sonrisa tricolor, de alegría y fiesta. Paralelamente los escaparates de los comercios comienzan a engalanarse con los símbolos patrios.

Esta tradición es casi dos veces centenaria, pues desde 1825 se estableció la costumbre de que las casas y los comercios se festonaran con los colores patrios para en esta forma solemnizar las celebraciones de aniversario de la Independencia y la consumación de la misma. Con esplendor se celebra el 16 de septiembre, las celebraciones del Grito de Independencia el 15 por la noche, del acto heroico de los niños de Chapultepec el día 13 y también el natalicio de Morelos el día 30 de este mes. Por ello, y con justa razón, ha sido llamado el Mes de la Patria.

Como dato curioso, diremos que la tradición de las banderitas mexicanas —que actualmente se colocan cruzadas en las puertas de las casas, en los automóviles, en los camiones, para exaltar el ánimo patriótico de sus ocupantes— durante mucho tiempo fueron confeccionadas en grandes cantidades en Japón, toda vez que no existían en México empresas que las confeccionaran en las cantidades requeridas; pero el rompimiento de las relaciones con los países del Eje —entre los que figuraba Japón— en los años cuarenta, dio la oportunidad a empresarios mexicanos para elaborarlas. Es así como este año se espera confeccionar millones de banderitas mexicanas, rehiletes y festones con los cuales se habrán de vestir de ropaje tricolor las calles de nuestra capital.

El porqué del "Grito"

La tradición de celebrar, durante el mes de septiembre el aniversario glorioso de nuestra independencia, "el grito de libertad de los mexicanos", es más antigua que la bandera. Se remonta al año de 1812, cuando en plena lucha insurgente, el benemérito general Ignacio Rayón la celebra en Huichapan y así lo consigna en *El diario de operaciones militares*: "Día 16. — Con una descarga de artillería y vuelta general de esquilas, comienza a solemnizarse en el alba de este día el glorioso recuerdo del grito de libertad dado hace dos años en la Congregación de Dolores, por los ilustres héroes y señores serenísimos Hidalgo y Allende. . ."

En dicho año Andrés Quintana Roo escribe una bella proclama que titula "La junta suprema de la nación de los americanos en el aniversario del 16 de septiembre", la cual firma conjuntamente con Ignacio Rayón como presidente y José Ignacio Oyarzábal como secretario.

En el año siguiente, José María Morelos y Pavón incluye en sus *Sentimientos de la nación* la propuesta 23 que a la letra dice: "Que igualmente se solemnice el día 16 de septiembre, todos los años, como el día aniversario en que se levantó la voz de la Independencia y nuestra santa libertad comenzó, pues en ese día fue en el que se abrieron los labios de la Nación para reclamar sus derechos, y empuñó la espada para ser oída, recordando siempre el mérito del grande héroe el señor Don Miguel Hidalgo y su compañero Don Ignacio Allende. . ."

Desde entonces en forma ininterrumpida, excepción hecha de 1847 por la invasión norteamericana, se ha celebrado el 16 de septiembre como fiesta patria por excelencia.

La introducción del grito viene en forma natural a celebrarse la noche del 15 de septiembre, ya que era costumbre que la celebración del 16 se abriera con una velada a la que asistían el presidente en turno y las autoridades. Fue así como nació la ceremonia del grito a mediados del siglo XIX, lanzando vivas a Hidalgo, Allende (cual lo proponía Morelos) y al que se fueron agregando otros héroes de la Independencia.

Como puede verse, es ésta una de las tradiciones más arraigadas y significativas del México independiente que el pueblo celebra con convicción y alegría. Por ello no es extraño que este espíritu patriótico se haya encarnado en tradiciones populares que se manifiestan a lo largo del mes de septiembre cual verdadera explosión de los colores patrios. Hoy, como en 1810, de una o de otra manera, la voluntad nacional se expresa en un solo grito, una y otra vez:

¡Viva México!
¡Viva nuestra Independencia!
¡Vivan los Héroes que nos dieron Patria!

Por eso septiembre es y será por siempre el mes de las tradiciones patrias.

Sentimientos de la Nación

Principios sobre los que se edificó la Nación Mexicana, de José María Morelos y Pavón

"1°. Que la América es libre e independiente de España y de toda otra nación, gobierno o monarquía, y que así se sancione dando al mundo las razones.

"2°. Que la religión católica sea la única, sin tolerancia de otras.

"3°. Que todos sus ministros se sustenten de todos y sólo los diezmos y primicias, y el pueblo no tenga que pagar más obvenciones que las de su devoción y ofrenda.

"4°. Que el dogma sea sostenido por la jerarquía de la Iglesia que son el papa, los obispos y los curas, porque se debe arrancar toda planta que Dios no plantó: *omni plantatioquam non plantabis Pater meus celestis eradicabitur.* (Mateo, capítulo XV.)

"5°. Que la soberanía dimana inmediatamente del pueblo, el que sólo quiere depositarla en sus representantes dividiendo los poderes de ella en legislativo, ejecutivo y judicial, eligiendo las provincias sus vocales y éstos a los demas que deben ser sujetos sabios y de probidad.

"6°. Que los poderes legislativo, ejecutivo y judicial estén divididos en los cuerpos compatibles para ejercerlos.

"7°. Que funcionarán cuatro años los vocales turnándose, saliendo los más antiguos para que ocupen el lugar los nuevos electos.

"8°. La dotación de los vocales será una congrua suficiente y no superflua y no pasará por ahora de 800 pesos.

"9°. Que los empleos los obtengan sólo los americanos.

"10°. Que no se admitan extranjeros, si no son artesanos capaces de instruir y libres de toda sospecha.

"11°. Que la Patria no será del todo libre y nuestra mientras no se reforme el gobierno, abatiendo el tiránico, sustituyendo el liberal y echando fuera de nuestro suelo al enemigo español, que tanto se ha declarado contra esta nacion.

"12°. Que como la buena ley es superior a todo hombre, las que dicte nuestro Congreso deben ser tales que obliguen a constancia y patriotismo, moderen la opulencia y la indigencia; y de tal suerte se aumente el jornal del pobre, que mejore sus costumbres, aleje la ignorancia, la rapiña y el hurto.

"13°. Que las leyes generales comprendan a todos, sin excepción de cuerpos privilegiados y que éstos sólo lo sean en cuanto al uso de su ministerio. Que para dictar una ley se discuta en el Congreso y habida a pluralidad de votos.

"14° Que para dictar una ley se haga junta de sabios, en el sigilo posible, para que proceda con más acierto y exonere de algunos cargos que pudieren resultarles.

"15°. Que la exclavitud se proscriba para siempre y lo mismo la distinción de castas, quedando todos iguales; y sólo distinguirá a un americano de otro, el vicio y la virtud.

"16°. Que nuestros puertos se franqueen a las naciones extranjeras amigas, pero que éstas no se internen al reino por más amigas que sean; y sólo haya puertos señalados para el efecto, prohibiendo el desembarco en todos los demás y señalando el diez por ciento u otra gabela a sus mercancías.

"17°. Que a cada uno se le guarden sus propiedades y respete en su casa como en un asilo sagrado, señalando apenas a los infractores.

"18°. Que en la nueva legislación no se admita la tortura.

"19°. Que en la misma se establezca por la Ley Constitucional, la celebración del día doce de diciembre en todos los pueblos, dedicado a la patrona de nuestra libertad, María Santísima de Guadalupe, encargando a todos los pueblos la devoción mensual.

"20° Que las tropas extranjeras o de otro reino no pisen nuestro suelo; y si fuere en ayuda, no estarán donde la Suprema Junta.

"21°. Que no se hagan expediciones fuera de los límites del reino, especialmente ultramarinas; pero no son de esta clase, propagar la fe a nuestros hermanos de tierra dentro.

"22°. Que se quite la infinidad de tributos, pechos o imposiciones que nos agobian, y se señale a cada individuo un cinco por ciento en sus ganancias u otra carga igual de ligera que no oprima tanto, como la alcabala, el estanco, el tributo y otros; pues con esta contribución y la buena administración de los bienes confiscados al enemigo, podrá llevarse el peso de la guerra y honorarios de empleados.

"23°. Que igualmente se solemnice el día 16 de septiembre, todos los años, como el día aniversario en que se levantó la voz de la Independencia, y nuestra santa Libertad comenzó, pues en ese día fue en el que se abrieron los labios de la Nación para reclamar sus derechos y empuñó la espada para ser oída, recordando siempre el mérito del grande héroe el señor Don Miguel Hidalgo y su compañero Don Ignacio Allende.

Chilpancingo, 14 de septiembre de 1813.
José María Morelos. —Rúbrica."

LOS CHILES EN NOGADA

Expresión clave del espíritu que anima
a la Gran Cocina Mexicana

La aparición de los famosos chiles en nogada coincide con la etapa de nuestra independencia nacional y de reafirmación de la soberanía.

En 1821, año de la consumación de la Independencia, el espíritu patriótico de todos los mexicanos estaba en su clímax por la cantidad de sucesos históricos definitivos para nuestra nación. Bien pudiéramos llamarlos "El año trigarante de México", ya que el mes de septiembre vistió por primera vez los tres colores de nuestra bandera, que en aquel mismo año había sido creada.

Personaje central de estos sucesos fue Agustín de Iturbide, autor del Plan de Iguala y creador del Tratado de Córdoba con el último virrey, Juan de O'Donojú. El principal firmante de nuestra acta de independencia fue Agustín de Iturbide. Por estas y otras razones, en 1821 era aclamado.

Fue precisamente a su retorno de la villa de Córdoba donde firmó el Tratado de Córdoba, cuando decidió visitar Puebla, cuyos habitantes le eran fieles por haber logrado la capitulación de Puebla de los Ángeles. Quizá por esta razón Iturbide decide festejar su santo en esa bella ciudad. Para celebrar este acontecimiento le es ofrecido, por sus partidarios, un espléndido banquete el 28 de agosto de 1821, Día de San Agustín. El local lucía con gran esplendor los tres colores de la naciente bandera nacional (el verde, la independencia; el blanco, la religión; y el rojo, la unión), y una cuidadosa selección de platillos poblanos confeccionados por las manos angelicales de las madres contemplativas agustinas del Convento de Santa Mónica, que tanto han tenido que ver con nuestra tradición culinaria.

Las monjitas poblanas, contagiadas del espíritu y fervor patriótico reinante en esos días, decidieron preparar un platillo que tuviera los tres colores representativos de las tres garantías. Fue así como las hábiles y dulces manos de las religiosas crearon los chiles poblanos en nogada, que surgieron del más puro espíritu patriótico y nacional.

Para ello usaron los ingredientes de la temporada, pues la cocina es hija del suelo y de lengua. Aprovecharon la nuez de castilla tierna y la granada de corona y bermellón para que la salsa y los granos de la granada cubrieran los dos colores de la bandera, el blanco y el rojo; para el verde, según la receta, si es capeado el chile se le agregan hojas de perejil.

Es así como aquel año histórico nos deja también un suceso importante para la cocina mexicana.

La Asociación Pro-Fortalecimiento de las Tradiciones Gastronómicas de México realizó una amplia investigación sobre este asunto y ofrece los ingredientes originales con los cuales se prepararon los primeros chiles en nogada, así como los lugares de procedencia de los mismos.

Receta e ingredientes originales con los que se prepararon
los primeros chiles en nogada, así como los lugares de procedencia

queso de cabra de Tlatlauqui, Zacapoaxtla o Teziutlán
picadillo menudito de res y cerdo, de la matanza de San Antonio del Puente o Cholula
pasta semiseca de la molienda con los duraznos de Huejotzingo
manzanas de Zacatlán
peras de la huerta de los Padres Carmelitas
jugo de clavo

canela molida
aderezo de piñones
pasas
almendras
huevo ranchero de los gallineros de Tepeaca, Amozoc o Acajete
mantequilla ranchera
salsa elaborada con nuez de castilla de Calpan
(tarea en verdad titánica fue el pelar los cientos de nueces que
requirió este guiso)
canela
algo de azúcar
el mejor de los vinos regionales
sobre la nogada los sépalos o dientecillos de granada cordelina
de Tehuacán
finalmente hojitas verdes frescas de perejil de Atlixco, espar-
cidas sobre los chiles

La patriótica receta de los
Chiles en Nogada*

INGREDIENTES:

12 chiles poblanos
1/4 kilo de carne de cerdo picada
6 jitomates

* NOGADA. Salsa hecha de nueces de almendras, o de ambas cosas, con especias y aceite. Con ella se suelen guisar algunas aves, pescados y otras viandas, las calabaci-tas tiernas y otras legumbres. Como se varían las cantidades de los ingredientes, se explican los distintos procedimientos en los diversos artículos que siguen, pudién-dose además ver los de aves en nogada.
NOGADA PARA CHILES RELLENOS. Todos los chiles rellenos pueden después de fritos ponerse en el platón, cubriéndolos con nogada, con la que salen muy buenos. La salsa se hace moliendo nueces frescas bien limpias y despellejadas, agregándo-les un poquito de pimienta y un poco de pan remojado en vinagre; después de bien molido todo, se sazona con vinagre bueno, echándole después sal fina y aceite de co-mer, dejándose el caldillo bien espeso.
Se advierte que la nogada se pone negra echándole la sal con mucha anticipación a servirse, por lo que será bueno sazonarla casi al llevarla a la mesa, o dejarla sin sal para que cada uno la sazone a su gusto.
Hecha la salsa, se calentarán los chiles, y calientes se extenderán en un platón y se bañarán con la nogada ya sazonada, echándoles, si se quiere, por encima unos gra-nos de granada para adornarla.
La nogada se hace de todas las sustancias aceitosas, como la pepita, la almendra y otras; pero ninguna es tan sabrosa como la de nuez.
Del *Nuevo cocinero mexicano en forma de diccionario, 1888.*

347

1 cebolla
3 dientes de ajo
3 duraznos
4 manzanas
5 peras de leche
6 plátanos machos
6 almendras
20 pasas
5 cucharadas de acitrón (biznaga) picada
15 alcaparras
6 aceitunas deshuesadas
3 clavos de olor molidos
harina, la necesaria
1 1/2 taza de aceite o manteca
100 gramos de nuez de castilla
200 gramos de queso fresco
1/2 litro de leche
vino al gusto
4 granadas
hojas de perejil para adorno
azúcar y sal al gusto

TIEMPO DE PREPARACIÓN:

2 horas

TIEMPO DE COCCIÓN:

30 minutos, aproximadamente

UTENSILIOS:

Servilleta húmeda, olla, cacerola, recipiente, licuadora, platón.

ELABORACIÓN:

— Ase los chiles hasta que queden negros; envuélvalos en servilleta húmeda para después quitarles la piel. Ábralos y quíteles las semillas y las venas (si no se desean picantes se ponen a remojar en agua caliente con sal).
— Caliente el aceite o manteca, fría primero el ajo y la cebolla, después la carne y por último los jitomates. Agregue el caldo y deje hasta secar y que la carne esté tierna.
— Cuando todo esté bien frito, añada las especias, las frutas cortadas en trozos pequeños, las pasas y el acitrón. Incorpore el azúcar y la sal al gusto, y medio vaso de jerez seco. Deje espesar. Retire del fuego y deje entibiar. Rellene los chiles.

Salsa nogada

— *Limpie el día anterior las nueces, remójelas y quíteles el pellejito. Póngalas en leche tibia.*
— *Una hora antes de servir los chiles muela las nueces con el queso y el pan remojado, agregue el azúcar, la canela y medio vaso de jerez seco. Si está muy espesa la salsa, puede soltarla con un poco de leche o crema.*
— *Hay dos maneras de servir los chiles:*
— *La manera clásica, al estilo de Puebla, consiste en capearlos. Es decir, envuélvalos en huevo batido, como para freír (bata primero las claras a punto de turrón y después añada las yemas y un poco de harina). Reboce los chiles y fríalos en aceite o manteca muy caliente.*
— *Ya fríos colóquelos en un platón de barro de talavera, cúbralos con la nogada y adórnelos con granos de granada.*
— *El otro sistema es cubrir los chiles sin capear, con la nogada y los granos de granada cordelina.*

Para las personas que no gustan de la comida dulce, puede suprimir las frutas y sazonar la nogada con sal en lugar de azúcar. Puede hacer el relleno cociendo primero la carne y luego picarla. Quedan muy ricos usando jamón cocido en lugar de carne de puerco.

Recetas exclusivas
pertenecientes a las monjas de tres conventos

Los Chiles en Nogada Tradicionales

INGREDIENTES:	Santa Mónica	Santa Teresa	Santa Rosa
chiles poblanos	12	50	12
carne de cerdo	1 kilo molida	1 kilo picada	1 Kilo picada
jamón	—	100 gramos	—
Jitomate	1 kilo	2 kilos	6
cebolla	1	-	1
dientes de ajo	2	3	3
duraznos	2	5	3
manzanas	3	6	4
peras de leche	2	6	5
plátano macho	1	5	6
almendras	125 gramos	100 gramos	6
pasas	—	200 gramos	20
acitrón (biznaga) picado	—	8 cucharadas	5 cucharadas
alcaparras	—	30	15
aceitunas deshuesadas	—	15	6
clavos de olor molidos	2	7	3

vinagre	1 cucharada	—	—
huevos	6	20	4
harina	la necesaria	la necesaria	la necesaria
aceite o manteca	1 1/2 taza	3 tazas	1 1/2 taza
nuez de Castilla	200 gramos	700 gramos	100 gramos
nuez encarcelada	100 gramos	—	—
queso fresco	200 gramos	500 gramos	200 gramos
leche	1 taza	4 tazas	medio litro
migajón	—	de 2 bolillos	—
azúcar y sal	al gusto	al gusto	al gusto
vino	al gusto	2 dl.	al gusto
granada	4	10	4
hojas de perejil	para adorno	para adorno	para adorno

Preparación actual

COMENSALES:
9

TIEMPO DE PREPARACIÓN:
2 horas

TIEMPO DE COCCIÓN:
30 minutos, aproximadamente

UTENSILIOS:
Servilleta húmeda, olla, cacerola, recipiente, licuadora, platón.

INGREDIENTES:

17 chiles poblanos
3 cucharadas de aceite o manteca
1 diente de ajo picado
2 cucharadas de cebolla picada
500 gramos de lomo de cerdo molido con 50 gramos de jamón
500 gramos de jitomate asado, pelado, sin semilla y picado
2 tazas de caldo
2 pizcas de azafrán
1 pizca de clavo molido
2 pizcas de comino molido
1 octavo de cucharadita de canela molida
1 manzana
1 pera
2 duraznos
30 pasitas remojadas
30 almendras

3 cucharadas de acitrón picado
1 cucharadita de azúcar
sal y pimienta al gusto
1 vaso de jerez seco
100 nueces de Castilla frescas
250 gramos de queso fresco
1 1/2 pieza de pan remojado en leche
canela y azúcar al gusto
2 granadas rojas
1 taza de leche

ELABORACIÓN:

— *Ase los chiles hasta que queden negros y envuélvalos en la servilleta húmeda para después quitarles la piel. Ábralos y quíteles las semillas y las venas (si no los desea picantes, póngalos a remojar en agua caliente con sal).*
— *Calentado el aceite o manteca, fría primero el ajo y la cebolla, después, la carne y —por último— los jitomates. Añada caldo y deje secar y que la carne esté tierna.*
— *Cuando todo esté bien frito, integre las especias, las frutas cortadas en trozos pequeños, las pasas y el acitrón. Agregue azúcar y sal al gusto, y medio vaso de jerez seco. Deje espesar, retire del fuego y deje entibiar. Luego, rellene los chiles.*

Salsa nogada

— *Limpie un día antes las nueces, remójelas y quíteles el pellejito. A continuación, déjelas reposar en leche.*
— *Una hora antes de servir los chiles, muela las nueces con el queso y pan remojado, agregándoles el azúcar, la canela y medio vaso de jerez seco. Si está muy espesa la salsa, puede soltar con un poco de leche o crema.*
— *Hay dos maneras de servir los chiles:*
La clásica, al estilo de Puebla, es capearlos. Es decir, envuélvalos en huevo batido como para freír (claras a punto de turrón, yemas y un poco de harina). Reboce los chiles y fríalos en aceite o manteca muy caliente. Ya fríos colóquelos en un platón, cúbralos con la nogada y adórnelos con granada.
— *El otro sistema es cubrir los chiles, sin capear, con la nogada y la granada.*

LA TRADICIÓN DE LOS DULCES
EN MÉXICO

En Septiembre, Mes de la Patria, origen y antecedentes históricos de la tradición de los dulces en México: identidad en los caminos de la Patria y en el mundo entero. México: sus dulces, confituras y ambrosías.

Hablar del dulce mexicano es adentrarse en la historia y tecnología del país, remontarse a los orígenes mismos del hombre mesoamericano, fundido posteriormente en ese mosaico de razas, pueblos y lenguas que formaron el esplendoroso Anáhuac.

El dulce —como la tecnología, el arte y la cultura de tales grupos étnicos— ha hecho sucesivos aportes en el devenir del tiempo, algunos de ellos trascendentes y valiosos, siendo el más notorio la caña de azúcar, traída a raíz de la conquista hispana y occidental.

No por esto mueren los antiguos gustos por las ambrosías aborígenes. Concretamente el chocolate se convierte en el don de México al mundo.

Las ambrosías del México Antiguo. Ambrosías aborígenes. Ambrosía vocablo proveniente del griego ambrosía el cual a su vez deriva de *ambrotos*, que significa "inmortal, divino".

En la mitología griega se denominaba ambrosía a los manjares o alimentos de los dioses, vianda o manjar deleitoso al espíritu, en sentido figurado. Bebida de gusto delicado.

Los pueblos prehispánicos de Mesoamérica no conocieron la caña de azúcar, pero sí mieles de avispa, de maguey, de tuna y de caña de maíz. Mieles que, mezcladas con semillas, llegaron hasta nuestros días como se observa en la "alegría".

Los pueblos prehispánicos de Mesoamérica cocían el grano de maíz y elaboraban la tradicional tortilla, sólo que en forma muy delgada; al bañarla de mieles producían un exquisito postre del grano de maíz: el pinole. Tanto los soldados como los misioneros admiraron los refinamientos que alcanzó la repostería en la cocina mexicana por su extensa variedad, la exquisitez de sus condimentos y la presentación de sus manjares en vajillas de barro de Cholula (pulimentado, bruñido y policromado) y toda clase de bracerillos para mantener las viandas a temperatura adecuada.

En esa refinada cocina sobresalieron los postres entre los cuales figuran innumerables especies de atoles endulzados con mieles y frutas.

Al hablar de los pueblos prehispánicos de Mesoamérica, se alude especialmente a la cultura olmeca, madre de todas las culturas mesoamericanas, de la que derivaron los aztecas, chichimecas, tarascos, mayas y toltecas.

"El don de México al mundo", el chocolate.[1] Sin duda en este género de alimentos el de mayor trascendencia es definitivamente el *chocolatl*, regia bebida de exquisito sabor tanto por las esencias que se mezclaban en la molienda del cacao como por la aromática vainilla[2] de la región de Papantla. El chocolate prehispánico se preparaba con: atole de masa, molienda de cacao, vainilla, miel de avispa. Se servía después de ser batido y agitado —en pocillos de coco y huaje y en tazones de barro cocido.

Fray Bernardino de Sahagún al referirse al chocolate —después de hacer elogios de su grato sabor como gran bebida estimulante para los antiguos mexicanos— afirmó que era un alimento que daba vigor y terapéuticamente aplicable para curar numerosos padecimientos y debilidades del cuerpo.

LA REPOSTERIA PREHISPÁNICA

El xocolatl y otros dulces

La palabra náhuatl *xocolatl* está compuesta de: *atl* (agua) y *xocotl* (choco, choco), onomatopeya del ruido del agua hirviendo con el cacao batido con el molinillo de madera. El grano de cacao gozaba de gran aprecio como lo prueba la aplicación como moneda de transacciones mercantiles y pago de tributos al emperador.

Una de las más conocidas versiones sobre la etimología del vocablo chocolate la da el doctor Cecilio Robelo: chocolate: *xococ* (agrio), *atl* (agua): agua agria porque el cacao con agua y sin dulce es muy agrio.

Francisco Javier Clavijero, sacerdote jesuita, formuló interesantes comentarios sobre el chocolate.

---

[1] CHOCOLATE. Ésta es la bebida propia del país, y con la que de preferencia al té y al café, se desayunan generalmente los Mejicanos, tanto los ricos, como los de mediana fortuna y los pobres, tomándolo cada uno más o menos bueno, segun su gusto o con proporción a sus facultades. Hay tanta variedad en las sustancias que suelen mezclarse al cacao y en sus cantidades, que si se tratase de reunir todas las recetas y métodos de fabricar el chocolate, formarían ellas solas un volumen demasiado abultado e inútil por otra parte, puesto que con las siguientes advertencias basta para fabricarlo excelente, y cada uno podrá aumentar o disminuir a su paladar los tantos y añadir las sustancias o aromas que le agraden más.

[2] VAINILLA. Fruto aromático en forma de vaina. En náhuatl se denomina *tlilxóchitl* que quiere decir flor negra.

Éste es el origen de la célebre bebida que junto con su nombre náhuatl *xocolatl*, han adoptado las naciones de Europa, alterando su nombre y mejorándola, según el gusto y el paladar de cada pueblo.

Chocolate a la mexicana

INGREDIENTES:

5 tabletas de chocolate con azúcar
6 tazas de agua o leche

ELABORACIÓN:

— *Hierva el chocolate en 6 tazas de agua o leche y mueva constantemente para que no se pegue.*
— *Si se hace con leche, retírelo del fuego cuando suba y sírvalo. Puede espumarlo con molinillo.*

Chocolate mexicano

INGREDIENTES:

4 tabletas de chocolate con azúcar
6 tazas de agua o leche

ELABORACIÓN:

— *Hierva el chocolate en 6 tazas de agua o leche; mueva constantemente para que no se pegue. Si se hace con leche, retírelo del fuego cuando suba y sírvalo. Puede espumarlo con molinillo.*

La bondad del chocolate depende de tres cosas, a saber: de que el cacao que se emplea esté sano y no averiado: de que se mezclen las distintas clases de cacao, y por último, de su grado de tueste. En cuanto a la primera, sin necesidad de razones, está al alcance de todos que no puede hacerse una mezcla buena si los ingredientes son malos, y si el cacao está picado, mohoso o salado con el agua de mar, que es lo que se entiende por averiado, el chocolate que se fabrica con él, no puede menos que ser dañoso a la salud y desagradale al gusto, no debiendo emplearse el averiado de ningún modo, porque a la calidad purgante del cacao, que se corrige en parte con el azúcar, le añade nuevos grados la sal marina, y podrá llegar a ser, si está muy impregnada de ella, no sólo de mal gusto por su acrimonía, sino verdaderamente nocivo y aun venenoso.

Ya la experiencia de muchos años ha hecho ver, que ni el cacao de mejor calidad, tal como el Soconusco, y aun el Magdalena, no producen por sí solos tan buen chocolate, como cuando se ponen de distintas clases, aunque no sean de las superiores: y así es que resulta mejor el compuesto de Caracas y Maracaybo, que el que sólo se fabricase en Soconusco; y por esto es que no debe desatenderse el consejo de que se mezclen las clases para su fabricación, exceptuándose el Guayaquil, que es de mal sabor, y sólo su bajo precio hace que lo consuman las gentes pobres.

Chocolate oaxaqueño

(50 a 60 porciones)

Las tablillas de chocolate se disuelven en agua o leche hirviendo. Se bate con un sencillo instrumento de madera —el molinillo— que logra que la bebida tenga la hermosa espuma que tanto se aprecia en México desde los tiempos de Moctezuma en su mesa imperial.

TIEMPO DE PREPARACIÓN: 1 1/4 horas
UTENSILIOS: Sartén, licuadora, recipiente, comal, metate, marqueta.

INGREDIENTES:

1 kilo de semillas de cacao
2 kilos de azúcar
100 gramos de canela en rama
100 gramos de almendra

ELABORACIÓN:

— *Lave el cacao y tuéstelo en una sartén a fuego lento, sin dejar de mover hasta que tome un color café claro.*
— *Pele y tueste las almendras.*
— *Muela primero la canela, agregue el cacao y las almendras, cuando todo esté bien molido, revuelva con el azúcar y muela dos veces más.*
— *Para entablillar debe tener el metate a fuego lento. Use una maqueta especial para que las tablillas salgan del mismo tamaño.*

Tanto para evitar estos inconvenientes, como otros muchos que dependen de las materias que la codicia de los comerciantes ha inventado mezclar al cacao, para falsificar el chocolate, como para dar al cacao el grado de tueste que necesita, será muy puesto en razón que cada uno lo haga fabricar en su casa, pues sólo de este modo estará cierto de la bondad del cacao, sea cual fuere la clase que elija, y de que por el pasajero gusto, o la costumbre de tomar una taza de chocolate, no quede expuesto a quebrantar su salud, ni a sufrir las incomodidades de una enfermedad.

Después de muchas experiencias y consultas, y atendiendo al gusto más general, en esta parte, se ha podido combinar la siguiente receta, que se podrá variar según el gusto particular de cada individuo.

Soconusco . . . . 2 lib.
Maracaybo . . . . 2 lib.
Caracas . . . . 2 lib.

Azúcar, de 4 a 6 libras según que unos lo quieran más dulce que otros, e igual número de onzas de canela, también según la irritabilidad de los estómagos, o el gusto de cada persona. Puede también mezclarse el Tabasco en lugar del Maracaybo, pero tiene menos cuerpo el chocolate fabricado con él.

Algunos le añaden bizcochos duros, almendra molida, yemas de huevo y vainilla, o alguna sola de estas cosas; pero estas materias harán una combinación sabrosa, si se quiere, y aun saludable; mas ella dejará de ser chocolate, y lo será tanto menos, cuanto sea menor la cantidad de cacao que entre en la composición.

Del *Nuevo cocinero mexicano en forma de diccionario, 1888.*

No solamente el chocolate se prodigó y multiplicó después de la conquista, sino también el aguamiel. El aguamiel es un líquido dulce anterior al fermento que constituye el *otli* o pulque —de gran uso entre los nativos del Anáhuac— sobre todo en los pueblos del Altiplano.

El aguamiel, bebida dulce, refrescante, terapéutica y espiritual del mexicano, fue indispensable en los banquetes del gran *tlatoani* y del gran Moctezuma II en los que se preparaban más de trescientos platillos, la mayor parte con aguamiel. De esa asombrosa mesa de Moctezuma, nos habla el ilustre veracruzano don Francisco Javier Clavijero. El chocolate y el aguamiel eran recomendados por brujos y curanderos para varios padecimientos, sobre todo, de origen gastro-intestinal.

Por su parte, el elote constituía un exquisito postre cocido y endulzado con mieles; del jugo del *metl* o maguey se hacía pulque y de las hojas más gruesas —cocidas debajo de la tierra— se extraía el mezcal, de la floración, llamada *quiote* se obtenía una fruta jugosa y dulce.

Hernán Cortés, en sus *Cartas de Relación* escritas al emperador Carlos V, decía: "hay frutas de muchas maneras, en que hay capulines que son semejantes a las cerezas y ciruelas de España. Venden y tienen miel de abeja y cera, miel de caña de maíz, que no son tan melosas y dulces como las de azúcar."

En la historia del dulce no es posible olvidarse de nuestro símbolo heráldico: el nopal.

El nopal —con su decorativo fruto, la tuna— se prodigó generosamente en las regiones inhóspitas, áridas y desérticas, constituyendo más que un fruto, un regio dulce rico en carbohidratos.

Nopales y tunas son los blasones heráldicos arraigados de nuestra Ciudad de México.

Era y es la miel de la tuna una ambrosía grata al paladar, la cual, con una morena tortilla, saborean aún los campesinos de los valles áridos de México.

EL DULCE MEXICANO EN LA ÉPOCA COLONIAL

Junto a este sobrio, pero vigoroso antecedente en la historia del dulce, el mexicano del siglo XVI recibe dos aportaciones espléndidas y magníficas del conquistador hispano: el azúcar de la caña y la leche de vaca.

Hernán Cortés inició en México el cultivo de la caña de azúcar plantándola en sus fincas de Tlaltengo y de Los Tuxtlas de Veracruz. De allí se extendió a Morelos, Guerrero y al Valle de México. La caña de azúcar determinó un cambio en la alimentación de los pueblos de México. El producto que se obtenía de la caña de azúcar se denominaba piloncillo — resultado de la concentración del guarapo o jugo de caña al fuego de las pailas, en los trapiches rudimentarios. Modificó recetas autóctonas y amplió horizontes a los dulces mexicanos.

Con el azúcar, la leche y los frutos de México y España, estalla esplendoroso el panorama del dulce en México y comienza a formarse la geografía del dulce regional.

Confituras

Confitura viene de confección; confeccionar, de hacer las cosas, elaborar dulces con frutas como: mamey, zapote negro, zapote blanco, chicozapote, piña, chirimoya, pitaya, *tejocotl* o tejocote. Con estas frutas se sustituía ventajosamente a las peras, manzanas, higos, uvas, membrillos, granadas y demás frutas de Europa.

Fray Pedro de Gante y fray Bernardino de Sahagún revelaron en el siglo XVIII secretos y fórmulas mágicas de confituras.

Las monjas en sus conventos crean e inventan golosinas que constituían pecados de gula, nombres fantasiosos como: picones, cocadas, jamoncillos, quesillos de almendra, besos-suspiros, regalos de ángeles, cabujones (de cabeza grande) de almendras y pasas, y suntuosas mermeladas. Dulces de bocado real, los de leche de obispo, de cafiroleta y cafirolonga, de dulce camote y piña, de bien me sabe, alfeñiques de San Lorenzo, pastas y jaleas de las Bernardinas, buñuelos de San José de Gracia, bocadillos de leche, nuez y coco con brillantes canelones y manzanitas.

Frutas sublimes hechas con almendras, huevitos de faltriquera, susamieles, mostachones ilustres, dulces cubiertos, calabazates, chilacayotes, acitrones traslúcidos, almendrados de azúcar y miles de confituras salidas de los conventos de México.

DULCES Y BOMBONES EN EL ROMÁNTICO SIGLO XIX

Fuera de los conventos también surgieron estos refinamientos en distinguidas y afrancesadas dulcerías, pastelerías y cafés.

Recordamos el gran Café de Veroly, en el México de 1838, refugio despreocupado de provincianos, viajeros y comerciantes después de los ajetreos de la diligencia. ¿Qué tomaban los viajeros en el Veroly? Tomaban un chocolate tres tantos (tres partes iguales de cacao, azúcar y canela) con molletes.

Soletas, ilustres tostadas avalinas, pispiretas, atole con tamalitos cernidos, café con crema a la vainilla, bizcochos, chocolate de las clarisas con huesitos de manteca del Espíritu Santo, miel perfumada con cáscara de naranja y soletas. Entre los paseos públicos destacaba el famoso "Paseo de las Cadenas", reunión popular para el esparcimiento. Consistía en unirse con cadenas colgantes que formaban ondas; la gran cadena se configuraba en el atrio de la Catedral allá por 1850, y era ocasión feliz para todo el mundo —entre pregones populares y gritos de mercaderes.

El dulce* en México sirve de identidad en los extensos caminos de la patria y en el mundo entero. Dulces, confituras y ambrosías de nuestros tiempos, de nuestro México. Dulces mexicanos, fantasías de colores, fisonomía y fuerza, arte escultórico de manos prodigiosas.

* CAJETA. Dulce de leche de cabra y azúcar, especialidad de Celaya, Guanajuato.
COCADA. Dulce a base de pulpa de coco. Especialidad conventual con muchas y deliciosas variaciones.
CHOCOLATE. Antes de que entusiasmara a Europa, el chocolate era la bebida maya y azteca. La semilla de cocoa es empleada como unidad de cambio en algunas regiones del Estado de Oaxaca.
NANCE (O NANCHE). Arbol que crece en los estados de Veracruz y Tabasco, que da un fruto parecido a la cereza; se come crudo, en jalea, pasta, etc. y se conserva en alcohol.
NOPAL. El cactus que produce las tunas. Quitadas las espinas, las pencas sirven de base para ensaladas, salsas y dulce.
PILONCILLO. Azúcar de caña, sin refinar.
TUNA. Fruto del nopal.
De *Cocina Mexicana*

MÉXICO RANCHERO

FOLKLORE DEL MÉXICO RURAL

El mariachi y su origen

Símbolo de México

Son muchas y muy variadas las versiones sobre la palabra mariachi, lo cual ocasiona, en diversas ocasiones, que el significado se vuelva más leyenda que realidad.

Una de las versiones más conocidas y acertadas es la que data de los años 1864-1866, época en que se escuchaba música festiva de los franceses en reuniones y bodas denominadas *Mariage* vocablo que con el tiempo se transformó en mariachi.

Otra versión es la de algunos estudiosos de Cocula quienes afirman que en 1839 se tenía constancia de un grupo de mariachi, pese a que en algunos pueblos (como Cocula, Jalisco) eran conocidos como "violines o guitarrones del cerro".

Otros aseguran que en 1840 ya estaba constituido el mariachi de Plácido Revollado, cuyos integrantes tocaban arpa, guitarra y dos violines.

Existe también la variante mariachi que se usó para nombrar a una pequeña tarima cuya altura aproximada era de medio metro, 1.60 metros de longitud y 85 centímetros de anchura. En ella se colocaban bailadores de jarabe o músicos que tocaban al son del arpa y los violines o la vihuela, o bien, cuartetos de redoblante, platillos, violín y tambora.

Tanto en el sur de Jalisco como en Michoacán, existe un árbol llamado mariachi cuya madera blanca y porosa se emplea en la fabricación de guitarras. De ahí el supuesto significado para el grupo musical.

También es difícil determinar cuándo, dónde y cómo tuvo su origen este tipo de grupo musical, muy ligado con la tradición popular. Lo que sí podemos afirmar es que la música indígena interpretada con tambor, sonajas y pitos, constituye un antecedente significativo.

En Jalisco —antes Nueva Galicia— y con la introducción de instrumentos de cuerdas como el arpa, violín, guitarra y la vihuela, surgieron modalidades tanto religiosas como profano-religiosas. De las primeras se dejaron oír letanías y las segundas, se distinguieron por un tipo de sones derivados de las seguidillas, tiranas y sevillanas, sones en los que se pone de manifiesto la creación de un estilo propio de la comarca.

Cabe destacar que estos sones —al igual que los jarabes, soneci-
tos y valonas— se popularizaron rápidamente en Nayarit, Colima, el
sur de Jalisco y parte de Michoacán, pese a no ser aceptados en las altas esferas sociales. Así, tuvieron por el contrario, gran arraigo entre
los campesinos que los convirtieron en patrimonio de la región.

A diferencia de otros estados donde los grupos de cuerdas per-
manecieron reducidos a su ámbito original, los músicos líricos se multi-
plicaron por todo el territorio de Jalisco, combinando su arte, con actividades propias del medio rural.

Cabe señalar que estas manifestaciones eran colectivas y anónimas y familiares pues el grado de parentesco entre los integrantes
definía el papel por desempeñar, el cual podía ser legado a los hijos
o heredado por compañeros, casi siempre de la misma edad. En consecuencia, los grupos de mariachi fueron relativamente permanentes.

Según se acaba de mencionar estos grupos no fueron aceptados
por todos por considerárseles diversión de pobres y borrachos. A falta de estímulos y buen trato por parte de los hacendados, los mariachis amenizaban serenatas, peleas de gallos y cantinas del pueblo.

Los instrumentos del mariachi

Sin duda alguna los difusores del mariachi fueron los arrieros,
quienes a su paso por haciendas, mesones y bodegas se encargaban
de divulgar sones como: "El tecolote", de San Gabriel; "El burro par-
do", de Tecalitlán, y otros.

Los instrumentos del mariachi eran de cuerda: violín, guitarra,
arpa, vihuela y guitarrón. Estos últimos eran fabricados generalmente por quienes los tocaban. En cuanto a su vestimenta, no difería
gran cosa con la usada para el trabajo cotidiano: sombrero grande de
sayate, guaraches, calzón y camisa de manta.

Los violines nativos se constituían con madera de guásima ya
que se presta para ser doblada; sin embargo, la gran mayoría de los
violines eran de fabricación extranjera. La vihuela se hacía de cedro
y rebelero, para la tapa y para la caja acústica, si bien algunas veces
se utilizaban conchas de armadillo aunque este material no tenía
buen sonido. El arpa se fabricaba con las mejores maderas (cedro,
pinabete y guásima) abundantes en la región; las cuerdas eran hechas a partir de las tripas de zorrillo.

El guitarrón es un instrumento mexicano difícilmente presente
en algún otro conjunto que no sea el mariachi. Según la tradición
oral, este instrumento de cuerdas fue inventado en Cocula, es de mayores dimensiones que la guitarra ordinaria, su caja es de cedro y

caoba, y los segmentos de la tapa de tacota —madera blanca que sólo se da en algunas regiones del Estado de Jalisco.

En un principio las flautas eran de barro, madera y carrizo; daban la escala de cinco sonidos, al igual que el clarinete, el pistón y el tambor; su uso era irregular y con tendencia a desaparecer.

Es así como la música del mariachi se ha expresado de acuerdo con una forma tradicional de emplear la voz y los instrumentos. La temática ha girado en torno a la relación entre el hombre y la mujer o de aquél con los animales, la cooperación social, el terruño, el azar, el orgullo y la masculinidad.

En la década de 1920, con la Revolución, el mariachi no encontraba acomodo definido dentro de la estructura social, debido principalmente al alto costo de la vida. Es en el Estado de Jalisco donde se empezó a notar mayor número de estos grupos, sobre todo en San Pedro Tlaquepaque, donde se les llamaba "mariacheros"; también se les encontraba en las cantinas de Guadalajara, en busca de mejor suerte. Otros más se dirigieron a la ciudad de México.

Los grupos más famosos de mariachi fueron, sin duda, los de Cocula y Tecalitlán. Dos de los grupos auténticos fueron el de los Pulido y el de los Marmolejo, este último destacó por ser uno de los primeros que grabó en el extranjero durante la Feria Municipal de Chicago en 1932.

El traje de charro y el mariachi

La asociación entre el traje de charro y el mariachi parece haber comenzado en el año de 1901, cuando el compositor y pianista Miguel Lerdo de Tejada vistió de charros a los músicos de su orquesta típica a fin de darles una imagen más mexicana. Sin embargo, no fue sino hasta principios de los años treinta cuando los grupos procedentes de Jalisco comenzaron a uniformarse. Silvestre Vargas —del famoso mariachi de Tecalitlán— recuerda cómo gracias a un préstamo logró vestir por primera vez a los muchachos con sencillos trajes de dril y chapetones corrientes, sombrero de ala ancha, corbatín y botas.

Pese a que el mariachi ha pasado por diferentes etapas, tiene características que al generalizarse han encontrado eco y respuesta por parte del pueblo, pues el mariachi sigue siendo uno de los símbolos más expresivos de los mexicanos.

El Jarabe Tapatío

Himno a la gracia de las mujeres
y a la habilidad de los hombres

Con sus acordes la sangre se enciende, y en todos los corazones de los jaliscienses brilla la llama del entusiasmo. La pareja se compone de un charro y una china: los dos visten trajes pintorescos y en los tipos que ellos representan pudiéramos decir que se ha encarnado el espíritu y la tradición de nuestro pueblo que los juzga nacionales.

La china mexicana viste castor[2] de seda que cerca de la cintura es verde y en el resto, rojo. Luminosos dibujos de dorada lentejuela decoran esta especie de falda debajo de la cual asoman las torneadas pantorrillas calzadas de finas medias caladas, y en los pies —que las mexicanas suelen tener pequeñitos— verdes estuches de raso rematan la gentil figurita de la bailarina nacional.

La camisa[3] —bordada con primorosos emblemas en seda de colores— deja al descubierto, sin escrúpulos, la parte más bella de los hombros, de la espalda, del pecho; y entre sus brazos se tuerce con irisaciones tornasoladas, la rica seda del rebozo de Santa María. Completan el primor de este tipo nacional de mujer mexicana, los oscuros ojos de las tapatías y las gruesas trenzas que, entretejidas de listones, bajan hasta cerca de la cintura.

El charro es un tipo varonil en cuyo traje se adivina la esplendidez y acaso la vanidad de los rancheros. La chaqueta corta de gamuza amarilla o de paño oscuro —está adornada con bordados de plata; también lucen ricos alamares[4] los ajustados pantalones; en jarano,[5] ese primor de afamadas bordadoras que —no obstante ser anchas sus alas con exceso— apenas puede soportar el peso de las bordaduras de oro y plata que en brillante profusión lo cubren por completo.

El jarabe es de origen español, aunque quizá conserve algunas reminiscencias de los bellos bailes primitivos de los indios. Tal vez desciende de los primeros bailes de los indígenas. Tal vez desciende

---

[1] JARABE. Es una colección de sones y bailes populares.

[2] ZAGALEJO. Nombre que se le da al castor o falda que usa la China Poblana.

[3] CAMISA. Dentro del lenguaje tradicional de la charrería, en el atuendo de la china poblana se le llama así a la blusa.

[4] ALAMARES. Presilla y botón u hojas sobrepuesto que se cose por lo común a la orilla del vestido o capa, y sirve para abotonarse o meramente como adorno. Guarnición a modo de fleco.

[5] JARANO. Sombrero elaborado con la vara de jara, pero con el tiempo se generalizó de tal manera que a los sombreros de fieltro actualmente también se les llama jaranos por tener la misma forma.

del zapateado español o de las seguidillas manchegas que tuvieron su origen en el siglo XVI.

Musicalmente, el jarabe es una frase melódica armonizada con sencillez; el compás es frecuentemente de seis por ocho, algunas veces de tres por cuatro o de dos por cuatro; el aire, siempre vivo.

Los jarabes han sido compuestos por el pueblo mismo. Hay algunos verdaderamente interesantes por su ritmo. Vamos a mencionar uno de ellos.

En cada dos compases de tres tiempos hay intercalado uno de dos, de manera que la frase melódica resulta truncada, y precisamente esta anomalía constituye la originalidad y belleza de este baile.

Existe la creencia de que estos compases amalgamados son de origen vasco, pero la verdad es que se han encontrado entre los aires populares serbios* y rusos y muy especialmente entre las antiguas melodías finlandesas.

A continuación las instrucciones coreográficas del Jarabe Tapatío:

Inicialmente el charro forma una T juntando sus manos en la espalda. Se inclina un poco hacia adelante, aunque siempre erguido busca y atiende a su pareja con galantería.

Por su parte, la china poblana toma su falda con las yemas de los dedos y delicadamente la abanica acorde con el paso que realiza.

1. Ambos dan una vuelta a la izquierda cruzando el pie derecho por delante en dos tiempos.

2. Se dan tres pasos hacia adelante para encontrarse con la pareja. Se comienza con el pie derecho y luego se cruza atrás el pie izquierdo (en punta). Otros tres pasos hacia atrás separándose de la pareja. Se comienza con el pie izquierdo y luego se cruza adelante el pie derecho (en punta). Se repite, pero en la última parte deberá rematarse con un golpe de pie en vez de en punta.

3. Se ejecutan dieciséis tiempos de zapateado Jalisco (tacón y punta). Se da un golpe con el pie derecho y se apoya el pie izquierdo en el tacón levantando ligeramente el pie derecho para golpear con el pie izquierdo; se apoya el pie derecho en el tacón, levantando ligeramente el pie izquierdo, y así sucesivamente durante los dieciséis tiempos.

* SERBIOS: Pueblo eslavo que forma el núcleo principal de la población del antiguo Reino de Serbia hoy Yugoslavia.

4. Se da un golpe con el pie izquierdo y se gira (medio círculo con el talón derecho hacia adelante para después otro medio círculo con la punta del mismo pie hacia atrás para deslizarse un poco). Se ejecuta esta parte cinco veces y se remata con un golpe de pie.

5. Se repite el zapateado en dieciséis tiempos con remate de golpe de pie.

6. Se levanta el pie derecho y luego el izquierdo, alternadamente, en cuatro tiempos y hacia enfrente; se pasa el pie izquierdo por delante y se gira hacia la derecha para terminar la vuelta. Se repite. Se realizan cuatro vueltas intercaladas empezando con el pie izquierdo, y se remata con un golpe de pie.

7. Se procede al paso borracho en ocho tiempos. Se da un golpe con el pie derecho —cargando el cuerpo hacia la derecha—, se cruza el pie izquierdo por atrás deslizándolo. Después se da un golpe con el pie izquierdo —cargando el cuerpo hacia la izquierda—, se cruza el pie derecho por atrás deslizándolo. Se remata. Se repite siete veces más.

8. Se repite el 4.

9. Se levanta el pie derecho, después el izquierdo, intercaladamente, tres veces. Se dobla el pie derecho y se cruza el izquierdo por enfrente. Se rasga el suelo con el pie derecho hacia adelante para después dar vuelta hacia la izquierda y terminar la vuelta punteando en cuatro tiempos. Se repite.

10. La china poblana puntea con los pies cruzados e intercalando pie derecho e izquierdo en seis tiempos con remate. Se repite. Este paso se realiza alrededor del sombrero del charro.
Al terminar 8, el charro tira su sombrero al suelo frente a la china poblana y apoya el pie derecho para deslizar el izquierdo hacia el lado derecho, ocho veces. Este paso se ejecuta en torno al sombrero en ocho tiempos con remate al lado izquierdo.

11. Al terminar el paso anterior, la china poblana se hinca para recoger el sombrero del charro, mientras éste da dos pasos hacia atrás y luego uno hacia adelante para después pasar la pierna izquierda encima de la china —que está hincada recogiendo el sombrero— y da la vuelta a la derecha.

12. El charro toma de la mano a la china poblana para ayudarla a

levantarse; ésta se coloca el sombrero cuidadosamente con la misma mano que lo recogió.

13. Tomados de la mano, el charro y la china dan tres pasos hacia adelante, comenzando con el pie derecho (en el tercer paso cruzan el pie izquierdo por detrás en punta, como en el segundo paso). Después, tres pasos hacia atrás empezando con el pie izquierdo; en el tercero cruzan el pie derecho por delante. Se repite y se remata con un golpe de pie, no en punta.

14. Se levanta el pie derecho y luego el izquierdo hacia adelante; se levanta el pie derecho hacia atrás y se remata con los dos pies. Se repite tres veces más.

15. En una cuarta vez, en lugar de rematar, el charro se hinca sobre una rodilla; la china posa el pie derecho en la rodilla de su pareja.

La Charrería

Símbolo por excelencia de la nacionalidad mexicana

Jalisco ha sido creador de símbolos de la nacionalidad mexicana como el tequila, el jarabe tapatío, el mariachi y, por supuesto, la charrería. Por lo tanto, hablar del "deporte nacional por excelencia" es recordar a innumerables hombres que con su empeño y dedicación lo han hecho realidad.

Y así, aquel indio, aquel mestizo a quien no se le permitía montar a caballo durante la Conquista, puso la muestra y creó un nuevo deporte, ya que el uso del caballo en los territorios colonizados comenzó a generalizarse debido a las crecientes necesidades agrícolas.

La charrería como espectáculo ha venido perfeccionándose radicalmente en relación con sus orígenes: antes se hacía a campo raso por obligadas faenas campiranas y sano entretenimiento de los moradores de las haciendas; actualmente, una competencia charra con carácter profesional se compone de diez suertes fundamentales, algunas de las cuales presentan ciertas variantes que conducen a una mayor elegancia en su realización.

(El autor agradece por su asesoría técnica a la licenciada María Elena Franco Quiroz, directora del Museo de la Charrería.)

El primero de estos ejercicios charros es la Cala del Caballo que puede sintetizarse como la doma de la bestia por el jinete; el segundo son los Piales en el Lienzo que consisten en que el jinete, remolineando su reata, la tira a los traseros de la yegua cuando ésta va en plena carrera de los corrales hacia el anillo del lienzo charro, azuzada por un arreador; la tercera suerte es el Coleadero que estriba en la persecución del novillo por el charro y la derriba de la bestia al torcerle la cola.

Jinetear un novillo es una de las suertes regularmente encomendadas a gente joven que montada sobre los lomos del toro, tiene que amaestrarlo; esta doma se realiza dentro del anillo con el lienzo cerrado. Posteriormente se ejecuta el Trabajo de la Terna en el ruedo, suerte que se divide en dos: la del lazo de cabeza y la del pial, hasta que el novillo sea derribado y limpiado por el jinete.

La doma de la yegua es uno de los ejercicios más emotivos y bellos por la impresionante oposición del animal. Le siguen las "Manganas" a pie y a caballo consideradas las más importantes de las suertes charras. El charro tiene que concentrarse en la carrera de la yegua, incitada por los "acarreadores", para soltar la reata en el momento preciso y lograr que la lazada entre a las patas del animal y logre derribarlo. Finalmente, la competencia culmina con el "Paso de la Muerte" en el que el jinete, cabalgando a pelo arriesgando su vida, pasa de su caballo a una yegua bruta.

En 1920 un grupo de hombres comenzó a practicar como deporte aquellas suertes realizadas a diario en las faenas de campo. De ese modo, unos jaliscienses visionarios decidieron darle forma oficial a su grupo "charreril" por lo que integraron la asociación más antigua de la República Mexicana, los "Charros de Jalisco". Esta agrupación fue creciendo y desarrollándose para dar origen a nuevas asociaciones.

En 1932 Pascual Ortiz Rubio declaró el 14 de septiembre Día del Charro.

Este deporte lleno de arte y expresión, en el cual los charros, además de hombres cabales, son valientes y artistas en el dominio del caballo y de la reata, fue considerado el único deporte netamente mexicano, en 1933, por decreto del entonces presidente de la República, Abelardo L. Rodríguez, amante de corazón de la charrería.

Es indiscutible que los charros son una importante tradición dentro del mosaico folclórico de México. Qué decir de su contraparte femenina, la Adelita, conocido personaje de la Revolución que ahora podemos admirar en las espectaculares "Escaramuzas", colorida y rítmica demostración de la doma del caballo por la mujer.

Actualmente son múltiples las asociaciones charras en todo el país las que compiten amistosamente durante todo el año, en diversos campeonatos nacionales y estatales, así como en ferias y celebraciones importantes. Por ende, con tantas y diferentes "charreadas" y "jaripeos" resulta injustificable dejar de deleitarse con una de las más bellas manifestaciones del alma mexicana.

Hoy por hoy, la charrería se encuentra unida por una sola luz, una misma esperanza: hacer del deporte mexicanísimo, por siempre, la carta de identidad de nuestro país.

EL TEQUILA

Aguardiente típicamente mexicano que se obtiene de la fermentación y destilación del aguamiel de la piña del maguey.

En la época prehispánica, el maguey era la planta de la cual se obtenía la bebida embriagante *octli*, a la que después de la llegada de los españoles se le denominó pulque.

Cuentan los cronistas de aquella época que, a la llegada de Hernán Cortés a Tenochtitlan el 7 de Noviembre de 1519, fue recibido amistosamente por Moctezuma II, gobernante de los mexicas. Entre los presentes con que Cortés fue obsequiado se encontraba un *tonalamatl*,* libro de carácter ritual donde se asentaba la tradición histórica y religiosa de las tribus.

No se tienen noticias precisas sobre bebidas destiladas sino hasta después de los primeros años de la Colonia. Se dice que la tribu de los tiquila lo elaboró en Amatitlán, Jalisco, tan pronto como aprendieron a cocer el cogollo del maguey, y a fermentar y destilar su jugo.

Se afirma que en una ocasión un rayo cayó sobre una docena de agaves; el efecto del rayo expuso el corazón de la planta y el intenso calor hizo que ardiera por unos instantes. Esto ocasionó que el jugo del agave se transformara en una bebida que al probarla los hombres que habían presenciado el suceso, resultó muy agradable, por lo que posteriormente provocaron el fenómeno para obtener del agave la bebida.

El médico español Jerónimo Hernández señala que en 1651 el tequila era usado por el pueblo para la cura, por frotación, de las enfermedades de las articulaciones.

Tequila da su nombre al aguardiente, como coñac denomina a los aguardientes de Francia.

El nombre "tequila" está protegido en México por la Ley de la Propiedad Industrial (actualmente de Invenciones y Marcas) por resolución

* TONALAMATL. Calendario ritual de 260 días (20 meses de 13 días cada mes).

emitida por la Secretaría de Industria y Comercio el 22 de noviembre de 1974. Sólo puede ser aplicado al aguardiente que se obtiene por destilación del agave cultivado en el municipio de Tequila en el estado de Jalisco y otros municipios colindantes.

Bernal Díaz del Castillo en su *Historia verdadera de la conquista de la Nueva España*, narra que los indios de Jalisco aprendieron de los huicholes a quemar las pencas del agave, siendo este proceso el paso previo para hacer el aguardiente llamado mezcal. En virtud de que la tribu tiquila aprendió a prepararlo, se llamó tequila a la bebida.

La Sociedad Médica de Londres —en un informe de 1875— dictaminó: ". . .El tequila mexicano, si se toma con moderación, es un poderoso auxiliar en la purificación de la sangre, estimula las funciones del aparato digestivo y es recomendable en algunos casos de inapetencia. . ."

En el siglo XVIII Juan Sánchez de Tagle fundó la primera destilería moderna de tequila. Este noble caballero adoptó los mejores métodos que había observado en la elaboración de la bebida y comenzó a exportar tequila a las Islas Filipinas, intercambiándolo por sedas y brocados orientales.

La gima[1] del maguey como la zafra de la caña de azúcar o la pizca[2] de algodón, es el principio tradicional para la elaboración del tequila.

Entre los ocho y diez años de edad, el agave alcanza su madurez y éste es el momento para realizar la gima, obteniéndose mieles de óptima calidad.

La presencia del azúcar en frutos, granos y vegetales es indispensable para producir una bebida alcohólica. Ésta se encuentra en las piñas del maguey como almidón el cual mediante un proceso de cocción, se transforma en azúcar. Inmediatamente después, los jugos originados (mosto) se ponen a fermentar y el azúcar del agave se transforma en alcohol. Este líquido pasa por un par de destilaciones y eventuales diluciones hasta llegar a la línea de llenado, no sin dejar de ser sometido a pruebas de control de calidad (el método de análisis más confiable es la cromatografía, por su exactitud y rapidez).

Nuestro tequila se toma en su "caballito", copa tequilera escarchada con sal y limón, o en un típico jarrito mexicano, también, por supuesto, con su limón y sal.

Digamos: ¡Salud, dinero y amor!

[1] GIMA. Del náhuatl XIMA. Labrar, raspar.
[2] PIZCA. Recolección de frutos o cosecha.

Coctel "Amanecer Tapatío"
(1 porción)

INGREDIENTES:

1/4 onza de tequila
1/4 onza de anís
1/4 onza de vodka
1/4 onza de ron blanco
2 cubos de hielo
5 gotas de granadina
crema de leche

ELABORACIÓN:

— Coloque los hielos en un vaso old fashioned y vierta los licores por orden de alineamiento.
— Complete el vaso con la crema y sírvalo con popote corto.

Coco Loco de Acapulco

INGREDIENTES:

1 onza de jugo de limón
1¼ de onza de jarabe natural
3/4 tequila
3/4 ron blanco
3/4 ginebra

ELABORACIÓN:

— Sirva todo en coco fresco, hielo en cubos y llene con agua de coco.
— Decore con flores y frutas.

Coctel "Bajo el Cielo de Jalisco"
(1 porción)

INGREDIENTES:

- 2 onzas de tequila
- 1/2 onza de jugo de limón
- 1 cucharadita de jarabe natural
- 1 rebanada de limón
- 1 cereza

ELABORACIÓN:

— Ponga todos los ingredientes en la coctelera y agítelos.
— Sirva en vaso corto y adorne con una rebanada de limón y una cereza prendida a un palillo.

Coctel "Guadalajara de Noche"
(1 porción)

INGREDIENTES:

- 2 onzas de tequila
- 2 onzas de jerez dulce
- 1 onza de jugo de naranja
- 1 onza de jugo de limón
- 1 cucharada de azúcar
- hielo

ELABORACIÓN:

— Agite todos los ingredientes en una coctelera y sirva en vasos cortos.
— Espolvoree con azúcar.

Coctel "la División del Norte"
(1 porción)

INGREDIENTES:

- 1 1/2 onzas de tequila
- 1 onza de jugo de piña
- 1/4 onza de granadina
- 1 cucharada de hielo picado
- 1 cáscara de limón

— *Ponga todos los ingredientes en la licuadora y licue muy bien.*
— *Sirva en copa champañera y decore con una espiral de cáscara de limón.*

Coctel Margarita de México

Este coctel de fama internacional fue creado en Chihuahua en 1942 por un cantinero chihuahuense.
En una copa escarchada con sal, se sirve jugo de limón, tequila y cointreau. *Es bebida sólo para adultos.*

Margarita Mexicana con Zarape y Caballito

INGREDIENTES:

> 1/2 caballito de limón
> 1 1/2 caballito de tequila blanco
> 1 caballito de cointreau

ELABORACIÓN:

— *Bata el hielo molido.*
— *Sirva todo en copa champañera escarchada con sal.*

Petróleo de México

INGREDIENTES:

> *tequila*
> *jugo de carne o con cubo de caldo de*
> *pollo*
> *chapulines de Oaxaca*

ELABORACIÓN:

— *Ponga todos los ingredientes en una copa champañera.*
— *Acompañe con los chapulines.*

Ponche "Celebración Mexicana"

INGREDIENTES:

1/2 litro de tequila
1/2 taza de azúcar
 1 botella de champaña
    fruta fresca en bolitas
    rodajas de naranja
    cerezas
    hielo

ELABORACIÓN:

— *Mezcle los ingredientes en una ponchera y sírvalo en vasos cortos con hielo.*
— *Adorne con rebanaditas de naranja y una cereza, insertadas en un palillo.*

Ponche ¡Viva México!
(24 porciones)

INGREDIENTES:

 1 litro de tequila
    ralladura de 2 limones dulces
 3 litros de agua de limón endulzada
3 1/2 tazas de agua
 5 cucharadas de gelatina sin sabor
    unas gotas de colorante rojo y verde

ELABORACIÓN:

— *Prepare el hielo de tres colores, de la siguiente manera:*
— *Ponga a remojar la gelatina en 1 taza de agua fría durante 10 minutos. Disuélvala a baño de María. Agréguele el agua fría y divídala en dos partes: a una agréguele el colorante vegetal rojo, y a la otra, el verde. Revuélvala hasta que esté transparente.*

— Vierta la preparación por separado en los moldes para hacer cubitos y póngala en el congelador hasta que cuaje completamente.
— Congele al mismo tiempo, en otra charola, cubitos de agua simple.
— Ponga el tequila en la ponchera y añádale la ralladura de limón y el agua de limón endulzada. Revuelva bien y agréguele los cubitos de colores y los simples.

Tequila Macho

INGREDIENTES:

tequila
1 chile serrano asado y partido en dos

ELABORACIÓN:

— Sirva el tequila en una copa champañera escarchada.
— Ponga el chile serrano dentro de la copa.

Nachos Mexicanos

INGREDIENTES:

12 tortillas
1 taza de frijoles refritos
1/2 taza de queso rallado
rajas de chiles jalapeños al gusto
aceite para freír

ELABORACIÓN:

— Corte las tortillas en cuartos, dórelas en aceite y escúrralas.
— Unte frijol en los cuartos de tortillas, colóquelos en un refractario y espolvoree con queso. Hornee hasta que se derrita el queso.
— Sirva con las rajas de chile jalapeño o con salsa mexicana.
— Los nachos son totopos (tortillas doradas), cubiertos de frijol y gratinados con queso Chihuahua. Los nachos regios se acompañan con salsas mexicanas.

LUCES Y COLORES EN EL REBOZO DE MI TIERRA

Rebozo de mi tierra. . .
Porque en el pasado fuiste,
y en este presente
de mi patria eres
cuna, sueño,

abrigo y mortaja
de todos los infantes de mi
estirpe,
haré que estallen mis versos
como luces de bengala
entre los flecos garbosos
que rematan tu cuerpo de
paloma.
Así, rebozo de mi feria,
habrás de lucir galano
sobre el pecho alborozado
de las hembras de mi raza.
Rebozo de mi feria,
eres el estandarte altivo de mi fiesta.

EL REBOZO MEXICANO

Los orígenes del rebozo se pierden en la bruma de las costumbres cotidianas; por ello resulta difícil precisar la fuente original de esta prenda.

Algunos opinan que se inspiró en las prendas de vestir prehispánicas, fundamentalmente las llamadas "mantas de sol" o humerales, a las que hacen referencia varios cronistas. Se afirma que la Malinche era famosa en su vestir porque intencionalmente había aumentado las proporciones de la manta de sol para distinguirse de las demás mujeres.

De otra parte hay quienes juzgan que el rebozo deriva del llamado "rebociño andaluz", a su vez procedente de prendas árabes, o bien que halla sus antecedentes en el sari indio, llegado a México a través de la Nao de China.

Sea uno u otro el origen del rebozo mexicano, lo innegable es que esta prenda de vestir tomó características propias y peculiares durante el siglo XVII y XVIII y que en este último siglo alcanza el máximo de su popularidad. Como puede verse, ya desde la mitad del siglo XVIII, la prenda era considerada típicamente mexicana por propios y extraños. Durante el siglo XIX, el uso de rebozo continuó generalizándose como lo atestigua el que la emperatriz Carlota, para granjearse a las damas mexicanas, lo portó por primera vez en una de las recepciones ofrecidas en los jardines Borda de Cuernavaca, recepción a la cual asistió Maximiliano, vestido de charro, a guisa de traje de etiqueta.

La tradición del rebozo, con altibajos, se ha conservado, si bien el rebozo es la prenda por excelencia de las mujeres del pueblo, en especial las campesinas; la que orna los cuerpos gentiles de las muchachas en los días de campo; la que caracteriza el atuendo de la mujer del pueblo en México.

No sirve solamente para cubrirse la cabeza o para cruzarse sobre el pecho como un simple adorno. Es también cuna provisional de los niños pobres; pañuelo en que las mujeres se enjugan sus lágrimas, canasto improvisado en que las indias llevan al mercado las verduras, cubierta del infante que duerme tranquilo junto a la madre que trabaja; y su punta, retorcida y colocada sobre la cabeza femenina, sirve de asiento a los canastos llenos de fruta, o extendida, cobija de olla de los tamales en la calle de un barrio.

Independientemente de su origen español o prehispánico, puede afirmarse que las necesidades y el gusto indígena transformaron la prenda original hasta convertirla en un artículo típicamente nacional.

Es el rebozo un tejido semejante a un chal, mucho más largo que ancho, con flecos o puntas de complicados dibujos. El tipo común es de color azul gris o azul negro, generalmente de suaves tonos y de dibujo extraño y monótono, semejante al plumaje de una paloma torcaza. Estos rebozos son los usados por todas las mujeres del pueblo. Las del Bajío, las de Tepic, las de Sinaloa, prefieren los rebozos de color gris claro o azul claro; las indias del Valle de México, del Estado de Morelos o de Hidalgo, prefieren los rebozos oscuros, de azul profundo; las del Estado de Puebla y Oaxaca usan rebozos a grandes rayas azules y blancas.

Los rebozos de colores brillantes, fabricados con seda, se usan generalmente en las fiestas. Algunos de ellos asemejan la piel de una serpiente y otros tienen vagas relaciones con telas orientales.

En conjunto, la producción de esta prenda femenina es muy variada en coloración y calidad de la materia prima, pero la disposición del tejido es casi idéntica, es decir, obedece a un principio único con muy ligeras variantes.

El tipo común de rebozo está hecho de hilo ordinario. Hay rebozos de hilo muy fino llamados "rebozos de bolita" y los hay de finísima seda.

Se fabrican rebozos de muy buena clase en Michoacán, Estado de México, San Luis Potosí, Puebla, Oaxaca. . . en casi todas las regiones del país. Pero los que actualmente tienen mayor renombre y mayor mercado, son los de Santa María del Río, San Luis Potosí y los de Tenancingo (en el Estado de México).

EL PALIACATE NO ES CUALQUIER PAÑUELO

Paliacate, en su más pura acepción, quiere decir pañuelo grande y de colores vivos y llamativos.

Se empezó a usar en el siglo XVII. En aquellos años se amarraba en la cabeza para que el sombrero no lastimara el cuero cabelludo, pues los sombreros eran de copa chica; además de esta manera se protegía el fieltro del sombrero contra el sudor.

En un principio se le donominó "paño de hierbas". Posteriormente el paliacate llegó a ser tan grande que caía por la espalda. Entonces se pensó en usarlo por un ala del sombrero para protegerse del sol y se le cambió el nombre por el de "paño de sol". El material del paliacate era diverso, desde el más sencillo, utilizado por el hombre común, hasta el de seda.

El paliacate empezó a amarrarse en la cabeza, después en la frente y posteriormente, en el cuello. En la época de Maximiliano y Carlota derivó en corbata de moño, y así lo llevaron muchos de los caballeros pudientes.

Al paliacate siempre se le dio realce: se bordaba con cabello de mujer y se obsequiaba al prometido con iniciales. También derivó en mascadas finas.

Hubo un tiempo en el que se empleó cuero en el cuello, pero producía cierto malestar.

Es prenda de vestir sobre todo en la provincia mexicana y esencialmente entre los campesinos, pues por su tamaño absorbe el copioso sudor, y sus colores llamativos le dan viveza a los cuellos de sus portadores.

Lo que para los jóvenes de nuestros días podría parecer ridículo, se transformó en moda hace unos años: los paliacates fueron lo actual, "lo más prendido" entre los chicos quienes los lucían amarrados en la frente, de diferentes colores de acuerdo con su vestuario, y anudados en las muñecas y en las piernas. Los jóvenes adoptaron este adorno de nuestros ancestros como mejor les pareció. Una prenda auténticamente mexicana que también se usa en algunos países latinoamericanos.

El paliacate, pese a sus cambios, parece que se extingue, pero en algunos estados de la República se porta con orgullo y se defiende esta bella y original tradición mexicana. El pañuelo anudado en el cuello, en la cabeza o la frente es un distintivo de la gente trabajadora.

Reconocemos a José María Morelos y Pavón, "El Siervo de la Nación", como un hombre con paliacate en la cabeza; como él, muchos otros de nuestros héroes de la historia lo portaron.

Se dice que don José María Morelos lo utilizaba para que no se vieran los "chiqueadores de papa" que solía ponerse para mitigar la migraña que padecía.

MISCELÁNEA

TRADICIÓN PREHISPÁNICA
DE AÑO NUEVO

Pesa que una de las más bellas y poéticas costumbres de nuestros ancestros aztecas se haya perdido:

Cuenta el cronista fray Diego Durán que en la Fiesta de Año Nuevo —celebrada el 1 de marzo—, las gentes salían a los campos, a las sementeras y a los huertos para tocar con sus manos las hierbas, las flores y los frutos renacidos. Hombres, mujeres y niños recorrían, así, las chinampas floridas para inundar su alma de colores y aromas. Los más devotos formaban algunos ramos y los llevaban a sus templos.

¡Qué bella tradición de nuestros antepasados con la que expresaban su amor y comunión con la naturaleza!

Quizá el único rastro que dejó esta usanza, se halla en la sensibilidad del mexicano para captar la alegría de los colores y en el ritmo que imprime a sus danzas campiranas.

EL PAPEL AMATE

La forma en que se elabora el papel amate, es la misma de la
época prehispánica, pero diferente a la inventada en China hace más
de dos mil años.

El antiguo método chino consistía en moler y tamizar las fibras.
Por el contrario, el de los otomíes conserva las fibras largas, lo que
hace al papel amate más duradero a pesar de su porosidad. Su grosor
y textura son agradables al tacto. Las caprichosas formas y tonalidades de sus fibras lo hacen una pieza con grandes posibilidades estéti-
cas. Los pintores de Guerrero tienen gran preferencia por él.

El árbol del amate

El papel amate se elabora con la corteza del árbol del mismo nombre, el cual es un hemiparásito en su crecimiento, es decir, se alimenta del musgo de las rocas o de la savia de otros árboles. Tarda
más de 30 años para llegar a la edad adulta y producir suficientes
frutos que, a su vez, darán semillas.
La corteza se extrae, por lo regular, de los árboles jóvenes, que
tienen de 25 a 30 centímetros de diámetro; se les hace una incisión
en la parte inferior del tronco, lo cual permite jalar la capa del tronco
de abajo hacia arriba. Antes de que la corteza se utilice como materia
prima del papel, es indispensable secarla al sol.
La elaboración del papel es sencilla. La carga de amate —de 50 a
100 kilos— se pone en un perol lleno de agua. Cuando está en pleno
hervor, se añaden cenizas y un costal —de aproximadamente 60 kilos—
de cal.
Se deja hervir por lo menos cinco o seis horas hasta que las fibras
están blandas. Posteriormente, en una tabla previamente enjabona-
da, se colocan las tiras de corteza, de una en una, formando una cua-
drícula, y, para unirlas, se empieza a golpearlas con una piedra de
base plana llamada *muinto*, parecida en tamaño al *tejolote*.
Los golpecitos deben ser parejos para que el papel quede del mismo grosor. Cuando se termina el trabajo, se deja secar al sol y queda
así listo para exibición y venta.

La planta de amate crece en las faldas del cerro llamado Del Brujo en la Sierra Norte de Puebla. Lo inaccesible del lugar hizo posible que por más de cinco siglos los habitantes de San Pablito, Pahuatlán, continuaran fabricándolo.

Los brujos del lugar le llaman "huarachito", lo usan para elaborar imágenes sagradas o dioses que recortan del papel doblado y emplean en las ceremonias curativas.

El papel amate fue usado por las tribus de Mesoamérica. Lo utilizaban para sus códices, en donde registraban la historia o los conocimientos que deseaban conservar o difundir.

Su prohibición en la Colonia

En la época de la Colonia se prohibió su fabricación para evitar su uso en ritos religiosos; no obstante, los lugareños conservaron su manufactura.

La necesidad que tuvieron los artesanos del Estado de Guerrero de ampliar su campo de acción, en cuanto a la pintura, los hizo redescubrir las propiedades del papel amate. Las figuras e imágenes que pintaban en piezas de barro, fueron trasladadas al papel indígena que además podía ser transportado sin romperse.

Cientos de hojas de papel amate recorren el mundo llevando escenas de la vida cotidiana de los habitantes de Guerrero. Pájaros, flores, animales, entre otros motivos, son pintados a mano. La fama que han alcanzado los cuadros los ha llevado a ser considerados como una artesanía tradicional de México.

Actualmente constituyen el encuentro de dos regiones mexicanas: la de San Pablito, Pahuatlán, Puebla, donde se hacen las hojas; y la del medio Balsas de Guerrero, donde las pintan en forma magistral.

DANZA DE LOS VIEJITOS
DE MICHOACÁN

FUENTE DE ALEGRÍA

La Danza de los Viejitos originaria de Michoacán, se ha difundido en todo el país como símbolo vistoso de dicho estado; sin embargo, la investigación de su historia arrojó algunas sorpresas.

Varios autores afirman que esta danza es de origen prehispánico. Se basan en una frase de fray Diego Durán en su *Historia de las Indias de la Nueva España*: "Otro baile de viejitos que con máscaras de viejos corcovados se bailaba, que no es poco gracioso y donoso y de mucha risa. . ."

Según la información obtenida en varias fuentes bibliográficas, la danza de los viejitos tal como hoy la vemos —fue creada en este siglo. Cucuchucho, Jarácuaro y Santa Fe de la Laguna son los poblados donde se encuentran antecedentes más antiguos de grupos de "viejitos". Interpretaban la danza hace varias décadas, pero en forma espontánea, o sea, sin coreografía definida. Salían a las calles dando saltos, ejecutando pasos y diálogos jocosos con la gente.

El primer grupo de "viejitos" de Jarácuaro se formó en 1927. Dos décadas después surgió otro grupo, acompañado por dos violines y una jarana, interpretaba la danza en dos líneas paralelas y en ella participaban alrededor de cincuenta personas, quienes bailaban para cumplir con una manda.

Si bien es difícil rastrear el nacimiento de esta danza, parece ser que surgió en algunos pueblos durante las fiestas religiosas.

En 1937 se presentó en el Palacio de Bellas Artes en una exhibición de danzas tradicionales promovida por la Secretaría de Educación Pública.

Otro hecho que ha contribuido a modificarla, es su presentación en concursos como los que se realizan desde hace dieciocho años en la isla de Janitzio, dentro de la celebración del "Día de Muertos". También se la utiliza para animar espectáculos en hoteles de Pátzcuaro y de otras ciudades. A partir del sexenio del licenciado Luis Echeverría, a veces por invitación personal de él, se llevaron grupos de "viejitos" a Rumania, España y Francia.

En algunos casos, los grupos de "viejitos" tuvieron en esta creación de sus pueblos, un recurso semejante a la artesanía para luchar contra la desocupación; en otros, el beneficio recae en los hoteleros o comerciantes, en tanto que a los danzantes les queda la pobre rutina de hacer, por un pago minúsculo, todas las noches, lo que en otro tiempo conocieron como fuente de alegría.

PAISAJE GASTRONÓMICO
DEL ESTADO DE MÉXICO

El territorio del Estado de México ha rodeado desde siempre a la gran capital, antiguamente del Imperio Azteca y hoy de la Nación Mexicana. Por ello su tradición culinaria participa de las características generales de la cocina del altiplano mexicano, si bien con acentos y carácter propio. Se trata de una tradición que hunde sus raíces en la tradición culinaria precolombina, en la colonial y en la propiamente mexicana.

Por otra parte, el altiplano ha sido siempre un punto privilegiado de concentración de productos y mercancías, razón por la cual, ante una inmensa variedad de elementos e ingredientes gastronómicos procedentes de todos los rumbos del país y aun del extranjero, la única respuesta es la creatividad y el genio creador de los hacedores de la cocina mexiquense.

Bastará con que cualquiera de nosotros haga un recorrido por el aún famoso mercado de Toluca, en particular los viernes, para comprobar todo lo dicho y darse cuenta que la riqueza culinaria no se limita a los siempre famosos embutidos y curtidos, sino que desborda la imaginación de cualquier afamado *gourmet*, ya que encontrará elementos para degustar y maravillarse inclusive con una comida exótica como pudieran ser la gran variedad de hongos y las flores de colorines.

Por todo ello, no es de extrañar que la tradición gastronómica de los mexiquenses esté conformada por un amplio y variado recetario de platillos, que van de las exquisitas botanas o entradas, pasando por las sopas y los caldos, las ensaladas, hasta los platillos fuertes entre los que figuran las truchas, el conejo, el pollo, el carnero, el cerdo y una espléndida repostería.

Se afirmó al principio que la cocina mexiquense tenía características propias, y si a veces no es identificada como original, es porque el Estado de México ha aportado y sigue aportando muchos de sus platillos a la cocina del altiplano. Dígalo si no sus chorizos, quesos, cecinas, recetas de escamoles y gusanos de maguey, sopas de flor de colorines, su variedad de platillos de hongos y de habas verdes, la manera especial de cocinar sus truchas y, sobre todo, sus mixiotes, barbacoas, cerdos al pulque y otros platillos más, que los capitalinos degustan como propios desde tiempos ancestrales.

Es por ello muy loable la labor de rescate de la identidad de la cocina mexiquense que ha asumido la Organización Loredo, al elaborar menús con recetas tradicionales de la alta cocina mexiquense.

A los gastrónomos capitalinos, seguramente muchos de estos exquisitos platillos les resultan familiares y quizá lo único que pueda resultarles novedoso es saber que se trata de platillos típicos del arte culinario del Estado de México.

Para justificar lo dicho bastará con una rápida enumeración de algunos de los deliciosos platillos que en su conjunto bien merecen los títulos que algunos expertos de ayer y de hoy dan a la cocina mexiquense: "Cocina que es un Teatro de Maravillas" o "Cocina de la Imaginación", porque en ella los sabores exquisitos, la variedad de ingredientes y el equilibrio de la elaboración hacen las delicias de los mejores paladares.

ALGUNOS MANJARES MEXIQUENSES

Entre la botana o las entradas pueden mencionarse: gran variedad de chorizos rojos y verdes sazonados con toda clase de especias o cecinas. Espléndidos quesos frescos, cremas o requesones.

Las manitas de cerdo vinagreta al estilo de Acambay, las cuales pueden acompañarse con verduras y frutas curtidas en vinagre.

Las quesadillas de hongos y de flor de calabaza y tostadas de hongos y de pollo (de Texcoco).

Los gusanos de maguey y los escamoles con las exóticas salsas al chipotle o sazonadas con pulque.

Las tortas de chorizo con papas para la hora del "tente en pie".

Y si de caldos o sopas hablamos, habrá que señalar:

El caldo verde al estilo Malinalco, la sopa de flor de colorines con cerdo, la exclusivísima sopa de hongos "clavito", o la más conocida sopa de nopales con huevo de Santiago Tianguistenco, las sopas de médula de Toluca, y sobre todo, la aportación gastronómica de la sopa de malva.

Entre las ensaladas tenemos:

La ensalada de habas verdes (de la Marquesa), la de nopales, o la infaltable ensalada de hongos al escabeche de Valle de Bravo.

Y entre los platos fuertes:

Las truchas frescas almendradas al vino, a la naranja, a las finas yerbas, empapeladas o simplemente a la parrilla con un ligero sazón de ajo.

Los típicos quesos, las barbacoas, los mixiotes de conejo, pollo o carnero, que según el dicho de los mexiquenses "por ser muy ricos, se comen muy parejo", la pierna de cerdo al pulque de las mejores recetas de Naucalpan.

En temporada, las exquisitas tortas de flor de colorines —con tortillas de maíz morado para acentuar su acento exótico, las enchiladas de charales— aportación de la laguna de Zumpango, el pollo, los pichones y las huilotitas en pipián, el mole de olla o sus moles de hongos.

Y para finalizar, la repostería casera de biznagas, chirimoyas, cocadas de leche y piñón, dulces de capulín, xoconoxtles cristalizados y mil delicias más que convierten las mesas de las familias mexiquenses en auténticos bodegones de mil colores.*

* BOTANA. Bocado que acompaña el aperitivo. Las botanas de cantina son variadas y sabrosas. Equivale a la tapa española.

CECINA. Carne seca salada, a veces enchilada.

GUSANOS DE MAGUEY. Se comen fritos y son deliciosos. Los gusanos blancos (meocuil) son más apreciados que los colorados (chilocuil).

MIXIOTE. Hoja del maguey usada para envolver alimentos y cocinarlos al vapor.

MOSCOS. Bebidas alcohólicas preparadas con aguardiente y jugos de frutas. Especialidad del Estado de México.

TORTILLAS. Redondas y aplanadas. Se elaboran con masa de maíz.

VARIEDADES DE LAS TORTILLAS

Chilaquiles: Cocinadas en salsa, queso y crema.
Enchiladas: Dobladas en dos y mojadas en salsa. Se acompañan de pollo, queso y crema.
Quesadillas: Rellenas y dobladas a la mitad.
Tacos: Enrolladas con cualquier relleno.
Tostadas: Fritas.
Totopos: Cortadas en cuatro partes, se doblan quedando en forma de triángulos. Ya fritas y tostadas se les llama totopos.

ENSALADA* CÉSAR

La Ensalada César nació en 1925 en la ciudad de Tijuana, Baja California Norte cuando a petición de un grupo prestigioso de clientes, el propietario del Restaurante César, señor César Cardini, incluyó en su menú una ensalada hecha básicamente con aceite de oliva, vino, vinagre, mostaza, sal, anchoas, huevo, queso parmesano, pan tostado y, por supuesto, lechuga romana.

Receta original de la Ensalada César

En una ensaladera de madera que se limpia, pero no se lava, colocar de 6 a 8 hojas de lechuga de la llamada orejona, perfectamente bien lavada y desinfectada, agregar sal, pimienta negra recién molida, aceite de olivo ligero, queso parmesano rayado fresco.

Croutones tostados al horno, después bañados en aceite de ajo y untados de un solo lado con pasta de anchoas.

— *huevo pasado por agua un minuto*
— *salsa inglesa*
— *jugo de limón fresco.*

* ENSALADAS. Se hacen las ensaladas con diversas plantas hortenses, crudas ó cocidas, legumbres, raíces, frutas y aun viandas, sazonándolas con aceite, vinagre, tal vez pimienta, y algunas ocasiones mostaza. Para que salgan de gusto más relevante, se les añaden por lo común yerbas aromáticas, tales como el estragón, la pimpinela, el apio, principalmente los tronquitos limpios y rizados en agua, orégano, etcétera. Cada uno sazona esta clase de ensaladas á su gusto, y nada importa que se eche primero la sal, el vinagre ó el aceite, aunque algunos tienen en esto su prurito: lo único á que debe atenderse es á que la sal, ya se ponga primero, ó ya después, quede bien disuelta, para que pueda sazonar la ensalada. En cuanto á las cantidades que deben entrar de cada cosa, se dice que esto debería encargarse á distintas personas de diversas inclinaciones, siendo un avaro el que echase el vinagre, un pródigo el aceite y un prudente la sal, dejándose á un tonto la tarea de revolverlo todo; los Italianos introducen un quinto personaje, y equivale en castellano á un burro, para que coma la ensalada.
Se llaman también ensaladas, aunque impropiamente, varias frutas cocidas, sazonadas con azúcar, canela y aún vino, quizá porque suelen acompañar á los asados como las otras ensaladas de aceite y vinagre; pero éstas necesitan tener cierta consistencia de pasta, ó estar espesas, porque si quedan muy líquidas sólo tienen lugar entre los postres, como el de zapote prieto.

ELABORACIÓN:

Revolver siempre en la misma dirección, todos los ingredientes deberán de ser colados sobre la lechuga en el orden que se mencionan, ya que en la cocina el orden de los factores, sí altera el producto, es perfectamente admisible comerla con las manos, *dado que si la barquilla de la lechuga se corta con los cubiertos, el aceite con su densidad cae hasta el fondo y pierde el sabor y la consistencia deseada. La ensalada se debe consumir inmediatamente después de prepararla.*

En cuanto a los adornos de las ensaladas, es más conveniente que se sirvan aparte, para que cada uno la componga como le parezca mejor.
ENSALADAS FLORIDAS. Como en todas las cosas, también en las mesas se advierte el progreso de la cultura, y á mas de sazonarse los alimentos esmeradamente para que sean de un gusto exquisito, se procura disponerlos en los platos con finura y delicadeza, para que siendo también agradables á la vista y aún al olfato, se proporcionen más goces y satisfacciones á los convidados, que con estos preliminares predisponen su apetito para hacer honor á los guisados, complaciendo de este modo al que los distinguió llevándolos á su mesa. Éste ha sido el principio porque se adornan hoy algunas ensaladas con flores; pero con flores que se comen, pues de otra suerte harían un adorno postizo é incómodo, puesto que debían separarse de los platos y dejarse á un lado como basura inservible.
Las ensaladas de romanitas y de escarola son las que con más frecuencia se adornan con flores, porque como varían de color, se prestan más para esto. Para la de romanitas se procuran emplear las tres clases, á saber: la blanca, la orlada de color de rosa, y la de color oscuro, cortándose los corazones á lo largo y acomodándose como rayos en el plato, alternando los colores; pero con gusto, no poniéndose un corazón de cada color, sino dos ó tres reunidos, y se colocan las flores como se indica en la litografía del frontispicio. La de escarola blanca se adereza, haciendo que la parte rizada esté á la vista en cuanto sea posible, formándose en el medio un asiento ó lugar para las flores, como puede advertirse en la misma estampa.
No todas las flores pueden emplearse sin riesgo de la salud, y por esto convendrá no hacer uso sino de aquellas, cuyas cualidades y virtudes sean perfectamente conocidas y saludables, como la rosa que llaman de Castilla, en corta cantidad, la borraja, la capuchina ó mastuerzo mejicano, la malva, el malvabisco, la chicoria silvestre, la buglosa hortense ó lengua de buey, el azahar, el cacaloxochil, la flor de durazno en corta cantidad, etc., etc. Hay muchas que son venenosas, como los acónitos, la rosa-laurel, etc. Las que pueden usarse, se mezclarán de modo que alternen con gusto y discernimiento los colores, para que no choquen á la vista en lugar de agradarla.
Del *Nuevo cocinero mexicano en forma de diccionario, 1888.*

TAMAULIPAS Y SU CARNE ASADA

La costumbre de consumir carne asada se observa principalmente en la región fronteriza, el centro y el sur de Tamaulipas.

En el puerto jaibo surge uno de los platillos más famosos: La carne a la tampiqueña. Esta receta típica de reciente tradición gastronómica, tiene su origen a principios de este siglo.

La historia culinaria de Tamaulipas fue difícil. Nuestros antepasados huastecos se dedicaban a la caza de animales salvajes; varias tribus se reunían en alguna ranchería escondida y preparaban un suculento banquete para los convidados; encendían una hoguera y colocaban a su alrededor pedazos de carne de caza preparados de antemano.

Los colonizadores y viajeros de aquella época, no tan fácilmente se animaban a explorar la región del norte, pues alguien había corrido la voz que los indios apresaban a los soldados.

Esa conducta vengativa de los comanches trajo como consecuencia —y con mucha razón— el temor entre los miembros de la Comisión de Límites que hacia 1827 visitó tierras norteñas.

Pese a todos los obstáculos, realizaron un censo que arrojó interesantes datos acerca del consumo anual de carne. Tan sólo en Laredo ascendía a 365 reses y cabezas de ganado menor.

Este notable desarrollo agropecuario, nos hace suponer que nuestros antepasados vivían muy tranquilos y sin crisis económica, consumiendo carne, maíz y frijoles a la charra. Para ser justos podemos afirmar que los indios del sur eran pacíficos, comparados con los tejanos.

Por otra parte, en *Crónica del Nuevo Santander*, escrita en 1803 por Hermenegildo Sánchez García, se manifiesta que en el suelo mexicano los indios se alimentaban con carne de venado, mientras que en Real de Borbón —hoy Villagrán— los nativos tenían por costumbre comer carne asada de animales salvajes o domésticos.

Asar carne en la frontera y en la zona centro de Tamaulipas es todo un acontecimiento. El pretexto puede ser una reunión de amigos. Las familias se reúnen en torno a un asador metálico y cocinan en forma improvisada "fajitas americanas" o "costillitas al carbón". La comida se acompaña con cerveza, frijoles charros, guacamole y totopitos.

Más que aficionados a la carne asada, los tampiqueños se inclinan por el pescado y los mariscos, lo que nombran "mariscada".

Tampico está ubicado en la porción sureste de Tamaulipas; varios ríos y lagunas adornan su paisaje: Río Pánuco y Tamesí; lagunas del Chairel y Carpintero.

La ciudad es un centro comercial muy importante para la región de las Huastecas. Ahí confluye, entre otros, el mercado de la carne de novillo huasteco. La ganadería se explota principalmente en los municipios de Aldama, Soto la Marina, Altamira y González.

La carne asada a la tampiqueña fue producto de la inspiración de José Inés Loredo, que durante la década de los treinta se desempeñó como capitán en el restaurante del Hotel Bristol. Durante un año, además de laborar como cocinero, este singular personaje ocupó el cargo de presidente municipal de Tampico en 1933.

Carne Asada a la Tampiqueña

— *La carne de res (filete) se prepara con rebanadas de cebolla y jugo de naranja cucha llamada también un poco agria y se deja reposar unas tres horas.*
— *Se asa en una hornilla con carbón, o a la parrilla (en los restaurantes por lo común se cocina a la plancha). Se le unta la mitad de una cebolla y se cuece la carne con cebollas de rabo asadas.*
— *El platillo se acompaña con una guarnición de guacamole, arroz, frijoles molidos y un taco de queso cubierto de mole rojo. La receta puede variar según el estilo del restaurante. En algunos se acompaña con un tamal.*

Carne Asada
(10 porciones)

INGREDIENTES:

4 kilos de carne de res (fajitas, arracheras,
*   costillas, agujas, solomillo, T-bone, etc.)*
1 kilo de naranjas cuchas o agrias
1 cerveza
2 kilos de cebollas de rabo

ELABORACIÓN:

— *Encienda el carbón en el asador.*
— *Ponga la parrilla con las cebollitas cambray.*

— Cuando el carbón esté en su punto, coloque los trozos de carne que previamente preparó con jugo de naranja cucha y la cerveza.
— Sirva acompañándola de frijoles a la charra, guacamole, totopitos y pico de gallo.

Frijoles a la Charra (Estilo Ciudad Victoria)
(10 porciones)

INGREDIENTES:

- 1 kilo de frijol pinto o bayo
- 1/2 kilo de tocino
- 1/4 de kilo de cueritos de puerco
- 1 jitomate grande
- 1/2 cebolla grande
- 1 rama de cilantro
- 2 dientes de ajo
- sal al gusto

ELABORACIÓN:

— Cueza los frijoles con el ajo y los cueritos.
— Fría aparte el tocino con los demás ingredientes agréguelo a los frijoles.
— Deje hervir media hora.

Pico de Gallo

INGREDIENTES:

- 1/4 de kilo de chile serrano
- 1/2 kilo de tomate
- 1 cebolla grande
- 3 ramas de cilantro
- 2 limones
- sal al gusto

ELABORACIÓN:

— Pique finamente todos los ingredientes. Revuélvalos y agregue el limón y la sal.

La cocina mexicana, como prueba de su calidad y fortaleza, ha aportado en lo que va del siglo XX dos platillos: la Ensalada César y la Carne Asada a la Tampiqueña. César Cardini y José Inés Loredo son dos nombres inmortales en la gastronomía mexicana.

Echar toda la carne al asador.

Poner en juego todos los recursos a fin de lograr determinado objetivo, ya sea político, económico, deportivo, laboral, etcétera.

Eres como la carne seca, que en cualquier gancho se atora.

Una persona muy sociable y de buen carácter fácilmente se adapta a las circunstancias de la vida.

Carne y hueso, que todo cuesta dinero.

El carnicero paga el peso de las bestias sin hacer distinciones; por esto juzga que es justo vender mucho hueso y poca carne al más alto precio.

ORIGEN DE LOS NOMBRES
DE LOS ESTADOS
DE LA REPÚBLICA MEXICANA

Aguascalientes

Los abundantes manantiales de aguas termales que existen en él, han dado nombre a este estado y a su capital.

Baja California

No existen datos suficientes para interpretar el significado de las raíces de la palabra California, pero se cree que proviene de la lengua indígena. También se supone que deriva de las voces latinas calida (cálida) y fornax (horno), es decir, "horno caliente", nombre con que se dice Hernán Cortés bautizó a esta región en su expedición de 1536, debido al intenso calor. También se cree que procede de la novela del siglo XVI *Las sergas de Esplandián*, escrita por García Ordóñez de Montalvo, donde se hablaba de una península llamada California y de su reina Calafia.

Campeche

Cam-Pech o Ah-Kim-Pech es el nombre original de la región desde la era precolombina. Significa en maya "tierra de serpientes y garrapatas".

Coahuila

La palabra Coahuila proviene del náhuatl *coa* (víbora) y *huila* (que vuela), por lo que significa "víbora que vuela" o "víbora que arrastra".

Colima

El nombre de Colima proviene de las palabras nahuas *coliman, colli* (cerro, volcán o abuelo) y *maitli* (mano o dominio). Juntas significan "lugar conquistado por nuestros abuelos o antepasados", o bien "donde domina el Dios Viejo".

Chiapas

La palabra Chiapas es de origen náhuatl y está formada por dos vocablos: *chia* (nombre de una semilla utilizada en la preparación de una bebida refrescante de la región) y *apan* (que significa en el río), por lo que su sigificado es "en el río de la chía".

Chihuahua

La palabra Chihuahua proviene del tarahumara *chihuahuara*, que significa "lugar donde se hacen costales".

Distrito Federal

Se le llama así por ser sede de los poderes federales.

Durango

La palabra Durango es de origen vascuence y significa "vega bañada por ríos rodeada de alturas o montañas".

Estado de México

La palabra México se deriva del náhuatl *mextli* (luna o diosa de la luna) y *xietli* (ombligo o centro), por lo cual se interpreta como "el que está en el centro de la luna", "en el centro de la Laguna de Meztli". Según otras versiones "lugar del dios Mexitli".

Guanajuato

La palabra Guanajuato proviene del tarasco *quianax* (rana) y *huasta* (cerro), es decir, "cerro de ranas".

Guerrero

El estado lleva el nombre de Guerrero en honor al general Vicente Guerrero, héroe de la Independencia.

Hidalgo

El Estado de Hidalgo se llama así en honor al Padre de la Patria, Miguel Hidalgo y Costilla.

Jalisco

Jalisco proviene de la palabra náhuatl *Xalisco*, que significa "lugar arenoso". Fue tomado de uno de los cuatro reinos principales que formaban la Confederación Chimalhuacana.

Michoacán

Proviene del náhuatl *michin* (pescado), y *can* (lugar), es decir, "lugar o región de los pescados". Otra versión afirma que se deriva de *michmacuan*, voz tarasca que significa "estar junto al agua".

Morelos

El estado lleva su nombre como homenaje al héroe de la Independencia José María Morelos y Pavón.

Nayarit

Nayarita está formado por la palabra cora *Nayar* (dios de las batallas) y la terminación *it* (adverbio de lugar); en conjunto significa "región donde se adora al dios de las batallas".

Nuevo León

Su nombre original fue Nuevo Reino de León, denominación que le fue otorgada por el rey Felipe II después de la Conquista, aludiendo al reino ibero de León.

Oaxaca

Oaxaca proviene de los vocablos nahuas *huaxin* (guajes) y *yactl* (cerro o naríz, punta o precipicio), es decir, "cerro de los guajes".

Querétaro

Querétaro deriva del tarasco *qertaro* (lugar de las penas) y en otomí *Ldamarel* (El mayor juego de pelota).

Quintana Roo

La entidad debe su nombre al caudillo Andrés Quintana Roo, destacada figura dentro del movimiento de Independencia y la instauración de la república.

San Luis Potosí

Denominación en honor de san Luis, rey de Francia, y Potosí al compararse las riquezas de las minas del Cerro de San Pedro con las de Potosí en Bolivia. Otra versión del origen del nombre es que le fue dado a esa ciudad como homenaje al entonces virrey Luis de Velasco.

Sinaloa

Sinaloa es una palabra del dialecto cahita, compuesta de las voces *sina* (especie de pitaya) y *lobata* (casa redonda). Así que el nombre *sinalobala* se transformó en sinaloba y finalmente en Sinaloa, que significa "pitaya redonda".

Sonora

Proviene de la palabra *ópata zunutle* y significa "lugar de maíz".

Tabasco

Tabasco proviene del náhuatl y significa "tierra anegada", aunque también se le da el significado de "lugar que tiene dueño".

Tamaulipas

Tamaulipas significa "lugar donde se reza mucho", y según otros investigadores "lugar de montes altos".

Tlaxcala

La palabra Tlaxcala proviene del náhuatl y significa "tierra del maíz" o "lugar de tortillas" (lugar de pan de maíz).

Veracruz

La palabra Veracruz viene del latín *vera* (verdadera) y *cruz* o sea, "la verdadera cruz".

Yucatán

Cuando llegaron los españoles a la península, los nativos al escucharlos hablar decían *uh u uthaan*, que quiere decir "oye cómo hablan". Se cree que de ahí proviene el nombre de Yucatán.

Zacatecas

El nombre del estado y de su capital proviene de los vocablos nahuas *zacatl* (zacate) y *tecatl* (gente), es decir, "gente del zacate".

MEXICO
EL PUEBLO DEL SOL

HAY DOS FORMAS DE INTERPRETAR LA PALABRA
MÉXICO, SU ORÍGEN ES EL IDIOMA AZTECA O
NAHUATL : PALABRA PURA DE UN PUEBLO SUBLIME.

MEXIKKO

ME – DE – METL = MAGUEY

XIK – DE – XIKTLI = OMBLIGO

KO – DE – LUGAR de LOCATIVO

"LUGAR DEL OMBLIGO DEL MAGUEY."

METZXIKKO

METZ – DE – METZTLI = LUNA

XIK – DE – XIKTLI = OMBLIGO

KO – DE – LUGAR de LOCATIVO

"LUGAR DEL OMBLIGO DE LA LUNA"

IN MEXIKA YOYELIZTLI AIK IXPOLLUIZ –
LA MEXICANIDAD JAMÁS PERECERÁ .

EL MÉXICO NUEVO DEL AÑO 2000 DEBE EDIFICARSE SOBRE NUESTRAS RAÍCES ANCESTRALES

HE AHÍ EL RETO HISTÓRICO DE LAS FUTURAS GENERACIONES

MUJERES PROFESIONISTAS
Y DE NEGOCIOS EN MÉXICO

La mujer mexicana ha figurado siempre en los momentos cumbres de nuestra historia.

Sin perder su esencia femenina ha reafirmado su lugar en el ámbito patrio: lo mismo planta su huella en tiempos de paz y prosperidad, que en los tiempos difíciles y de adversidad.

Por dar sólo algunas pinceladas del rol protagónico de la mujer en nuestro pasado, viene a la memoria la defensa heroica de Tenochtitlan en donde una improvisada y espontánea legión de madres del viejo Anáhuac —dan de ello noticia los cronistas— acudieron a reforzar al ejército del valiente Cuauhtémoc en los momentos cruciales de una batalla perdida.

Posteriormente, en los mejores momentos de calma del virreinato, surge gigantesca la figura de sor Juana Inés de la Cruz para inmortalizar en versos, su lucha feminista y su sentimiento artístico.

En la gesta de Independencia, toca a Josefa Ortiz de Domínguez, Antonia Nava de Catalán y Leona Vicario, lucir como señoras de la entereza patria de la mujer de sus tiempos.

En las turbulencias de la República frente al imperio, Margarita Maza de Juárez se levanta, discreta y suavemente, al lado de su esposo, contra una invasión injusta.

Y ya en este siglo, más próximas a nuestras inquietudes, Carmen Serdán y esa muchedumbre de heroínas anónimas, nuestras soldaderas, se convierten en el símbolo de nuestra Revolución.

Por ello nada tiene de extraño que en estos umbrales del año 2000, las mujeres destaquen su presencia cívica, política y cultural, en la vida cotidiana de este México nuestro.

Por eso es que vemos con tanta simpatía a la Federación de Mujeres Profesionistas y de Negocios, constituida por las damas de México, quienes conjuntamente con todos los mexicanos buscan afanosamente la superación personal y la forja de un mejor destino para nuestra patria.

La presencia de las mujeres de México fortalece a nuestro país, hasta el grado de que ya no concebimos ni el arte, ni la cultura, ni la vida social y política de nuestra nación, sin su bella presencia la cual matiza con sus encantos, su abnegación y su esperanza, la ardua lucha que afronta la República.

Su entusiasmo y su fe inquebrantable en los destinos patrios, son un horizonte abierto a la esperanza y al optimismo como lo son en sí mismas las mujeres profesionistas y de negocios de México.

LAS TRADICIONES DE MÉXICO
EN LOS UMBRALES DEL AÑO 2000

México es más que el nombre de un país en la Historia Universal.

Es, por encima de todas las cosas, un pueblo pleno, creativo, vigoroso, sensible, tremendamente vital; melancólico y eufórico; ingenioso e indolente; épico y lírico; dramático y sarcástico; sublime y salvaje; amante y celoso; abnegado y rebelde; dulce y amargo; místico, trascendente, solemne, iconoclasta; pueril, primitivamente espontáneo; devoto, reverente, dócil, silente, desenfadado, irrespetuoso, indomable, aplaudidor, encumbrador de caudillos y canonizador de santos.

Paradójico, sí, pero siempre fiel a su raza, orgullosa ésta de su pasado, transfigurada en sus aspiraciones y esperanzada en su sino.

Al extraño esta fisonomía paradójica puede parecerle desconcertante y desconcertada, aunque siempre atrayente y carismática. Mas de este contrastante y audaz juego vital —como el de su geografía misma— el mexicano hace brotar en torrente todo su colorido existencial el cual libremente se expresa y espontáneamente se filtra en sus tradiciones y costumbres, a contrapelo del tiempo y de la asfixiante modernidad.

Sin huella de duda, estas tradiciones y costumbres son la raíz y savia de lo mexicano. Asombra que vivan frescas en este presente nuestro, no sólo al refugio de la comunidad campesina, sino en la urdimbre urbana, en esta gran masa metropolitana que se apiña en el asfalto y el concreto en lo que antes fuera el grandioso Valle del Anáhuac, se conservan como flores silvestres en el arrogante desarrollo citadino. Pocas, muy pocas capitales de las naciones de nuestro mundo, pueden vanagloriarse de mantener vigentes tantas y tan variadas manifestaciones comunitarias tradicionales, como aquellas que subyacen en los contornos urbanos de la capital mexicana, y que retoñan con los días de todos los años: victoria de lo humano ante el desplante de la gran urbe.

Hoy se recogen aquí algunas de esas manifestaciones, auténticamente populares porque son *vox populi* a manera de testimonio vibrante e irrenunciable de la vitalidad sonora de México entero, como rasgos precisos del perfil de su identidad histórica.

Contemplarlas vivas y lozanas —tales como fueron y son— en los umbrales del año 2000, reconforta y enorgullece porque hace renacer la certeza de que para México —contra el viento y la marea de una era incierta— el futuro será, por siempre, una puerta a la esperanza, cuando ese futuro se asienta sobre nuestro ancestral legado de valores trascendentes.

EPÍLOGO

MORIR AL PIE DE MIS VOLCANES

Quiero morir al pie de mis volcanes,
cobijado por la luz crepuscular
al despuntar la luna sobre el valle,
el viejo valle de todos mis ancestros.

Así quiero cumplir el rito
de anticipar mi muerte,
de ser polvo y al polvo regresar.
Porque hecho fui de lava,
y el aire luminoso del Anáhuac
fue el soplo eterno con el que se formó mi aliento.

Quiero morir al pie de mis volcanes
para contemplar siempre la imperial planicie,
¡mi valle, mi viejo valle,
vigilado eternamente por volcanes
y por la historia ardiente de mis manes.

Y al anticipar la muerte de este modo,
sobre mis dos montañas blancas,
tercamente se renueva el anhelo
de querer morir. . . ¡Sí!. . .
¡Pero al pie de mis volcanes!

Sebastián Verti

411

RECETARIO
DE
LA COSTEÑA

Ensalada de Nopalitos
(Seis personas)

INGREDIENTES

1 lata de camarones medianos
10 aceitunas
4 cucharadas de cilantro picado
1/2 cebolla grande picada
2 tomates picados
1 aguacate pelado y rebanado
1 frasco de nopalitos LA COSTEÑA
2 limones en jugo
1 pizca de sal, pimienta y orégano

PREPARACIÓN

Mezcle todos los ingredientes, menos el aguacate, pruebe y sazone al gusto. Déjelo reposar aproximadamente 3 horas en el refrigerador. Adórnelo con aguacate y sírvalos sobre una tortilla tostada.

Tiempo de preparación: 15 minutos.

Panchitos a La Costeña
(Seis personas)

INGREDIENTES

10 tortillas partidas en triángulos
1 taza de frijoles bayos refritos
1/4 kg. de queso manchego o fresco rallado
1 aguacate grande
1 lata de nachos LA COSTEÑA

PREPARACIÓN

Las tortillas ya partidas en triángulos se fríen en una sartén con suficiente aceite hasta quedar totopos, cuando los frijoles ya estén bien refritos, el guacamole preparado y el queso rallado, primero se le ponen al totopo los frijoles, después el guacamole y el queso rallado y por último se le agrega una rodaja de nachos LA COSTEÑA a cada totopo y listo.

Tostadas a La Costeña
(Ocho personas)

INGREDIENTES

2 pechugas de pollo cocidas y deshebradas
1 chorizo desmenuzado y frito
1 cebolla chica rebanada
6 chiles de chipotles en rajitas LA COSTEÑA
5 hojas de lechuga orejona finamente rebanada
1 taza de frijoles refritos
4 cucharadas de crema fresca
100 grs. de queso añejo desmoronado
16 tortillas medianas fritas.

PREPARACIÓN

En una cacerola con aceite caliente se fríe cebolla rebanada, con el chorizo desmenuzado y el pollo deshebrado, dejando sazonar por 10 minutos.

Mientras, las tostadas se untan con una capa delgada de frijoles; enseguida se pone ya sazonado el pollo, el chorizo y la cebolla, junto con los chiles chipotles. Finalmente se agrega la crema y el queso añejo en pequeñas porciones. Se sirven semicalientes.

Tiempo de preparación 20 minutos.

Nopalitos La Costeña con Tomate
(Ocho personas)

INGREDIENTES

1 frasco de nopalitos LA COSTEÑA
2 tomates pelados y picados
1 diente de ajo
1 cebolla mediana en rodajas
1/4 taza de cilantro picado
2 cucharadas de aceite
1/2 cucharada de consomé de pollo.

PREPARACIÓN

Escurra el frasco de nopalitos LA COSTEÑA, en el aceite se fríe la cebolla y el ajo una vez que esté transparente la cebolla agregue el tomate, el cilantro

LOS ATES DE MÉXICO

Los ates de México (los más famosos son los de Morelia, Michoacán) se hacen con el mismo procedimiento para producir membrillate, duraznate, fresate, higate, etcétera.

Fue en España donde primeramente se hizo una pasta de membrillo que en catalán llamaron *Codonyat* y en español *Codonate;* más tarde la terminación *ate* se extendió para llamar a las pastas de otros dulces piñonate, almendrate, etcétera. Durante el Virreynato, en México se adoptó la costumbre de terminar con *ate* el nombre de las conservas duras de frutas, aunque éstas, como dulces frutales, ya se usaran mucho tiempo antes por los indígenas prehispánicos.

Todos los ates se preparan concentrando, por evaporación y en presencia del azúcar o un edulcorante cualquiera, los frutos y frutas dulces. La reacción ácida natural del fruto, o en su defecto la añadidura de un poco de jugo de limón, favorece el cuajas de la mezcla. Los ates más fáciles de obtener son de guayaba, membrillo y manzana, frutas que tienen abundante proporción de pectina si ésta les falta, mejoran agregándoles tejocotes, porque esta frutilla es la más rica en pectina que existe, y es de sabor casi neutro. Naturalmente que los antiguos indígenas prehispánicos, que no conocieron el azúcar de caña emplearon para hacer sus ates mieles de maíz, de maguey, de otras plantas sacarosas y de las mieles de abeja y de avispa.

ATE. (Es mexicanismo, aunque no nahuatlismo, aféresis de membrillate, duraznate, guyabate, fresate y otros términos referidos a dulces de pasta de fruta, todos ellos derivados de codoñate, pasta de membrillo: del catalán *codonyat*, cuya terminación ate se extendió en España a otros dulces, como almendrate y piñonate). Los ates se preparan concentrando por evaporación la pulpa de frutos en presencia de azúcar; la reacción ácida natural del fruto o, en su defecto, la añadidura de un poco de jugo de limón, ayuda a que la mezcla cuaje. Los ates más fáciles de obtener son los de membrillo, guayaba y manzana no madura, frutos que tienen abundante proporción de pectina, sustancia gelificante. Para otros frutos se añade pectina comercial (en polvo o en solución concentrada) o tejocote, rico en dichas sustancias y de sabor casi neutro. Si la época de la fruta que ha de transformarse en ate no coincide con la del tejocote, se prepara éste en conserva, entero y no azucarado, por el procedimiento de envasado en caliente.

EL TOMATE: CONDIMENTO UNIVERSAL
UN DON DE MEXICO AL MUNDO

Con el nombre de TOMATE se designa lo mismo a la planta y a su fruto. El origen del nombre es nahuatl (tomatl). La planta es nativa de América; herbácea, de la familia de las solanáceas que producen diversas especies de frutos, todos ellos jugosos, carnosos, de buen sazón, utilizados desde remotos tiempos, por los indígenas americanos en su alimentación cotidiana, en especial, por los pueblos mesoamericanos, en donde alcanzó su esplendor gastronómico con la elaboración de variadísimas salsas típicas de esta región ancestral. De México fue llevada esta novedad gastronómica a España en los primeros tiempos del Virreinato, en particular, el tomate rojo que tuvo una gran aceptación, por su sabor suave y su fresca versatilidad. De España pasó a Italia, en donde fue adoptado como condimento de las pastas traídas por Marco Polo de la China, y ya en el siglo XVII estaba difundido.

En el transcurso del tiempo, el tomate rojo, se difunde por toda Europa y después a otros continentes en donde hoy se consume como condimento de salseados, ensaladas, e incluso como jugo natural o mezclado con bebidas alcohólicas.

Hoy es apreciado universalmente por sus cualidades nutritivas, su grato sabor, y su versatilidad para sazonar los más diversos platillos.

Ya se mencionó que existen diversas especies de tomate: las más apreciadas son las múltiples variedades del tomate rojo, logrados por el cultivo técnico e intensivo en suelos y climas diversos. En México este tomate rojo es también conocido con el nombre específico de jitomate para diferenciarlo de las otras especies: el tomate verde más pequeño que el rojo, sabor más ácido, carnosidad más consistente, envuelto en una fina cáscara, fácilmente desprendible, el cual mezclado con el chile verde, el ajo y la cebolla, logra un sabor agradable pero fuerte, muy adecuado para cocinar las carnes y pescados de sabor también fuerte; y por contraste, para dar acento y sabor al guiso de vegetales de sabor delicado, nativos también de América, como los nopales, las verdolagas y otras yerbas comestibles.

De esta especie del tomate verde que suele cultivarse entre el maíz, se derivan el tomate amarillo, el tomatillo, el miltomate (que hace alusión a la milpa o sementera del maíz) y algunas especies más locales.

Al arribo de los españoles a la América indígena, encontraron, particularmente en México, muy difundido el uso del tomate, razón por lo cual lo conducen a Europa como un nuevo don de México al mundo. En algunos países anglosajones, su cultivo inicial fue sólo como planta exótica, popularizándose más lentamente su consumo.

Con la técnica de Industrialización y enlatado de alimento, ha culminado la universalización de este alimento, el cual, junto con el chocolate, el maíz, la calabaza, el guajolote, el aguacate, y algunas frutas, figuran como aportaciones enriquecedoras mexicanas a la gastronomía universal, lo cual es un testimonio más del grado de civilización alcanzado por los pobladores de Mesoamérica, antes de la llegada de los españoles.

Sin duda alguna, las posteriores aportaciones de la gastronomía española, europea y asiática con el arribo de carnes, cereales y condimentos, así como otros elementos no conocidos en este Continente, enriquecieron el arte culinario mexicano, que al fundirse en el transcurso de los siglos, dieron origen a una cocina: la mexicana, que hoy figura como una de las más ricas, variadas y singulares del mundo, al lado de la china y la francesa, con un sabor característico y propio.

Un colofón se impone a este capítulo del tomate, condimento que alcanza su esplendor en la cocina indígena mexicana: La infinita variedad de usos que este fruto tiene en la cocina mexicana. Las formas de salsa y salseados son tantas, que casi puede decirse que cada familia mexicana tiene sus peculiares recetas para elaborarlas. Con su utilización condimentaria ocurre lo mismo, bien sea en la cantidad y mezcla con otros condimentos; pero una cosa es cierta, el tomate es imprescindible en los hábitos alimenticios mexicanos, independientemente de ser un condimento universal por excelencia, ya que gracias a la técnica del enlatado alimenticio, el tomate está al alcance de la mano de la cocinera moderna, en todo tiempo.

La COSTEÑA®

Salsa Picante

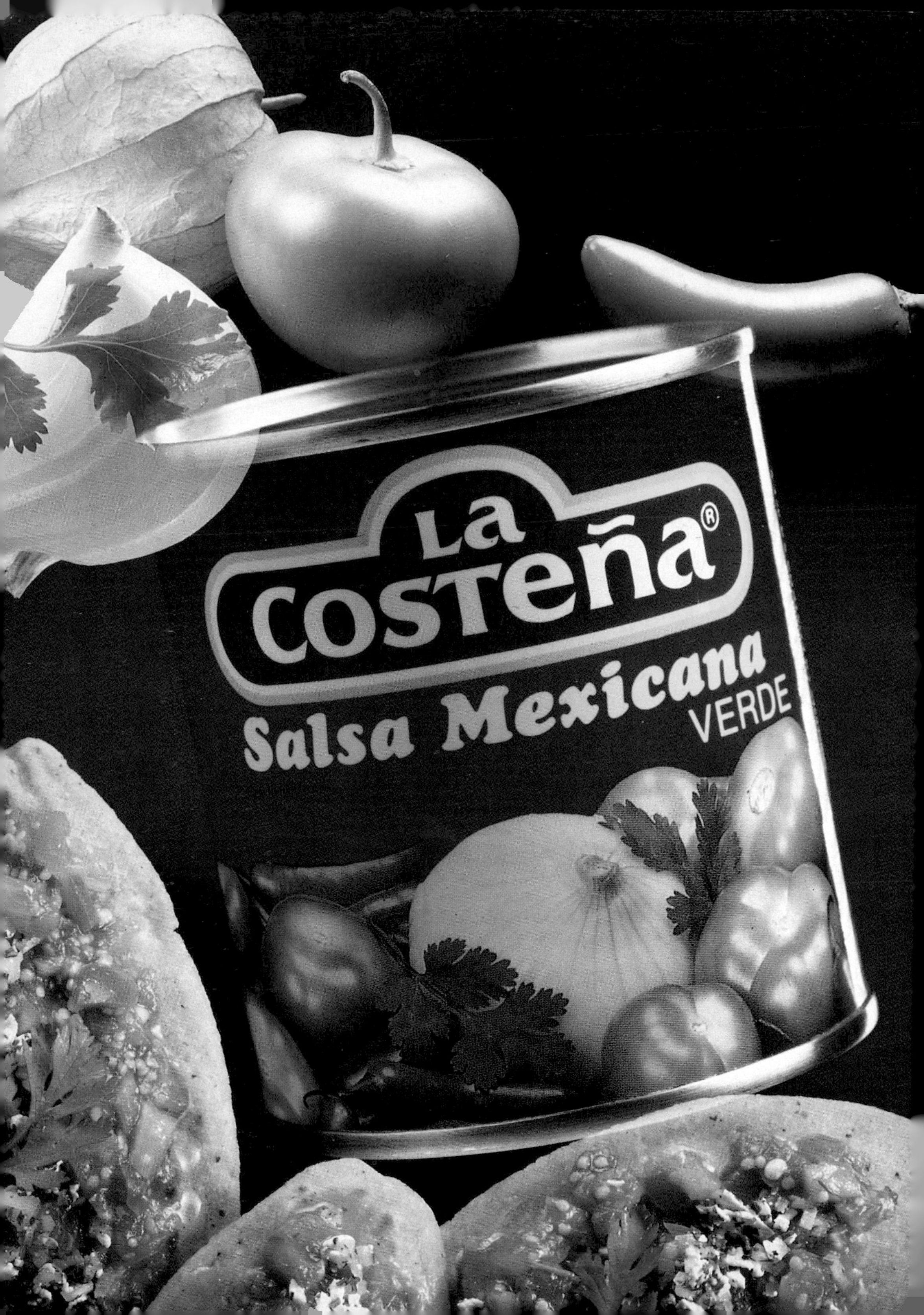
LA COSTEÑA®
Salsa Mexicana
VERDE

La Costeña®

NOPALITOS

TIERNOS EN SALMUERA

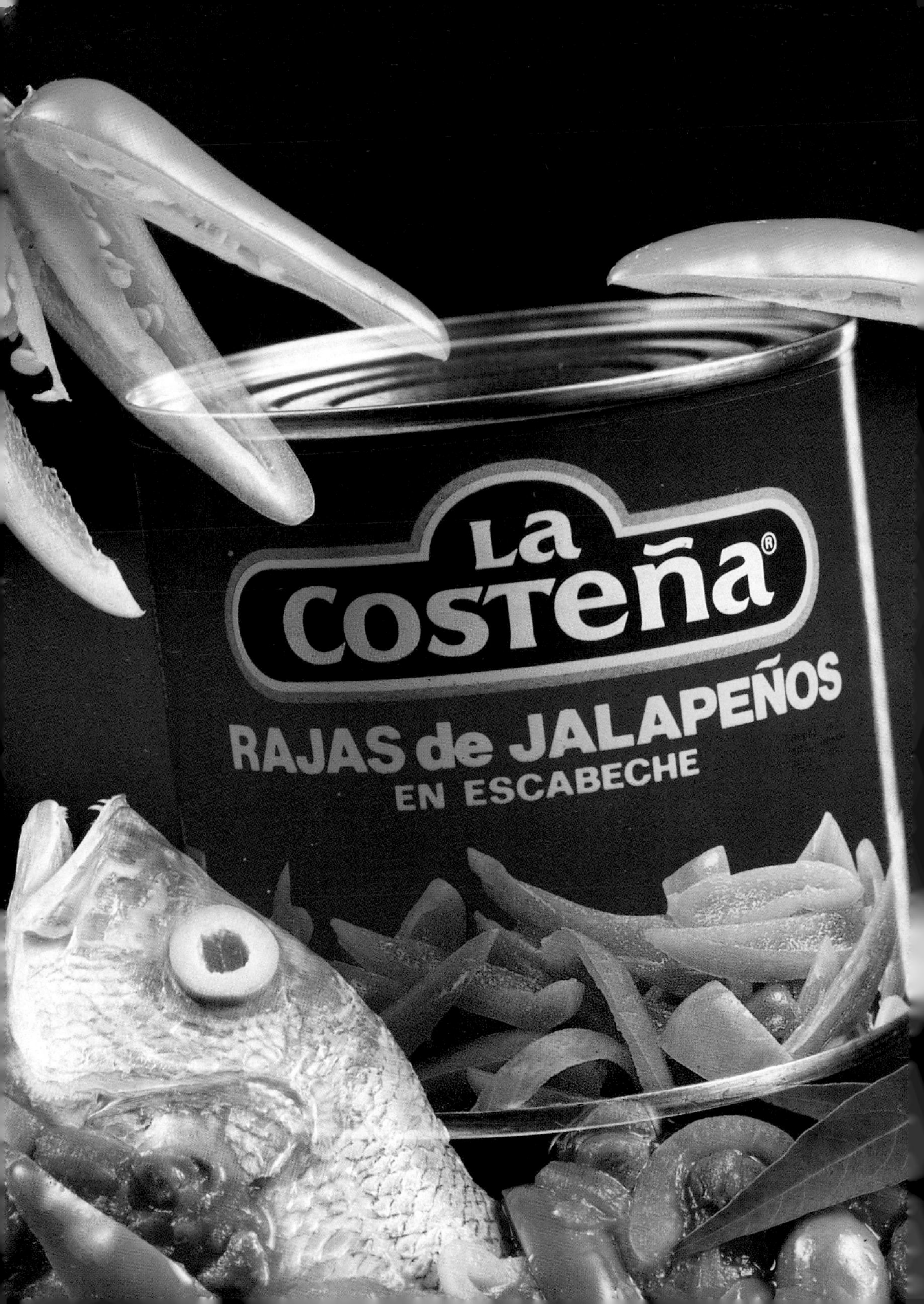

LA COSTEÑA®
RAJAS de JALAPEÑOS
EN ESCABECHE

EL MENUDO MEXICANO

Caldo Mestizo. De la Nueva España

MENUDO: Sopa de mondongo.
PANCITA: Tripa.

Menudo: Aunque esta voz comprende el vientre, manos, sangre y cabeza de las reses que se matan, en la cocina comúnmente sólo se entiende por *menudo* el vientre o pancita y las tripas.

Las vísceras. Son vísceras todos los órganos contenidos en las principales cavidades del cuerpo del animal, como los sesos, las mollejas, los riñones, la tripa, la panza, etcétera, y en general, toda la carne que no sea propiamente un músculo ya que a veces suele designarse con el curioso nombre de "despojos".
Lo importante es saber que estas carnes son nutritivas y baratas, ya que al prepararlas nada se desperdicia y todo alimenta. Con ellas se pueden hacer guisos deliciosos.

Mondongo a la Veracruzana

Vísceras de res cocidas en caldo con jitomate, cebolla, achiote diluido en jugo de naranja y una rama de epazote. Al servirlo hay que agregar cebolla, orégano, chile habanero y gotas de limón.

Mondongo Kabic

Consomé hecho a base de panza de res con jugo de naranjas agrias. Hervido con especies y yerbas, como epazote y achiote. Se sirve con cebollina, limón y chiles habaneros.

Menudo especial de Chihuahua

Vísceras de res y cocidas con maíz ancho, pata de res y sal de chile colorado de la tierra. Ya para servir hay que espolvorearle orégano y cebolla picada, se acompaña de tortillas de maíz calientitas.

Menudo sinaloense

Se prepara un caldo con las vísceras de res, rigurosamente limpias, a las que se les añade nixtamal (maíz reventado). Al servirse, chile piquín en polvo, cebolla y orégano al gusto.

Menudo de Jalisco

Nutritivo caldo hecho con las vísceras de la res. En Jalisco no incluye granos de maíz, como sucede en otros estados de la República, sus condimentos son mejorana, orégano y chile de árbol dorado. En algunos poblados acostumbran agregarle unas hojas de hierbabuena

Menudo Duranguense

Es a base de cuatro tipos de pancita o menudo: pancita de res, panzacuajo, panza callo y panza libro, a las que una vez limpias y cocidas se les agrega una salsa elaborada con jitomate, chile guajillo, ajo y dos patas de res, cocidas y partidas. Se sirve en cazuelas combinando los diversos tipos de menudo, para agregar orégano, cebolla y limón al gusto.

La Costeña®

MENUDO
ESTILO NORTEÑO

En Aguascalientes menudo en caldo de chile ancho colorado

Elaborado con vísceras de res y caldo de chile colorado, se acompaña de guarnición de cilantro, cebolla, orégano, chile serrano picado; se sirven con unas gotitas de limón y tortillas.

Menudo León Guanajuato

Las vísceras van cocidas con cebolla, hierbas de olor y sal; se parten en cuadritos se fríen y se les agrega jitomate molido; cuando esté espeso, hay que añadir jugo de naranja, vino tinto, aceitunas, pasas, almendras y orégano. Debe hervir hasta que la salsa espese.

La pancita del Distrito Federal

En México Distrito Federal, se hace el menudo, no solamente con el callo, sino también con el libro además partes del vientre de la res, le agregan también la pata, no lleva granos de maíz, sino un caldo entomatado con epazote y hierbas de olor (laurel y mejorana) y se le llama PANCITA, aunque en estricto sentido, la pancita significa tripas cortadas finamente y se usan como relleno de quesadillas.

Chinchulines de Zacatecas

Los chinchulines consisten en tripas de res de leche, fritas y con sal al gusto.

Menudo de México
Receta tradicional

2 kg de menudo (pancita, callo, libro) precocido y partido en trozos
1 trozo de cebolla
1 rama de epazote
5 dientes de ajo
3 limones

— cebolla picada
— orégano al gusto
— chile guajillo al gusto
— chile piquín al polvo
— sal

— Lave muy bien el menudo. Póngalo a cocer en agua con el ajo, sal y el trozo de cebolla, hasta que esté suave.
— Tueste, desvene, remoje y muela el chile guajillo en 1 1/2 tazas de agua.
— Añada el chile molido y la rama de epazote el menudo. Cueza otros 15 minutos.
— Sírvalo caliente con cebolla picada, orégano, chile piquín en polvo y medios limones.

~Medalla de Plata

de la

COFRADIA GASTRONOMICA

del

Centro Histórico
de la
Ciudad de México

AL LIBRO

TRADICIONES MEXICANAS

de

SEBASTIAN VERTI

Publicado por

GRUPO EDITORIAL DIANA

MEDALLA DE PLATA
de la
COFRADIA
GASTRONOMICA
del
CENTRO HISTORICO
de la
CIUDAD
de
MEXICO

CONSEJO NACIONAL DIRECTIVO

ING. JOSE LUIS CURIEL	SR. ROBERTO ACEBAL NUÑEZ
Presidente	Vicepresidente

México Ciudad Capital en los Umbrales del Año 2000

picado y el consomé de pollo, ya fría la salsa añada los nopalitos escurridos, déjelos cocinar por 3 minutos. Sírvalos con tortillas calientes.

Tiempo de preparación: 20 minutos.

Enchiladas de Mole La Costeña
(Cinco personas)

INGREDIENTES

  1 frasco de mole LA COSTEÑA 9 1/4 oz.
  2 pechugas de pollo
10 tortillas de maíz
  1 taza de queso blanco rallado
  1 cebolla cortada en rodajas
sal al gusto.

PREPARACIÓN

Se ponen a cocer las pechugas en 4 tazas de agua y la sal, luego se deshuesan y se desmenuzan. Aparte se calienta el aceite y se sancochan las tortillas; conforme van saliendo de la sartén se les pone el pollo desmenuzado y se enrollan como tacos. Se acomodan en un molde refractario y se bañan con el contenido de un frasco de mole LA COSTEÑA el cual ha sido disuelto en 2 tazas de consomé de pollo caliente (donde se coció el pollo), después se espolvorea el queso blanco encima y las rodajas de cebolla.

Papas Rellenas de Carne con salsa mexicana casera La Costeña
(Ocho personas)

INGREDIENTES

  6 papas amarillas grandes cocidas
200 grs. de carne molida de res y de puerco
1/2 cebolla finamente picada y frita
  1 manojito de perejil finamente picado
  1 diente de ajo picado y frito

  1 cucharadita de consomé
100 grs. de tocino picado y frito
  1 lata de salsa mexicana casera LA COSTEÑA
100 grs. de queso cotija
Sal y pimienta al gusto.

417

Se pelan las papas y se ahuecan ligeramente sacando con cuidado la pasta de la papa. Mientras se fríe el tocino picado con la carne y se sazona con el consomé agregándole la cebolla, el ajo, la salsa mexicana casera y al final el perejil.

Ya bien revuelta la mezcla y ya sazonada se retira del fuego y se empiezan a rellenar las papas ya calientes, se sirven con queso cotija.

Tiempo de preparación: 15 minutos

Chiles jalapeños rellenos La Costeña
(Ocho personas)

INGREDIENTES

1 lata de chiles jalapeños
  LA COSTEÑA
1 cebolla mediana picada
1 lata de atún
4 ramitas de perjil picado.

5 cucharadas de mayonesa
8 rodajas de jitomate
  Sal y pimienta al gusto
1/2 limón en jugo
  Vinagre.

PREPARACIÓN

Los chiles jalapeños se desvenan y se ponen a hervir en agua con vinagre por 10 minutos, se dejan en el agua con vinagre por varias horas si usted quiere quitarle lo picante.

Mientras se incorpora la mayonesa con el atún, la cebolla y el perejil picado hasta formar una mezcla. Por último se agrega el jugo de limón revolviendo todo. Listo el relleno se le pone a los chiles. Se sirven en un platón con rodajas de jitomate y cebolla.

Tiempo de preparación: 15 minutos.

Frijoles con puerco a La Costeña
(Ocho personas)

INGREDIENTES

1/2 kilo de frijol bayo
  o canario cocido
1 kilo de pulpa de puerco
  cocido en trozos

4 cucharadas de aceite
1 cucharada de sal
1/2 lata de rajas rojas LA COSTEÑA
1 taza de arroz blanco ya preparado

1   cebolla mediana en rodajas
3   ramas de cilantro picado
4   hojas de lechuga.

PREPARACIÓN

Se cuece el frijol con cebolla, sal y aceite. Cuando los frijoles estén a la mitad de su cocimiento se agrega la pulpa de cerdo en trocitos y se deja hervir hasta que la carne esté suave. El arroz caliente se mezcla suavemente con los frijoles en su jugo y el cerdo, se adorna con hojas de lechuga, rajas rojas, rodajas de cebolla y el cilantro picado.

Tiempo de preparación: 15 minutos.

Mole de Olla en salsa chipotle La Costeña
(Ocho personas)

INGREDIENTES

1/2   kilo de aguayón bien cocido
1/2   kilo de chambarete cocido
      en trocitos
3   tuétanos
2   dientes de ajo
2   elotes en trozos
3   calabazas picadas
1   rama de epazote
2   cucharadas de consomé
1   cebolla
2   cucharadas de salsa chipotle
      LA COSTEÑA
1   chile pasilla.

PREPARACIÓN

Se pone a cocer el aguayón y el chambarete en agua. El chile pasilla se asa y se desvena poniéndose en agua caliente. En la licuadora se pone el ajo, la cebolla, el chile y la salsa chipotle. Cuando esté bien cocida la carne se le vierte la salsa y se le agrega los elotes, las calabazas, el epazote y los tuétanos; se deja hervir por 15 minutos y se le agregan el consomé. Se sirve muy caliente.

Tiempo de preparación: 15 minutos.

Pollo con mole La Costeña
(Seis personas)

INGREDIENTES

1 frasco de mole LA COSTEÑA 9 1/4 oz.
6 piernas con muslo
2 dientes de ajo
1 cebolla chica
sal al gusto.

PREPARACIÓN

Se pone a cocer el pollo en suficiente agua con la sal, el ajo y la mitad de la cebolla. Cuando está cocido el pollo se saca y se escurre, en una cacerola se mezcla el contenido del frasco de mole LA COSTEÑA con tres tazas de caldo de pollo caliente y se cocina durante unos minutos hasta que espese, sin dejar de mover.
 Se sirve con tortillas de maíz y ajonjolí.

Mero con rajas de chiles a La Costeña
(Ocho personas)

INGREDIENTES

8 filetes de mero fritos
1 lata de puré de tomate LA COSTEÑA
1 lata de salsa mexicana casera LA COSTEÑA
2 ajos picados
10 aceitunas LA COSTEÑA
1 cucharada de alcaparras

1 cucharada de consomé
2 ramitas de perejil chino
5 hojas de laurel
Sal y pimienta al gusto
1/2 lata de rajas verdes de chiles jalapeños LA COSTEÑA.

PREPARACIÓN

En una sartén ya con aceite se fríe el ajo, las rajas verdes de chiles jalapeños y el puré de tomate hasta que acitronen. De inmediato se agrega la salsa mexicana casera, el consomé espolvoreado junto con la sal y la pimienta, dejándolo sazonar por 5 minutos.
 Después se le agregan los filetes de mero con las alcaparras y las aceitunas por 5 minutos más. Se apaga y se deja reposar. Se acomodan en un platón y se adornan con perejil chino y rajas verdes de chiles jalapeños.

Tiempo de preparación: 20 min.

PREPARACIÓN

En un recipiente se bate la mantequilla y poco a poco se incorpora la harina, enseguida el azúcar glass y la ralladura de naranja; se amasa esta pasta durante 5 minutos y se deja reposar.

Las manzanas se pelan y se rebanan, se pica la mitad del ate, se le agrega el jugo de limón y 2 cucharadas de agua; se cocina a fuego lento hasta obtener la consistencia espasa de relleno de pay. De inmediato en la superficie de una mesa se espolvorea harina y con un rodillo se extiende la masa del pay, para colocarlo en un refractario previamente engrasado y enharinado; se rellena y se adorna con tiras artísticas de ate.

Se hornea durante 30 minutos a 220 grados.

Tiempo de preparación: 45 minutos.

BIBLIOGRAFÍA

Aguilar, fray Francisco de. *Relación breve de la conquista de la Nueva España*. México, Instituto de Investigaciones Históricas, UNAM, 1980. (Serie: Historiadores y cronistas de Indias.)

Álvarez, José Rogelio. *Enciclopedia de México*; tomo III. México, Compañía de Enciclopedias de México, 1987.

Álvarez, José Rogelio (Dir.) *Enciclopedia mexicana*. México, SEP, 1988.

Banco Nacional de Comercio Exterior. *Lo efímero y lo eterno del arte popular mexicano*. México, Fondo Editorial de la Plástica Mexicana, 1971.

Benavente, fray Toribio de (Motolinía). *Historia de los indios de la Nueva España*. México, Porrúa, 1969.

Castillo Lepón, Luis. *El chocolate*. México, Dirección General de Bellas Artes, 1917.

Clavijero, Francisco Javier. *Historia antigua de México*. (Facsímil de la edición de 1853.) México, Editorial del Valle de México, 1981.

Cocinero mexicano. México, Imprenta Cumplido, 1845.

Cruces Carvajal, Ramón. *Lo que México aportó al mundo*. México, Panorama, 1986.

Dávalos Hurtado, Eusebio. *Alimentos básicos e inventiva culinaria del mexicano*. México, SEP, 1966. (Serie: Peculiaridad mexicana.)

Díaz del Castillo, Bernal. *Historia verdadera de la conquista de la Nueva España*. México, Porrúa, 1976.

Dirección General del Museo de Culturas Populares. *Yo soy como el chile verde*. México, SEP, 1986.

Durán, fray Diego de. *Historia de las Indias de la Nueva España e islas de la tierra firme*. España, Banco de Santander, 1990.

Épica náhuatl. México, UNAM, 1945. (Biblioteca del Estudiante Universitario, núm. 51.)

"El Dulce en México." *Artes de México*, núm. 121.

Farga, Armando. *Historia de la comida en México*. México, 1980.

Fiestas y ferias de México. México, Botas.

García Cubas, Antonio. *El libro de mis recuerdos*; 6 ed. México, Patria, 1969.

Girondella D'Angeli, Alicia y Jorge D'Angeli. *El gran libro de la cocina mexicana*. México, Larousse, 1987.

González Obregón, Luis. *México viejo*. México, Joaquín Porrúa, 1982. (Edición especial para Roberto Hoffman.)

Guerrero Guerrero, Raúl. *Los otomíes del Valle del Mezquital. Modos de vida, etnografía y folklore*. México, SEP, 1983.

Guinness. "Mayor Tamal. Nuevo récord para México." *Libro de los récords*, 1991.

"La cocina mexicana." *Artes de México*, núm. 46.

"La cocina mexicana." *Artes de México*, núm. 107.

"La cocina mexicana." *Artes de México*, núm. 108.

Larousse Universal Ilustrado. Diccionario enciclopédico en seis volúmenes. Francia, Larousse, 1969.

León Portilla, Miguel. *La filosofía náhuatl estudiada en sus fuentes*; 2 ed. México, UNAM, 1959.

León Portilla, Miguel. *Los antiguos mexicanos a través de sus crónicas y cantares*. México, FCE, 1988.

Lomelí, Xavier. *Xochimilco. En las horas de los siglos*. México, Delegación Política de Xochimilco, 1987.

Los indios de México y Nueva España. México, Porrúa, 1966.

Majo Framis, Ricardo. *Conquistadores españoles del siglo* XVI; 4 ed. Madrid, Aguilar, 1963.

Miguel i Vergés, José María. *Diccionario de insurgentes.* México, Porrúa, 1969.

Novo, Salvador. *Historia gastronómica de la Ciudad de México.* México, Porrúa, 1972.

Nuevo cocinero mexicano en forma de diccionario. México, Miguel Ángel Porrúa (ed.), 1888. 993 pp. (Reproducción facsimilar, 1989.)

Pérez, Enriqueta (comp. & ed.). *Recipes of the Philippines.* 19th Edition, 1973.

Prescott, W.H. *Historia de la conquista de México;* tomo I. París, Librería-Editorial Ch. Bouret, 1878.

Rincón Gallardo y Romero de Terreros, Carlos. *El libro del charro mexicano.* México, Porrúa, 1945.

Ríos, Eduardo Enrique. *Imagen de Tenochtitlan 1519-1521.* México, Banco Nacional de México, 1971

Riva Palacio, Vicente (dir.). *México a través de los siglos.* México, Cumbre, 1963.

Rivera Cambas, Manuel. *Los gobernantes de México.* México, Joaquín Porrúa, 1983. (Biblioteca de Historia Manuel Porrúa.)

Sahagún, fray Bernardino de. *Relación de la conquista de esta Nueva España como la contaron los soldados indios que se hallaron presentes.* (Facsimil de la edición mexicana de 1840.) México, Arda, 1989. (Biblioteca Mexicana de la Fundación Miguel Alemán, A.C.)

Secretaría de Desarrollo Social. *Milpa Alta.* México, Hersa, 1988. (Colección: Delegaciones políticas.)

Secretaría de Turismo. *Directorio nacional gastronómico.* México, 1986.

Torquemada, fray Juan de. *Monarquía indiana*. México, UNAM, 1983.

Vázquez Santa Ana, Higinio. *Fiestas y costumbres mexicanas*. México, Botas, 1953.

W.H. Inc. (eds.) *Léxico hispano. Enciclopedia ilustrada en lengua española*; tomo II. México.

Zavala, Bertha. *La cocina mexicana*. México, Bertycel, 1990.

El autor desea manifestar su profunda gratitud a la profesora Ruth Flores por su invaluable aportación para la definición de algunos términos de los glosarios que figuran en esta obra.

ESTA EDICIÓN DE 3 000 EJEMPLARES SE TERMINÓ
DE IMPRIMIR EL 17 DE NOVIEMBRE DE 1993 EN LOS
TALLERES DE GRÁFICAS MONTE ALBAN, S.A. DE C.V.
FRACC. AGRO-INDUSTRIAL LA CRUZ
VILLA DEL MARQUEZ, QRO.
APARTADO POSTAL 512